이단 논쟁

이단 논쟁

지은이 | 목창균
초판 발행 | 2016. 12. 19
증보 1쇄 | 2019. 4. 1
등록번호 | 제1988-000080호
등록된 곳 | 서울특별시 용산구 서빙고로65길 38
발행처 | 사단법인 두란노서원
영업부 | 2078-3352   FAX 080-749-3705
출판부 | 2078-3331

책 값은 뒤표지에 있습니다.
978-89-531-3451-5 03230

독자의 의견을 기다립니다.
tpress@duranno.com   www.duranno.com

고대 교회,
프로테스탄트 교회,
한국 교회의
주요 이단과

바른
신앙에 대한
고찰

이단
논쟁

증보판

목창균

두란노

차례

머리말

《이단 논쟁》은 필자의 열 번째 저작이자 교수직에서 물러난 뒤 내놓는 첫 번째 책이다. 또한 몇 년 전 학교를 떠나면서 이제는 한국 교회와 성도를 섬기는 일에 미력하나마 힘을 보태야겠다고 다짐했던 마음의 결실이기도 하다.

필자가 이단 문제에 관심을 가지게 된 것은 두 가지 계기가 있었다. 첫째는 교리학자로서의 관심이다. 정통 교리를 공부하다 보면, 자연히 그 반대인 이단 교리에도 관심을 가지게 마련이다. 왜냐하면 정통 교리의 정립 배경에는 거의 예외 없이 이단적인 교설의 도전이 있었기 때문이다. 둘째는 목회 현장의 요청이다. 필자는 신학대학에서 교리와 신학을 가르치면서, 목회 현장으로부터 교리적인 문제에 대한 자문 요청을 종종 받았다. 또한 교단 총회로부터 이단사이비대책위원회 전문위원으로, 그리고 한국기독교총연합회로부터 이단사이비대책위원회 연구위원으로 위촉받으면서 이단 사이비 종파의 심각한 폐해에 대해 인지하게 되었다. 아울러 여러 언론 매체로부터 이단 종파에 관한 글을 청탁받았던 것도 이단 종파를 연구하게 된 중요한 계기였다.

여기에 수록된 글들은 그동안 발표한 것들과 학교를 떠난 뒤 연구한 것들을 모은 것이다. 이 책은 어떤 특정 종파에 대한 전문적인 연구서나 기독교회사에 나타난 이단 종파 전체를 다룬 백과사전적인 서적은 아니다. 필자는 이 책을 통해 이단 종파를 비판하는 데 주력하기보다 오히려 이단이 어떤 것인지를 해명하고 건전하고 바른 신앙이 무엇인지를 밝히려는 데 관심을 기울였다.

이단은 특정한 때 일어나는 일시적 현상이 아니라 반복적으로 일어나는 보편적 현상이다. 이미 소멸된 줄 알았던 이단 종파가 모양을 달리해 되살아나기도 한다. 그런 면에서, 이단의 역사를 살펴보는 것이 이단이 무엇인지를 이해하는 데 훌륭한 길잡이가 될 수 있다.

이 책은 고대 교회, 프로테스탄트 교회 그리고 한국 교회로 구분하여 이들 교회에 심각한 도전이 되었던 이단 논쟁을 개괄했다. 1부 고대 교회와 이단 논쟁에서는 고대 교회에서 일어난 주요 이단 논쟁과 더불어 동방 교회와 서방 교회의 분열 문제를 다루었다. 2부 프로테스탄트 교회와 이단 논쟁에서는 현재에도 활동하고 있는 개신교의 주요 이단인 몰몬교, 여호와의증인과 더불어 로마 가톨릭 교회와 개신교의 분열 그리고 강경 칼빈주의와 알미니우스주의 사이의 충돌을 논의했다. 3부 한국 교회와 이단 논쟁에서는 한국 교회에서 일어난 대표적인 이단 종파인 문선명의 통일교와 박태선의 전도관과 더불어 김기동의 귀신론, 이장림의 시한부 종말론, 이윤호의 가계치유론을 분석했다. 그리고 〈목회와 신학〉에 게재되었던 필자의 글, '이초석 목사, 무엇이 문제인가'와 교단 총회 이단사이비대책위원회 전문위원과 한국기독교총연합회 이단사이비대책위원회 연구위원으로 활동하면서 작성한 레마선교회 이명범과 만민중앙교회 이재록에 관한 보고서를 부록에 참고자료로 첨부했다.

이단 종파에 속한 사람들은 대부분 정통 교회에서 양육받은 사람들이라고 한다. 그들은 정통 교회에서 성장했지만, 기독교 교리에 대해 잘 알지 못하기 때문에 이단의 희생물이 된 것이다. 따라서 필자는 이 책을 통해 많은 독자들이 이단이 무엇인지를 정확히 알고, 이단의 미혹에 더 이상 희생되지 않기를 소망한다.

이 책의 출판에 즈음하여 감사함을 표하고 싶은 분들이 많다. 그 중에서도 퇴직 후 연구 공간이 마땅치 않던 필자에게 자신의 사무실

을 내주어 여러 모로 지원을 아끼지 않는 남광선교회 김용현 장로님
의 사랑에 뜨거운 감사를 드린다. 또한《현대 신학 논쟁》,《종말론 논
쟁》에 이어《이단 논쟁》까지 출판해 주신 두란노서원 출판부 여러분
께 감사를 드린다.

끝으로 이 책 출판의 기쁨을 가족들, 특히 멀리 혼자 떨어져 오랜
유학 생활 끝에 미국 대학에서 교수 생활을 시작한 큰딸 진실과 우리
가족 모두에게 삶의 즐거움을 주는 손녀 시온과 함께 나누고 싶다.

2016년 12월
목동 포럼 연구실에서

1장

이단이란
무엇인가

어느 교회 입구에 출입금지 경고문이 부착되어 있었다. 누구나 환영해야 할 교회에 웬 경고문인가 싶어 다가가 읽어 보았다. '신천지 추수꾼'에 대한 것이었다. 그 후 대부분의 교회에도 그런 경고문이 붙어 있다는 걸 알게 되었다. 심지어 필자가 봉직한 학교 본관 출입구에도 붙어 있었다. 이단이나 사이비 집단이 과거에는 기독교 교인 집을 은밀히 찾아다녔지만, 최근에는 대담하게 교회까지 직접 침투하고 있다. 그 폐해가 얼마나 심각하면, 교회가 출입금지라는 궁여지책을 쓰고 있겠는가?

오늘날 대부분의 기독교인들은 교회에 출석하고는 있지만, 자신들이 믿고 있는 것이 무엇인지, 참된 복음의 본질이 무엇인지를 잘 알지 못한다고 한다. 이로 인해 이단과 거짓 교사의 미혹에 무방비 상태로 노출되어 그들의 희생물이 되기도 한다. 왜냐하면 그들은 자기 교회의 교리를 잘 알지 못하는 신자들을 목표로 삼기 때문이다. 이단 추종자의 대부분이 이전에 정통 교회를 다녔던 사람들이라는 것도 이를 뒷받침하고 있다.

최근 우리나라의 경우, 세기말과 경제 위기가 겹치면서 미래에 대한 불안감이 팽배해진 사회적 분위기에 편승해 다양한 형태의 사이비와 이단 종파들이 출현했다. 특히 현실 도피적인 시한부 종말론이나 세월호 사건의 배후로 드러난 구원파는 교회를 혼란시킬 뿐만 아니라 우리 사회에도 큰 물의를 일으켰다.

이단을 피하고 물리칠 수 있는 길은 기독교 교리에 대한 정확한 이해에 근거하여 참과 거짓을 분별하는 것이다. 따라서 정통 교리에 대한 깊은 이해와 더불어 이단의 정체에 대한 정확한 지식 또한 필요하다.

1. 이단이란 무엇인가

이단은 새로운 현상도 아니며, 특정한 때 일어나는 일시적 현상도 아니다. 그것은 때와 장소를 가리지 않고 반복적으로 일어나는 보편적 현상이다. 한 번 출현한 이단은 소멸되어 사라지는 것이 아니라 모양을 달리하며 되살아나곤 한다. 기독교 교리사는 이단과의 논쟁사라고 해도 과언이 아니다.

그렇다면 이단이란 무엇인가? 어원학적으로 살펴보면, 이단(heresy)이란 말은 헬라어 '하이레시스'(hairesis)에서 유래했으며, 그 용법은 두 가지 특징을 지니고 있다.

첫째, 의미의 확장이다. '하이레시스'는 본래 '선택된 것', '선택한 행위' 등을 가리키는 것이었으나 점차 사상학파, 철학적 혹은 종교적 분파 등을 가리키는 것으로 그 의미가 확대되었다. 1세기 유대인 역사가 요세푸스는 그것을 파당이나 학파, 집단을 가리키는 것으로 사용했으며 사두개파, 바리새파, 에세네파 등을 유대교의 하이레시스라고 했다. 신약성경 역시 그것을 여러 의미로 사용하고 있다. 사두개파나 바리새파(행 5:17, 15:5)와 같은 종파(sect), 교회 분열로 갈라져 나온 분파(schism) 또는 파당(고전 11:19, 갈 5:20), 거짓 선생(벧후 2:1) 등이 그것이다.

둘째, 의미의 변화다. 그것은 본래 공통적인 견해를 가진 일단의 사람을 가리키는 기술적이며 중립적인 단어였으며 경멸이나 부정의 의미를 지닌 것은 아니었다. 그러나 점차 분파, 거짓 교사, 다른 교훈 등을 비판하고 평가하는 부정적인 용어로 사용되었다. 특히 2세기 기독교 저작자들은 헬라어 하이레시스를 라틴어로 하에레시스(haeresis)로 옮기며 이런 의미를 더욱 강화했다. 곧 하이레시스는 기독교 사상을 파괴하거나 정통에 반대되는 것을 주장하는 사람이나 학파를 의미하게 된 것이다. 따라서 그것은 더 이상 중립적인 의미로 사용되지 않고, 부정적인 의미로 사용되었다. 이렇듯 이단이란 단어는 기술적인 용어에서 평가적인 용어로, 그리고 중립적인 용어에서 부정적인 용어로 바뀌게 되었다.[1]

---

1 Merrill C. Tenney(ed.), *The Zondervan Pictorial Encyclopedia of the Bible*, vol. 5 (Grand Rapids, Michigan: Zondervan Publishing House, 1980), p.122; Richard Norris, "Heresy and Orthodoxy on the Late Second Century," *Union Seminary Quarterly Review* 52(1998), pp.43-59; 알리스터 맥그라스 (Alister McGrath), 《그들은 어떻게 이단이 되었는가》, 홍병룡 역(서울: 포이에마, 2011), pp.63-67.

한편, 신학 및 종교적인 면에서 이단은 정통의 정반대 개념이다. 따라서 이단이 무엇을 의미하는지는 양자의 대비를 통해 더욱 선명하게 드러난다. 첫째, 정통이 교회가 공인한 신앙의 진술을 가리키는 것이라면, 이단은 교회가 거부한 신앙의 진술을 의미한다. 기독교의 교리는 시초부터 규범적으로 확정된 것이 아니라 지속적인 성찰과 논의의 과정을 거쳐 정립되었다. 이런 과정에서 교회가 공인한 것이 정통이 되고, 거부한 것이 이단이 된 것이다.[2]

둘째, 이단은 정통 기독교 신앙으로부터 고의적으로 일탈한 것이다. 그것은 교회 안에서 출현하여 상당 부분 정통적인 것을 공유하지만, 결정적인 것에서 갈라지는 것이다. 이단은 성경과 교회가 가르치는 정통 교리를 고의로 반대하거나 거부하고 거짓된 교리를 진리라고 주장한다. 로마 가톨릭 교회는 이단을 "세례를 받고 스스로를 기독교인이라고 불러 주기를 원하면서 교회에 의하여 제시된 도그마 중 어느 하나라도 부인하는 사람"으로 정의하고 이를 형상적 이단과 질료적 이단으로 나눈다. 전자는 신학적으로 잘못된 교리를 고의적으로 끊임없이 고수하는 사람을 가리킨다면, 후자는 무지하여 이단적 신앙을 가지게 된 사람을 말한다. 반면, 프로테스탄트 교회는 이단을 "성경이 가르치고 있는 진리를 의지적으로 거부"하고 기독교 신앙의 핵심을 파괴하는 사람이나 집단으로 정의하고 있다.[3]

셋째, 정통은 초대 교회의 가르침과 동일한 것이라면, 이단은 그것

---

2 Ibid., p.95.

3 David Christie-Murray, *A History of Heresy* (Oxford: Oxford University Press, 1976), p.1; Tenney, *The Zondervan Pictorial Encyclopedia of the Bible*, vol. 5, p.122.

과 전혀 다른 주장이다. 이것이 3세기 이후 19세기에 이르기까지 교회가 널리 받아들인 일반적인 견해였다. 가톨릭과 프로테스탄트 신학자들은 기독교의 정통을 초대 교회의 가르침과 동일시한다는 점에서는 입장을 같이하고 있다.[4]

교회사적으로 보면, 이단의 개념도 교부 시대에서 중세를 거쳐 종교개혁 시대에 이르면서 그 의미와 강조점이 바뀐 면도 없지 않다.

첫째, 신학적 관점에서 사법적 관점으로의 전환이다. 교부 시대는 기독교 정통 신앙으로부터 일탈한 것을 이단으로 규정한 데 반해, 중세 교회는 교회와 교황의 권위를 거부하고 그것에 대해 도전하는 것을 이단으로 규정했다.[5] 즉 이단이란 용어가 신학적 의미보다 사법적 의미에서 사용된 것이다. 이단으로 낙인찍힌 대부분의 신앙운동이 신학이나 교리적인 면에서는 결코 이단이 아니었던 것이 이를 말해 주고 있다.

둘째, 보편성의 원리에서 지역성의 원리로의 전환이다. 5세기 교부 빈센트(Vincent of Lerins)가 정의한 것같이, 정통은 "어느 곳에서나, 언제나 그리고 모든 사람이 공통적으로 믿는" 장소와 시간을 초월한 보편적인 신앙을 가리키는 것이라면, 이단은 특정 시대, 지역이나 집단에 한정된 신앙을 가리켰다. 그렇지만 종교개혁과 더불어 기독교의 보편성 원리가 지역성의 원리로 대체되었다. 한 지역에서 정통으로 인정받은 것이 다른 지역에서는 이단으로 간주되기도 하고, 한 지역에서 이단으로 취급되는 것이 다른 지역에서는 정통으로 수용되기도 했다.

---

4 알리스터 맥그라스,《그들은 어떻게 이단이 되었는가》, pp.105-106.

5 Ibid., pp.159-160.

정통과 이단의 본래 의미가 사라지고, 지역 정치권력이 정통과 이단을 판가름했던 것이다. 예를 들어, 1618년 도르트회의는 강경파 칼빈주의자들의 주도로 알미니우스주의자들을 이단으로 본 반면, 후자는 전자를 이단이라고 비난했다. 그렇지만 맥그라스(Alister McGrath)는 이단이란 용어를 양 진영 어느 편에도 적용할 수 없다고 했다. 왜냐하면 이단이란 용어는 "온 교회가 용납할 수 없는 것으로 판단된 가르침"을 가리키는 것인 데 반해, 칼빈주의와 알미니우스주의는 "프로테스탄티즘의 한 선거구, 즉 개혁교회 안에서 일어난 분열을 대변하기 때문이다."[6]

셋째, 다수를 정통으로, 소수를 이단으로 규정하는 것의 변화다. 고대 교회는 감독들의 지지를 확보하여 교리 논쟁에서 승리한 다수와 그 견해를 정통으로 공인한 반면, 논쟁에서 패배한 소수와 그 견해를 이단으로 정죄했다. 최근에도 이단을 "기독교 안의 다수와 소수의 싸움의 결과"로 설명하는 견해도 있다.[7] 그렇지만 단순히 소수의 견해였기 때문에 이단으로 정죄받았다는 견해는 단지 외면적인 현상에 근거한 것이다. 왜냐하면 어떤 견해가 이단으로 규정되는 근본적인 이유는 단지 그것이 소수의 견해이기 때문이 아니라 그것이 부적절한 견해였기 때문이다. 또한 다수를 정통으로 정의하고, 소수를 이단으로 간주하던 것도 종교개혁과 더불어 그 의미를 잃게 되었다. 왜냐하면 종교개혁 당시 프로테스탄트는 소수파였던 반면, 로마 가톨릭은 다수파였

---

6 Ibid., p.318.

7 Walter Nigg, *The Heretics* (New York: Alfred A. Knopf, Inc., 1962), p.8; 해롤드 브라운(Harold O. J. Brown), 《교회사 안에 나타난 이단과 정통》, 라은성 역(서울: 그리심, 2002), p.440.

기 때문이다. 종교개혁자들이 교황을 이단자로 간주하기보다 적그리스도로 규정하기를 선호한 것도 그런 상황과 무관하지 않았다.[8]

한편, 교단과 이단은 구분해야 한다. 교단은 성경 해석의 차이로 인한 분열(schism)로 생기는 것이라면, 이단은 성경에 대한 잘못된 해석으로 생기는 것이다. 장로교, 감리교, 성결교, 침례교 등은 성경 해석과 강조점의 차이로 생겨난 교단이며, 모두 기독교 교회다. 장로교회가 감리교회를 보고 이단이라 하거나, 혹은 감리교회가 장로교회를 이단이라고 할 수 없다. 왜냐하면 그들 모두 교회에 속하기 때문이다. 그들은 성경 해석이나 교리에 차이점을 지닐 수 있다. 그러나 성경 해석이나 교리가 다르다고 모두 이단은 아니다. 이단은 성경을 다르게 해석할 뿐만 아니라 잘못 해석하는 것이다. 성경의 교훈과 정신에 맞지 않게 해석하여 그것을 진리인 양 믿거나 전하는 것이 이단이다.

요약하면, 이단은 교회 안에서 출현하여 파괴적인 영향을 미치며, 정통 신앙으로부터 고의적으로 일탈하는 자와 그의 가르침을 말한다. 겉모습은 기독교의 모양을 유지하고 있지만, 그 본질은 기독교와 상충하는 것이 이단이다.[9]

2. 무엇이 문제인가

이단은 기독교 내부에서 일어난 기독교 신앙의 적대 세력이다. 그것은 외관상 기독교처럼 보이고 기독교 신앙을 고백하는 것 같지만, 실

---

8 해롤드 브라운, 《교회사 안에 나타난 이단과 정통》, pp.440, 445.

9 Friedrich Schleiermacher, *The Christian Faith* (Philadelphia: Fortress Press, 1976), p.97.

제로는 기독교 신앙을 파괴하고 기독교 교리를 오염시키고 있다. 따라서 이단은 기독교를 비판하거나 공격하는 외부의 박해자들보다 교회에 더 큰 폐해를 끼치고 기독교 신앙에 심각한 도전이 되고 있다. 교리적인 면에서 이단의 가장 큰 문제는 기독교 진리를 왜곡하는 것이다.

첫째, 이단은 성경의 교훈과 교회의 교리에 배치되는 것을 진리라고 가르치거나 성경의 권위에 도전하여 새로운 계시 혹은 예언을 주장하며 그것에 더 큰 권위를 부여한다.[10] 고대 교회의 몬타누스파(Montanism)나 현대의 몰몬교가 그와 같은 사례다.

둘째, 이단은 교회가 인정하는 일부 교리를 부정하거나 또는 반대로 과도하게 강조하기도 한다. 삼위일체 교리를 부정한 고대의 아리우스주의(Arianism)나 현대의 유니테리언파(Unitarianism), 그리고 그리스도의 신성이나 인성을 부정한 고대의 에비온주의(Ebionism)나 현대의 여호와의증인이 그런 것이다.

셋째, 이단은 그들의 교주를 메시아나 재림주로 신격화하여 예수 그리스도 이외의 다른 예수를 주장하는 경향이 있다. 몰몬교는 교주 스미스를 멜기세덱의 제사장직을 받은 자로, 통일교나 신천지는 교주 문선명이나 이만희를 재림주로, 천부교는 교주 박태선을 참 하나님으로 믿는다.

넷째, 이단은 제도적인 교회를 부정하거나 교회의 단일성을 파괴한다. 이단은 흔히 정통 기독교 교회를 적대시하며 자신들만이 구원을 받는다고 주장한다. 고대의 도나투스주의(Donatism)나 종교개혁 시대의 재세례파(Anabaptists), 그리고 현대의 몰몬교 등이 그러하다.

---

10 조시 맥도웰 · 돈 스튜어트, 《이단종파》, 이호열 역 (서울: 기독지혜사, 1987), p.23.

이렇듯 이단은 그리스도의 복음과 다른 복음을 가르치거나 성경 말씀을 변조 또는 곡해하여 기독교의 교리에 배치되는 거짓 교리를 주장하는 것이 가장 큰 문제라고 할 수 있다.

이단은 실제적인 면에서도 많은 문제를 일으키고 있다. 이단은 그들 자신이 잘못된 교리를 신봉할 뿐만 아니라 교회 속으로 들어와 간교한 궤변으로 성도들을 미혹하여 교회에 심각한 폐해를 끼치고 있다. 따라서 이단은 트로이의 목마와 같은 존재다. 박해자는 단지 성도의 육체적 생명만 빼앗아 갈 수 있지만, 이단은 그의 영원한 생명을 빼앗아 갈 수 있다.

또한 이단은 극단적인 경우 사회 문제가 되기도 한다. 1992년에 일어났던 '다미선교회'나 2014년 한국 사회를 뒤흔들었던 구원파가 대표적 사례다. 따라서 이단은 진정한 교회가 아니며, 교회에 속한 것도 아니다. 그것은 "포도원을 허무는 여우"와 같은 존재일 뿐이다.

그렇지만 이단은 교회에 대해 부정적인 기능만 하는 것은 아니다. 긍정적인 기능도 없지 않다.

첫째, 정통 교리 형성에 촉매 역할을 한다. 이단이 잘못된 교리를 전파하는 것이 전통 신앙의 수호자들에게 그 오류를 고발하고 진리를 밝히게 하는 자극제가 되고 정통 교리 정립의 계기가 되기도 한다. 이런 면에서 이단은 정통의 존재에 기여한다고 할 수 있다. 고대 교회가 아리우스주의와의 논쟁을 통해 삼위일체 교리를 정립하고 네스토리우스주의와의 논쟁을 통해 그리스도의 양성 교리를 확립한 것이 그 예다.

둘째, 교리에 대한 신학적 관심을 불러일으킨다. 성경의 메시지는 항상 변조와 오해에 노출되어 있다. 이단의 출현은 교회로 하여금 성경의 메시지나 기독교 교리 가운데 혹시 간과하거나 소홀히 한 것 또는 무관심하거나 오해한 것이 있지 않나 되돌아보는 자기 성찰을 촉구한다. 왜냐하면 정통에 대한 의식이 존재하지 않는 곳에는 이단도 존재하지 않기 때문이다.[11]

셋째, 이단의 도전은 화석화된 교회에 활력을 불어넣고 부패한 교회를 개혁시키는 계기가 되기도 한다. 이단은 맹목에 가까운 열정적인 신앙과 그들 교주와 집단에 대한 물불을 가리지 않는 충성심, 그리고 불타는 활동력을 지니고 있다. 열심이 없는 사람은 이단이 되기 힘든 것이다. 이런 이단의 열정과 에너지는 무관심과 나태에 빠지기 쉬운 정통 교회와 성도들에게 큰 도전이 될 수 있다.

3. 왜 일어나는가

한국 교회는 선교 1세기 남짓한 짧은 역사에도 불구하고, 신흥 종교의 왕국이라 불릴 만큼 수많은 이단이 일어났으며 또 일어나고 있다. 이단이 발생하는 원인이나 동기는 다양하고 복합적이어서 한두 가지로 정리하기는 어렵다.

러셀(Jeffrey Russell)은 《종교 백과사전》(The Encyclopedia of Religion)에서 이단의 발생 원인을 일곱 가지로 분석했다.[12]

---

11 해롤드 브라운, 《교회사 안에 나타난 이단과 정통》, p.487.

12 Mircea Eliade(ed.), *The Encyclopedia of Religion*, vol. 6 (New York: MacMillan Publishing Company, 1987), p.273.

첫째, 교리와 전통에 대한 해석 문제다. 이것이 기독교 이단의 주요한 요소다. 대부분의 이단들은 교리를 통해 자신들의 입장을 정당화하려고 한다.

둘째, 생활양식, 즉 도덕 문제다. 급진적, 극단적 성격의 소종파들이 여기에 속한다.

셋째, 의식 문제다. 의식과 관련된 이단은 흔히 교회 문제와 연결된다. 2세기에 일어난 부활 날짜에 대한 논란이 그 대표적 예다.

넷째, 사회 문제다. 사회적 불안과 위기 상황으로 이단이 일어난다. 영국과 미국의 소종파 운동은 사회적 항거의 표현이었다.

다섯째, 정치 문제다. 특정 계층의 정치, 종교적 야심으로 사회적 이해에 개입하고 종교 분열을 일으킨다.

여섯째, 문화적 요소다. 문화적, 인종적 요소가 이단 발생의 원인이 되며, 2세기의 영지주의가 그 예다.

일곱째, 카리스마적 지도자다. 이단을 형성하고 성장시키는 데 중요한 역할을 하는 것이 강력한 호소력과 응집력을 가지고 있는 지도자다. 그들은 때로 새로운 종교의 창시자로 변신하기도 한다.

크리스티 머레이(Christie-Murray)는 그의 《이단의 역사》(A History of Heresy)에서 이단이 일어나는 동기(motive)를 다섯 가지로 지적했다.[13]

첫째, 모든 것을 성서 및 초기 기독교로 환원하려는 극단적인 보수파의 반동적 항거다. 고대의 몬타누스파는 조직화되고 제도화되는 교회에 대한 보수파의 반발에서 시작되었으며, 현대의 안식교는 주일 성수에 대한 반작용으로 태동되었다.

---

13 Christie-Murray, *A History of Heresy*, pp.10-11.

둘째, 정서적 요소와 지성적 요소의 불균형이다. 신앙의 정서적인 면을 강조하는 예언자적 신앙과 지성적인 교리와 질서를 강조하는 제사장적 신앙의 균형이 깨질 때 나타나는 현상 가운데 하나가 이단의 출현이다. 교회가 지성적인 면을 강조한 나머지, 정서적인 면을 만족시키지 못할 때, 교리를 희생시키면서까지 정서적인 신앙을 극단적으로 강조하는 열광주의적인 이단이 일어날 수 있다.

셋째, 객관적인 요소와 주관적인 요소의 불균형이다. 서방 로마 가톨릭 교회는 종교의 객관적인 면, 즉 실제 삶을 위한 종교를 강조한 반면, 동방 그리스정교회는 주관적인 면, 즉 하나님과의 직접적인 관계를 강조했다. 그런데 이를 과도하게 강조하게 되면, 이단에 빠지게 된다. 인간의 노력을 강조한 나머지 하나님의 은총을 축소하는 서방 교회의 사회 복음이나 하나님과의 신비적 관계를 추구한 나머지 인간관계를 소홀히 하는 동방 교회의 신비주의의 극단적인 형태가 이단이다.

넷째, 소홀히 한 진리에 대한 과도한 강조나 강조한 진리에 대한 과도한 반작용이다. 고대에 일어난 기독론적인 이단은 대부분 그리스도의 신성과 인성 가운데 어느 한쪽을 과도하게 강조하는 것에 대한 과도한 반작용으로, 그리고 현대의 크리스천사이언스(Christian Science)는 치유의 사명을 잊어버린 교회에 대한 반동으로 출현한 것이다.

다섯째, 말씀과 성례전 사역의 불균형이다. 이 두 사역은 서로 경쟁적인 관계에 있는 것이 아니라 상호 보완의 관계에 있으며, 적절한 균형이 필요하다. 중세 로마 교회의 일부 사제처럼 미사만 반복한다든가 일부 프로테스탄트 종파처럼 성례전은 도외시하고 설교만을 강조하는 것은 이단은 아니더라도, 이단성을 지닌 것이다.

이렇듯 크리스티 머레이 견해의 특징은, 이단의 발생 동기를 기독교 신앙의 양 요소 가운데 어느 하나만을 지나치게 강조하여 균형이 깨질 때 일어나는 극단적인 반작용으로 분석하고 있다. 그는 정통이 무엇인지 정의하는 것은 어렵지만, 이 다섯 가지 특징을 통해 이단을 발견하는 것은 쉽다고 보았다.

한국 기독교 이단 연구가인 탁명환은 이단 발생 원인을 일곱 가지로 지적했다.[14] 성경의 예언 성취, 교회의 부패와 타락, 자유주의 신학과 신앙, 교회의 극단적이고 폐쇄적인 율법적 신앙생활, 교회로부터 교인들의 욕구 불충족, 세상 징조로 인한 위기의식, 성서 해석의 오류가 그것이다.

이상의 세 견해 중 어느 것이 맞고, 어느 것이 틀리다고 말할 수 없다. 이단이 발생하는 원인은 다양하고 복합적이기 때문이다. 이들의 견해를 종합하면, 교회 안과 밖, 모두에서 이단의 발생 원인을 찾을 수 있다.

첫째, 성경과 교리에 대한 해석 문제다. 이단이 발생하는 교회 내적인 주 요소는 성경과 교리에 대한 전통적인 해석에 만족하지 못하고 다른 해석을 하는 것이다.

둘째, 교회의 문제점이나 취약점에 대한 반작용이다. 교회가 세속화되거나 도덕성이 저하되어 제 기능을 하지 못할 때, 부도덕한 이단이 발생하며, 기존 교회에 반감을 지닌 일부 교인들이 그런 집단에 미혹되거나 그들의 주장에 공감하게 된다.

셋째, 개인적 불안과 사회적 위기 상황이다. 급격한 사회 변동과

---

14 탁명환, 《기독교이단연구》 (서울: 한국종교문제연구소, 1986), pp.80-87.

불안정한 사회 구조가 이단 발생의 요인이 될 수 있다. 이단은 사회적 위기 분위기에 편승하여 임박한 종말을 계시받았다거나 스스로 재림 주로 자처하며 다가올 종말의 위기의식을 부추기고 심지어 문란행위를 허용하며 재물을 끌어모으는 경향이 있다.

_____ 4. 어떻게 판별할 수 있는가

기독교는 어떤 권위와 원칙에 의해 정통과 이단을 판별하고 규정하는가? 그것은 기독교의 각 흐름에 따라 차이가 드러난다. 왜냐하면 그것은 최고의 권위를 무엇에 두느냐의 문제이고, 그에 대한 입장이 동일하지 않기 때문이다. 예를 들어, 성경만 하더라도 그리스정교회와 로마 가톨릭 교회는 구약성경과 외경에 차이를 두지 않고 동일한 권위를 부여하는 데 비해, 루터교회와 영국 국교회는 외경을 성경에 포함하고는 있으나 구약성경보다는 낮은 수준의 권위를 인정한다. 반면, 그 외의 프로테스탄트 교회는 외경의 권위를 인정하지 않는다.[15]

로마 가톨릭 교회는 성경을 최고의 권위로 생각하지 않고 성경이나 전승보다 오히려 교회에 더 큰 권위를 부여하고 있다. 왜냐하면 하나님은 교회를 최고의 권위로 임명했을 뿐만 아니라 교회가 정경을 확정했기 때문이다. 따라서 최고의 권위는 교회에 있으며, 교회의 교도권을 소유한 교황이 최고의 권위자라는 것이다. 교회가 가르치는 것에는 오류가 없으며, 그것에 배치되거나 그것을 부정하는 것은 곧 이단이 된다. 이런 로마 가톨릭 교회와 달리, 그리스정교회는 성경과 전

---

15 Christie-Murray, *A History of Heresy*, p.3.

승을 진리의 원천으로 간주하고 양자에 동등한 권위를 부여한다. 성경과 전승이 이단을 판별하는 척도라는 것이다.

한편, 프로테스탄트 교회는 오직 성경을 최고의 권위로 믿으며 교리 문제에 대한 마지막 법정으로 간주하고 있다. 따라서 성경의 교훈과 다른 것을 주장하거나 가르치면, 이단이 되는 것이다.

또한 프로테스탄트 교회는 초대 교회로부터 전승된 전통적인 신앙과 교리를 진리의 척도로 간주한다. 초기 기독교가 이단의 도전에 대응하여 사용한 도구는 사도적인 신앙이었으며, 그것을 신조화한 것이 오늘날의 사도신경이다. 그 후 4~5세기에 삼위일체 교리를 명시한 것이 니케아 신조라면, 그리스도의 본성에 관한 교리를 정립한 것이 칼케돈 신조다. 프로테스탄트 교회 역시 이러한 신조를 정통을 판별하는 기준으로 삼고 있다. 따라서 역사적으로 전체 교회가 언제나 어디서나 공통적으로 믿는 교리가 정통이며, 정통 교리에 위배된 것이 이단이며 거짓 교리다.

구체적으로 이단을 판별하는 기준을 살펴본다면, 한국 교회의 보수적인 입장을 대변하는 한국기독교총연합회는 다섯 가지 기준을 제시한다.

첫째, 성경의 가감이다. 교회는 성경 66권을 기독교 유일의 경전으로 믿고 신앙과 생활의 규범으로 삼는다. 반면, 이단은 성경의 완전성을 부정하고 성경 이외에 또 다른 경전을 주장하며 그것에 최종 권위를 부여한다.

둘째, 그리스도의 구속사역을 제한하거나 부인하는 것이다. 교회는 예수 그리스도를 유일한 구세주로 믿는다. 반면, 이단은 그들의 교주 혹은 창시자를 신격화한다.

셋째, 새 계시와 영감(靈感)이다. 교회는 정경의 완성과 더불어 성서적 계시, 규범적 계시는 종료되었으며, 성령의 조명은 계속된다고 믿는다. 따라서 성경의 내용이나 권위를 능가하는 또 다른 계시는 존재할 수 없다. 반면, 이단은 성경의 완전성을 부정하고 성경 이외에 또 다른 계시가 가능하다는 것을 강조하며 새 계시, 환상, 직통 계시, 신비적 체험을 자신들의 교리를 합리화시키는 근거와 수단으로 제시한다.

넷째, 비윤리적이며 반사회적 집단이다. 이단은 교회와 교인의 신앙을 혼란케 할 뿐 아니라 건전한 상식을 벗어난 극단적 태도나 행동으로 사회 문제를 일으키기도 한다.

다섯째, 혹세무민이다. 이단은 예수 그리스도의 재림의 장소와 날짜를 말하여, 신자들을 미혹하여 금품을 사취하기도 한다.

_____ ## 5. 어떻게 대처해야 하는가

현대 교회는 교회사의 다른 어떤 세대보다 이단과 거짓 교사의 미혹에 취약한 실정이다. 그렇다면 그들에 대해 어떻게 대처할 것인가?

이단에 대처하는 데는 소극적 방법과 적극적 방법이 있다. 소극적인 대처는 이단 집단의 비리나 잘못된 주장을 지적하고 반박하여 이단에 빠지는 것을 예방하는 것이다. 그러나 이단들을 단순히 심리적 열광주의, 신비적 기복신앙, 마술적 사기술로 일축하는 것으로는 큰 효과를 기대할 수 없다. 왜냐하면 이단 집단은 강한 응집력을 가지고 있다는 것이 특징이기 때문이다.

이단에 대한 적극적 대처는 교회의 취약점을 보완하고 강화하는 것이다. 첫째, 말씀의 회복이다. 교회 안에서 성경에 대한 무지가 종교개혁 이후 다른 어떤 때보다 더 깊이 확대되어 가고 있다. 맥아더 목사는《진리 전쟁》에서 현대 교회의 설교 경향, 특히 복음주의 목회자들의 문제를 예리하게 지적한 바 있으며, 고든코넬대학 교수 데이비드 웰스는《신학 실종》에서 신학이 실종된 복음주의 교회의 증상을 자세히 분석했다.[16] 이들이 한결같이 지적하는 것은 전통적인 교리들이 교회 강단에서 사라지고 있거나 중심에서 주변으로 밀려나고 있는 반면, 복 주시는 하나님, 위로의 하나님, 성공적인 인생, 행복의 길과 같은 감상적이고 통속적인 주제들이 그 자리를 채우고 있다는 것이다. 목회자들은 회개나 갱신보다는 축복과 평강, 잘된다는 긍정적인 주제의 설교를 선호하고, 신자들은 십자가의 고난보다는 부활의 영광만을 바라보고 있다는 것이다. 이는 삶을 강조하는 신학적 흐름과 더불어 실용성을 중시하는 세속 문화의 영향이라고 할 수 있다. 사람들이 원하는 문제를 다루다 보니 복음의 본질적인 것보다는 지엽적이고 단편적인 것, 교리적인 것보다는 인간관계나 성공적인 삶, 자존심이나 방법론과 같은 인간 중심의 문제를 다루게 되었다. 삶의 적용과 사람의 필요를 과도하게 강조하여 성경 본문과 관련 없는 내용으로 일관하는 설교는 사람들의 흥미를 끌 수는 있지만, 청중들을 복음의 본질로 인도하기는 어렵다. 오히려 복음의 본질을 왜곡시키고 이단 못지않게 해를 끼치고 있다. 참과 거짓, 정통과 이단을 분별할 수 있는 궁극적 규범은 성경

---

16 데이비드 웰스,《신학 실종》, 김재영 역(서울: 부흥과개혁사, 2008); 존 맥아더,《진리 전쟁》, 신성욱 역(서울: 생명의말씀사, 2007).

말씀이고, 이단을 피하고 격파할 수 있는 최선의 길은 체계적 성경공부와 말씀에 대한 묵상이다. 따라서 한국 교회는 말씀의 회복과 말씀의 실천에 더욱 힘을 쏟아야 할 것이다.

둘째, 교리적 신앙의 강화다. 믿는 것이 중요한 것이 아니라 무엇을 믿느냐가 중요하다. 성경에 대한 정확한 지식과 올바른 신앙은 동전의 양면과 같이 서로 분리할 수 없는 것이다. 예수님이 가이사랴 빌립보에서 "사람들이 인자를 누구라 하느냐"고 기독교의 핵심 질문을 하셨을 때, 제자들은 "더러는 세례 요한, 더러는 엘리야, 어떤 이는 예레미야나 선지자 중의 하나라 하나이다"고 대답했다(마 16:13-19). 그리스도를 세례 요한이나 선지자 중 하나로 이해하는 자는 그리스도에 대한 바른 신앙을 가질 수 없다. "주는 그리스도시요 살아 계신 하나님의 아들"이라고 하는 그리스도에 대한 정확한 이해와 신앙을 가진 자가 진정한 신자다. 교회는 건전한 교리를 명쾌하게 선포하고 가르쳐서 신자들의 교리적 신앙을 강화해야 할 것이다.

셋째, 교회는 영성 회복과 육성에 적극적으로 나서야 한다. 초대교회는 금과 은은 없어도 예수의 이름의 권세가 있었다. 그러나 오늘날의 교회는 금과 은은 있어도, '예수 이름의 권세'를 잃어버리고 영적 침체의 늪에서 쉽게 헤어나지 못하고 있다. 최근 들어 교회가 세속화되거나 형식화되는 경향이 두드러지고, 교회와 목회자의 어두운 면이나 부정적인 사례들이 빈번히 노출되고 있는 것도 그런 현상 가운데 하나다. 이런 현상에 식상한 교인들이 교회를 외면하거나 이단 사이비 교주의 카리스마적 호소력에 쉽게 미혹되고 있다. 따라서 교회는 영성을 회복할 뿐만 아니라 하나님과의 영적 관계를 회복하도록 신자들의 영성을 육성하는 데 역점을 두어야 할 것이다.

넷째, 균형 잡힌 신앙이다. 크리스티 머레이가 분석한 이단 발생의 주 원인은 편향된 신앙이다. 서로 대비되는 신앙의 요소가 조화를 이루어 균형을 유지하는 것이 건전한 신앙이라면, 이 균형이 깨져 극단화되는 것이 결국 이단으로 이어지는 것이다. 따라서 신앙의 지적 요소와 정서적인 요소, 객관적인 면과 주관적인 면, 교리와 신앙 체험, 말씀과 성례전 등은 기독교 신앙의 필수 요소다. 그것은 양자택일적인 것이 아니라 양자 모두를 포함해야 하는 것이다. 따라서 어느 한 면이나 어느 한 교리를 극단적으로 강조하는 편향적인 신앙을 지양하고, 균형을 유지하는 온건한 신앙 태도를 지향해야 할 것이다.

1부 고대 교회와 이단 논쟁

2장

신약성서와
도마복음

서론

최근 도마복음이 한국 교회와 사회에서 화제가 되고 있고, 이와 관련해 자극적인 제목의 서적들도 쏟아져 나오고 있다. 도마복음은 이미 오래전에 고(故) 김용옥 교수를 통해 한국 교회에 소개된 바 있다. 그는 《도마복음서 연구》(1983)를 통해 나그함마디 문서에서 발견된 도마복음에 근거하여 기독론을 규명하려고 했다. 그럼에도 불구하고 도마복음서가 다시 주목을 받고 있는 것은 동명이인인 도올 김용옥의 활동과 무관하지 않은 것 같다. 그는 공중파 방송과 중앙 일간지 연재, 그리고 《도올의 도마복음 이야기》(2008)와 《도올의 도마복음 한글역주》(2010) 등의 저술을 통해 일반 대중들의 관심을 불러일으키고 있다.

도마복음에 관한 도올의 강의나 저술은 전통적인 신앙을 가진 기독교인들에게 적지 않은 충격을 주었다. 왜냐하면 그는 도마복음을 신약성서 복음서의 원형으로, 예수를 "니체보다도 더 본질적인 무신론자"이며 구약의 하나님과 결별을 선언하고 새로운 아버지의 나라를 선포했던 자로, 그리고 구원을 예수에 대한 믿음이 아니라 예수의 말씀에 대한 해석과 깨달음을 통해 이루어지는 것으로 해설했기 때문이다.[1]

필자가 도마복음에 관심을 갖게 된 것은 우연히 구입한 몇 권의 책에서 비롯되었다. 몇 년 전 연구년을 맞아 미국에 체류하는 동안 샌프란시스코 교외의 어느 중고 서점에서 영지주의에 관한 여러 문헌을 발견했다. 이미 오래전에 발표한 바 있는 '초기 기독교와 영지주의' 표제의 논문을 보완할 요량으로 그것을 구입해 읽으면서 관심을 갖게 된 것이 도마복음이었다.

필자는 이 글을 통해 도마복음에 관한 논쟁에 개입하거나 어떤 특정 학자의 견해를 비판하려는 것은 아니다. 도마복음이 예수님의 말씀의 원형이라고 하는 편향적인 주장에 충격과 당혹스러움을 느낄 수밖에 없는 전통적인 기독교인들에게 도마복음이 어떤 책인지를 검토하여 보다 균형 잡힌 정보를 제시하려는 것이다. 또한 도마복음이 여러 주제의 내용을 포함하고 있지만, 그 모든 것을 논의의 대상으로 삼으려는 것도 아니다. 그 가운데 신약성서 복음서와 첨예하게 대치되거나 논란이 되는 예수에 대한 이해, 특히 예수의 인격과 사역 그리고 영지주의와의 관계에 집중하려고 한다. 왜냐하면 그것이 왜 정통 교회가 도마복음을 신약정경에 편입하지 않고 이단적인 문서로 배척했는지를 해명해 주기 때문이다.

필자는 도마복음의 성격을 파악하기 위해 그것과 함께 발견된 나

---

1 김용옥,《도올의 도마복음 한글역주》3 (서울: 통나무, 2010), p.325.

그함마디 문서가 어떤 것인지를 먼저 살펴보고, 도마복음의 기독론과 도마복음과 영지주의의 관계를 논의하려고 한다. 도마복음 본문은 벤틀리 레이턴(Bentley Layton)의 《영지주의 경전》(The Gnostic Scriptures)에 수록된 영역본과 더불어 몇몇 한글 역본을 대조하며 인용하려고 하며, 김용옥의 《도마복음서 연구》, 신 마틴(Sean Martin)의 《그노스틱》(The Gnostics), 일레인 페이절스(Elaine Pagels)의 《숨겨진 복음서 영지주의》(The Gnostic Gospels), 《믿음을 넘어서: 도마의 비밀 복음서》(Beyond Belief: The Secret Gospel of Thomas) 등을 주로 참고하려고 한다.

1. 나그함마디 문서

영지주의는 기독교 최초의 이단이었고 교회에 위협적인 존재였음에도 불구하고, 그들 자신의 문서는 극히 일부만 전해졌다. 따라서 영지주의에 대한 기존의 연구는 그것을 논박한 고대 교부들의 저술과 그들이 인용한 영지주의자들의 단편적인 주장에 전적으로 의존해야 했다. 이런 영지주의 연구에 새로운 장을 연 것은 나그함마디 문서(the Nag Hammadi Library)였다. 1945년 이집트 농부들이 발견한 이 서고는 1600년간 땅속에 묻혀 있던 4세기의 문헌을 세상에 내놓음으로써 영지주의 연구에 새로운 활력을 불어넣었다.

1945년 12월 무함마드 알리 알 삼만과 그의 형제 알 마지드는 카이로 남쪽 약 595km 떨어진 나일 강 옆 자발 알 타리프(Jabal al Tarif) 벼랑 기슭에서 비옥한 흙을 모으기 위해 땅을 파다가 큰 진흙 항아리를 발견했다. 그들은 그곳에 악령이 들어 있지나 않을까 염려하여 항아리

여는 것을 두려워하면서도 혹시 금이 들어 있을지도 모른다는 생각에 용기를 내어 곡괭이로 항아리를 깨트렸다. 그렇지만 그 안에는 기대했던 금은 없고 고대 문서들이 있었다. 이 문서를 나그함마디 문서라 이름 붙였는데, 벼랑 근처 마을 이름에서 비롯된 것이다. 무함마드 알리는 그 일부를 담배 등과 맞바꾸거나 아주 헐값에 팔아넘겼다. 그 후 이집트 카이로 콥트박물관이 흩어진 문서 대부분을 수집하여 소장하게 되었고, 일부는 미국으로 밀반출된 것을 스위스 취리히의 융 재단(Jung Foundation)이 구입하여 보유하고 있다.[2]

나그함마디 문서는 가죽으로 묶인 13권의 파피루스로 된 책에 콥트어로 쓴 52개의 작품을 수록하고 있으며, 그중 40개는 이전에는 그 존재조차 알려지지 않았던 것이다. 이 문서의 표현 양식은 비밀스런 복음, 시, 우주의 기원에 대한 철학 및 신화적 기술, 마술 및 신비적 실천 지침 등 다양한 문학적 장르로 분류할 수 있다. 그중 주목할 만한 작품으로는 요한의 묵시, 진리의 복음, 도마복음, 부활에 관하여, 빌립복음, 마리아복음, 유다복음 등이 있다. 나그함마디 문서는 일반적으로 영지주의의 문서로 간주되고 있으며, 그 내용은 천상계를 비롯한 인간과 세계의 창조 신화, 영지주의의 비밀 교훈, 예수의 어록, 사도들의 생애 등으로 구성되어 있다. 일부 문서는 헬라의 지혜 문학, 이교 및 유대교 등 여러 전통으로부터 유래한 것이다. 학자들은 이 문서의 대부분이 4세기 중엽에, 그리고 일부는 1세기나 2세기 초에 만들어진

---

2 Sean Martin, *The Gnostics: The First Christian Heretics* (Harpenden, UK: Pocket Essentials, 2006), pp.9-11.

것으로 추정하고 있다.[3]

한편, 나그함마디 문서는 성서의 교훈과 전혀 다른 내용을 포함하고 있기도 하다. 예를 들어, 뱀의 관점으로 본 에덴동산 이야기는 뱀을 아담과 하와를 지식에 이르도록 설득하는 신적 지혜의 원리로 간주하는 반면, 주님은 이것을 막고 훼방하는 존재로 묘사하고 있다. 하나님을 인간과 질적으로 다른 분, 즉 전적 타자로 받아들이지 않고, 자아 지식이 곧 하나님의 지식이라 하여 인간과 하나님을 동일시한다. 또한 예수를 죄로부터의 구원자가 아니라 영적 이해를 위한 안내자 또는 영적 교사로 간주한다. 죄와 회개를 선포한 신약성서의 예수와 달리, 환상과 각성을 역설하는 '살아 있는 예수'를 전한다.[4]

이렇듯, 나그함마디 문서는 성경의 교훈과 전혀 일치하지 않거나 정통 기독교인들이 혐오하는 개념들을 포함하고 있는데, 이것이 긴 세월 땅속에 묻혀 있던 주요한 이유였다. 학자들은 이 문서를 초기 기독교의 금서 목록에 포함된 작품으로 간주하고 있다. 그들은 초기 기독교에서 널리 유포되었지만, 2세기 중엽 정통 기독교인들은 그들을 이단적인 것으로 고발하고 공격했다. 180년 리용의 감독 이레네우스가 《이단논박》을 저술하여 《진리의 복음》(The Gospel of Truth)을 "불경으로 가득한 것"으로 공격한 것이나 3세기 중엽, 로마의 히폴리투스가 《제 이단논박》(Refutation of All Heresies)을 저술하여 이단들의 사악한 불경을 폭로하고 논박했던 것이 그 대표적인 사례다. 기독교가 313년 밀라노

---

3 Charles W. Hedrick and Robert Hodgson Jr.(ed), *Nag Hammadi, Gnosticism, & Early Christianity* (Peabody, MA : Hendrickson Publishers, 1986), p.4.

4 Elaine Pagels, *The Gnostic Gospels* (New York: Vintage Books, 1989), pp.xvi, xx.

칙령을 통해 공인된 종교가 되고, 더 나아가 로마제국의 국교가 된 후, 이단적인 것으로 고소된 서책을 소유하는 것은 국법을 위반하는 중대 범죄였다. 따라서 국가와 교회는 그런 책들을 파기하라는 명령을 내리는 한편, 그것을 압수하여 불살라 버렸다. 이런 와중에 상부 이집트의 어떤 이, 아마도 근처 성 파코미우스(St. Pachomius) 수도원의 수도승은 이 명령에 불복하고 파기해야 할 책들을 수도원 도서관에서 빼내 항아리 안에 넣어 땅에 파묻어 놓았다. 그것이 다름 아닌 나그함마디 문서였다는 것이다.[5]

　나그함마디 문서는 1945년에 발견된 이후로도 근 30년 가까이 공개되지 않았다. 왜냐하면 그 문서를 발견한 마을 사람들과 그것을 입수한 골동품상들이 금전적인 이득을 노리고 그것을 숨기거나 해외로 밀반출했기 때문이다. 이런 우여곡절 끝에, 1972년부터 나오기 시작한 사진판 복사본이 1977년에 완성되었으며, 같은 해 전체 사본에 대한 최초의 영어 번역본이 미국에서 출판되었다.

　나그함마디 문서의 발견은 1947년에 발견된 '사해사본'과 함께 고고학상 최대의 성과라고 한다. 그것은 신약성서학과 초기 그리스도교 역사 연구를 위한 중요한 자료를 제공한 것은 물론, 그동안 숨겨졌던 고대 영지주의자들의 직접적인 자료를 제공함으로써 영지주의 연구에 새로운 지평을 열었다. 동시에 영지주의와 기독교의 관계를 재고해야 할 과제를 제기했다.

5　Ibid., pp.xviii-xix.

2. 도마복음

나그함마디 문서 가운데 가장 널리 알려진 것은 도마복음이다. 도마복음을 처음 발견한 것은 영국 고고학자들이었다. 그들이 1897년 옥시링쿠스(Oxyrhynchus)로 알려진 고대 쓰레기 처리장에서 발견한 파피루스 뭉치의 일부 조각이 헬라어본 도마복음의 일부였다. 그렇지만 도마복음 전체가 드러난 것은 나그함마디에서 발견된 콥트어 번역본을 통해서였다.

a. 저자

도마복음은 "이것들은 살아 있는 예수가 말씀하고, 디두모 유다 도마가(Didymus Jude Thomas)가 기록한 비밀스런 말씀"이라는 말로 서두를 시작하고 있다.[6] 도마복음은 그 말씀의 출처가 예수 자신이라는 것과 그것을 기록한 사람이 디두모 유다 도마라는 것을 밝히고 있다. 그렇지만 도마가 누구인지 대해서는 더 이상 언급하고 있지 않다. 학자들은 도마의 명칭과 고대 전통에 근거하여 도마에 대해 몇 가지로 추론하고 있다.

첫째, 도마는 예수의 쌍둥이 형제다. 헬라어 디두모(Didymus)와 아람어 도마(Thomas)는 각각 고유 명칭으로 사용되고 있지만, 또한 쌍둥이라는 의미를 지니고 있다. 시리아 전통에 따르면, 도마는 예수의 쌍둥이 형제였다고 한다. 그렇지만 쌍둥이가 실제로 혈연관계를 의미하는 것인지, 또는 영적 발전에 대한 은유적인 표현이었는지는 명확하지 않다.

---

6 Bentley Layton, *The Gnostic Scriptures* (New York: Doubleday & Company, Inc., 1987), p.380.

둘째, 도마는 사도 도마다. 대부분의 학자들은 도마를 예수님의 열두 제자 가운데 하나인 '디두모라 불리는 도마'로 이해하고 있다.

셋째, 도마는 유다서의 저자 유다다. 고대 문헌은 도마에 대해 흔히 단순히 도마로 언급하고 있지만, 그는 유다(Jude)라는 중간 이름을 가지고 있다. 이에 근거하여 일부 학자들은 도마를 예수님의 형제 '야고보의 형제'(유 1:1)로 불리는 유다로 추정한다.[7]

이렇듯 학자들은 도마복음의 저자 도마에 대해 여러 추론을 하고 있지만, 그가 디두모라 불리는 사도 도마(요 20:24)인지, 또는 예수님의 형제 유다인지, 아니면 도마라는 이름을 가진 제3의 인물인지, 어느 것도 확실하지 않다.

b. 저작 연대

연구가들은 도마복음 헬라어본의 저작 연대에 대해 다양한 견해를 제시하고 있지만, 그것은 두 가지로 정리할 수 있다. 하나는 도마복음의 저작 연대가 신약성서의 복음서와 동시대이거나 또는 그 이전일 것이라는 견해다. 이 견해를 지지하는 헬무트 쾨스터(Helmut Koester)는 도마복음은 신약성서 복음서보다 더 오래된 1세기 후반(50-100년)의 어떤 전통을 포함할 수 있다고 보았다. 다른 하나는 도마복음의 저작 연대는 신약성서 복음서보다 후대라는 견해다. 도마복음을 최초로 출판한 길레스 퀴스펠(Gilles Quispel)과 그의 동료들은 2세기 중엽을 저작 연대로 제시했다. 대부분의 학자들은 도마복음의 저작 연대를 2세기 중엽에서 3세기 사이로 추정하고 있으며, 일부 학자들은 그 구전 형태

---

7 Ibid., p.359.

의 연대로 50-100년을 주장하고 있다. 한편, 도마복음 콥트어 번역본은 4세기에 나온 것으로 보고 있다. 그렇지만 저작 연대에 대한 이런 견해는 어디까지나 추정일 뿐 확실한 것은 아니다.[8]

c. 저작 장소

도마복음을 비롯해 도마학파에 속하는 고대 문헌 《도마서》(The Book of Thomas), 《도마행전》(The Acts of Thomas), 《진주의 찬송》(Hymn of the Pearl)이 이집트에서 유포되었지만, 이것들을 저술한 장소는 이집트가 아니라 시리아나 메소포타미아 지역, 특히 북부 메소포타미아의 에데사(Edessa) 또는 같은 지역의 다른 도시였을 것으로 추정하고 있다. 이는 사도 도마가 메소포타미아 지역에서 복음을 전파했다는 것과 4세기 말까지 에데사교회가 도마의 유골을 성물로 소유하고 있었다는 기록 등에 근거한 것이다. 고대 에데사는 오늘날 동부 터키의 작은 도시 우르파(Urfa) 지역이며 고대에는 아르메니아-시리아 대상로에 위치한 헬라, 로마, 이란, 아랍 문화의 중요한 교류 지점이었다.[9]

d. 특징

도마복음은 '도마에 따른 복음'이라는 표제 아래 114개의 예수의 말씀을 모아 놓은 것이다. 이 말씀은 본래 어떤 순서나 번호가 없었으나 후대 학자들이 명료성을 위해 오늘날과 같은 번호를 첨부했다. 도마복음은 '복음'이란 표제를 사용하고 있다는 점에서는 신약성서 복음

---

8 Martin, *The Gnostics*, p.80

9 Layton, *The Gnostic Scriptures*, pp.361-363.

서와 동일하지만, 그 형식과 구조 및 내용 면에서는 큰 차이를 보이고 있다. 그 특징은 몇 가지로 지적할 수 있다.

첫째, 어록집이다. 신약성서 복음서가 예수의 생애와 교훈을 이야기 식으로 기록하고 있다면, 도마복음은 예수의 생애와 사역에 대한 언급이 전혀 없다. "예수께서 말씀하셨다"로 시작되는 말씀만을 모아 놓은 것으로, 이 말씀들은 연속성도 일관성도 없고 각각 독립적인 것이다.

둘째, 지혜서다. 도마복음은 구약성서의 지혜서인 잠언, 전도서와 욥기의 일부, 그리고 외경의 지혜서인 솔로몬의 지혜와 유사한 문학적 양식을 취하고 있다. 예수의 말씀만을 모아 놓은 것은 그것이 고대 현인의 어록이나 소위 천상의 지혜의 잠언과 같이 초시간적으로 참되다는 것을 가리킬 뿐만 아니라 예수가 천상적 지혜 자체라는 것을 암시한다. 예수는 "(모든 것을 관장하는) 빛이며" 전체가 그로부터 나와서 그에게 돌아가는 근원이다.

셋째, 비밀스런 말씀이다. 도마복음은 서두에서 그 자체를 예수의 비밀스런 말씀이라고 규정하고 있으며, 말씀 13에서는 예수가 오직 도마만 데려가서 다른 제자들에게는 알려 줄 수 없는 세 가지 비밀스런 말을 했다고 한다. 그것은 도마복음의 독특성을 피력하는 한편, 다른 복음서들과의 차별성을 강조한 것이다.

넷째, 영적이고 금욕주의적인 삶의 강조다. 도마복음은 개인의 영적 삶을 실천할 것을 역설하고 있다. "만약 네가 네 안의 것으로 내어 놓으면, 그것이 너를 살릴 것이요. 네 안에 그것이 없으면, 그 없는 것이 너를 죽이리라"(말씀 70). 또한 도마복음은 인간의 구원을 위해 금욕주의적 삶의 실천과 기본적인 교훈의 준수가 중요하다는 것을 강조하고 있다. "예수께서 말씀하셨다. 만일 너희가 세상과의 관련에서 금식하지 않는다면, 너희는 왕국을 발견하지 못할 것이다"(말씀 27). 이렇듯 도마복음은 인간이 구원의 상태에 이르기 위해서는 육적이고 세상적인 삶을 포기하는 금욕적이고 영적인 삶을 실천해야 한다고 강조한다.

요약하면, 도마복음은 서두에 디두모 유다 도마가 기록했다는 내증에 따라 저자를 도마로 보고 있으나 도마가 누구인지는 확실하지 않다. 저작 연대는 일반적으로 2세기 중엽에서 3세기 사이로, 그리고 저작 장소는 시리아나 메소포타미아 지역으로 추정하고 있다. 예수의 비밀 말씀이라고 주장하는 것이 도마복음의 외형적인 특징이라면, 예수를 계시자나 스승으로, 그리고 구원의 조건을 지식으로 보는 것이 내용상의 특징이다.

3. 도마복음 논쟁

도마복음의 존재는 히폴리투스(Hippolytus), 오리겐(Origen), 가이사랴의 유세비우스(Eusebius)와 같은 3-4세기의 교부들을 통해 알려져 왔지만, 그 내용은 전해진 바가 없었다. 1945년 나그함마디 문서의 발견으로 오랜 세월 묻혀 있던 도마복음의 존재가 세상에 드러났으며, 1959년 학자들의 도마복음 공동 번역으로 그 내용이 세상에 알려지게 되었다. 이렇듯 1600여 년에 걸쳐 묻혀 있다가 공개된 도마복음의 내용은 기독교계에 큰 충격을 주었을 뿐만 아니라 많은 기독교인들을 당혹스럽게 만들었으며 많은 논란을 일으켰다. 왜냐하면 도마복음에 나타난 예수의 모습은 신약성서의 예수와 전혀 다르기 때문이다.

a. 구원자인가, 교사인가

예수 그리스도가 누구인가 하는 질문은 기독교의 핵심을 묻는 질문이요, 이에 대한 정확한 이해는 기독교 신앙의 본질에 해당한다. 도마복음 역시 기독론에 중심을 두고 있지만, 신약성서가 전하고, 교회가 전통적으로 믿고 이해해 온 것과는 전혀 다른 예수를 전하고 있다. 도마복음과 신약성서의 차이는 기독론에서 선명하게 드러나고 있다.

(1) 살아 있는 이

예수가 누구인가를 함축적으로 말해 주는 것이 그의 호칭이다. 도마복음이 신약성서와 다른 점 중 하나도 예수에 대한 호칭에 있다. 도마복음은 그리스도나 인자와 같은 기독론적 명칭을 전혀 사용하고 있지 않다. 그 대표적 예가 가이사랴 빌립보에서 예수님과 제자들 간의 문답이다. 공관복음은 제자들을 향해 "너희는 나를 누구라 하느냐"고 하신 예수의 물음에 대해 베드로의 대답만을 전하고 있다. 마태복음은 "주는 그리스도시요 살아 계신 하나님의 아들"(마 16:13-19)로, 마가복음은 "주는 그리스도"(막 8:27-29)로, 그리고 누가복음은 "하나님의 그리스도"(눅 9:18-20)로 기록하고 있다. 반면, 도마복음은 베드로를 비롯하여 세 제자의 답변을 전하고 있다. 베드로는 예수를 "의로운 천사"라 했고 마태는 "현명한 철학자"와 같다고 한 반면, 도마는"무엇과 같은지 나의 입으로는 묘사할 수 없다"고 했다(말씀 13).

이 일화에서 두 가지를 주목할 수 있다. 첫째, 도마의 대답의 우위성 여부다. 마태복음에 따르면, 예수님은 베드로의 답변에 "너는 베드로라 이 반석 위에 내 교회를" 세울 것이라고 응답했다. 그렇지만 도마복음에 따르면, 예수는 제자들의 대답에 가부간의 반응을 보이지 않고 오직 도마만을 데리고 가 세 가지를 말씀하신다. 일부 학자들은 예수가 도마만 데리고 가 비밀스런 말씀을 했다는 것은 도마의 대답이 가장 우수하고 더 깊은 깨달음으로부터 나온 것임을 말해 주는 것이라고 해석한다.[10]

둘째, 도마는 그리스도나 메시아와 같은 기독론적인 명칭을 전혀 사용하지 않고 있다. 공관복음은 예수님을 그리스도로 호칭하고 있는데 반해, 도마복음은 그런 호칭을 전혀 사용하지 않는다.

도마복음이 예수에 대해 사용하는 독특한 호칭은 "살아 있는 이"다(말씀 37, 52, 59). 특히 그것은 도마복음의 서두에서부터 분명히 드러나고 있다. "이것들은 살아 있는 예수가 말씀하고, 디두모 유다 도마가 기록한 비밀스런 말씀"이다. 이 명칭이 신약성서에서도 발견되기는 하지만(요 6:51, 계 1:17-18), 도마복음이 그것을 사용한 것은 몇 가지 의미를 시사하고 있다.[11]

첫째, 예수는 비밀스런 말씀을 전해 주는 계시자다. 도마복음은 예수의 사역을 은밀한 말씀을 전해 주는 것에만 한정하고 있다. 예수는 영원하신 아버지 하나님과 은밀한 구원의 지식을 알려 주는 계시자라는 것이다.

---

10 오쇼 라즈니쉬, 《도마복음강의》, 박노근 역 (서울: 예문, 1997), pp.355-356; Elaine Pagels, *Beyond Belief: The Secret Gospel of Thomas* (New York: Random House, 2003), p.47.

11 김용옥, 《도마복음서 연구》 (서울: 대한기독교서회, 1983), pp.82-88, 167.

둘째, 예수와 제자들의 동등성이다. '살아 있는'이란 형용사는 예수와 아버지 하나님뿐만 아니라(말씀 3, 50) 제자 혹은 구원받은 자들(말씀 11)에게도 사용되고 있다. 이는 예수와 그의 제자들이 동등하다는 것을 시사하고 있다.

셋째, 영지주의와의 관련성이다. '살아 있는 이'란 명칭은 영지주의가 '부활하신 주'나 예수에 대해 널리 사용한 대명사다. 따라서 도마복음에 나타난 영지주의적인 요소 가운데 하나로 지적되고 있다.

(2) 지혜로운 교사

신약성서 복음서는 예수의 생애와 교훈, 즉 그의 탄생과 수난, 죽음, 부활, 이적 등을 주 내용으로 하고 있다. 예수는 인류를 죄와 죽음과 사탄의 속박으로부터 자유롭게 하는 구원자다. 그의 주 관심사는 인간의 죄와 회개였다. 반면, 도마복음은 예수의 생애와 사역에 대해서는 전혀 언급하지 않고 오직 그의 말씀만을 수록하고 예수를 오직 비밀스런 구원의 지식을 알려 주고 가르쳐 주는 계시자 또는 교사로 이해하고 있다. 예수는 영적 스승이요 지혜로운 교사다. 그의 주 관심사는 인간의 깨달음이었다. 말씀 2와 92 등이 이를 증거하고 있다. "예수께서 말씀하셨다. '찾는 자는 그가 발견할 때까지 중지하지 말라. 그가 발견하게 되면 그는 걱정하게 될 것이다. 그가 걱정하게 되면, 그는 놀랄 것이다. 그러면 그는 우주를 다스릴 것이다.'"(말씀 2). "예수께서 말씀하셨다. '구하라 그러면 발견할 것이다. 전에는 너희가 물어도 알려 주지 않았다. 지금은 다 얘기해 주고자 하나 구하는 자가 없도다.'"(말씀 92).

이렇듯 도마복음이 전하는 예수상은 인류의 구원자라기보다 구원에 이르는 비밀을 가르쳐 주고 지혜를 일깨워 주는 교사의 모습이다.

(3) 인간과 동등한 존재

신약성서는 예수를 사람으로 오신 하나님으로 증거하고 있다. 그는 "근본 하나님의 본체시나 하나님과 동등됨을" 포기하고 "오히려 자기를 비워 종의 형체를 가지사 사람들과 같이 되셨고 사람의 모양"으로 나타나셨다는 것이다(빌 2:6-8). 따라서 기독교인의 믿음은 예수가 가장 특별한 사람이나 탁월한 사람이 아니라 사람으로 오신 하나님이라는 사실에 있다.[12] 이는 예수가 우리와 질적으로, 그리고 존재론적으로 다르다는 것을 의미한다.

반면, 도마복음의 예수는 하나님의 아들이라는 자아의식도 없고, 인간과 차이도 없는 것으로 보인다. 말씀 15에서 "예수께서 말씀하셨다. '너희가 여인에게서 태어나지 않은 자를 볼 때에는 너희 얼굴을 땅에 대고 엎드려 경배하라. 그이가 곧 너희 아버지니라.'" 여기서 "여인에게서 태어나지 않은 자"가 하나님 아버지이고 경배의 대상인 것은 분명하지만, 그것이 예수를 지칭하는지는 분명하지 않다. 일부 학자들은 예수를 가리키는 것으로 이해하기도 하지만, 그것에 부정적인 연구가들도 적지 않다. 심지어 도올 김용옥은 이런 말이 예수에게서 나온 것은 그 자신은 "여자에게서 태어난 자이며 결코 경배의 대상이 될 수 있는 존재가 아니라"고 해석했다. 도마의 예수는 하나님의 아들이라는

---

12 Millard J. Erickson, *Christian Theology*, vol. 2(Grand Rapids: Baker Book House, 1986), p.683.

자의식이 전혀 없다.[13]

말씀 13과 108은 예수와 인간이 동등한 존재라는 것을 증거하고 있다. 말씀 13에서 예수께서 제자들에게 너희는 내가 누구와 같은지 비교하여 말해 보라 했을 때, 도마는 나의 입으로는 무엇과 같은지 말할 수 없다고 대답했다. 그러자 예수께서 도마에게 말씀하셨다 "나는 너의 선생이 아니다. 너는 마시고 있었기 때문이다. 너는 내게 속하고 내가 널리 퍼뜨린 넘치는 샘에 도취되어 있다." 말씀 108에서 예수께서 말씀하셨다. "누구든 내 입으로부터 마시는 자는 나와 같이 되리니 내가 그가 되겠고 그에게 비밀을 보일 것이다." 이 두 말씀을 종합하면, 예수의 말씀을 깨닫게 되면, 예수는 더 이상 그의 영적 스승이 아니다. 왜냐하면 그는 이제 예수처럼 되었기 때문이다. 이렇듯 도마복음은 신적인 것과 인간적인 것을 동일시하고 예수와 인간이 동등하다고 말하고 있다.

한편, 요한복음과 도마복음은 예수님을 태초부터 존재한 신적 빛과 동일시한다는 점에서는 유사하지만, 그 결론은 전혀 다르다. 요한복음은 예수를 신적 빛과 동일시함으로써 그의 선재성과 독특성을 역설한다(요 1:1-14). 예수는 모든 인류의 빛이며, 신적 빛을 세상에 가지고 오며, 우리는 오직 예수 안에 구현된 신적 빛을 통하여 하나님을 믿을 수 있다. 따라서 예수는 우리의 믿음과 경배의 대상이라는 것이다. 반면, 도마복음은 예수와 인간이 모두 선재적 기원을 가진 것으로 보고 있다. 왜냐하면 신적 빛이 예수뿐만 아니라 모든 사람 안에서 비춘다고 가르치고 있기 때문이다. 예수께서 말씀했다. "그들이 너희는 어

13　김용옥,《도올의 도마복음 한글역주》 2 (서울: 통나무, 2010) p 301.

디서 왔느냐 묻거든 우리는 빛에서 왔으며 빛이 스스로 존재하기 시작하여 형성되고, 그들의 형상에 나타난 그곳에서 왔노라 하라"(말씀 50). 예수와 인간은 빛, 즉 하늘에서 기원했다는 면에서는 동일하지만, 대부분의 사람들은 자신의 본성 안에 있는 신적 존재를 인지하지 못하는 반면, 예수는 인간이 그것을 깨닫도록 가르쳐 준다는 것이 다를 뿐이다.[14]

이상에서 살펴본 바와 같이, 신약성서 복음서와 도마복음이 결정적인 차이점을 드러내고 있는 것은 예수에 대한 이해다. 도마복음은 기본적으로 예수를 하늘로부터 오신 자로 보고는 있지만, 하나님의 아들이나 죄로부터 인간을 자유롭게 하는 구원자라기보다 하나님의 비밀 말씀을 전해 주고 가르쳐 주는 계시자 또는 교사로 이해하고 있다.

b. 믿음인가, 깨달음인가

도마복음은 예수에 대한 이해뿐만 아니라 그의 사역에 대한 이해 역시 신약성서와 다르다. 양자 간에 또 다른 차이를 드러내는 것은 구원에 대한 이해다.

신약성서에 따르면, 구원은 죄로 인해 파괴된 하나님과 인간의 관계가 회복되고, 죄로 향하던 인간의 본성이 의롭게 살고자 하는 마음으로 변화하는 것을 의미한다. 그것은 하나님의 은혜인 예수의 희생적 죽음과 인간의 믿음을 통해 이루어진다. "너희는 그 은혜에 의하여 믿음으로 말미암아 구원을 받았으니 이것은 너희에게서 난 것이 아니요 하나님의 선물이라 행위에서 난 것이 아니니 이는 누구든지 자랑하지

---

14 Pagels, *Beyond Belief*, pp.34, 41-42.

못하게 함이라"(엡 2:8-9).

이런 신약성서의 구원관과 정면으로 배치되는 것이 도마복음의 구원관이다. 그것은 몇 가지로 요약할 수 있다.

첫째, 구원이란 인간 자아의 신적 본성을 깨닫는 것이다. 말씀 52에서 예수께서 말씀하셨다. 너희는 너희 안에 있는 살아 있는 자를 무시하였고 죽은 자들에 관하여 말하였다." 이 구절에서 "살아 있는 자"는 인간 안에 있는 신적 본질을 가리킨다. 도마복음이 선포하고 있는 구원에 이르는 길은 인간의 참 본성을 깨닫는 것이다. 말씀 3도 이를 증거하고 있다. "하나님의 나라는 너희 안에 있고 너희 밖에도 있다. 너희가 너희 자신을 안다면, 너희는 알려질 것이고 너희가 살아 있는 아버지의 아들이라는 것을 알게 될 것이다." 이렇듯 인간이 자신 안에 있는 신적 본질, 즉 인간의 참 본성을 깨달아 알게 되면 더 이상 물질 세계의 속박을 받지 않는 휴식에 이르게 된다는 것이다. 그것이 곧 구원의 상태다. "나에게 오라. 내 멍에는 편안하고 나의 통치는 부드럽고, 너희가 안식하리라"(말씀 90).

둘째, 구원은 지식을 통해 성취되는 것이다. 도마복음에 따르면, 인간의 구원은 예수 그리스도를 믿음으로 이루어지는 것이 아니라 깨달음을 통해 이루어지는 것이다. 말씀 1은 그 자체를 예수가 직접 가르친 "비밀스런 말씀"이라고 천명하고 그 "의미를 발견하는 자마다 죽음을 맛보지 않을 것"이라고 선언하고 있다. 또한 말씀 19는 "너희는 여름이나 겨울에 확고부동한 낙원에서 다섯 나무들을 소유할 것이고 그것들의 나뭇잎들이 떨어지지 않는다. 그것들을 아는 자는 죽음을 맛보지 않을 것"이라고 말하고 있다. "죽음을 맛보지 않을 것"이라는 것은 구원의 상태를 가리키는 것이며, 그것은 예수를 통해서나 믿음에 의해 성취되는 것이 아니라 깨달음, 즉 지식에 의해 성취된다는 것이다.

셋째, 구원은 인간의 노력을 통해 성취할 수 있다. 신약성서는 구원은 인간의 행위에서 비롯된 것이 아니라 하나님의 선물임을 명시하고 있는 반면, 도마복음은 인간의 노력으로 구원에 이를 수 있다고 한다. 앞에서 살펴본 말씀 1에서 "비밀스런 말씀"의 "의미를 발견하는 자는 죽음을 맛보지 않는다고 한 것"이나 말씀 3에서 "너희 자신을 안다면… 살아 있는 하나님의 아들들이라는 것을 알게 될 것"이라고 한 것은 인간이 스스로 깨닫는 영적 지식에 의해 구원에 이를 수 있음을 말해 준다. 또한 하나님의 나라를 하나님의 은사로 간주하지 않고 인간 스스로 추구해야 할 대상으로 간주하는 것도 이를 뒷받침하고 있다(말씀 49). 말씀 70도 인간의 노력에 의해 구원에 이를 수 있다는 것을 말하고 있다. "만약 네가 네 안의 것으로 내어 놓으면, 그것이 너를 살릴 것이요. 네 안에 그것이 없으면, 그 없는 것이 너를 죽이리라."

이렇듯 도마복음은 인간의 구원을 인간의 신적 본성을 깨달아 아는 지식으로 보고, 그것은 인간 자신의 노력으로 성취할 수 있다고 보았다. 구원은 예수를 믿음으로 오는 것이 아니라 예수의 말씀의 의미를 깨닫는 지식으로부터 온다는 것이다.

c. 예수의 진정한 말씀인가

도마복음은 발견 이후 한때 '제5복음서'로 불리기도 했다. 왜냐하면 그것은 정경의 복음서 못지않은 가치가 있는 것으로 평가받았기 때문이다. 하지만 이후 도마복음에 관한 연구가 계속되면서 그것이 정당한 평가가 아니라는 것이 드러나고 있다. 왜냐하면 도마복음의 성격이 정경의 복음서와 전혀 다르기 때문이다.[15]

도마복음에 수록된 114편의 말씀 가운데 절반 정도는 정경 복음서와 유사하지만, 완전히 똑같은 구절은 없다. 예를 들어, "아무것도 드러나지 않게 감춰진 것은 없다"고 한 말씀 5는 마가복음 4장 22절과, 그리고 말씀 107의 잃은 양의 비유는 마태복음 18장 12-14절과 누가복음 15장 4-7절과 유사하다. 이러한 유사한 구절에도 불구하고, 앞에서 지적한 것과 같이, 도마복음의 내용이 정경의 복음서와 상당한 차이가 있다면, 그것이 과연 예수의 진정한 말씀인가 하는 의구심을 가지게 된다. 왜냐하면 도마복음 114편 모두가 "예수께서 말씀하셨다"고 말하고 있기 때문이다.

이 문제에 대한 견해는 크게 둘로 갈라지고 있다. 하나는 도마복음이 예수의 순수한 말씀이라는 것이고, 다른 하나는 예수의 순수한 말씀이 아니고 편집자가 각색한 문서라는 것이다. 전자는 도마복음이 정경의 복음서들과 독립된 다른 출처로부터 유래한 예수의 순수한 말씀을 보존하고 있다고 주장하는데, 대표적인 학자가 퀴스펠이다. 그 근거는 몇 가지로 정리할 수 있다.

첫째, 도마복음 헬라어본의 저작 연대다. 학자들은 도마복음 헬라어 원본은 2세기 전반에 그 이전의 진술을 기록한 것이고, 그것의 가장 오래된 구전 형태는 50-100년, 또는 신약성서 복음서와 동시대에 이루어진 것으로 추정하고 있다. 이렇듯 오래된 것이라면, 도마복음

---

15 B. Gartner, *The Theology of the Gospel according to Thomas* (New York: Harper & Brothers, 1961), p.11; 김용옥, 《도마복음서 연구》, p.13 재인용.

은 정경 복음서 저자들이 기록하지 않았던 예수의 본래 말씀을 포함할 수 있다는 것이다. 또한 도마복음서는 양식 비평을 통해, 마태복음이나 누가복음보다 더 오래되고 더 본래적인 형태를 간직하고 있다는 것이 확인된다고 한다.[16]

둘째, 소위 예수 어록과의 일치다. 일부 학자들은 도마복음과 소위 Q자료의 내용상의 일치와 문서 양식상의 유사성에 근거하여, 도마복음이 예수의 어록이라고 주장하고 있다. 그들은 도마복음서 내용과 Q자료의 내용이 35퍼센트나 정확하게 일치한다는 것과 Q처럼 도마복음도 예수의 탄생, 수난, 죽음, 부활 그리고 이적 사건을 전혀 언급하지 않고 순수 지혜의 담론만을 수록하고 있다고 주장한다.[17]

셋째, 복음서 가운데 하나다. 초기 기독교는 여러 형태로 전파되었으며 신약성서 복음서 외에도 여러 유형의 복음서가 유포되었다. 레이턴에 따르면, 도마복음은 2-3세기 초기 기독교, 특히 지중해 동부 메소포타미아 지역 기독교인들이 사용한 권위 있는 경전 가운데 하나였다.[18]

사도 요한은 "예수께서 행하신 일이 이외에도 많으니 만일 낱낱이 기록된다면 이 세상이라도 이 기록된 책을 두기에 부족할 줄 아노라"라는 말로 그의 복음서를 끝맺고 있다(요 21:25). 이는 신약성서 속에 기록되지 않은 예수의 교훈이나 행적이 있을 수 있다는 개연성을 열어 놓은 것이다. 도마복음의 발견이 그것을 뒷받침하는 셈이다. 문제는

---

16 Layton, *The Gnostic Scriptures*, p.377

17 김용옥,《도올의 도마복음 이야기》1(서울: 통나무, 2008), pp.249-251.

18 Layton, *The Gnostic Scriptures*, pp.361, 376.

도마복음에 기록된 것이 예수님의 진정한 말씀인가 하는 것이다. 이에 대해 고대 교부들은 물론, 현대 연구가들 중에도 부정적인 입장을 취하는 이들이 많다. 특히 고대 교부들을 비롯해 정통 교회의 입장은 도마복음이 예수의 순수한 말씀은 아니라는 것이다. 히폴리투스, 오리겐, 가이사랴의 유세비우스 같은 3-4세기의 교부들은 도마복음의 존재를 인지하고 그것을 이단적인 것으로 간주했다.[19] 따라서 4세기 교회가 신약 정경을 결정하는 과정에서 도마복음을 배제했던 것은 그 존재를 몰랐기 때문이 아니라 그것이 정경의 기준에 미달되었기 때문이다. 특히 그 내용이 교회가 전통적으로 가르치고 있는 교리에 어긋났기 때문이다. 이것은 앞서 살펴본 예수나 구원에 대한 이해에서도 선명하게 드러나고 있다.

한편, 도마복음이 독자적인 예수의 순수한 말씀이라는 것에 부정적인 현대 연구가로는 게르트너, 그랜트 등이 있다. 그들은 대부분 도마복음이 영지주의적인 요소를 포함하고 있다는 것과 도마복음이 공관복음서에 의존했을 가능성이 많다는 이유로, 도마복음의 순수성에 의구심을 나타냈다.[20] 특히 도마복음이 영지주의적인 관점에서 예수님의 말씀을 재해석한 것이라면 예수님의 순수한 말씀이라고 볼 수 없다는 것이다.

이상의 논의를 정리하면, 도마복음이 예수의 말씀의 원형이라든가, 독자적인 순수한 말씀이라든가, 그것이 전적으로 공관복음으로부터 유래한 것이라고 주장하는 것은 지나친 견해인 반면, 오히려 도마

---

19 김용옥, 《도마복음서 연구》, pp.14-15.

20 Ibid., pp.22-28.

복음이 다양한 출처로부터 나온 것이라고 보는 것이 더 설득력 있는 것 같다. 이는 다음에 논의할 도마복음과 영지주의와의 관계에서도 드러나고 있다.

d. 영지주의 문서인가

도마복음은 영지주의의 영향이나 그 관계성을 직접 언급하지도 않았거니와, 발전된 형태의 영지주의, 즉 바실리데스(Basilides)나 발렌티누스(Valentinus) 등이 주창한 고전적 영지주의를 도마복음에서 발견할 수 있는 것도 아니다. 그렇지만 도마복음이 영지주의 서고로 불리는 나그함마디 문서와 함께 발견되었으며 영지주의적인 요소로 보이는 내용을 포함하고 있는 까닭에 도마복음이 영지주의 문서인가 하는 물음이 제기되고 있다.

도마복음이 순수한 예수의 말씀이 아니라고 이해하는 이들은 그 근거 중 하나로 도마복음의 영지주의적인 요소를 지적하는 반면, 도마복음이 예수의 순수한 말씀이라고 주장하는 이들은 도마복음과 영지주의의 관계를 부정하는 경향이 있다. 영지주의나 도마복음 연구가들은 각자의 해석에 따라 도마복음의 영지주의적인 성격에 대해 서로 다른 견해를 주장한다.[21]

도마복음을 영지주의 문서로 간주하는 학자로는 헬무트 쾨스터(Helmut Koester), 일레인 페이절스(Elaine Pagels) 등이 있다. 쾨스터는 도마복음이 인간 자신 안에서 신적 본질의 자각을 강조하고 있다는 것 등

---

21 최병수, 《초대 교회와 도마복음》(서울: 아우름, 2013). 저자는 이 문제를 한 장으로 취급하여 양쪽의 입장을 대변하는 학자들의 견해를 소개하고 있다. pp.65-100.

에 근거하여 그것을 '유대 영지주의 복음서'로 규정했다.[22] 페이절스는 도마복음이 지식을 통해 구원에 이른다고 역설한 것, 즉 도마복음이 "비밀스런 말씀"으로 자처하고 그 의미를 발견하는 것, 그리고 인간이 자아의 본성을 깨닫는 것을 통해 구원에 이른다고 한 것은 영지주의 구원관과 다를 바 없다고 보았다.[23]

반면, 도마복음을 영지주의 문서로 보지 않는 학자로는 버저 피어슨(Birger A. Pearson), 켄드릭 그로벨(Kendrick Grobel), 도올 김용옥 등이 있다. 피어슨은《고대 영지주의》(Ancient Gnosticism)에서 이원론적 관점을 영지주의의 특징으로 규정한다. 초월적인 신과 그보다 열등한 신이 있으며, 이 세계를 창조한 구약성서의 하나님은 전자가 아니라 후자라는 것이다. 피어슨은 이런 이원론적 신 개념을 도마복음에서 발견할 수 없다는 것에 근거하여 본래의 헬라어본 도마복음은 영지주의의 문서가 아니었으나 콥트어로 번역하는 과정에서 영지주의적인 색조가 가미된 것이라고 주장했다.[24] 그로벨은 도마복음은 영지주의 문서가 아니라 2세기 어떤 기독교 공동체의 문서라고 주장했다. 왜냐하면 그것이 영지주의의 신화 개념을 전혀 언급하지 않는 반면, 강한 금욕주의적 경향을 드러내고 있기 때문이다.[25]

---

22 Helmut Koester, *Ancient Christian Gospels: Their History and Development* (London: SCM Press, 1990), pp.83, 125.

23 Pagels, *Beyond Belief*, p.53.

24 Birger A. Pearson, *Ancient Gnosticism: Tradition and Literature* (Minneapolis: Fotress Press, 2007), pp.12-13, 267.

25 Kendrick Grobel, "How Gnostic is the Gospel of Thomas?" *New Testament Studies* 9(1960), pp.367-373.

한편, 도올 김용옥은 도마복음을 "영지주의 문서의 일환으로 간주하는 것은 매우 위험한 일"로 취급했다.[26]

이렇듯 도마복음을 영지주의 문서로 간주하는 학자들은 주로 그 구원관, 즉 인간의 구원은 예수의 희생적 죽음이나 그에 대한 믿음을 통해 이루어지는 것이 아니라 하나님과 인간 본성에 대한 올바른 지식에 의해 이루어진다는 것 등에 근거하고 있다. 반면, 도마복음이 영지주의 문서가 아니라고 주장하는 학자들은 그 신론, 즉 도마복음에서는 이원론적 신관이 나타나고 있지 않다는 것 등에 근거하고 있다.

도마복음을 영지주의 문서로 규정하든지 또는 그것을 부정하든지 간에, 적어도 그것이 영지주의적인 요소를 포함하고 있다는 것은 부정할 수 없을 것 같다. 특히 도마복음이 그 자체를 "비밀스런 말씀"이라고 천명한 것에서 보듯이 예수를 은밀한 지식의 계시자나 교사로 보는 것이나 인간의 신적 본성을 깨닫는 것을 통해 구원을 얻는다면서 지식을 강조한 것, 세상과 육체에 경멸적인 반면, 금욕주의적인 삶을 강조한 것 등은 신약성서보다는 영지주의 사상에 더 가깝다. 왜냐하면 인간의 구원을 예수의 희생적 죽음이나 그에 대한 믿음을 통해 이루어지는 것으로 가르치고 있는 신약성서와 달리, 영지주의는 구원이 하나님과 인간 본성에 대한 올바른 지식, 즉 영지에 의해 이루어지는 것으로 보았기 때문이다. 이런 영지주의적인 경향은 도마복음 헬라어본보다도 콥트본에서 더 선명하다고 한다. 따라서 설사 도마복음이 영지주의의 문서가 아니고 예수님의 말씀을 포함하고 있다 할지라도, 그것은 예수님의 순수한 말씀은 아니다. 한편, 그것이 영지주의 문서라고

---

26 김용옥, 《도올의 도마복음 한글역주》 2, p.70.

단언하기 어려운 면도 있다. 왜냐하면 영지주의 사상의 주류와 일치되지 않는 요소들도 포함하고 있기 때문이다. 물질적인 것, 육체적인 것을 모두 악으로 규정하지 않은 것도 그중 하나다. 이 양면을 고려한다면, 도마복음은 예수의 말씀을 영지주의적인 관점에서 재해석한 이단적 운동의 한 분파를 대변한 것 같다.[27]

결론

1600년이나 땅속에 묻혀 있던 도마복음의 발견은, 기독교의 기원이나 초기 기독교에 관심을 가진 많은 사람들에게 지적 호기심을 불러일으켰다. 또한 그것은 초기 기독교가 하나의 통일된 형태로 전파된 것이 아니라 다양한 형태로 전파되었으며, 신약성서의 복음서 외에도 여러 유형의 복음서가 유포되었다는 견해를 뒷받침하는 등 초기 기독교 연구는 물론, 영지주의 연구에도 귀중한 자료를 제공하고 있다.

그렇지만 도마복음의 발견은 새로운 문제를 일으켰다. 도마복음이 예수의 진정한 말씀인가 하는 것이다. 왜냐하면 그것은 신약성서 복음서와 전혀 다른 이야기를 전하고 있기 때문이다. 예수와 그의 업적에 대한 기록이 그러하다. 도마복음은 예수를 그리스도와 메시아로, 즉 인류의 구원자로 이해하지 않고 비밀의 말씀을 가르치는 교사나 인간을 깨달음으로 인도하는 안내자로 묘사하고 있다. 또한 구원도 인간 본성의 변화와 하나님과 관계 회복으로 보지 않고, 인간의 신적 본성을 깨닫는 것으로 보며, 구원이 하나님의 은혜와 그리스도에 대한 믿음으로 성취되는 것이 아니라 인간 자신의 노력에 의해 성취될 수

---

27 김용옥, 《도마복음서 연구》, p.17.

있다고 한다.

그런데 도마복음의 문제는 그리스도를 교사로 보거나 구원을 깨달음으로 이해한 것에 있지 않고 오직 그것만을 가르친다는 데 있다. 신약성서도 예수님을 교사로 묘사했으며, 깨달음의 중요성을 지적하고 있다. 그러나 도마복음은 인류의 구원자로서 예수를 외면하고 있으며 단지 교사로서만 나타내고 있고, 예수의 십자가 죽음에 어떤 중요성도 부여하지 않는 것은 물론, 그의 죽음과 부활에 대해서는 논의조차 하지 않는다.

도마복음이 정경에서 제외되고 이단적인 문서로 밀려나게 된 근본적 이유는, 교회가 전통적으로 알고 있고 믿는 것과 전혀 다르고, 사도적인 교회와 신학적인 연속성도 없으며, 그 기원과 출처도 의심스러운 내용을 가르치기 때문이다. 특히 예수가 구원과 생명에 이르는 유일한 길이요, 구원은 그의 희생적 죽음을 통해 이루어진다는 기독교 핵심 교리에 대해서는 침묵하는 한편, 인간 자신의 참 본성을 깨닫는 것, 즉 지식을 통해 구원에 이를 수 있다고 주장한 것이 문제였다. 도마복음이 믿음이 아니라 깨달음을 강조한 것이 정경에 포함되지 못한 이유 중 하나인 것이다.

이레네우스가 《이단논박》에서 인간의 자력적인 구원 가능성을 일축한 것도 도마복음을 비롯한 영지주의에 대한 당시 교회의 입장을 대변한 것이었다. "자신의 불순종으로 인해 한번 패배하고 멸망한 인간이 스스로 개혁하여 승리의 대가를 얻을 수 있다는 것은 불가능하다. 더구나 죄의 권세 아래 떨어져 있는 인간이 구원에 이를 수 있다는 것 역시 불가능하다."[28]

또 다른 이유는, 영지주의와의 관계였다. 도마복음이 영지주의에 대해 직접 언급하거나 발전된 형태의 영지주의를 대변하고 있는 것은 아니라 하더라도, 적어도 초보적인 형태의 영지주의적인 요소를 지니고 있다는 것은 부정할 수 없다. 도마복음서 저자가 영지주의 사상을 기독교화하려 했는지, 또는 기독교 복음을 영지주의화하려 했는지는 명확하지 않지만, 기독교를 영지주의적인 방향으로 이끌고자 한 것은 분명한 것 같다.[29] 이에 따라 영지주의적인 기독교 문헌과 더불어 도마복음도 고대 교회로부터 이단적인 문서로 낙인찍혀 압수되어 소실되는 운명에 처하게 된 것이다.

이런 교리적인 이유 외에도, 일부 학자들은 정치 및 사회적인 이유를 들기도 한다. 기독교적 영지주의나 도마복음이 유일한 형태로 교리를 확립하려는 정통파 교회와의 경쟁이나 논쟁에서 패배하여 이단으로 밀려나게 된 것은 정치 및 사회적인 이유에서 비롯되었다는 것이다. 정통파 기독교는 황제의 지지를 획득함으로써 안정적이고 지속적으로 성장한 반면, 황제의 지지를 확보하지 못한 영지주의적 기독교는 이단으로 밀려나게 되었다는 것이다.[30]

고대 교회가 출처가 의심스러운 기독교 문헌들을 신학적 논의에서 제외하려는 과정에서 이루어진 것이 4세기에 완성된 정경화 작업

28 Ireneus, *Against Heresies*, III, 18-2, *The Ante-Nicene Fathers*, vol. I(Grand Rapids: WM. B. Eerdmans Publishing Company, 1979), pp.446.

29 김용옥,《도마복음서 연구》, pp.202-203.

30 Pagels, *The Gnostic Gospels*, pp.142-150.

이었다. 이 정경에 절대적인 권위를 두는 데서 정통이 형성된 반면, 신학의 기반을 외경에 두는 데서 이단이 생기게 된 것임을 현대 기독교인들은 유념해야 할 것이다.[31]

---

31 알리스터 맥그라스, 《그들은 어떻게 이단이 되었는가》, 홍병룡 역(서울: 포이에마, 2011), p.82.

3장

기독교와
영지주의

서론

영지주의는 최초로 출현한 기독교 이단 가운데 하나다. 고대 교부들이 저술을 통해 그것을 신랄하게 논박한 것은 당시 교회에 끼친 영지주의의 폐해의 심각성을 반증하고 있다. 하지만 현대에 이르기까지 영지주의에 대한 연구는 교부들의 저술과 여기에 인용된 영지파의 단편적인 주장에 전적으로 의존해야 했다. 따라서 그것은 영지주의를 논박한 자료에 전적으로 의존했다는 점에서 그 객관성의 한계를 지닐수밖에 없다. 영지주의 연구에 새 장을 연 것은 1945년 12월 두 농부가 카이로 남쪽 나일 강 옆 벼랑 기슭에서 우연히 발견한 나그함마디 문서였다. 그 문서는 다름 아닌 영지주의에 관한 4세기의 직접적인 자료였다. 이 자료와 더불어 영지주의자들의 저술을 통해 그들의 견해를 살펴볼 수 있는 길이 열리게 된 것이다.

영지주의란 용어는 두 가지 의미로 사용되고 있다. 하나는 기독교 이전부터 존재해 온 영지적인 사고와 개념 또는 분위기를 지닌 종교 운동을 가리키는 넓은 의미이고, 다른 하나는 2세기에 널리 유포되었던 기독교 이단 종파를 가리키는 좁은 의미다. 전자를 기독교 이전의 영지주의로, 그리고 후자를 기독교적 영지주의로 구분하기도 한다.

1966년 이탈리아 메시나(Messina)에서 개최된 '영지주의의 기원'에 관한 콜로키움은 거의 동의어로 사용되던 용어인 영지주의(Gnosticism)와 영지(Gnosis)를 구분했다. 전자는 2세기에 발전한 일단의 종교적인 체계와 현상을, 그리고 후자는 '신적인 신비의 지식'을 가리키는 것으로 정의한 것이다.[32]

영지주의는 무엇이며 어떻게 일어나서, 누가 무엇을 주장했는가, 그리고 당시 교회는 그것에 어떻게 대처했으며 왜 그들을 이단으로 간주했는가? 이런 문제를 중심으로 초기 기독교와 영지주의의 관계를 논의하려고 한다.[33]

---

[32]   Charles W. Hedrick and Robert Hodgson, Jr.(ed), *Nag Hammadi, Gnosticism, & Early Christianity* (Peabody: Hendrickson Publishers, 1986), pp.128-135; Bentley Layton, *The Gnostic Scriptures* (New York: Doubleday & Company, Inc., 1987), p.5; R. McL. Wilson, *Gnosis and the New Testament* (Oxford : Basil Blackwell, 1968), p.9

[33]   이 글은 필자가 '영지주의와 초기 기독교'(〈목회와 신학〉, 1993년 2월)와 '초기 기독교에 미친 영지주의의 영향'(〈신학과 선교〉 18집, 1994)이란 표제 아래 발표했던 것을 최근 연구 문헌을 반영하여 수정, 보완한 것이다.

_____ 1. 기독교적 영지주의

a. 영지주의의 기원

영지주의의 기원 문제는 최근까지도 논란이 되는 주제 가운데 하나다. 이 논란의 발단은 영지주의자들이 그들의 역사에 대한 기록을 남기지도 않았고 그들 사상의 기원이나 형성 과정에 큰 관심을 기울이지도 않았던 데서 비롯된다. 그렇다면 영지주의는 언제 어떻게 존재하게 되었는가? 그것은 2세기부터 존재한 것인가, 아니면 그 이전, 신약성서 시대에도 존재했던 것인가?

신약성서 시대의 영지주의 존재 여부는 해석상의 문제인 것 같다. 왜냐하면 당시에 영지주의가 존재했다는 성서적 근거도 분명하지 않거니와 영지주의가 교회사에서 문제가 된 것도 2세기 이후였기 때문이다. 독일 계통의 학자들은 일반적으로 기독교 이전에도 영지주의가 존재했다고 주장하는 반면, 영미 계통의 학자들은 이를 부정하고 그것을 2세기 기독교 이단으로 간주하는 경향이 있다. 예를 들어, 불트만(Rudolf Bultmann)은 요한복음서가 기독교 이전부터 존재하던 영지주의의 영향을 받았다고 주장했다. 요한복음서 저자가 동방에서 유래된 영지주의 전통을 그리스도 사건에 적용했다는 것이다. 반면, 버키트(F. C. Burkitt), 다드(C. H. Dodd), 스몰리를 비롯한 영미 학자들은 요한복음서가 영지주의의 영향을 전혀 받지 않았다고 주장한다.[34]

그렇다면 영지주의는 어디에서 유래한 것인가? 이에 대한 다양한

---

34 Wilson, *Gnosis and the New Testament*, p.7.

학설을 몇 가지로 정리해 볼 수 있다.[35]

첫째, 동양 종교 유래설이다. 고대 정통 교부들은 영지주의를 비기독교적인 것으로 취급하고 조로아스터교, 신비 종교, 점성술, 마술 등을 비롯한 동양 종교에서 그 뿌리를 찾았다. 이 견해는 현대에서도 지지를 받고 있다. 20세기 초 신약성서학자 부세트(William Bousset)는 고대 바빌로니아와 페르시아를 영지주의의 근원으로 규명했으며, 언어학자 라이젠스타인(Richard Reitzenstein)은 영지주의가 고대 이란 종교, 특히 조로아스터교로부터 유래했다고 주장했다.[36] 영지주의의 심판의 날, 부활, 이원론적 세계관, 두 신관 등이 조로아스터교의 영향을 증거한다는 것이다.

둘째, 헬라 사상 유래설이다. 고대 교부들이 영지주의의 근원 중 하나로 지목한 것이 헬라사상이었다. 그들은 영지주의가 신플라톤 철학과 같은 후기 헬레니즘 시대 철학의 영향으로 일어났다고 보았다. 헬라 사상으로부터 모든 이단의 기원을 찾았던 히폴리투스가 대표적인 인물이다. 20세기 교리사가 하르낙(Adolf von Harnack) 역시 영지주의를 기독교 이단으로 간주하고 그것은 기독교 교리를 헬라 철학으로 해석하여 성경의 메시지를 "극단적으로 헬라화"한 것이라고 하였다. 영지주의는 "기독교 신앙이 헬라 철학의 흙탕물로 오염된 결과"라는 것이다.[37]

---

35 Robert M. Grant, *Gnosticism* (New York : ANS Press, 1978), pp.16-18; Justo L. Gonzalez, *A History of Christian Thought*, vol. 1(Nashville: Abingdon, 1981), p.129; Sean Martin, *The Gnostics: The First Christian Heretics* (Herts: Pocket Essentials, 2006), pp.21-27.

36 Elaine Pagels, *The Gnostic Gospels* (New York: Vintage Books, 1989), p.xxx.

37 Adolph von Harnack, *History of Dogma*, vol. 1 (New York: Russell and Russell, 1958), p.226;

셋째, 유대교 유래설이다. 영지주의가 유대교의 금욕적이고 묵시적인 종파, 특히 에세네파의 이원론적 세계관이나 지혜 전승에 뿌리를 두고 있다는 것이다. 독일의 프리들랜더(M. Firedlander) 교수는 유대교 기원설을 지지하고 유대교 랍비들이 1-2세기에 공격했던 이단이 '유대교적 영지파'라고 했다.[38]

넷째, 기독교 내부 유래설이다. 기독교 내부 유래설은 두 형태로 세분된다. 하나는 영지주의가 기독교 내부의 이단적 사상에서 유래했다는 것이고, 다른 하나는 그것이 1-2세기에 번창한 기독교의 한 형태라는 것이다. 특히 바우어(Walter Bauer)에 따르면, 영지주의는 본래 새로운 종교운동의 한 형태로 단순히 기독교였고 어느 지역에서는 다수를 점하기도 했으나 당시 기독교 권력자들의 눈 밖에 나고 정통주의자들의 미움을 사는 바람에 이단으로 정죄되었다는 것이다. 즉 권력자들의 승인 쟁취를 위한 싸움에서 승리한 자가 정통이 된 반면, 패배한 자는 이단이 되었다는 것이다.[39]

다섯째, 고대 종교 및 사상의 혼합설이다. 이는 영지주의의 기원을 기독교 전파 과정을 통해 일어난 일종의 혼합 현상에서 찾는 것이다.[40]

이상에서 살펴본 견해 가운데서 보다 설득력 있는 해명은 여러 요인의 혼합에서 그 기원을 찾는 이론인 것 같다. 왜냐하면 어느 특정 요

Wilson, *Gnosis and the New Testament*, p.5.

38 M. Friedlander, *Der Vorchristliche judische Gnosticismus* (Gottingen, 1972); Pagels, *The Gnostic Gospels*, p.xxx, 재인용.

39 Walter Bauer, *Orthodoxy and Heresy in Earliest Christianity* (Philadelphia: Fortress Press, 1971), p.xxii.

40 Martin, *The Gnostics*, p.26.

인에서 기원을 찾는 것은 단순하지 않은 영지주의 개념이나 현상을 설명하는 데 한계를 노출할 수밖에 없기 때문이다. 또한 기독교로 개종한 사람 중에는 자신들의 기존 견해나 신념을 포기하지 않고 오히려 그것에 첨가하는 방식으로 기독교 신앙을 수용한 자도 있었을 것이라고 보는 것이 보다 자연스런 추론이기 때문이기도 하다. 이런 개종 과정에서 페르시아의 이원론, 동양의 신비 종교, 헬라 철학, 유대교 사상 등 여러 요소가 기독교 교훈에 혼입되어 그 모습을 드러내게 된 것이 기독교 영지주의라고 할 수 있다. 이는 한국 교회에 무속신앙이 들어오게 된 경위와 유사하다. 민간 신앙에 익숙했던 한국인들이 기독교로 개종할 때, 종래의 하느님 신앙을 간직한 채 하나님을 수용한 데서 기독교 신앙과 무속신앙의 혼합 현상이 일어났던 것이다.

b. 영지주의의 특징

영지주의(Gnosticism)란 말은 '지식'을 의미하는 헬라어 '그노시스'(gnosis)에서 유래했다. 그노시스는 일반적인 지식을 의미하기도 하지만, 특히 신비적 합일을 통한 앎을 의미한다. 영지주의의 특징은 몇 가지로 정리할 수 있다.

첫째, 영지의 중시다. 영지주의 또는 영지파란 명칭이 시사하듯, 영지를 중시한 것이 영지주의의 가장 큰 특징이다. 영지는 지성적이며 과학적인 지식이 아니고 직접적이고 직관적인 지식, 신적인 것에 참여함으로 얻는 영적인 지식을 말한다. 합일(合一)의 지식이며 구원의 직접적 경험이다.[41] 그것은 인간이 자신의 진정한 본성과 기원을 의식하

---

41 Paul Tillich, *A History of Christian Thought*, vol.1 (New York : Harper & Row. Publishers, 1968), p.33.

는 방법이며 자신의 현재 상태로부터 해방과 구원을 성취하는 자기 인식의 행위다.

둘째, 신비적 지식을 통해 구원을 성취하려 한 종교운동이다. 학자들은 일반적으로 영지주의를 종교운동으로 이해하고 있다. 불트만에 따르면, 영지주의는 "최초의 기독교 운동으로 출현하여 학자들의 관심을 끌었으며, 오랫동안 순수한 기독교 운동, 기독교 신앙이 사변적인 신학으로 곡해된 것으로 간주되었다."[42] 켈리(J. N. D. Kelly) 역시 영지주의를 하나의 운동, "기독교보다도 더 오래된 경향"으로 간주했다.[43] 그렇다면 영지주의는 어떤 운동인가? 그것은 사변적인 운동이었다. 영지주의자들은 헬라 철학의 영향 아래 신과 세계 및 인간의 기원과 같은 사변적인 문제에 많은 관심을 기울였다. 또한 영지주의는 대중운동이었다. 그것은 상징적인 의식, 신비적인 예식, 마술적인 형식의 가르침 등을 도입하여 사변적인 우주론을 대중화했다. 영지주의는 혼합주의 운동이었다. 그것은 당시 모든 종교 전통의 혼합물이었으며 그 안에 우주론적 신화, 헬라와 동양의 이교적 철학 사상, 기독교의 진리가 융합되었다.[44]

셋째, 다양성이다. 영지주의는 분파가 다양하고 그들 상호간의 연관성이 분명하지 않을 뿐만 아니라 동일한 관점이나 신앙 체계를 유

---

42   Rudolf Bultmann, *Primitive Christianity in its Contemporary Setting* (New York: Meridian Books, 1956), p.162.

43   J. N. D. Kelly, *Early Christian Doctrine* (New York: Harper & Row, Publishers, 1960), pp.22-23. 켈리는 기독교적 영지주의의 출현 이전에 유대교적 영지주의와 같은 흐름이 있었다고 보았다.

44   그렇지만 불트만에 따르면 영지주의는 단순히 혼합주의가 아니다. "영지주의의 본질은 그 혼합주의적 신화론에 있는 것이 아니라, 오히려 인간과 세계에 대한 새로운 이해에 있다." Rudolf Bultmann, *Theology of the New Testament*, vol. I (New York: Charles Scribner's Son, 1951), p.165.

지한 것도 아니었다. 영지주의가 기독교 안에만 있었던 것도 아니고, 기독교인, 유대교인 그리고 이교도들이 각각 영지주의의 다양한 그룹과 분파를 형성하고 있었다.[45]

넷째, 반(反)권위적, 반(反)성직계급적이다. 영지주의자들은 권위주의와 성직계급제도를 거부했다. 뿐만 아니라 남성과 여성을 동등시하고 여성에게도 사제직의 문호를 개방하여 참여와 활동의 기회를 제공했다. 따라서 영지주의는 사회적 약자와 소수자, 불만 계층에도 많은 매력과 호소력이 있었다.[46]

c. 영지주의 교사

2세기에 전성기를 이룬 영지주의는 하나의 통일체가 아니라 다양한 분파로 구성되었으며, 수많은 영지파 교사를 배출했다. 대표적인 인물로는 시몬 마그누스(Simon Magnus), 메난더(Menander), 사투르니누스(Saturninus), 카르포크라테스(Carpocrates), 케린투스(Cerinthus), 바실리데스(Basilides), 발렌티누스(Valentinus), 마르키온(Marcion) 등이 있다.

시몬 마그누스는 돈으로 성령을 사려 했던 사마리아 출신의 마술사(행 8:9-24)였다. 그의 많은 저작은 모두 소실되고 단편적인 그의 주장만 전해질 뿐이다. 그는 구약성서의 하나님을 사기꾼으로 취급한 반면, 에덴동산의 뱀을 지혜로운 교사로 간주하는 신화적 우주론을 주장했다. 선재하는 하나님의 첫 방출인 엔노이아(Ennoia)는 하나님의 계획에 따라 천사와 천사장을 만들었으나 일부 천사들의 반역으로 인해

---

45 Martin, *The Gnostics*, p.16.

46 Ibid, p.21.

이 세상에 성육신되어 헬레나(Helena)의 몸에 갇히게 되었다. 시몬 자신은 하나님이 엔노이아를 구출하도록 이 세상에 보낸 화신(avatar)이다. 시몬은 이 같은 주장으로 인해 모든 이단이 그로부터 시작되었다는 비판을 받았다. 그의 후계자 메난더와 사투르니누스는 미지의 하나님은 이 세계를 초월하여 존재하고, 그보다 못한 권세가 인간을 비롯한 이 세계 만물을 만들었으며, 구원은 영지를 통해 얻을 수 있다는 것 등을 가르쳤다.[47]

케린투스는 1세기 말경 에베소에서 활동하며 교회의 가르침과 다른 주장을 펼쳤다. 세계는 제일의 하나님이 아닌 어떤 다른 힘에 의해 창조되었다는 것, 그리스도와 예수를 구별하여 예수는 요셉과 마리아 부부에게서 태어난 보통 인간이었던 반면, 그가 세례받은 직후 비둘기의 형태로 그에게 내려와서 십자가 처형 시 떠난 것이 그리스도였다는 것 등이다. 케린투스를 가장 혐오했던 사람은 사도 요한이다. 폴리갑(Polycarp)이 전한 일화에 따르면, 어느 날 사도 요한이 에베소의 공중 목욕탕에 갔는데 케린투스가 목욕을 하고 있었다. 그를 본 요한은 목욕도 하지 않고 "진리의 원수, 케린투스가 안에 있기 때문에 목욕탕이 무너질 염려가 있으니 도망치자"고 외치며 나왔다는 것이다. 학자들은 사도 요한이 에베소에서 케린투스에 반대하는 글을 썼으며, 요한일서가 그것이라고 한다.[48]

카르포크라테스, 바실리데스, 발렌티누스는 영지주의가 번창하던

---

47 Ireneus, *Against Heresies, The Ante-Nicene Fathers*, vol. I (Grand Rapids: WM. B. Eerdmans Publishing Company, 1979), pp.347-348; Martin, *The Gnostics*, pp.43-44.

48 Ireneus, *Against Heresies, The Ante-Nicene Fathers*, vol. III, p.416; Martin, *The Gnostics*, p.44.

2세기에 활동한 인물이다. 카르포크라테스는 영지파적 사고, 기독교적 요소와 신플라톤 철학을 혼합했다. 그는 이 우주가 하나님 아버지가 아닌 저급한 천사들에 의해 창조되었으며, 예수는 요셉의 아들이었으나 다른 사람보다 완전했다고 주장했다.

바실리데스는 로마 황제 하드리아누스(Hadrian)와 피오(Pius) 시대 (117-161)에 알렉산드리아에서 활동한 영지주의 신학자였다. 그는 미지의 참 하나님으로부터 모든 존재가 방출되었다는 우주론을 주장했다. "참 하나님으로부터 이성이 나오고, 이성으로부터 로고스가, 로고스로부터 신중이, 신중으로부터 지혜와 힘이, 지혜와 힘으로부터 능력들, 본질들, 천사들이 나왔다." 이 천사들이 첫 번째 하늘을 만들고, 다른 천사들이 유사한 하늘을 만들어 도합 365개의 하늘이 존재하게 되었다. 가장 낮은 하늘을 차지하고 있는 막내 천사들이 물질세계와 인간을 창조했고, 그들 가운데 우두머리가 아브락삭스(Abraxas)로 불리는 유대인의 하나님이다. 그는 모든 민족이 유대인들에게 복종하기를 원했으나, 모든 군주들이 그에게 항거하고 반대했다. 참 하나님은 유대인들이 멸망할 것을 알고 세상을 만든 자들의 권세로부터 그들을 구원하기 위해 이성, 즉 그리스도를 이 세상에 보냈다. 그러나 그가 십자가 고난을 당한 것은 아니며, 고난을 당한 것은 그 대신 십자가를 진 구레네 시몬이었다는 것이다.[49]

마르키온은 1세기 말 흑해 연안의 항구 도시 폰투스(Pontus)에서 기독교 가정에서 태어났으며, 그의 아버지는 선주이자 정통 교회 감독이었다고 한다. 그는 전통적으로 영지주의자로 분류되기는 하나 영

---

49 Ireneus, *Against Heresies, The Ante-Nicene Fathers*, vol.I, p.349

지파 사상을 전적으로 추종한 것은 아니었다. 그는 영지파의 신화적인 우주론, 인간 안에 있는 신적 불꽃의 존재와 자유하게 하는 영지 개념 등을 수용하지 않았던 반면, 구약의 하나님과 참 하나님을 구별하는 신관, 그리스도가 인류를 구원하기 위해 이 세상에 왔으나 실제로 인간의 몸을 입었던 것은 아니라는 기독가현설(Docetism) 등에는 견해를 같이했다. 그는 기독교는 유대교적 기원으로부터 전적으로 해방되어야 한다는 신념으로 구약성서의 가치를 평가절하 하고, 산상수훈과 누가복음서, 바울 서신만을 신약성경의 정경으로 인정했다. 144년에는 자신의 독자적인 교회를 세우고 교회개혁자로 자부했다. 그는 교회와 다른 교리를 가르치는 데 그치지 않고 독자적인 교회를 세웠기 때문에 교회에 더욱 위협적인 존재였다. 반면, 그가 예수님의 산상수훈, 누가복음과 바울 서신만을 정경으로 받아들인 것은 당시 교회의 정경화 작업을 촉진시킨 면도 있었다.[50]

2세기 최고의 영지파 교사는 발렌티누스(100-175)였다. 그는 이집트에서 태어나 알렉산드리아에서 교육을 받은 후 135년경 로마로 이주하여 동방 기독교에서 창궐하던 영지주의를 로마에 전파했다. 140년경 발렌티누스가 교황직을 놓고 피오(Pius) 1세와 경쟁했다는 것은 당시 교회에서 그의 위상과 영향력을 짐작하게 한다. 그는 교황 선임에서 패배하고 이단으로 탄핵받은 후에도 로마에서 가르치는 것을 멈추지 않았다. 저술 활동에도 적극적이었지만, 지금은 단편적인 그의 주장만이 교부들이나 나그함마니 문서를 통해 전해지고 있을 뿐이다.

발렌티누스는 영지주의 사상을 기독교적 조명 아래 개정하여 교

---

50 Martin, *The Gnostics*, pp.46-47.

회와 양립 가능한 영지주의 체계를 수립하려고 했다. 그의 우주론에 따르면, 천상계(Pleroma)에는 선재하는 미지의 하나님이 존재하며, 그로부터 15쌍의 에온들이 방출되었고 그 막내가 소피아였다. 에온들은 그들의 창조주를 알기 원했으며, 소피아가 그 일을 떠맡았다. 그것은 물질과 데미우르고스(Demiurge)와 물질세계의 방출을 초래했다. 물질세계의 창조에 앞서 소피아는 둘로 분리되었으며, 그중 보다 높은 소피아는 두 세계의 경계선상에 거하다 천상의 세계로 돌아간 반면, 보다 낮은 소피아는 데미우르고스를 산출했으나 물질 속에 갇히고 말았다. 그를 구출하기 위해 보내진 한 쌍의 새로운 에온들이 그리스도와 성령이다. 데미우르고스는 물질세계를 지배하고 있으며, 인류는 그의 작품이었다. 발렌티누스는 그리스도의 메시지에 어떻게 반응하느냐에 따라 인간을 육적, 혼적, 영적 인간, 세 계층으로 분류했다. 그리스도의 메시지는 자유하게 하는 영지의 메시지다. 영지를 얻는 것은 자신을 자유하게 하며 물질세계를 천상세계의 흠 없는 상태로 회복시키는 것이다. 한편, 그는 물질세계는 천상의 세계보다 못한 그 복사본이라는 신념 아래, 두 그리스도를 주장했다. 하나는 천상의 그리스도이고, 다른 하나는 지상의 그의 복사본이다. 그리스도는 육혈로 이루어진 몸을 갖지 않았고, 단지 인간의 모양만 가졌던 것이며, 십자가의 고난도 받지 않았다.[51]

이렇듯 발렌티누스는 기독교의 유일신 신앙과 배치되는 다신론적 신관, 신화적 창조론, 그리스도의 희생적 죽음이 아닌 영지를 통한 구원, 기독가현설 등을 가르쳤다. 서방 기독교는 이런 그의 교설을 통해

---

51 Ibid., pp.47-51.

영지주의의 위험성을 인식하게 되었다.

2. 영지주의의 교리

영지주의는 고대 여러 지역에서 잡다한 사상적 배경 아래 여러 그룹으로 형성된 종교운동이었다. 따라서 그들의 다양한 견해를 단순화하거나 일반화하는 데에는 무리가 따르게 마련이다. 그럼에도 불구하고, 앞에서 살펴본 초기 기독교 영지주의 교사들을 중심으로 공통적인 관점 내지는 특징을 살펴보려고 한다.

a. 이원론

영지주의의 사상적 토대요 그 주요 교리를 지배한 것은 영적인 세계와 물질적인 세계를 철저히 구분하는 이원론적 사고였다. 이원론은 기독교 이전부터 존재했던 개념이지만, 이 용어를 만든 것은 영국의 동양학자 하이드(Thomas Hyde)였다고 한다. 그는 "하나님과 마귀가 두 반대적이며 영원한 원리"라고 주장하는 어떤 종교 체계를 기술하기 위해 그 용어를 1700년에 처음으로 사용했다.[52]

종교적 이원론에는 절대적인 이원론과 완화된 이원론 두 종류가 있다. 전자는 선과 악의 원리를 동등하고 영원히 공존하는 것으로 보는 데 반해, 후자는 선의 원리에 비해 악의 원리를 2차적이고 보다 저급한 것으로 간주하는 것이다. 또한 전자는 두 원리가 영원한 싸움을 계속하는 것으로 보는 데 비해, 후자는 선의 원리가 종국에는 악의 원

---

52 Ibid., pp.30-31.

리를 멸할 것이라고 주장한다. 이 분류에 따르면, 영지주의는 전자보다는 후자에 가깝다. 왜냐하면 영지주의는 선의 원리와 악의 원리가 본래부터 영원히 공존하는 것으로 본 것은 아니기 때문이다.[53]

영지주의가 이원론을 수용한 것은 페르시아의 조로아스터교와 헬라의 플라톤 철학의 영향에서 기인한다. 조로아스터교에 따르면, 세계사의 시초부터 선한 신과 악한 신이 존재했으며, 이 두 신의 싸움에 의해 역사가 지배되고, 마지막 때에 선한 신이 지지자들의 도움으로 승리함으로써 역사가 종료된다. 조로아스터교의 이원론은 본질적으로 윤리적인 이원론이었다. 왜냐하면 그것은 종교관과 윤리관에 관련된 것이지, 영적인 것과 물질적인 것의 분리를 주장하는 형이상학적 세계관과 관련된 것은 아니기 때문이다. 한편, 플라톤의 이원론은 존재의 영역을 구분하는 형이상학적 이원론이다. 정신적이며 영원한 관념의 세계와 일시적이며 물질적인 감각의 세계가 그것이다. 전자는 참으로 존재하는 실재이며, 후자는 존재의 상실을 의미하고 그림자와 같은 것이다.

영지주의는 조로아스터교와 플라톤 철학의 이원론적 사고로부터 영향을 받았지만, 그것을 그대로 추종한 것은 아니었다. 그들 사이에는 분명한 차이점도 있었다.[54]

첫째, 영지주의 이원론은 '반(反)우주적'(anticosmic)이다. 그것은 피조물과 창조주를 부정적으로 평가하여 가시적인 세계를 악과 어둠

---

53 이는 이탈리아 종교사가 비안치(Ugo Bianchi)의 분석이다. Martin, *The Gnostics*, pp.31-32 재인용.

54 Kurt Rudolph, *Gnosis* (Edinburgh : T. & T. Clark Limited, 1983), pp.57-67; Gonzalez, *A History of Christian Thought*, vol. 1, p.131.

의 세계로 간주한다. 따라서 물질을 악한 것으로 보는 것이 영지주의, 특히 금욕주의 영지파의 일반적인 경향이었다. 반면, 조로아스터교는 물질과 악을 동일시하지 않았으며, 헬라 사상은 오히려 '친우주적'(procosmic)이었다.

둘째, 영지주의 이원론은 파생적 이원론이다. 그것은 절대적인 이원론이 아니고 일원론에서 파생된 이원론이다. 하나의 영원한 원리가 존재하고 그로부터 다른 원리들 혹은 에온들(aeons)이 하향적으로 산출되며, 마지막으로 가장 낮은 에온의 실수로 물질적인 세계가 생성되었다. 따라서 물질과 영, 천상적인 것과 지상적인 것 사이에 파생적인 이원론이 전개된다고 주장했다.

b. 하나님

영지주의자들의 일반적인 특징 가운데 하나는 다신론적 신관을 견지했다는 것이다. 그들은 미지의 하나님(unknown God)과 데미우르고스를 구분했다. 마르키온이 창조주와 구속주, 또는 구약의 하나님과 신약의 하나님, 율법과 복음의 하나님을 구별하고, 후자를 영지주의의 하나님으로 간주한 반면, 전자를 유대인의 하나님으로 취급한 것도 다신론적 신관을 대변한 것이다.[55]

첫째, 미지의 하나님이 참 하나님이며 지고의 신이다. 미지의 하나님은 모든 가시적인 피조물을 초월해서 플레로마(Pleroma)라고 불리는 천상계에 존재하며 우주의 진정한 주인이다. 그는 알 수 없으며 비가시적이고 영원하며 창조되거나 출생되지 않았다. 바실리데스는 그를

---

55 Rudolph, *Gnosis*, p.65.

제일의 '비존재적인 신'(non-existent God)이라 불렸으며, 발렌티누스는 비가시적이며 말로 표현할 수 없이 높은 곳에서 선재하는 완전한 에온(aeon)이라고 했다.

둘째, 참 하나님은 창조주가 아니다. 천상의 존재들(aeon)은 하나님의 창조가 아니라 그로부터 방출된 것이다. 또한 방출된 것에서 방출되는 일련의 후속적인 방출이 있었으며, 후자는 전자보다 다소 저급했다. 에온들의 막내가 하나님의 지혜, 소피아(Sophia)였다.[56]

셋째, 데미우르고스는 소피아의 산물이다. 영지주의 창조신화에 따르면, 보다 저급한 존재를 산출하는 후속적인 방출로 인해 물질이 될 어두운 혼돈이 생기게 되자, 그로부터 방해를 받은 소피아가 그것을 지배할 존재를 만든 것이 데미우르고스다.[57]

넷째, 데미우르고스는 물질세계의 창조자요 유대인의 하나님이다. 그는 하나님과 물질적인 세계 사이의 중간적인 존재이며, 참 하나님보다 저급하다. 영지주의자들은 참 하나님은 물질세계의 창조주가 아니라는 데는 입장을 같이하지만, 창조주가 누구냐에 대해서는 일치하지 않는다. 한쪽에서는 데미우르고스, 즉 구약의 하나님을, 그리고 물질세계의 창조주로 간주한 반면, 다른 쪽에서는 참 하나님의 지혜, 소피아를 물질세계의 실제 창조주로 보았다. 데미우르고스는 영적 세계를 견본으로 삼아 그것을 모방하여 이미 존재하는 물질로 하늘과

---

56 Martin, *The Gnostics*, p.33.

57 James M. Robinson(ed.), "On the Origin of the World," *The Nag Hammadi Library in English* (Harper Collins, 1990), p.173

땅을 만든 장인(craftsman)에 불과하다는 것이다.[58]

정리하면, 영지주의는 일반적으로 두 하나님을 전제로 하는 이원론적 신관을 견지했으며, 이는 이원론적 세계관의 산물이었다. 영지주의자들을 관통하는 한 가지 공통점은 참 하나님은 창조주가 아니라는 것이다. 이러한 영지주의 신관이나 창조설화는 신화적인 사고와 헬라 사상, 특히 플라톤의 《티마에우스》에서 발견되는 창조신화와 유사하다. 플라톤은 데미우르고스가 "세상을 무로부터 창조한 것이 아니라 이미 존재하는 재료를 변형"한 것이라고 했다.[59]

c. 인간

영지주의는 인간 이해에 있어서도 교회의 전통적인 교훈이나 성서 해석과 입장을 전적으로 달리했다. 특히 인간의 기원과 타락 문제가 그러했으며, 그 특징은 몇 가지로 지적할 수 있다.

첫째, 하나님의 인간 창조를 부정한다. 영지주의자들은 창세기의 인간 창조 이야기를 역사가 아닌 신화나 알레고리로 이해하고 그들 자체의 창조신화를 제시했다. 하나님이 인간을 창조한 것이 아니라 천상의 세계에 거주하던 영적 존재가 어떤 치명적인 사건으로 인해 이 세계로 떨어져 육신을 입게 된 것에서 인간이 기원했다는 것이다. 이것은 인간의 기원에 관한 플라톤 사상의 골조와 크게 다르지 않다.

둘째, 인간 구성에 대한 3분설적인 이해다. 영지주의는 인간은 육,

---

58 Martin, *The Gnostics*, pp.33-34; Layton, *The Gnostic Scriptures*, pp.15-16.

59 Bertrand Russell, *History of Western Philosophy* (London: George Allen & Unwin Ltd., 1969), p.157.

혼, 영의 세 부분으로 구성되어 있다고 본다. 육과 혼은 물질세계에 속하는 반면, 영은 신적 본질에 속한다. 모든 물질적인 존재가 데미우르고스의 산물인 것같이, 인간의 육적, 혼적 부분 역시 그의 산물이다. 그렇지만 인간에게는 참 하나님에게 속하는 부분, 즉 신적 불꽃이 있다. 그것이 육과 혼과 더불어 인간을 구성하는 영이라는 것이다. 이렇듯 영지주의가 인간의 구성 요소를 셋으로 보는 3분설 자체에 문제가 있는 것은 아니다. 왜냐하면 3분설은 2분설과 더불어 정통 교회도 받아들인 이론이기 때문이다. 문제는 3분설의 자의적인 적용이다. 영지주의자들은 그것을 창세기에 기록된 아담과 하와 이야기에 적용하여 아담과 하와가 실제로 육체를 지닌 존재가 아니라 각각 인간의 심리적 기질이나 영적 기질을 가리키는 것으로 해석했다. 아담은 인간의 마음과 정서의 영역인 혼을 대변하는 반면, 하와는 인간의 신적 기원을 알고 있는 보다 높은 의식, 즉 영을 대변한다는 것이다.[60] 또한 영지주의자들은 3분설을 인간 계층의 분류에도 적용했다. 그들은 물질 속에 포함되어 있는 영적 원리의 정도와 비율에 따라 인간을 육적, 혼적, 영적 인간의 세 계층으로 분류했다. 이교도는 육적 인간에, 유대교인과 기독교인은 혼적 인간에, 그리고 참된 기독교인, 곧 영지주의자는 영적 인간에 속한다는 것이다.

셋째, 인간 영혼의 선재설이다. 영지주의는 인간의 영은 육체를 입고 이 세상에 오기 전부터 천상계에서 영적 존재로 선재했다고 주장한다. 영지주의 신화에 따르면, 천상의 세계에서 데미우르고스가 "나 외에 다른 하나님은 없다"고 선언했을 때, 소피아가 그것을 부정하고

---

60 Martin, *The Gnostics*, p.36.

84

그보다 더 큰 권세가 있다고 하자, 그는 그것을 자신에게 보여 줄 것을 요구했다. 그렇게 해서 더 높은 세계로부터 내려온 것이 빛의 아담이다. 이에 수치를 당한 데미우르고스는 아담을 모방하여 그의 아담을 만들기로 작정했으나 그에게는 영을 부여할 능력이 없었다. 아담에게 생명의 호흡을 불어넣은 것은 구약성서의 하나님, 데미우르고스가 아니라 소피아였다.[61] 이렇듯 영지주의자들은 인간 영혼의 선재설을 주장했지만, 그것은 고대 교부들이 한결같이 거부한 이론이었다. 단지 오리겐만이 플라톤 사상의 영향을 받아 그것을 지지했을 뿐인데, 그로 인해 그는 그의 사상이 이단적 요소를 내포하고 있다고 지적받았다.

넷째, 인간의 타락에 대한 신화적 해석이다. 영지주의는 창세기에 기록된 인간 타락에 관한 기사를 역사가 아니라 신화로 취급하고 영지 개념에 근거하여 이를 재해석했다. 에덴동산의 이야기는 인간의 타락을 증거하는 것이 아니라 인간이 영지를 통해 깨달음에 이르는 과정을 말해 준다는 것이다. 즉 뱀이 하와에게 선악을 알게 하는 나무의 열매를 먹도록 유혹하여 그를 타락시킨 것이 아니라 오히려 그를 각성하게 했으며, 하와와 아담이 그 열매를 먹음으로써 얻은 것이 영지였다. 따라서 영지주의는 하와를 중시하고 아담보다 그를 우월한 존재로 간주했다. 왜냐하면 영지를 얻은 최초의 인간이 하와이고, 보다 높은 의식을 지닌 하와가 보다 낮은 의식을 지닌 아담을 영지를 통해 각성에 이르게 했기 때문이다.[62]

이렇듯 영지주의는 인간의 기원이나 본성과 타락에 관한 성경의

---

61 Ibid., pp.33-35.

62 Ibid., p.35.

증언을 부정했으며, 역사적 사실을 신화로 취급하여 교회의 가르침과 배치되는 인간관을 제시했다.

d. 그리스도

영지주의가 물질세계를 하나님보다 저급한 신의 창조물로 간주하고 선악과를 따먹은 것을 인간의 타락이 아닌 영지에 이르는 과정이라고 해석한 것은 그리스도의 정체성에 대한 왜곡으로 이어졌다.[63]

첫째, 삼위일체 하나님의 부정이다. 영지주의는 그리스도를 하나님과 동등한 그의 아들로 믿지 않고 천상적인 존재인 에온 중 하나로 간주했다. 그리스도는 참 하나님의 명령에 따라 구원의 지식을 전달하는 계시자요 사자였으며 인간에게 물질적인 세계로부터 해방되는 길을 제시하기 위해 이 세상에 왔다는 것이다.

둘째, 성육신 교리의 부정이다. 영지주의는 그리스도는 육체를 입고 이 세상에 올 수 없다고 주장했다. 왜냐하면 인간의 육체는 하나님의 의지의 산물이 아니고 그것에 반대되는 다른 원리에 의해 만들어진 것이라고 보았기 때문이다. 또한 물질과 육체는 참 하나님의 계시를 나타내는 중보자의 역할을 감당할 수 없다고 보았다.

셋째, 그리스도의 고난과 죽음은 환상이다. 영지주의자들은 그리스도의 몸은 진정한 의미의 육체일 수 없고 육체의 모습을 가진 것처럼 보였을 뿐이라고 했다. 예수의 탄생과 세례 때 신성이 인간성과 일시적인 병존 상태에 있었으나 처형 때 다시 분리되었다. 십자가에 못

---

63 Gonzalez, *A History of Christian Thought*, vol. 1, pp.132-133; J. L. 니이브, 《기독교교리사》, 서 남동 역 (서울: 대한기독교서회, 1970)

박힌 것은 그리스도가 아니고 인간 예수였다. 따라서 그리스도의 고난과 죽음은 실제 일어난 것이 아닌 환상에 불과하다고 했다.

넷째, 부활한 그리스도의 육체적 실재의 부정이다. 영지주의자들은 그리스도의 동정녀 탄생이나 육체적 부활과 같은 정통 교회의 일반적 신앙을 소박한 오해로 간주하고 그리스도의 부활을 문자적으로 이해할 것이 아니라 상징적으로 이해해야 한다고 주장했다. 따라서 그리스도의 육체적 부활을 부정했다.[64]

이렇듯 영지주의는 그리스도를 하나님의 아들이나 하나님과 동등한 분이 아니라 단지 천상의 존재 가운데 하나로 이해했으며, 성육신 교리를 부정하고 가현설(Docetism)적인 기독론을 주장했다.

e. 구원

영지주의는 한마디로 구원의 종교였다. 그들 구원관의 가장 큰 특징은 구원이 지식에 의해 이루어진다고 본 것이다.

첫째, 구원은 영의 해방과 귀환이다. 영지주의에 따르면, 구원은 물질적인 것과 연합됨으로 육체 속에 갇혀 이 세상에서 데미우르고스와 그 세력들의 지배 아래 있는 영이 해방되어 본래의 거처, 천상계로 귀환하는 것을 말한다.

둘째, 구원은 지식을 통해 성취된다. 영지주의는 구원이 예수의 희생적 삶과 죽음이나 예수를 믿음으로 얻을 수 있는 것이 아니고 영지, 즉 세계와 에온들과 참 하나님의 관계에 대한 올바른 지식을 소유함으로써 이루어지는 것으로 보았다. 예수는 이 지식을 제자들에게 가르

---

64 Pagels, *The Gnostic Gospels*, pp.xiv, xxxv.

쳤으며, 영지주의 교사들은 비전을 통해 이 지식을 전수받아 그들의 신봉자들에게 전수할 수 있다고 했다.

셋째, 인간 계층에 따라 구원의 가능성이 좌우된다. 영지주의에 따르면, 최하층인 육적 인간, 이교도들은 어느 경우에도 구원을 얻을 수 없는 멸망받을 인간이다. 중간층 혼적 인간은 신앙은 가졌으나 영지를 가지고 있지 못한 유대교인과 기독교인들로, 이들은 구원받을 수도 있고 멸망할 수도 있는 인간이다. 그들은 예수를 아는 지식과 그를 따르는 모범으로써 구원을 얻을 수 있다. 최고층 영적 인간, 참된 기독교인이요 영지주의자들은 구원받을 인간이다. 영적 인간은 구원에 이르기 위해 예수의 교훈을 파악하기만 하면 된다. 영지주의자들은 중재자들이 하늘로부터 내려와서 영적 인간으로 하여금 진리를 인식하여 구원을 성취하도록 도와준다고 주장했다.[65]

_____ **3. 반영지주의 교부**

영지주의의 주요 교리는 초기 기독교인들에게 중대한 문제를 일으켰다. 영지파들은 기독교의 핵심 교리를 당시 사람들이 이해하기 쉽게 제시하여 많은 호응을 얻었으나, 기독교 신앙의 근본 내용을 부정하거나 위협했다. 특히 창조론, 구원론, 신론, 기독론이 그랬다. 물질세계를 영원한 하나님의 창조물이 아니라 저급한 존재에 의해 이루어진 잘못된 결과로 간주하는 창조론은 하나님이 만물을 창조했으며 지금도 역사 속에서 활동한다는 전통적인 유대-기독교의 창조론과 신론에

_____

65 Kelly, *Early Christian Doctrine*, p.26.

정면 배치되었다.

또한 자연 세계나 인간의 몸을 악한 것으로 취급하는 견해는 그들을 하나님의 고귀한 창조물로 이해하는 기독교 교리와 공존할 수 없었다. 영지주의는 믿음이 아닌 지식에 의해 구원을 얻으며, 육체적인 몸의 구원을 부정했다. 따라서 기독교는 이들의 주장을 수용할 수 없었다. 왜냐하면 구원의 최종 완성은 육체의 부활이 없이는 이루어질 수 없다고 믿었기 때문이다.

초기 기독교는 영지주의를 두 가지 방법으로 다루었다. 이단자들과 그 추종자들에 대해서는 출교 처분하는 한편, 교회 신자들에게는 훈계와 경고의 목회 서신을 발송했다. 기독교 교부들은 영지주의를 기독교에 가장 위험한 적으로 간주하고 성경과 전통으로부터 교회의 참된 교리를 설명함으로써 영지주의의 교리를 논박하고 그 오류를 폭로했다.

최초로 영지주의를 논박한 사람은 저스틴(Justin), 테오필루스(Theophilus) 같은 초기 교부들이다. 저스틴은《모든 이단에 반대하여》(Against All Heresies)와《마르키온에 반대하여》(Against Marcion)를, 테오필루스는《마르키온에 반대하여》와《헤르모게네스에 반대하여》(Against Hermogenes)를 저술했으나, 모두 소실되고 남아 있지 않다. 저스틴은 150-155년 사이에 로마 황제에게 보낸 첫 번째 변증서에서 영지주의에 속한 세 이단자, 시몬, 메난더, 마르키온에 대해 귀신들에게 영향을 받은 자들로 간주했으며, 두 번째 변증서에서는 시몬의 교리를 "사악하고 기만적인" 것으로 경멸했다.[66]

---

66 Justin, *The First Apology*, and *The Second Apology*, *The Ante-Nicene Fathers*, vol. I, pp.171, 193.

지금까지 남아 있는 반(反)이단 문서들 가운데 가장 오래된 것은 이레네우스의《이단논박》이다.《이단논박》은 당시 교회가 영지주의의 다양한 체계에 대해 어떤 반응을 보였는지를 보여 주는 최초의 문헌이다. 이레네우스는 135년경 소아시아에서 태어나 170년경 리용으로 이주하여 그곳 교회의 감독으로 활동했다. 그의 저서는 가장 포괄적이고 권위 있는 반이단적 문헌 중 하나로 평가되고 있다. 그는 한 친구에게 영지주의자 발렌티누스의 교리를 고발하려는 목적으로《이단논박》을 저술했다. 모두 5권으로 구성되어 있으며, 1권과 2권은 발렌티누스를 비롯해 여러 형태의 영지주의를 소개하고, 나머지 3권은 기독교의 건전한 교리를 제시하고 있다.《이단논박》은 2세기 후반에 이루어진 영지주의에 대한 기독교의 주요한 진술이라는 점에서 고대 이래로 모든 이단 연구가들에게 가장 귀중한 자료로 취급되고 있으며, 그 신뢰성은 현대 학자들에 의해서도 충분히 입증되고 있다. 이레네우스는 전통과 성경의 권위에 근거하여 이단들을 논박했다. 특히 그는 사도적인 토대를 가진 교회는 건전한 교훈의 단절 없는 전통을 소유하고 있다는 사실과 구약성경을 비롯한 사복음서, 사도행전과 바울 서신의 권위에 호소함으로써 그의 과제를 수행했다.[67]

　　터툴리안(Tertullian, 150-220경)은 서구 신학의 기초를 놓았던 라틴 교부였다. 그는 영지파의 개별적인 교리를 취급한 많은 논문을 저술했다. 〈이단을 논박하는 취득시효〉(*Pre-scription Against Heretics*), 〈마르키온 논박〉(*Against Marcion*), 〈헤르모게네스 논박〉(*Against Hermogenes*), 〈발렌티누스 논박〉(*Against Valentinus*), 〈그리스도의 육체에 관하여〉(*On the Flesh of*

67　Ireneus, *Against Heresies, The Ante-Nicene Fathers*, vol. Ⅰ, p.462.

Christ), 〈육체의 부활에 관하여〉(*On the Resurrection of the Flesh*) 등이다. 터
툴리안은 이단의 학설 자체를 논박하기보다는 오히려 이단이 정통과
반대되는 것을 주장할 권리가 없다는 것을 밝히려 했다. 그의 논박은
이단에 대한 법률적인 측면의 응답이었다. 법률 용어 '취득시효'를 도
입하여 이단은 정통에 반대할 권한 자체가 없다고 주장했다. 취득시효
는 재판의 내용보다 재판의 절차에 문제가 있을 때, 재판이 더 이상 계
속될 수 없다고 주장하는 것을 의미한다.[68] 그는 성경에 기초하여 이단
과 토의하는 것은 절차가 잘못된 것으로 보았다. 왜냐하면 이단은 성
경에 관한 권리를 가질 수 없기 때문이다. 성경은 교회에만 속하고, 교
회만이 성경을 사용할 수 있다. 그것은 사도들에 의해 그 계승자들에
게 전달되었기 때문이다. 그러므로 이단들은 성경에 관한 모든 토의로
부터 배제되며, 정통 교회만이 어떤 것이 기독교 교리인가를 결정할
수 있는 권한을 가지고 있다.[69] 한편, 터툴리안은 그리스도의 육체적
부활을 부정하는 영지파들을 신랄하게 책망하고, 부활은 불합리하기
때문에 믿어야 한다고 역설했다.

히폴리투스(Hippolytus, 170-235)는 3세기 초 로마 교회의 고해성사와
삼위일체 교리에 관한 논의에서 중요한 역할을 한 인물이다. 그의 저
서《제이단논박》(*Refutation of All Heresies*)은 2부로 구성되어 있으며, 1부
는 철학자, 마술가, 점성술가, 신비가 등 기독교 이전의 헬라의 오류를
지적하고, 2부는 33개의 영지주의 체계들을 비롯하여 기독교 이단들
에 대해 논의하고 있다. 히폴리투스는 영지주의의 교리는 기독교의 지

---

68 Gronzalez, *A History of Christian Thought*, vol. 1, pp.178-178.

69 Ibid., pp.180.

혜가 아닌 이교의 지혜로부터 나온 것이며, 이단들은 헬라 철학과 이교에 근원을 두고 있다고 주장했다.[70] 그의 특징은 헬라 사상으로부터 모든 이단의 기원을 찾았다는 데 있다.

알렉산드리아 학파의 클레멘트와 오리겐은 보다 적극적으로 영지주의에 대처했다. 클레멘트(Clement, 150-216경)는 "모순되기 때문에 나는 믿는다"라거나 이단의 기원을 철학으로 보는 터툴리안과 히폴리투스의 소극적인 태도와는 달리, 적극적으로 기독교와 헬라 철학을 조화시키려 했다. 영지주의의 주장을 단순히 부정하는 데 그치지 않고, 진리에 대한 기독교의 지식에 영지란 용어를 사용함으로써 신앙과 지식 사이의 틈을 극복하려 했다. 기독교인은 진리를 추구하기 위해 부단히 노력하며 단순한 믿음을 넘어서 '참된 지식'(gnosis)을 이해할 수 있다. 이것은 이단의 '거짓된 지식'과는 전혀 다른 것이다. "영지가의 생애는 주의 전통에 일치하는 활동과 언어여야 한다."[71]

오리겐(186-254) 역시 단순한 신앙에 반대하고 지식을 높이 평가했다. 그는 성경 해석을 위한 올바른 원리를 제시함으로써 이단들을 논박했다. 따라서 영지주의자 마르키온의 문자적 해석에 반대하고 우의적 해석(allegorical interpretation)을 변호했다. 그것이 문자 배후에 있는 심원하고 신비한 의미를 발견하는 해석 방법이라 생각했기 때문이다.

이외에도 반영지적 교부로 가이사랴의 유세비우스(Eusebius), 에피파니우스(Epiphanius), 어거스틴(Augustine), 다메섹의 요한(John of Damascus) 등이 있다.

---

70 Rudolph, *Gnosis*, pp.13-14.

71 Ibid. p.16.

결론

영지주의는 신비적 지식을 통해 구원을 성취하려 한 종교운동이었다. 그것은 어느 특정 요인이나 근원에서 기원된 것이라기보다 페르시아의 이원론, 동양의 신비 종교, 헬라 철학, 유대교 사상 등 여러 전통으로부터 유래한 것이다.

기독교 영지주의는 기독교의 주요 교리를 비롯해 당시 성행하던 각종 종교 사상을 그 체계 내에 혼합하여 사람들이 매력을 느끼며 쉽게 받아들일 수 있도록 이론화했다. 그렇지만 지고의 하나님과 창조의 하나님을 분리시키는 신화적인 세계관, 그리스도의 성육신과 육체적 부활을 부정하는 기독가현설, 그리스도에 대한 믿음이 아닌 지식을 통한 성취를 강조하는 구원관 등은 기독교의 핵심 교리를 왜곡하고 교회의 존립 자체를 위협했다. 따라서 영지파가 당시 정통파 교부들과의 논쟁에서 패배한 것은 교회의 전통 교훈을 거부하고 비성서적인 주장을 한 것에서 비롯된 것이다. 반면, 일부 학자들은 나그함마디 문서에 근거하여 영지주의는 초기 기독교의 다양한 형태 가운데 하나였으며, 정통파 교회와의 경쟁과 논쟁에서 정치와 사회적인 이유 등으로 패배하여 이단으로 낙인찍혔고 그들의 저술들은 압수되어 소실되었다고 한다.[72]

영지주의가 당시 기독교에 역기능만 한 것은 아니었으며, 순기능도 없지 않았다. 첫째, 교회는 영지주의를 논박하는 과정을 통해 권위 체계를 확립하게 되었다. 영지주의는 기독교를 교리나 신비로 간주하고 독자적으로 교회의 표준이나 성경, 전통을 사용했다. 따라서 교회

---

72 Pagels, *The Gnostic Gospels*, p.142.

가 직면한 문제는 권위의 문제였다. 어떤 권위에 근거하여 영지주의의 교훈을 반박하는가, 왜 성경이 영지파의 비의(secret teaching)보다 결정적인가, 무엇이 기독교 교리이며 성경이며 전통인가 하는 문제였다. 기독교는 영지주의와의 싸움을 통해 권위 체계를 형성하게 된 것이다. 신약 정경, 사도적인 전통, 신앙의 규칙, 세례 신조, 감독이 그것이다. 이것은 '사도적 권위'로 집약된다. 사도적인 권위는 교회가 이단에 대처하기 위해 사용했던 각종 도구를 총괄적으로 종합하는 최종적인 주장이었다.[73]

둘째, 영지주의의 도전으로 신학 활동이 촉진되었다. 신학 활동은 영지주의를 정복하기 위한 동기와 수단이 되었다. 따라서 2세기에 많은 반영지주의적 교부들이 배출되어 신론, 기독론, 인간론 등에 대한 기독교 진리를 보다 확고하고 명료하게 제시했다. 예를 들어, 이레네우스는 하나님과 창조주를 분리시킨 것이 영지파의 근본적인 오류이며, 그것은 창조주에 대한 모독인 동시에 사탄의 간교라고 했다. 하나님은 한 분이시며, 지고의 하나님, 곧 창조주이시다.[74] 또한 그리스도의 성육신을 부정하고 그리스도와 예수를 분리시키는 영지주의를 반박하고, 영원한 로고스가 성육신을 통해 역사적 예수가 되었다는 것, 즉 예수가 그리스도라는 것을 명확히 했다. 뿐만 아니라 예수 그리스도가 진정한 인간인 동시에 진정한 하나님임을 분명히 했다.[75]

영지주의는 기독교 신앙과 다른 사상, 특히 헬라 사상의 상호 융

---

73 Tillich, *A History of Christian Thought*, pp.8-39.

74 Ireneus, *Against Heresies*, IV, pp.462-463.

75 Ibid., p.469.

합이었다. 그것은 기독교 혼합주의의 전형이었다. 영지주의는 대중들의 인기에 영합하기 위해 기독교의 본질적 진리를 왜곡했다. 이런 혼합주의의 유혹은 초기 기독교뿐만 아니라 현대에 이르기까지 기독교 역사상 항상 존재해 왔던 기독교에 대한 끊임없는 도전이다. 영지주의는 혼합주의의 문제점과 위험성을 우리에게 지적해 주는 동시에, 초기 기독교 교부들이 생존을 걸고 확립한 성서적 기독교 진리를 잘 보존하고 가꾸어야 할 것을 교훈하고 있다.

4장

사람으로 오신
하나님

서론

예수 그리스도가 누구인가 하는 것은 기독교의 핵심에 관한 질문이요, 이에 대한 정확한 이해는 기독교 신앙의 본질에 속한다. 예수님은 갈릴리 호수 주변에서 사역하던 그의 공생애 전반부를 마무리 짓고 예루살렘을 중심으로 사역할 후반부로 넘어가는 분수령에서 자신의 정체성 문제를 제기하셨다. 가이사랴 빌립보에서 제자들을 향해 "사람들이 인자를 누구라 하느냐," 그리고 "너희는 나를 누구라 하느냐"고 질문한 것이다(마 16:13-19). 제자 베드로가 "주는 그리스도시요 살아 계신 하나님의 아들"이라고 고백하자, 예수님은 "너는 베드로라 이 반석 위에 내 교회를" 세울 것이라고 말씀하셨다. 그것은 그의 교회가 이 신앙고백 위에 세워져야 한다는 것을 분명히 한 것이다.

신약성서는 예수님이 하나님의 아들이라는 것과 사람의 아들로 태어났다는 것을 명확히 하고 있다. 예수님은 "내가 하나님"이라고 직

설적으로 표현하지는 않았지만, 이를 간접적으로 시인했다.[76] 또한 신
약성서는 그리스도는 "근본 하나님의 본체시나 하나님과 동등 됨을
포기하고 오히려 자기를 비워 종의 형체를 가져 사람들과 같이 되었
고 사람의 모양"으로 나타나셨다고 증언하고 있다. 예수님은 자신을
인자, 즉 사람의 아들로 부르기를 좋아하셨으며 사람이란 표현을 자신
에게 사용하기도 하셨다.[77] 사람의 육체를 입고 이 땅에 오신 예수 그
리스도는 죄와 전혀 관계가 없다는 것을 제외하고, 사람과 다를 바 없
었다.

이렇듯 성경은 그리스도를 사람으로 오신 하나님으로 증거하고
있다. 따라서 기독교인의 믿음은 예수님이 가장 특별한 사람이거나 탁
월한 사람이라는 데 있는 것이 아니라 사람으로 오신 하나님이라는
사실에 있다.[78]

한편, 그리스도가 누구인가 하는 그의 정체성에 대한 물음은 몇
가지로 세분할 수 있다. 그리스도가 완전한 하나님인 동시에 완전한
사람이라는 것을 어떻게 이해해야 하는가, 그리스도라는 한 인격체에
신성과 인성이 어떻게 연합된 것인가, 그리고 연합 이후 두 본성은 어
떤 상태에 있는가? 다시 말하면, 그리스도의 신성과 인성, 이 두 본성
의 연합, 그리고 연합된 두 본성의 구별 문제다. 이에 대한 고대 교회
의 논의는 두 흐름으로 나눌 수 있다. 하나는 그리스도의 두 본성 가운

76 마 1:23, 12:8, 13:41, 25:31-46, 26:63-64, 28:20, 막 2:5, 27-28, 눅 6:46, 요 1:1-48, 2:25, 8:58, 13:13-14, 14:1, 7-9, 20:28, 행 10:36, 롬 9:5, 딛 1:3, 2:13, 히 1:2-12, 13:8, 요일 1:2, 계 1:8.

77 마 16:13, 요 8:40, 빌 2:6-8.

78 Millard J. Erickson, *Christian Theology,* vol. 2(Grand Rapids: Baker Book House, 1986), p.683.

데 어느 하나를 강조하거나 부정함으로써 문제를 해결하려 한 것이고, 다른 하나는 그리스도의 두 본성을 긍정하고 그 연합 과정을 해명하려 한 것이다. 이러한 사색과 논의는 정통 교리의 확립을 위해 피할 수 없는 과정이었지만, 그로 인해 수많은 오해와 왜곡이 파생되고 이단적 가르침이 출현하기도 했다. 특히 전자의 흐름이 그러했다. 에비온주의, 역동적 군주론, 아리우스주의 등은 그리스도의 신성을 부인함으로써, 가현설이나 아폴리나리우스주의는 그리스도의 온전한 인간성을 왜곡함으로써, 그리고 네스토리우스주의와 유티케스주의(Eutychianism)는 신성과 인성의 연합에 대한 오해로부터 비롯된 이단사상이었다. 그것은 예수 그리스도는 완전한 하나님인 동시에 완전한 사람이라는 정통 교리를 정립하기 위해 교회가 감수해야 했던 비용과도 같았다.

이 논의는 그리스도의 정체성에 관한 고대 교회의 이해와 오해를 분석하여 그리스도에 관한 이단적인 신앙은 어떤 것이며, 451년 칼케돈(Chalcedon)공의회를 통해 정립된 정통 교리는 무엇이었는지를 살펴보려는 것이다.

1. 에비온주의

유대교는 "철저한 유일신 신앙과 모세 율법의 영원한 효력에 대한 신앙"을 핵심 골조로 하고 있다.[79] 이런 유대교를 요람으로 삼아 성장한 것이 기독교다. 왜냐하면 기독교는 본래 유대교 내의 소종파로 시

---

[79] J. F. Bethune-Baker, *An Introduction to the Early History of Christian Doctrine* (London: Methuen & Co., 1903), p.62.

작하여 새로운 종교로 발전했다 해도 과언이 아니기 때문이다. 그 창건자는 물론, 최초 구성원들 역시 유대인들이었다. 그렇지만 교세가 확장됨에 따라 1세기 기독교 공동체에는 히브리어를 사용하는 유대인과 더불어 헬라어를 사용하는 이방인이 점증하게 되었다.

초기 기독교가 직면한 민감한 문제 가운데 하나는 유대교와의 관계, 특히 율법 준수였다. 이에 관해 다른 두 흐름이 형성되었다. 하나는 기독교를 새로운 종교로 생각하지 않고 예수를 메시아로 추종하면서 유대교 자체의 소망을 성취할 수 있다고 생각한 것이다. 많은 유대 기독교인들은 "할례를 받지 않으면 능히 구원을 받지 못하리라"고 주장하는가 하면, "이방인에게 할례를 행하고 모세의 율법을 지키라 명하는 것이 마땅하다"는 강경한 입장을 취했다(행 15:1, 5). 다른 하나는 율법 조항의 고수보다 성령의 내주를 강조하고 이방인 기독교인들에게 할례를 받게 하거나 모세 율법에 대한 복종의 의무를 부과할 필요가 없다는 것이다. 이를 대변한 것이 사도 바울이었다.

49년에 소집된 예루살렘회의는 이 두 입장 간에 갈등을 해소하기 위한 것이 주 목적이었다. 이 회의를 주도한 주의 형제 야고보는 격론 끝에 바울의 견해에 우호적인 결정을 내렸다. 이방인 개종자들에게 할례 시행이나 율법에 대한 복종 의무를 완화하고 그 대신 "우상의 더러운 것과 음행과 목매어 죽인 것과 피를 멀리하라"는 요구를 한 것이다. 이방인 백부장 고넬료에 대한 베드로의 전도 간증이 이 같은 결론을 이르게 하는 데 결정적인 영향을 미쳤다(행 15:1-21). 예루살렘회의는 초기 기독교 발전에 중요한 전환점이 되었다. 그것은 기독교와 유대교를 연결하는 탯줄을 끊는 것과 같았으며, 이를 계기로 기독교는 유대교와 결별하고 독자적인 길을 걷게 되었다.

한편, 유대 기독교인이 모두 이의 없이 예루살렘회의의 결정을 받아들인 것은 아니었다. 기독교 최초의 이단 사상 가운데 하나로 간주되는 에비온주의의 출현이 그것을 말해 주고 있다. 에비온주의는 기독교가 유대교와 갈라서는 이정표에서 나타난 중요한 현상 가운데 하나였다. 그렇지만 에비온주의 자체의 직접적인 자료는 우리에게 전해지지 않고 있으며, 단지 비판가들이 언급한 단편적인 정보만이 전해지고 있을 뿐이다.

에비온주의(Ebionites)란 명칭은 교주나 창시자와 같은 어떤 특정 인물과 연계된 게 아니라 히브리어 '가난하다'는 말에서 유래했다.[80] 에비온주의의 핵심은 율법이었으며, 사도시대의 유대화 운동에 그 뿌리를 두고 있다. 사도 바울이 갈라디아서에서 주의를 환기했던 것같이, 유대주의자들이 교회로 들어와서 '다른 복음'을 전했다. 이방인들도 구원받기 위해서는 할례를 비롯한 모세의 율법을 지키는 것이 필요하다고 한 것이다. 에비온파는 그런 "유대주의자들의 연장이거나 분파"였으며 심마쿠스(Symmachus), 케린투스(Cerintus) 등이 이에 속했다.[81]

에비온파는 그리스도의 정체성이나 그의 중요성을 유대교의 틀 안에서 해석하려는 시도였다. 그들은 예수 그리스도의 신성은 그들이 신봉해 온 유대교의 유일신 신앙과 조화를 이룰 수 없다고 보았다. 왜냐하면 그것은 우상숭배 같았기 때문이다. 따라서 그것을 부정하고 예수를 하나님께서 자신의 뜻을 알리기 위해 선택한 인간으로 해석했

---

80 Justo L. Gonzalez, *A History of Christian Thought*, vol I (Nashville: Abingdon Press, 1981), p.125.

81 Erickson, *Christian Theology*, vol. 2, p.694.

다. 나사렛 예수는 보통 인간보다 영적으로 우월했지만, 인간 그 이상
은 아니라는 것이다. 에비온파를 최초로 언급한 이레네우스의 《이단
논박》에 따르면, 그들은 예수가 "동정녀에게서 태어난 것이 아니라 사
람의 일반적인 출생 과정에 따라 태어난 요셉과 마리아의 아들이었으
나, 다른 사람보다 더 의롭고 신중하고 지혜로웠다"고 보았다. 또한 사
복음서 가운데 오직 히브리어 마태복음만을 사용했으며, 사도 바울을
'율법에 대한 배교자'로 간주했다. 할례를 시행했으며 율법이 명하는
관습을 준수하고 안식일을 지켰다.[82]

이렇듯 에비온파가 본 예수는 율법을 지키는 데 도덕적으로 탁월
했기 때문에 하나님의 아들로 인정받았을 뿐이지, 보통 사람이었다.
예수의 사명도 인간을 구원하는 것이 아니라 율법에 순종하도록 하는
데 있었다. 그가 세례를 받을 때, 그리스도가 비둘기 형상으로 그에게
강림해서 그의 임무를 수행할 수 있는 능력과 권세를 주었다. 그러나
예수의 생애 마지막에 그리스도가 그로부터 떠났다는 게 그들의 주장
이다.[83]

에비온주의는 예수의 정체성과 그 의의를 유대교 신학의 틀 안에
서 해석하고 기독교를 새로운 형태의 유대교로 이해했다. 또한 그것은
전 세계 복음화를 지향하는 기독교의 보편주의 입장과 달리, 지역주의

---

82 이레네우스는 케린투스를 영지주의자로 분류하고 그의 이단성을 논의한 후, 에비온파를 다
룬 항목에서 에비온파의 그리스도론은 케린투스의 견해와 같다고 말했다. 반면, 베튠 베이커
(Bethune-Baker)는 케린투스를 널리 이름이 알려진 유일한 에비온주의자로 간주했으며, 하르낙
은 그를 "영지주의화된 유대주의자"로 칭했다. Irenaeus, *Against Heresies*, I, 26.2, *The Ante-Nicene
Fathers*, vol. I(Grand Rapids: WM.B. Eerdmans Publishing Company, 1979), p.352; Bethune-Baker, *An
Introduction to the Early History of Christian Doctrine*, p.65; Adolph von Harnack, *History of Dogma*,
vol. 3(New York: Russell and Russell, 1958), p.16.

83 Gonzalez, *A History of Christian Thought*, vol. I, p.126.

입장을 고수했다. 따라서 기독교를 유대교와 별개의 종교로 선언한 교회와 충돌을 피할 수 없었다. 당시 교회가 에비온주의를 이단으로 규정하고 배척한 것도 그것이 "일종의 유대적 기독교라는 인식"에서 비롯된 것이었다. [84]

에비온주의는 이방인 기독교인이 증가하여 유대인 기독교인을 수적으로 압도함에 따라 널리 확산되지는 못하고 점차 소멸되었다. 그렇지만 최근 들어 유대교에서 기독교로 개종하는 유대인들의 증가와 더불어 예수를 유대적인 방식으로 이해하려는 에비온주의적 관점이 소생하고 있다.

2. 역동적 군주론

군주론(monarchianism)은 하나님은 한 분이며 우주의 절대 주권자라고 주장하는 이론이며, 군주론 또는 단일신론으로 번역되는 용어 자체는 삼위 하나님의 관계에서 신적인 통일성 혹은 군주성(monarchy)을 강조하는 데서 나온 것이다. 군주론에는 역동적(dynamic) 군주론과 양태론적(modalistic) 군주론, 두 형태가 있다. 전자가 그리스도의 신성을 전적으로 부정하는 것이라면, 후자는 삼위일체 교리를 부정하는 것이다. 따라서 여기서는 그리스도론과 관련된 역동적 군주론에 대해서만 논의하려고 한다.

역동적 군주론의 주요한 목적 가운데 하나는 "헬라 문화와 사상에

---

84 알리스터 맥그라스, 《그들은 어떻게 이단이 되었는가》. 홍병룡 역(서울: 포이에마, 2011), p.168.

익숙한 사람들에게 생소하고 이질적인 하나님의 성육신 개념으로 인한 오해를 해소하려는 것"이었다. 따라서 예수는 마리아에게서 태어난 보통 사람이었으나 세례받을 때 하나님으로부터 특별한 능력을 부여받았다고 해명했다. 예수는 하나님의 아들이 아니고 전적으로 사람이었으나 권능을 받아 하나님의 양자가 되었다는 것이다. 따라서 역동적 군주론은 양자설(adoptionism)로 불리기도 한다.[85]

역동적 군주론을 처음 주장한 것은 비잔틴의 피혁상인 테오도투스(Theodotus)였다. 그는 예수의 인성의 실재와 인간적 삶을 강조한 반면, 하나님의 칭호를 예수에게 적용하기를 거부했다. 예수는 도덕적인 면에서 탁월했지만, 전적으로 사람이었으며, 세례받을 때 성령 또는 그리스도가 그에게 강림했다고 보았기 때문이다. 그는 이런 주장을 로마에서 가르친 까닭에 198년 로마 교황 빅토르(Victor)로부터 정죄받아 파문당했다. 교리사가 하르낙에 따르면, 그는 현재의 사도신경으로 알려진 "신앙의 규칙 위에 서 있는 기독교인이 이단으로 취급된 최초의 사례"였다.[86] 그럼에도 불구하고, 그의 제자들은 그를 계승하여 그의 이론을 발전시켰다.

가장 큰 영향력을 미친 역동적 군주론자는 3세기 안디옥의 감독 사모사타의 바울(Paul of Samosata)이었다. 그는 군주론적 경향과 양자론적 흐름을 혼합시켜 하나님의 통일성과 그리스도의 인성을 강조했다. 그에 따르면, 말씀의 성육신은 불가능하다. 왜냐하면 말씀은 인간

---

85 J. N. D. Kelly, *Early Christian Doctrines* (New York: Harper & Row, Publishers, 1960), pp.115, 117; 해롤드 브라운,《교회사 안에 나타난 이단과 정통》, 라은성 역(서울: 그리심, 2002), p.162.

86 Adolph von Harnack, *History of Dogma*, vol. 3, p.21.

적인 존재로 올 수가 없기 때문이다. 하나님의 아들이 하늘로부터 내려올 수 없는 반면, 인자가 높이 올라갈 수는 있다. 따라서 그리스도는 하나님도, 하나님의 말씀이나 지혜도 아니며 전적으로 인간이다. 그는 "성령에 의해 마리아의 태에 잉태된 이후부터 존재"하게 되었으나 "투쟁과 고난을 통해 아담의 죄를 극복하고 하나님과 친밀"하게 된 것이다.[87]

이런 바울의 주장은 안디옥 인근의 감독들로부터 정통성에 대한 우려와 논쟁을 일으켰으며, 264년과 268년 안디옥회의는 그를 정죄하기에 이르렀다. 그렇지만 팔미라 왕국의 여왕 제노비아(Zenobia)의 재무관이기도 했던 바울은 여왕의 비호로 272년 아우렐리아누스(Aurelian) 황제가 그 직에서 축출할 때까지 감독직을 유지했다.

요약하면, 역동적 군주론은 하나님의 유일성을 강조한 나머지, 그리스도의 신성을 부정한 이론이다. 그것은 그리스도의 신성을 부정하고 단지 그의 인간성만을 인정한 것에서는 에비온주의와 다를 바 없었다.

3. 가현설

그리스도의 신성을 강조한 반면, 인성을 부정한 이단적 이론으로는 가현설(Docetism)을 들 수 있다. 가현설은 그리스도가 인간으로 이 세상에 오셨다 해도, 그것은 외견상 사람으로 보인 것뿐이지, 실제로

---

87 Bethune-Baker, *An Introduction to the Early History of Christian Doctrine*, pp.100-101; Christie-Murray, *A History of Heresy*, p.43; Gonzalez, *A History of Christian Thought*, vol. I, p.255.

육신을 입은 것이 아니라는 이론이다. 사도 요한이 그의 서신에서 "예수 그리스도께서 육체로 오신 것을 시인"하지 않는 영에 대해 언급한 것(요일 4:2-3)은 가현설적 견해를 염두에 둔 것으로 해석할 수 있다.[88]

가현설적인 그리스도를 주장한 대표적인 집단이 영지주의였으며, 아폴리나리우스 역시 가현설을 주장했다는 혐의를 받았다. 이에 대해서는 다음 항목 아폴리나리우스주의(Apollinarianism)에서 구체적으로 논의할 것이며, 여기서는 영지주의의 그리스도 이해에 대해서만 간략히 언급하려고 한다.

영지주의는 지고의 하나님과 구약성서의 하나님을 구별하고, 이 세상의 창조주는 지고의 하나님이 아니라 악한 존재 또는 유대인의 하나님이라고 주장했다. 또한 피조된 세계는 악하다고 보았다. 왜냐하면 악한 신이 세계를 창조했기 때문이다.

영지주의에 따르면, 그리스도의 몸은 진정한 육체일 수 없고, 단지 육체의 모습을 가진 것처럼 보인 것이다. 왜냐하면 인간의 육체를 구성하는 물질이 하나님의 의지의 산물이 아니라 그 의지에 반대되는 다른 원리의 산물이라면, 그리스도는 육체로 올 수 없기 때문이다. 따라서 영지주의자들은 그리스도의 인간성을 인정할 수 없었다.

> 물이 튜브를 통과하는 것같이, 예수는 마리아를 통과했다… 그는 마리아로부터 그의 존재의 어떤 부분도 끌어내지 않았다. 물이 파이프로부터 어떤 첨가물을 받지 않고 그것을 통과하는 것같이, 말씀은 마리아를 통과했으나 그로부터 유래된 것은 아니

---

88 Bethune-Baker, *An Introduction to the Early History of Christian Doctrine*, p.79.

었다.[89]

곤잘레스(Gonzalez)가 "기독교의 복음을 재해석하려 한 최초의 영지
주의자"로 간주한 1세기 말 케린투스는 그리스도와 예수를 구별하고,
그리스도의 신성은 단순히 인간성과 일시적인 병존 상태에 있었다고
주장했다. "예수는 요셉과 마리아의 아들로 태어난 인간이었던 반면,
그리스도는 예수가 세례받을 때 그에게 내려온 신적 존재였다." 그 후
그리스도는 예수의 십자가 처형 시 다시 그로부터 자신을 분리했다.
따라서 실제로 십자가에 못 박힌 것은 그리스도가 아니라 인간 예수
였다.[90]

가현설은 물질은 악하며, 참으로 존재하는 것이 아니라고 보는 헬
라 사상에 근거하여 예수님이 육체를 가졌을 경우, 그의 신성에 손상
이 갈 것이라는 우려에서 나온 주장이었다. 그렇지만 그것은 그리스도
의 성육신을 무의미하게 만들기 때문에 이단으로 정죄받게 되었다.

_____ 4. 아폴리나리우스주의

초기 기독교는 교회를 박해하는 외부의 적뿐만 아니라 내부의 적
인 이단 사상으로부터도 자신을 방어해야 했다. 그렇다면 그리스도의
본성에 관한 거짓 교리에 대해 당시 교회는 어떻게 대응했을까?

교회는 4세기에 이르기까지 그리스도론에 큰 관심을 기울이지 못

---

89 Ibid., p.81.

90 Gonzalez, *A History of Christian Thought*, vol. I, pp.134-135.

했다. 3-4세기에 삼위일체론, 특히 아리우스주의와의 논쟁에 전력을 기울여야 했기 때문이다. 따라서 아리우스주의자들을 제압한 뒤에야 이 문제에 관심을 쏟게 되었으며, 두 방향에서 해결책을 모색하게 되었다. 알렉산드리아 학파의 말씀-육신 유형의 그리스도론과 안디옥 학파의 말씀-인간 유형의 그리스도론이 그것이다.

알렉산드리아 학파는 성육신을 말씀과 인간 육신의 연합으로 이해하고 그리스도 안에 있는 신적 요소에 그들의 관심을 거의 고정시키면서 그리스도의 인성이 신성에 흡수되었다고 표현하리만치 강한 어조로 두 본성의 통일(unity)을 강조했다. 반면, 안디옥 학파는 성육신을 말씀과 완전한 인간의 연합으로 해석하고 그리스도 안에 있는 인간적인 요소에 관심을 집중시켰으며 그리스도 안에서 두 본성의 구별을 강조했다. 알렉산드리아 학파의 견해가 인간을 "영혼에 의해 생기있게 된 육체" 또는 "육신과 연합된 영혼"으로 정의하는 플라톤의 사상에 토대를 둔 것이라면, 안디옥 학파의 견해는 인간을 "영혼-육체의 통일체"로 정의하는 아리스토텔레스의 사상에 토대를 둔 것이다.[91]

한편, 알렉산드리아 학파의 그리스도론은 말씀과 인간적 육신의 연합을 강조한 나머지, 그리스도의 인성을 희생시키기에 이르렀다. 그리스도로부터 인간성의 일부를 삭제하여 이성적인 인간 영혼이 결핍

---

91 Bethune-Baker, *An Introduction to the Early History of Christian Doctrine*, p.255. 라틴 학파와 더불어 고대 교회 3대 학파를 형성하고 있던 안디옥 학파와 알렉산드리아 학파는 정치, 신학, 지리적으로 라이벌 관계에 있었다. 안디옥 학파와 알렉산드리아 학파는 동방과 헬라어 문화권에 기반을 두고 있다는 면에서는 같았으나, 그 외 여러 면에서 서로 입장을 달리했다. 알렉산드리아 학파는 플라톤 철학을 기반으로 하고 있다면, 안디옥 학파는 아리스토텔레스 철학과 시리아 사상을 배경으로 하고 있었다. 전자가 하나님으로서의 그리스도로부터 인간으로서의 예수로 나가는 위로부터의 방법론을 취하고 있다면, 후자는 인간 예수로부터 출발하여 하나님으로서의 그리스도에게로 나가는 아래로부터의 방법론을 택했다. 또한 전자가 우의적 성서 해석을 선호했다면, 후자는 역사적, 문자적 성서 해석을 선호했다.

된 것으로 주장하기까지 한 것이다. 이를 최초로 표명한 것이 4세기 라오디케아 감독 아폴리나리우스(Apollinarius)다.[92]

아폴리나리우스는 310년경 라오디케아에서 출생하여 360년경 라오디케아 감독이 되었으며 지역적으로 안디옥 학파의 영향권에 속했다. 하지만 그의 신학적 입장은 오히려 안디옥 학파와 대척점에 있는 알렉산드리아 학파를 대변했으며 삼위일체론에 있어서는 아타나시우스(Athanasius)의 신실한 동지였다. 또한 그리스도의 두 본성에 관해 최초로 진지하게 다룸으로써 당시 교회에 그리스도론 문제를 제기했다.

아리우스파는 성부와 성자의 동일 본질을 명시한 니케아 신조를 거부하고 말씀이 인간적인 몸과 연합되었다면, 말씀 자체도 가변적일 수밖에 없다고 주장했다. 니케아 신조파인 아폴리나리우스는 이에 대응하기 위해 어떻게 불변의 말씀이 가변적인 인간성과 연합되었으며, 예수의 인간적인 면, 즉 죄를 지을 수 있는 인간적인 면 때문에 예수가 과연 인간을 구원할 수 있는가를 해명하기 위해 고심했다.[93]

아폴리나리우스가 문제 해결의 실마리를 찾은 것은 3분법적 인간론이었다. 그것은 인간이 육, 혼(soul), 영(spirit)의 세 요소로 구성되어 있다(살전 5:23)는 주장이다. 혼은 생명의 원리가 되는 비이성적이거나 동물적인 요소라면, 영은 제어하고 결정하는 원리가 되는 이성적인 요소를 가리킨다. 아폴리나리우스는 이 3분설에 근거하면, 말씀이 그리스도 안에 있는 인간성과 연합된 방법을 설명할 수 있다고 믿었다. 그리스도 안에서 말씀이 인간의 육체와 혼을 지니는 한편, 인간적인 영

---

92 Gonzalez, *A History of Christian Thought*, vol. I, pp.349, 353.

93 Christie-Murray, *A History of Heresy*, p.57.

의 자리를 차지했다는 것이다. 왜냐하면 그리스도 안에서 하나님의 아들과 완전한 인간이 연합된다면, 두 개의 인격체가 있게 되기 때문이다. 따라서 그는 그리스도의 온전한 인간성을 희생시키는 대신, 말씀을 그 자리에 채워 넣는 길을 택했다.[94] 인간의 행동을 지배하고 인도하는 의지나 정신의 이성적인 요소인 인간의 영은 그리스도 안에서 전혀 존재하지 않았으며, 그것을 대체한 것이 신적인 위격이다. 그리스도는 "인간의 육체를 입은 하나님"이었다.[95]

이렇듯 그리스도 안에서 인간 본성의 중요한 요소인 인간적인 영혼의 존재를 부정하는 아폴리나리우스의 견해에 대해 많은 반론이 제기되었으며, 동방과 서방 교회 모두 그의 주장을 인정하지 않았다. 특히 카파도키아 교부들이 그랬다. 그 이유는 몇 가지로 정리할 수 있다.[96]

첫째, 성육신 의미의 퇴색이다. 동방 교부들은 일반적으로 그리스도의 성육신 목적을 인간의 '신격화'(deification)로 이해했다. "그리스도는 우리가 신이 되도록 하기 위해 인간이 되셨다."[97] 아폴리나리우스에게서는 그런 성육신의 의미를 찾아볼 수 없을 뿐만 아니라 그리스도의 성육신을 공허하게 만들었다.

둘째, 기독교 구원론의 훼손이다. 그리스도가 참으로 인간이 되신

94 Gonzalez, *A History of Christian Thought*, vol. I, pp.357-358.

95 Bethune-Baker, *An Introduction to the Early History of Christian Doctrine*, pp.242-243,; Christie-Murray, *A History of Heresy*, p.58.

96 Christie-Murray, *A History of Heresy*, p.58.

97 이레네우스의 견해를 이어받아 아타나시우스 등이 이 입장을 대변했다. Gonzalez, *A History of Christian Thought*, vol. I, pp.359-360.

것이 인간의 구원을 위해 중요하다. 그의 인성이 구원의 전달 수단이기 때문이다. 오직 인간성의 모든 요소를 가진 그리스도만이 인간의 모든 것을 구원할 수 있다. 그러나 아폴리나리우스의 그리스도는 인간 구성 요소 가운데 하나를 결여시키고 있기 때문에, 인간의 구원을 성취할 능력이 없게 된다.

셋째, 실질적으로 가현설이다. 아폴리나리우스의 그리스도는 완전한 인간은 아니었다. 왜냐하면 말씀이 인간 영의 자리를 대체한 것이기 때문이다. 따라서 그것은 그리스도가 "사람처럼 나타났다"는 것을 암시하고 있다.[98]

동방과 서방 교회는 377년 로마종교회의를 시작으로 378년 알렉산드리아회의, 379년 안디옥회의 그리고 381년 콘스탄티노플 제2차 공의회에서 아폴리나리우스와 그 추종자들을 정죄했다.

정리하면, 아폴리나리우스의 견해는 말씀-육신 유형의 그리스도론의 극단적인 형태였다. 그는 그리스도의 완전한 신성을 옹호함으로써 그의 무죄성을 보증한 반면, 그의 인간성의 실재를 희생시켰다. 그의 이단성은 예수 안에 있는 인간적인 정신 또는 영혼의 존재를 부정한 것이다. 가현설이 예수의 인성의 실재를 부정하는 것이라면, 아폴리나리우스의 견해는 예수의 인성을 축소시킨 것이다. 그리스도는 인간성을 취했지만, 그 모든 것을 취한 것은 아니라고 주장했기 때문이다.

---

98 Kelly, *Early Christian Doctrines*, p.296.

5. 네스토리우스주의

알렉산드리아 학파의 말씀-육신 유형의 그리스도론은 아폴리나리우스의 정죄로 심각한 타격을 받았음에도 불구하고 쇠퇴하지 않고 동방 교회에서 널리 통용되었다. 그 결과, 안디옥 학파의 말씀-인간 유형의 그리스도론과 충돌을 피할 수 없었다. 그 대표적인 것이 5세기에 일어난 알렉산드리아 감독 시릴(Cyril)과 콘스탄티노플의 총대주교 네스토리우스(Nestorius) 간에 일어난 갈등과 논쟁이었다.[99]

몹수에스티아의 테오도로(Theodore) 감독의 생도 출신, 네스토리우스는 안디옥 근처 수도원의 수도사로 있으면서 설교가로 명성을 떨치고 있을 때, 콘스탄티노플의 총대주교직을 맡게 되었다. 그가 부임했을 때, 그곳에서는 이미 성모 마리아의 호칭 문제가 논란이 되고 있었다. 한편에서는 마리아를 '하나님의 어머니' 또는 '하나님을 낳은 자'로 번역되는 테오토코스(theotokos)로 칭해야 한다고 주장한 반면, 다른 편에서는 그를 '사람의 어머니'(anthropotokos)로 칭해야 한다고 주장했다. 네스토리우스는 전자도 그리스도의 인성을 인정하고, 후자도 그리스도의 신성을 인정한다는 것을 발견하고, '그리스도의 어머니'라는 칭호로 양쪽을 중재하려 했다. 뿐만 아니라 그 자신 또한 '테오토코스'를 사용하는 것에 부정적이었다. 그의 신념은 그리스도의 인성을 옹호하는 것인데, 그것은 '그리스도 안에 있는 인간성이 그의 신성 안에 함몰되는 것'을 의미하기 때문이었다.[100]

---

99 그리스도론을 둘러싼 알렉산드리아 학파와 안디옥 학파의 충돌을 428년 네스토리우스의 콘스탄티노플 대주교 취임 때부터 451년 칼케돈공의회 때까지의 기간에 국한하여 논의하려고 한다.

100 Christie-Murray, *A History of Heresy*, p.63.

한편, 네스토리우스는 안디옥 학파의 말씀-인간 유형의 그리스도론에 철저히 서 있었다. 그는 성육신하신 그리스도의 양성은 연합을 통해 "변경되지 않고 구별"되고 있으며 "혼합이나 혼동 없이" 그리스도 안에 나란히 존재하는 것으로 이해했다. 그것은 그리스도의 인간성을 그의 신성과 공평하게 다루려는 시도였다. 그렇지만 그리스도의 신성과 인성을 지나치게 구별함에 따라 두 본성의 연합의 진정한 의미를 주장할 수 없었으며 속성의 교류 교리도 수용할 수 없었다.[101]

네스토리우스가 마리아에 대해 '테오토코스' 칭호 사용 반대를 선언한 것은 알렉산드리아 학파와 안디옥 학파가 충돌하는 도화선이 되었다. 알렉산드리아 학파가 이 칭호를 "그리스도 속성의 교류"의 필연적인 결과로 여기며 전통적으로 친숙하게 사용하던 것에 대해 도전하는 것과 같았기 때문이다.[102]

알렉산드리아 감독 시릴은 아폴리나리우스와 달리, 그리스도가 인간적인 영을 소유했으며, 성육신 이후 그의 신성과 인성이 변하거나 혼합되지 않았다고 믿었다. 그렇지만 그리스도의 두 본성의 존재를 강조하는 안디옥 학파와 달리, 그리스도의 인격의 통일성을 강조했다. 그는 아폴리나리우스의 그리스도 단성론과 안디옥 학파의 그리스도 양성론 사이의 중간 길을 취한 것이다.[103]

시릴은 안디옥 학파가 그리스도의 완전한 인간성을 강조한 나머

101 Gonzalez, *A History of Christian Thought*, vol. I, pp.373~374; Kelly, *Early Christian Doctrines*, p.312.

102 Gonzalez, *A History of Christian Thought*, vol. I, p 364; Kelly, *Early Christian Doctrines*, p.311; 브라운, 《교회사 안에 나타난 이단과 정통》, p.264.

103 브라운, 《교회사 안에 나타난 이단과 정통》, pp.266, 269.

지, 그의 신성을 단순히 이름이나 형식으로 격하시킬 수 있다고 우려
하는 한편, 네스토리우스의 견해를 말씀과 보통 인간의 단순한 외적
접합(association)으로 간주하여 혐오했다. 따라서 그 반대의 선봉에 서서
신학과 교회 정치, 양면으로 그에 대응했다. 시릴에 따르면, 예수는 인
간을 위해 인간의 육신으로 살다가 죽으시고 다시 살아난 하나님 자
신이었다. 말씀은 본성상 하나님의 아들인 동시에, 또한 본성적으로
마리아의 아들이었다. 그리스도는 "둘에서 한 분," 상이한 두 본성에서
된 단일하고 유일한 그리스도였다. 로고스(말씀)는 "있던 그대로 남아
있다." "성육신 이전이나 이후나 동일한 품격이었으며 그의 본질적 신
격에는 변화가 없었다."[104] 시릴은 성육신하신 그리스도의 본성을 나
누는 어떤 분할도 인정할 수 없었다.

시릴은 알렉산드리아 교구의 풍부한 재원을 바탕으로 정치적인
수완을 발휘하여 지지 세력을 규합하는 한편, 펠라기우스주의 문제를
매개로 로마 교회와 연합전선을 구축하여 430년 로마대회에서 네스
토리우스에 대한 정죄를 이끌어냈다.[105] 같은 해 알렉산드리아에서 열
린 또 다른 회의도 네스토리우스가 '테오토코스' 용어를 사용하지 않
고 그리스도의 신성과 인성을 분리한다는 이유로 그를 정죄했다.[106] 또
한 시릴은 두 차례에 걸쳐 네스토리우스에게 그의 주장 철회를 요구
하는 서신을 보낸 데 이어 12개조의 정죄문을 통고했다. 그것은 네스

104 Kelly, *Early Christian Doctrines*, p.319.

105 네스토리우스가 펠라기우스주의자들에게 도피처를 제공하여 서방 교회와 교황의 반감을
산 반면, 시릴은 서방 교회와 입장을 같이하여 펠라기우스주의를 이단으로 정죄했다.

106 Christie-Murray, *A History of Heresy*, p.65.

토리우스를 정죄하는 한편, 알렉산드리아 학파의 입장이 정통적인 해석이라는 것을 밝히는 것이었다.[107] 그렇지만 네스토리우스는 이를 수용하지 않고, 그 역시 시릴을 정죄하는 반(反)12개조로 대응했다.

시릴과 네스토리우스가 서로 정죄 선언을 하자 동방 교회는 큰 혼란에 휩싸였고, 이를 수습하기 위해 황제 발렌티니아누스(Valentinian) 3세와 테오도시우스(Theodosius) 2세가 431년 에베소에서 제3차 공의회를 소집했다. 시릴과 그를 지지하는 감독들은 일찍 도착한 데 반해, 네스토리우스의 주요 지지 기반인 안디옥 감독들은 육로로 오는 까닭에 도착이 지체되었다. 이를 기회로 삼아, 시릴과 에베소교회 감독 멤몬(Memmon)은 네스토리우스, 68명의 아시아 감독, 황실의 대표자들의 항의를 묵살하고 개회를 강행하여 159명의 감독의 동의하에 시릴의 견해가 니케아 신조에 부합하는 것으로 확인하는 동시에 네스토리우스를 정죄하고 면직시켰다. 5일 늦게 도착한 안디옥교회 감독 요한 일행은 황제의 사신 입회 아래 공인된 회의를 다시 개회하여 불법적인 회의를 진행한 혐의로 시릴과 멤몬을 면직하고 그들의 추종자들을 출교에 처했다. 10일 후에 도착한 로마 교황 세레스틴(Celestine)의 사절단은 요한 감독과 그 일파를 파문에 처했다.[108]

이렇듯 에베소회의는 그리스도론을 둘러싼 알렉산드리아 학파와 안디옥 학파의 갈등을 해결한 것이 아니라 대립의 골을 더욱 깊게 하고, 교회의 분열을 확산시켰다. 이를 치유하기 위한 지속적인 노력과 황제의 중재로 433년 양쪽이 타협하기에 이르렀다. 그 산물이 '통합

---

107 Gonzalez, *A History of Christian Thought*, vol. I, pp.365-366.

108 Kelly, *Early Christian Doctrines*, pp.326-327.

x

114

신조'(the symbol of union)다. 안디옥 학파는 네스토리우스를 포기하고 시릴이 주도한 회의를 합법적인 회의로 인정하는 대신, 시릴은 '한 인격, 두 본성'으로 요약되는 '통합신조'에 서명하기로 동의한 것이다. 시릴은 안디옥 학파에 많은 양보를 한 대가로 네스토리우스에 대한 정죄의 정당성을 인정받고 '테오토코스' 칭호를 정통으로 인정받게 되었다. 반면, 네스토리우스는 정죄받아 면직되고 처음에는 안디옥 근교 수도원으로, 그리고 4년 뒤에는 이집트 광야로 유배 생활을 떠나야 했다. 그의 신학적 신념은 451년 칼케돈 에큐메니칼공의회를 통해 정통 교리로 반영되었지만, 그의 명예는 끝내 회복되지 않았다.

네스토리우스와 시릴의 견해는 모두 약점을 지니고 있었다. 전자는 그리스도 안에서 인간성의 실재를 강조한 나머지, 신성과 인성이 어떻게 연합되어 있는지를 충분히 해명하지 못했다. 후자는 두 본성의 통일을 강조한 나머지, 그리스도가 어떤 의미에서 완전한 인간인지를 밝히지 못했으며 아폴리나리우스주의의 틀을 벗어나지 못했다. 그럼에도 불구하고, 후대에 시릴은 정통 그리스도론의 옹호자로 간주되는 반면, 네스토리우스는 이단으로 취급되고 있다. 그것은 시릴이 안디옥 학파와의 논쟁과 협상 과정에서 자신의 견해를 해명하고 수정한 결과로 이해할 수 있다.[109]

그렇다면 네스토리우스는 과연 이단이었는가? 그의 견해는 정통 교리로 인정받은 반면, 그 자신은 정치적 책략과 수완 부족 때문에 이단으로 정죄받은 것은 아닌가? 이는 20세기 초 네스토리우스 자신의 변증서《헤라클레이데스의 책》(Book of Heracleides)이 발견된 이후, 다시

---

109 Gonzalez, *A History of Christian Thought*, vol. I, p.377; Kelly, *Early Christian Doctrines*, p.328.

조명을 받게 되었다. 그렇지만 현대 학자들 사이에서도 의견이 일치하지 않고 해석이 갈리고 있다. 일부 개신교 학자들은 네스토리우스가 '테오토코스' 명칭을 거부한 것을 사례로 들어 '개신교의 선구자'로 간주하기도 하고 "본질적으로 정통파였으나 교회 정치의 희생물이 된 것"이라 하여 그를 "정통으로 추인하는 것이 옳다"고 주장하기도 한다. 반면, 다른 이들은 그를 이단으로 정죄한 전통적인 평가를 그대로 따르고 있다.[110]

네스토리우스가 그리스도의 두 본성뿐만 아니라 별개의 두 위격(Person)을 주장했다고 비난하는 것은 그의 견해에 대한 객관적인 이해나 공정한 평가로 보기는 어려울 것 같다. 왜냐하면 그가 주장한 것은 그리스도의 두 본성이 한 위격 안에서 일어났다는 것이기 때문이다. 또한 기독교 선교적인 측면에서 네스토리우스주의자들의 공헌도 간과할 수 없다. 그들의 선교 활동으로 기독교가 중동과 인도, 중국을 비롯한 극동 아시아의 여러 나라에 널리 전해졌기 때문이다.[111]

6. 유티케스주의

타협의 산물인 '통합신조'는 알렉산드리아와 안디옥 학파 모두에게 만족스러운 것이 결코 아니었다. 특히 양쪽의 강경파에게 더욱 그

---

110 Gonzalez, *A History of Christian Thought*, vol. I, pp.368-370; Kelly, *Early Christian Doctrines*, p.312.

111 경교로 알려진 네스토리우스주의가 중국 당나라에 전해졌으며, 또한 당나라를 통해 삼국 시대 신라까지 소개되었다고 한다. Bethune-Baker, *An Introduction to the Early History of Christian Doctrine*, pp.279-280; Christie-Murray, *A History of Heresy*, pp.63, 67-68.

랬다. 시릴 우파는 시릴이 양성의 교리를 받아들인 것에 경악한 반면, 안디옥의 강경파는 시릴을 이단이라고 계속 주장했다.[112] 따라서 통합 신조는 양파 간의 논쟁을 종식시킨 것이 아니라 논쟁을 일단 멈추고 숨고르기에 들어간 것에 불과했다.

444년 시릴이 죽자, 그의 후계자 디오스코루스(Dioscorus)를 중심으로 양성 교리 반대론자들이 세력을 규합하기 시작했다. 네스토리우스주의를 배격하는 일련의 논쟁에서 주역을 맡은 사람은 콘스탄티노플의 노수도사 유티케스(Eutyches)였다.

유티케스는 그리스도가 두 본성을 가지고 있다는 주장을 비성서적인 것으로 간주하고 극단적인 단성론을 주장했다. 그리스도는 성육신 이전에는 신성과 인성, 두 본성이 있었지만, 성육신 이후에는 그의 인간성이 신성에 전적으로 흡수되었으며 오직 한 본성, 즉 신성만이 남게 되었다는 것이다. 따라서 "그리스도는 성부와는 동일 본질이지만 인간과는 동일 본질이 아니다."[113] 이런 신념에 따라 유티케스는 통합 신조를 네스토리우스주의적인 것이라 하여 거부하고 그것을 반대하는 선봉에 섰다.

유티케스의 주장은 극단적이었을 뿐만 아니라 실질적으로 가현설적인 단성론이었다. 그리스도의 인간성 실재를 부정하는 것은 이 땅에서 그의 생애를 평가절하 하고 그의 속죄사역을 무의미하게 만들 위험이 있었다. 따라서 콘스탄티노플 감독 플라비안(Flavian)은 448년 콘스탄티노플에서 종교회의를 소집하여 유티케스를 심문한 후 이단으

112 Kelly, *Early Christian Doctrines*, p.330.

113 Christie-Murray, *A History of Heresy*, p.69.

로 정죄하여 교회의 모든 직책에서 축출했다.[114]

유티케스와 플라비안 모두 로마 교황 레오(Leo)에게 이 문제를 호소하자, 레오는 플라비안에게 교서(Tom)를 보내, 단성론에 대한 반대를 분명히 했다. 레오가 보낸 교서의 요지는 "신-인의 품격은 하나님의 말씀의 품격과 동일하다"는 것, "신성과 인성은 혼합이나 혼란 없이 한 품격 안에 공존"한다는 것, 본성들은 "별개의 활동 원리"이지만, 그들은 항상 서로에게 일치하도록 행동한다는 것 등이다.[115] 레오의 톰은 독창적인 교리를 제시한 것은 아니었지만, 후일 칼케돈 신조를 만드는 데 큰 영향을 미쳤다.

한편, 유티케스는 궁정에 있는 자신의 인맥을 동원하여 테오도시우스 2세 황제로 하여금 자신의 문제를 다룰 교회 총회를 소집하도록 설득했는데, 마침내 449년 에베소에서 소위 '강도회의'(Robber Council)가 열렸다. 알렉산드라 감독 디오스코루스를 중심으로 유티케스 일파는 폭력적인 수단을 동원해 반대파의 회의 참석을 금하거나 반대 발언을 봉쇄하고 심지어 교황의 교서 청취도 거부하는 등 회의를 강압적으로 진행했다. 그리고 유티케스를 복권하고 그의 정통성을 인정한 반면, 양성론자들을 정죄하고 면직했다. 이로 인해 이 회의를 '에베소 강도회의'라고 부르게 되었다.[116]

에베소 강도회의 희생자들과 이에 동조하는 정통파 감독들의 호

---

114 Kelly, *Early Christian Doctrines*, pp.332-333.

115 Ibid., p.337.

116 교황청 특사는 교황의 교서도 낭독하지 못했으며, 콘스탄티노플 감독 플라비안은 이때 당한 폭행의 후유증으로 몇 년 후 사망했다.

소에 힘입어 로마 교황 레오가 새로운 종교회의를 소집하고자 했으나, 테오도시우스 황제의 거부로 뜻을 이루지 못했다. 에베소 강도회의 자체가 황제의 지지하에 개최되었기 때문이다. 그러나 450년 테오도시우스가 낙마사고 후유증으로 죽고, 마르시안(Marcian)이 그를 계승하여 황제가 되자, 상황이 바뀌었다. 마르시안 황제는 로마제국을 통해 단일 신앙을 확립하려는 목적으로 451년 칼케돈에서 제4차 에큐메니칼 공의회를 소집했다. 520명의 감독이 참석한 이 회의는 에베소 강도회의를 인정하지 않고 그 결정을 무효화시키는 한편, 플라비안을 복권시키고 유티케스를 이단으로 선포했다. 니케아 신조를 정통의 표준으로 재확인하는 한편, 칼케돈 신앙정의(Definition of Faith)를 만들었다. 그것은 네스토리우스를 비판한 시릴의 두 편지, 유티케스를 배격한 레오의 교서, 연합신조, 플라비안의 신앙고백을 발췌한 것이었다.

> 우리 주 예수 그리스도는… 참 하나님이시며 참 인간이시고 이성적 영과 몸으로 이루어진 동일하신 분이다… 한 분 동일하신 그리스도, 아들, 주님, 독생자로 인정하며, 그 두 본성은 혼합, 변화, 분열, 분리 없이 존재한다. 두 본성의 차이는 연합으로 인해서 결코 제거되지 않았으며 각 본성의 속성은 한 위격과 한 본체 안에 다 같이 보전되고 함께 역사한다. 두 위격으로 나뉘거나 떨어지는 것이 아니고 한 분 동일하신 아들, 독생자, 하나님의 말씀, 주 예수 그리스도다….[117]

---

[117]   Gonzalez, *A History of Christian Thought*, vol. I, pp.390-391.

칼케돈회의는 고대 교회 3대 학파의 그리스도론이 조우한 현장이었다. 그리스도론을 둘러싼 고대 교회의 긴 논쟁은 칼케돈공의회를 통해 안디옥 학파와 서방 교회의 승리로 귀결되었다. 그것은 알렉산드리아 학파의 단성론을 물리친 반면, 안디옥 학파의 양성론을 "두 본성(nature)이 한 위격(person) 안에 연합되어 있다"는 서방 교회의 틀로 정리하고 그것을 정통 교리로 확인했다. 예수는 완전한 하나님인 동시에, 완전한 인간이라는 교리적 신념이 칼케돈 에큐메니칼공의회를 통해 도식화되고 기독교의 핵심 신앙 가운데 하나가 된 것이다. 그럼에도 불구하고, 그리스도의 단성론이 동방 교회에서 완전히 사라진 것은 아니었다. 그 후에도 681년 콘스탄티노플 제6차 에큐메니칼공의회에 이르기까지 논쟁은 지속되었으며, 이 회의를 통해 그리스도의 신성과 인성의 관계에 대한 논쟁이 종결되었다.[118]

결론

하나님이 인간으로 오셔서 그의 신성과 인성이 연합되었다는 사실은 전무후무한 사건이요, 인간의 완전한 이해를 허락하지 않는 초자연적인 사건이다. 어떻게 그리스도라는 한 인격체에 두 본성이 연합되었으며, 연합 이후 두 본성의 상태가 어떠한가의 문제는 고대 교회 전체가 매달려 해명하려고 한 중요한 주제라 해도 과언이 아니었다. 예수 그리스도는 완전한 하나님이며 완전한 인간이라는 양성의 교리는 교회가 오랜 논쟁과 많은 희생을 치른 끝에 거둔 소중한 결실이라고 할 수 있다.

---

118 Christie-Murray, *A History of Heresy*, pp.71ff, 84.

고대 교회의 중요한 3대 신학 흐름은 그리스도의 신성과 인성의 연합이라는 큰 틀에서는 입장을 같이했지만, 그 연합의 과정과 상태라는 세목에서는 입장을 달리했다. 알렉산드리아 학파는 말씀-육신 유형의 그리스도론을 취한 반면, 안디옥 학파는 말씀-인간 유형의 그리스도론을 주장했다. 전자가 그리스도의 두 본성의 통일을 강조하는 단성론이라면, 후자는 그리스도의 두 본성의 실재를 강조하는 양성론이다. 그렇지만 전자가 그리스도의 신인 구조에서 말씀에 관심을 집중한 나머지, 인간적 영혼에 대해서는 관심이 부족했다면, 후자는 그리스도의 완전한 인간성은 강조했으나 말씀의 위치에 대해서는 관심을 기울이지 못했다. 한편, 서방 로마 교회는 두 학파의 중간 길을 택해 "그리스도 안에는 두 본질이 한 위격 안에 연합되어 있다"는 그리스도론으로 두 대립적인 동방 교회 학파를 중재하려고 했다.[119]

한편, 그리스도에 대한 사색과 논의는 많은 이단의 출현을 초래했다. 이들을 분석하면, 두 부류로 정리할 수 있다. 하나는 그리스도의 두 본성 가운데 어느 하나만을 인정하여 정죄받은 것으로 에비온주의나 역동적 군주론, 아리우스주의, 가현설 등이 여기에 속한다. 에비온주의나 역동적 군주론, 아리우스주의는 그리스도의 신성을 부인하고 인성만을 주장한 데 반해, 가현설은 그의 인성을 부정하고 신성만을 강조한 것이다.

다른 하나는 그리스도의 두 본성의 연합을 해명하는 과정에서 정죄받은 것으로 알렉산드리아 학파의 아폴리나리우스와 유티케스, 그리고 안디옥 학파의 네스토리우스 등이 여기에 속한다. 아폴리나리우

---

119 Gonzalez, *A History of Christian Thought*, vol. I, pp.346-347.

스는 그리스도의 인간성을 인정하기는 했으나, 그것을 축소하여 인간
적인 영이 결여된 인간성을 주장하여 그리스도의 인성을 불구로 만든
반면, 유티케스는 성육신 이후 그리스도의 인성은 신성에 완전히 흡수
되었다는 극단적인 단성론을 주장함으로써 구별해야 될 것을 혼동하
여 가현설 혐의를 받게 되었다. 이들에 비해, 네스토리우스는 그리스
도의 두 본성의 구별을 강조함으로써 그를 둘로 쪼겠다는 혐의를 받
았다. 이들이 각각 알렉산드리아 학파와 안디옥 학파의 입장을 극단
적으로 대변한 책임을 피할 수 없지만, 다른 한편으로 그들은 당시 교
회가 그리스도의 신성과 인성의 관계를 해명하기 위해 지불해야 했던
비용이라 해도 지나치지 않을 것이다. 그들은 비록 이단으로 정죄받았
지만, 현대의 이단과는 그 성격을 달리한다. 왜냐하면 전자는 정답을
찾는 와중에 파생된 것이라면, 후자는 정답이 이미 확정되어 있음에도
불구하고 거짓 교리를 주장하는 것이기 때문이다. 전자의 경우, 정통
교회 감독들 가운데 이단 혐의를 받거나 정죄받은 사례가 없지 않았
다는 것이 이를 말해 주고 있다.

5장

삼위일체
하나님

서론

삼위일체론은 기독교 교리에서 가장 중요한 교리 중 하나다. 성경이 삼위일체란 말을 직접적으로 사용하고 있지는 않지만, 성부, 성자, 성령이 한 하나님이라고 믿는 삼위 하나님에 대한 신앙은 기독교 신론의 핵심을 이루고 있다.

삼위 하나님의 관계가 신학적 논의의 대상이 되었던 것은 2세기 중엽부터였다. 최초로 성부와 성자의 관계를 설명하고자 한 사람은 변증가들이었다. 그들은 선재자(先在者)로서 그리스도를 성부의 생각 또는 마음으로 이해했으며 성삼위란 용어를 처음으로 사용했다.[120] 이레네우스는 경세적 삼위일체론을 제시했다. 이는 하나님이 존재의 본질에는 한 분이지만, 구원의 경세, 즉 구속사의 과정에서는 성부, 성자, 성령으로 나타나셨다는 이론이다. 터툴리안은 경세적인 삼위일체론

---

120 성삼위(triad)란 용어를 최초로 사용한 사람은 테오필루스(Theophilus)였다.

을 더욱 발전시키는 동시에, 실체(substance)와 위격(person)의 개념을 도입하여 하나님의 본질적 통일과 삼위 간의 구별을 명확히 했다.

한편, 오리겐은 삼위일체 교리 발전에 큰 공헌을 했을 뿐만 아니라 그의 사상은 후대의 삼위일체 논쟁의 근원이 되었다. 아버지와 아들의 관계에 관한 오리겐의 견해에는 두 경향이 있었다. 아버지와 아들의 통일성을 강조하는 것과 아버지와 아들의 구별성을 강조하는 것이 그것이다. 전자는 아들의 영원성과 신성을 중시하여 아들을 아버지와 동등시하는 것이라면, 후자는 아버지와 아들 사이의 구별을 명확히 하기 위해 아들을 아버지보다 덜 신적이거나 열등한 종속적 존재로 간주하는 것이다. 아버지는 절대적인 통일성을 지닌 데 비해, 아들은 다양성을 지니고 있다. 이 다양성에 의해 아들은 세상이나 인간과 관계를 가질 수 있다. 그러므로 아버지는 절대적으로 초월적인 존재인 데 비해, 아들은 제한적인 초월성을 지닌 존재라는 것이다.

오리겐은 그의 삼위일체 신학을 통해 이 두 경향의 균형을 잘 유지했으나, 그의 제자들은 그 가운데 일부만을 강조했다. 따라서 어느 것을 강조하느냐에 따라서 두 그룹으로 분열되었다. 하나는 아들과 아버지의 동등성을 주장한 반면, 아들의 종속성을 포기했다. 다른 하나는 아들의 종속성에 근거하여 아버지와 아들의 구별을 주장한 반면, 아들의 영원성을 포기했다. 전자를 우파 오리겐주의, 그리고 후자를 좌파 오리겐주의라 부른다. 전자의 대표자는 알렉산드리아교회의 감독 알렉산더(Alexander, 313-328년 재임)와 아타나시우스(Athanasius)였으며, 후자의 대표자는 알렉산드리아교회의 장로 아리우스(Arius)와 니코메디아의 유세비우스(Eusebius)였다.

4세기의 시작과 함께 삼위일체 교리가 신학 논쟁의 중심 주제가 되었다. 이 논쟁은 좌파와 우파 오리겐주의자들의 대립에 의해 일어났으며, 381년 제2차 콘스탄티노플공의회에 이르기까지 60년 이상 계속되었다. 쟁점이 되었던 문제는 삼위 하나님에 있어서 성자 그리스도는 어떠한 위치에 있으며 성부 하나님과는 어떤 관계에 있는가 하는 것이었다. 이 논쟁을 통해 성부와 성자의 본질이 동일하다는 삼위일체론이 정통적인 교리로 확립되었다.

정통 삼위일체론이 어떻게 정립되었는가를 파악하기 위해 좌파 오리겐주의를 대변하는 아리우스와 우파 오리겐주의를 대변하는 아타나시우스의 견해를 대비한 후, 양자의 논쟁 과정을 추적하려고 한다.

1. 아리우스

아리우스는 250년경 리비아에서 태어나 알렉산드리아로 이주하여 활동한 기독교 사제로서 루키안(Lucian)의 제자였다. 사모사타 출신의 루키안은 좌파 오리겐주의자로 안디옥에 교리문답학교를 세웠으며 예수를 하나님의 피조물로 간주하고 성부 하나님보다 열등하다고 가르쳤다. 아리우스를 비롯하여 니코메디아의 유세비우스, 칼케돈의 마리스, 안디옥의 레온티우스와 같은 아리우스주의의 지도자들은 모두 루키안의 제자들이었다.

아리우스는 알렉산드리아의 바우칼리스(Baucalis) 교구를 관장하던 장로였으며 설교가로 유명했다. 또한 그는 당시 알렉산드리아 기독교계의 저명한 성경 주석학자였으며 합리적인 논리학에 기초하여 새로운 주석 방법을 창안했다.

아리우스는 오리겐의 종속주의 신학과 서방과 아시아의 군주론적인 신학을 종합하여 극단적인 종속주의를 주장했다. 그것은 그리스도의 완전한 신성을 부정하는 절대적 단일신론(monotheism)이었다. 그의 사상 체계의 근본적인 전제는 하나님의 절대적 유일성과 초월성에 대한 확인이었다. 아리우스의 저술로는 그의 교리를 요약한 《탈리아》 (Thalia)와 편지들이 있다.[121]

아리우스는 알렉산드리아교회의 감독 알렉산더의 설교를 사벨리우스적이라고 맹렬히 공격했다. 318년 알렉산더 감독은 교회회의를 소집하여 아리우스 일파들을 정죄하고 아리우스를 추방했다. 그 후 그의 복권을 요구하는 주장도 없지 않았으나 328년부터 알렉산드리아 교회의 감독이 된 아타나시우스의 반대로 이루어지지 않았다. 아리우스는 334년에 사망했으며, 그의 지지자였던 동방 교회 감독들은 입장을 바꿔 아리우스를 이단으로 정죄했다.

아리우스의 종속론은 아버지가 아들을 창조했으며, 아들은 피조물이므로 영원한 존재가 아니며 변할 수도 있다는 신념에 근거했다. 아리우스에 따르면, 하나님만이 시초와 기원이 없으며, 아들은 시작을 가지고 있음에 틀림이 없다. 하나님이 아들을 무(無)에서 창조했다. 창조하기 이전에 아들은 존재하지 않았다. 만물이 아들에 의해 만들어졌음에도 불구하고, 그 자신은 아버지에 의해 만들어졌다. 그러므로 하나님과 아들은 동등하지 않으며 무한한 차이를 지니고 있고 본질적으

---

121 '탈리아'는 연회라는 뜻이며, 이는 아타나시우스가 자신의 논쟁 문헌 속에 보존해 둔 잡문록이다.

로 다르다. 아버지는 시작과 기원이 없는 데 반해, 아들은 시작이 있다. 아버지는 영원한 존재인 데 비해, 아들은 영원한 존재가 아니며 존재하지 않았던 때도 있었다. 또한 아버지는 창조주인 데 반해, 아들은 피조물이다.[122] 아리우스는 아들을 진정한 하나님으로 보지 않고 그보다 못한 제2의 하나님 또는 명목상의 하나님으로 보았다.

> 아들은 진정한 하나님이 아니다. 그는 하나님이라고 불리지만, 진정한 하나님이 아니다. 그는 은혜에 참여함으로써 단지 하나님이란 이름만 얻었을 뿐이다. 만물이 하나님과 본질적으로 다른 것같이, 아들 역시 모든 것에 있어서 아버지의 본질 및 속성과 동일하지 않다.[123]

아리우스는 아들은 아버지와 교제를 가질 수도 그에 대한 직접적인 지식을 가질 수도 없다고 보았다. 하나님은 그 아들에게 말로 표현할 수 없는 분이다. 하나님만이 자신을 인식할 수 있다.

> 아들은 스스로 존재하는 아버지를 탐구하는 것이 불가능하다. 아들은 하나님 자신의 본질을 알지 못한다. 아들은 실제로 아버지의 뜻에 따라 존재했다. 아버지로 말미암아 존재하게 된 자가 그 자신의 아버지를 파악할 수 있다는 주장을 어떻게 인정할 수

---

122 Athanasius, *De Synodis*, 15, *The Nicene and Post Nicene Fathers*, second series, vol. 4(Grand Rapids:WN. B. Eerdmans Publishing Company, 1978), pp.157-158, *NPNF*로 약칭할 것임.

123 Athanasius, *Four Discourses Against the Arians*, 6, *NPNF*, p.309.

있는가?[124]

아리우스는 아들을 하나님의 말씀과 지혜로 간주했으나 하나님의 본질에 속하는 말씀과 지혜와는 구별했다. 후자는 하나님과 함께 존재하는 본질적인 속성인 데 비해, 전자는 후자에 참여함으로써 그런 명칭을 부여받은 파생적인 것이다.[125] 이에 근거하여 아리우스는 아버지와 아들은 차이가 있다고 주장한 것이다. 성자는 "변할 수도 죄를 지을 수도 있는 존재"다. 모든 면에서 아버지의 본질과 특성과 다르다.[126]

요약하면, 하나님은 출생된 것이 아니라는 것, 즉 비출생성을 하나님의 필수적인 특징으로 본 것과 하나님은 본질상 교통할 수 없다고 본 것이 아리우스 견해의 핵심이다. 이러한 학설은 아들을 반신반인(半神半人, demigod)으로 전락시키는 결과를 초래했다. 왜냐하면 아들은 모든 다른 피조물을 무한히 초월하고 있음에도 그 자신 아버지와의 관계에서는 피조물 이상이 아니기 때문이다.[127]

2. 아타나시우스

아리우스에 대한 최초의 반대자는 알렉산드리아의 감독 알렉산더

124 Athanasius, *De Synodis* 15, *NPNF*, p.458.

125 Athanasius, *Four Discourses Against the Arians*, I. 5, *NPNF*. p.309.

126 Athanasius, *De Synodis* 15, *NPNF*, p.457; J.N.D. 켈리, 《고대기독교교리사》, 김광식 역 (서울 : 한국기독교문학연구소출판부, 1980), pp.262-263.

127 켈리, 《고대기독교교리사》, p.264.

였다. 그는 아들은 시작을 가질 수 없다고 믿었다. 왜냐하면 만물이 아들로 말미암아 만들어졌기 때문이다. 그러므로 그는 성자의 진정한 신성을 강조한 동시에, 아들은 시간 속에서 창조된 것이 아니라 영원 속에서 아버지가 낳았다는 영원 출생설의 교리를 주장했다. 따라서 아리우스의 주장을 반대하고 그를 정죄하여 공직에서 물러나게 했다.

아리우스의 진정한 반대자는 알렉산더의 후계자 아타나시우스였다. 그는 296년경 알렉산드리아의 유복한 가정에서 태어나 좋은 환경에서 훌륭한 교육을 받았다.[128] 신학적으로는 클레멘트, 오리겐, 디오니시우스 등으로 이어지는 알렉산드리아 학파에 속했으며 우파 오리겐주의와 입장을 같이했다.

아리우스와의 논쟁이 한창일 때, 알렉산더 감독은 아타나시우스를 집사로 안수했다. 그 후 부감독이 된 아타나시우스는 325년에 개최된 니케아공의회에 알렉산더와 함께 참석하여 알렉산더파가 아리우스파와의 논쟁에서 승리하는 데 큰 공헌을 했다. 그리고 328년 여름, 알렉산더의 후임으로 30세의 젊은 나이로 알렉산드리아교회의 감독이 되었다.

아타나시우스는 아리우스주의와 논쟁하는 것으로 일생을 보냈다. 아리우스주의자들에 의해 일시 감독직에서 축출되기도 했으며 다섯 차례에 걸쳐 도합 15년 10개월의 유배생활을 하기도 했다. 마지막으로 366년에 감독직에 재취임하여 373년 죽을 때까지 그 직책을 수행했다. 그의 저서로는 《이교도에 반대하여》(Against the Heathen), 《성육신에 관하여》(On the Incarnation of the Word), 《아리우스주의자에 대한 반론》

---

[128] 그의 출생년도는 정확하지 않다. 학자들에 따라 295, 296, 298년 혹은 300년 등으로 주장한다.

(*Discourse against the Arians*), 《성령의 신성에 관하여 세라피온에게 보낸 편지》(*Letters to Serapion concerning the Divinity of the Holy Spirit*) 등이 있다.

아타나시우스는 신학자라기보다 오히려 신실한 목회자였다. 그는 오리겐이나 어거스틴같이 다방면에 걸친 신학을 만들지 않았다. 그의 신앙과 신학의 중심은 하나님의 아들의 성육신과 십자가의 죽음이었다. 그의 관심사는 인간의 구원이었다. 그는 우리의 구원을 위해 말씀이 인간이 되었고 죽으셨다는 것을 강조했다.[129] 그리스도가 사람이 된 것은 우리로 하여금 신적 존재가 되게 하기 위해서라고 믿었다. 따라서 그의 신학적 공헌은 구원의 원리를 확고하게 파악한 것에 있다고 할 것이다.

한편, 아타나시우스가 아리우스의 학설을 맹렬히 반대했던 것은 그것이 비기독교적이며 불신앙적이라고 보았기 때문이다.

첫째, 아리우스는 삼위 하나님이 영원하다는 것을 부정한다. 성자와 성령은 시작을 가지고 있으며 시간 속에서 하나님의 통일성에 첨부된 것이기 때문이다. 이것은 삼위일체의 교리뿐만 아니라 아버지의 신성까지도 부정하게 된다.[130]

둘째, 아리우스는 두 다른 신을 주장하고 있다. 창조주 하나님과 피조된 하나님이 그것이다. 따라서 그의 신론은 논리적으로 이교 세계의 다신론에 접근하고 있다.[131]

---

129 *NPNF*, p.lxix.

130 Reinhold Seeberg, *Textbook of the History of Doctrines*, vol. 1(Grand Rapids: Baker Book House, 1964), p.207; Athanasius, *Four Discourses*, 1. 17 18, *NPNF*. pp.316-317참조.

131 Ibid., Athanasius, *Four Discourses*, Ⅲ.15 16. *NPNF*, pp.402-403 참조.

셋째, 아리우스주의는 구원의 확실성을 파괴한다. 성자가 변하기 쉽다면, 어떻게 그가 우리에게 성부를 계시할 수 있는가? 그리고 어떻게 우리는 그 안에서 성부를 볼 수 있는가? 이런 식으로는 인간은 결코 구원의 확신에 이를 수 없다.[132]

아리우스가 주장하는 바와 같이, 그리스도가 참 하나님이 아니고 아버지와 동일한 본질을 가지고 있지 않다면, 삼위일체 신앙과 아버지와 아들과 성령의 이름으로 주는 세례 예식이 무의미해진다. 또한 그것은 다신론에 이르게 되고 구원이 피조물(그리스도)로부터 유래함을 의미하게 된다. 아타나시우스는 이런 문제점을 정확하게 직시하고 아리우스주의를 제거하는 것을 일생의 과제로 삼았다.

그렇다면 아타나시우스 교리의 핵심은 무엇인가? 한 하나님의 개념이 아타나시우스 신관의 출발점이다. 그는 하나님의 통일성에 근거하여 삼위일체론을 제시하려고 했다. 아버지와 아들은 동일한 신적인 본질로 이루어진 반면, 하나님의 본질적인 존재에는 분할이나 분리가 없다. 특히 아타나시우스는 아들의 신성을 강조했다. "그리스도는 하나님으로부터 온 하나님이며, 하나님의 말씀이며 지혜이며 아들이며 능력이므로, 성경은 오직 한 하나님을 선포하고 있다… 아버지와 아들은 둘이지만 그 신성의 단일성은 분열되거나 분리되지 않는다."[133] 따라서 예수 그리스도는 하나님 자신이다. 아리우스가 주장한 것같이, 제2의 하나님이거나 부분적인 하나님일 수 없다.

아들은 아버지로부터 태어났다. 그러나 성자의 출생은 사람의 출

132 Ibid., Athanasius, *Four Discourses*, Ⅰ. 35, *NPNF*, pp.326-327.

133 Athanasius, *Four Discourses*, Ⅳ.1, *NPNF*, p.433.

생과 동일한 의미의 출생이 아니다. 사람으로부터 태어나는 것은 부모의 일부분을 나누어 받는 것이다. 그러나 하나님은 자신의 일부를 분리하는 것 없이 아들을 낳았다. 아타나시우스는 아버지와 아들의 관계는 샘물과 시냇물의 관계와 비슷하다고 생각했다. 샘물로부터 흘러나오는 시냇물은 샘물과 형태가 다르고 이름이 다르지만, 샘물로부터 분리되지 않는다. 마찬가지로 아버지는 아들이 아니고, 아들은 아버지가 아니다. 아버지는 아들의 아버지이고, 아들은 아버지의 아들이다. 샘물이 시냇물이 아니고, 시냇물이 샘물이 아니지만, 이 둘은 샘물로부터 시냇물로 이어지는 수로로 흐르는 동일한 물인 것과 같이, 아버지의 신성은 누수되거나 분리되지 않고 아들에게로 전달된다.[134] 이 비유를 통해 아타나시우스는 아들과 아버지의 본질이 동일하다는 것을 강조했다. 뿐만 아니라 성령도 성부와 동일 본질임을 주장하고, 성령이 피조물이나 천사와 같은 존재라는 견해를 부정했다. 성령이 다른 본질을 가지고 있다면, 그것은 삼위일체를 파괴하는 것이기 때문이다.[135]

3. 아리우스 논쟁

a. 니케아공의회

아리우스 논쟁이 정확히 언제부터 시작되었는지는 명확하지 않으나 일반적으로 320년 이전으로 추정한다. 알렉산더 감독이 320년 혹

---

134 Athanasius, *Statement of Faith*. 2. *NPNF*, p.84.

135 Athanasius, *Letters to Serapion concerning the Divinity of the Holy Spirit*, pp.1, 10, 12, 28, 29.

은 321년 이집트에서 교회회의를 소집하여 아리우스주의를 정죄한
것이 이를 뒷받침한다. 아리우스가 알렉산더 감독을 사벨리우스주의
자라고 공격한 것이 양자 사이에 일어난 논쟁의 불씨였다.[136] 그는 알
렉산더의 동일 본질론이 아버지와 아들의 구별을 모호하게 한다고 보
았다. 따라서 오리겐의 종속주의를 극단화함으로써 아버지와 아들을
구별하려고 했다. 성자가 참으로 아들이라고 한다면, 시작을 가졌음에
틀림이 없으며 따라서 존재하지 않았던 때가 있었다는 것이 아리우스
의 주장이었다.[137]

알렉산더는 처음에는 아리우스를 회유적인 태도로 대했다. 아리
우스의 주장을 공정하게 듣기 위하여 문제가 되는 성경 구절에 대한
해명을 요구했다. 그러나 아리우스는 이를 거부하고 지지 세력을 확
대하려고 했다. 이에 대응하여, 알렉산더는 이집트와 리비아 감독들의
종교회의를 소집하여 아리우스 일파를 정죄하고 아리우스를 알렉산
드리아에서 추방했다. 그러나 그것으로 문제가 해결된 것이 아니었다.
아리우스는 루키안의 제자들에게 편지를 보내 지지를 호소했으며 니
코메디아의 감독 유세비우스의 후원을 얻게 되었다.

로마제국의 황제 콘스탄티누스(Constantine)가 이 사건에 개입하여
종교 문제 자문관 호시우스를 보내 양측의 화해를 시도했으나 실패
했다. 이에 콘스탄티누스는 이 문제를 해결하기 위해 325년 니케아
(Nicea)에서 감독들의 총회를 소집하게 되었다. 이것은 최초의 세계적

---

136 사벨리우스는 삼위 하나님 간의 구별을 부정하고 하나님을 세 가지 다른 형태로 나타나는
단일한 실체라고 주장했다. 한 하나님이 어떤 때는 아버지로, 어떤 때는 아들, 또는 성령으로 나타
난다는 주장이다. 이를 '양태론'이라고도 부른다.

137 한철하, 《고대기독교사상》 (서울 : 대한기독교서회, 1982), p.162.

인 교회회의였으며 소수의 서방 교회 대표를 포함하여 300여 명의 감독들과 많은 수행원들이 참석했다. 이 회의의 쟁점은 그리스도가 창조되었는가 아니면 출생된 것인가, 그리스도의 본질은 성부의 본질과 같은 것인가 아니면 다른 것인가 하는 것이었다. 참석한 감독들은 세 파로 나눌 수 있다.

첫째, 아리우스파로 이들은 성자는 비존재로부터 창조되었으며, 성자와 성부의 본질은 동일하지 않다고 주장했다. 아리우스는 감독이 아니므로 회의에 참석하지 못했으며, 그 대신 니코메디아의 유세비우스가 아리우스파를 주도했다.

둘째, 동일본질파로 이들은 성자는 성부의 본질로부터 출생되었으며, 성부와 성자의 본질은 동일하다고 단언했다. 이는 알렉산더와 부감독 아타나시우스의 입장이었다. 이들 모두 수적으로는 소수파에 불과했다.

셋째, 중도파로 이들은 회중의 다수를 이루고 있었으며 가이사랴의 유세비우스가 지도자였다. 그들은 아리우스주의보다 오히려 사벨리우스주의를 더 두려워한 나머지 아리우스의 종속론을 정죄하기를 주저했다.

아리우스파는 먼저 아리우스의 견해를 가장 분명하게 알리는 신앙 고백서를 총회에 제출했다. 그러나 회중들은 "그리스도는 피조물이요 하나님과 다른 본질을 지닌 분"이라는 내용의 아리우스 신조를 분노 속에 거부했다. 그 순간부터 회의 분위기가 극적으로 동일본질파 쪽으로 기울기 시작했다.

한편 중도파는 유세비우스가 초안한 절충안을 제출했다. 그것은

동일 본질을 의미하는 호모우시오스(homoousios)를 제외한 동일본질과
의 다른 모든 교리를 수용한 것이다. 단지 호모우시오스에 헬라어 이
오타(i)를 첨부하여 호모이우시오스(homoiousios)로 대치했다. 그것은 성
자가 성부와 유사 본질을 가졌다는 것을 의미한다.

상당한 논란이 진행되었으나 결말이 나지 않자, 콘스탄티누스 황
제가 이 문제에 개입하여 성자의 신성을 명확히 하기 위하여 동일 본
질을 의미하는 호모우시오스란 말을 신조에 포함시킬 것을 제안했다.
따라서 니케아의회는 정통주의의 시금석이 되며 전 교회의 권위가 되
는 신조를 채택했다.

우리는 전능하신 아버지시요 보이는 것과 보이지 않는 모든 것
을 지으신 한 분 하나님을 믿는다. 또한 한 분 주님이신 예수 그
리스도를 믿는다. 그는… 참 하나님으로부터 나오신 참 하나님
이다. 태어난 것이지 만들어지지는 않았으며 성부와 동일한 본
질이시다. 하늘에 있는 것이나 땅에 있는 것이나 모든 것이 그를
통해 존재하게 되었다… 아들이 계시지 않았던 때도 있다고 말
하는 자들, 출생 이전에 아들이 계시지 않았다고 말하는 자들이
나 아들은 무로부터 지음을 받았다고 하는 자들을… 가톨릭 교
회는 저주한다.[138]

니케아 신조는 두 부분으로 구성되어 있다. 정통적인 신앙을 제시
한 신조와 비정통적인 견해를 정죄한 문구가 그것이다. 앞의 것은 알

138 John H. Leith, *Creeds of the Churches* (Atlanta: John Konx Press, 1982), pp.30-31.

렉산더파의 교리가 정통임을 확인하는 것이며 뒤의 것은 아리우스파의 견해가 이단임을 명시한 것이다. 이 신조는 아버지로부터 아들을 분리시키는 아리우스주의를 거부하고, 하나님의 통일성과 아들의 신성을 강조했다. 반면, 삼위 하나님의 구별성에 대해서는 명확히 언급하지 않았다. 니케아 신조는 동방신학을 지배하던 좌파 오리겐주의를 배격하고 서방신학과 우파 오리겐주의, 안디옥과 소아시아의 반(反)오리겐주의적인 전통을 반영한 것이다.[139]

니케아공의회에 참석한 감독들 대부분은 신조에 서명했으나, 니코메디아의 유세비우스 등 일부는 정죄 문구를 삭제하고 서명했으며 나머지 2명은 서명하기를 거부했다. 황제는 전체 문서에 서명하지 않은 자들을 추방했으며, 아리우스의 저서들은 소각하도록 명령했다. 이로써 성자의 동일 본질은 교회의 교의(dogma)가 되었다.

아리우스파에 대한 동일본질파의 승리는 콘스탄티누스 황제의 지지와 아타나시우스의 활약으로 성취되었다. 아리우스를 정죄하고야 말겠다는 아타나시우스의 굳은 결의와 감동적인 웅변이 아리우스파와 중도파를 압도한 것이다.[140]

b. 콘스탄티노플공의회

니케아공의회의 결정은 아리우스 논쟁을 종식시킨 것이 아니라 격렬한 충돌의 시작을 알리는 신호였다. 니케아 신조는 다수의 의견을 반영한 것이 아니었다. "니케아의 승리는 만장일치에 의해 이루어진

---

139 *NPNF*, p.lxix.

140 J. L. 니이브, 《기독교교리사》, 서남동 역(서울 : 대한기독교서회, 1970), p.189.

결과라기보다 오히려 예상 외의 결과였다. 그것은 참석한 감독들의 자발적이며 신중한 의사가 아니라 소수의 보다 분명한 기독교 사상의 논리에 의해 강요한 혁명이었다."[141] 대부분의 감독들은 극단적 아리우스주의와 반아리우스주의의 중간 노선을 취했다. 따라서 니케아의회는 아리우스주의를 이단으로 정죄했지만, 아리우스 논쟁은 그 후 50년 동안 더 이어졌다.

니케아의회 이후 동방 교회가 점차적으로 일부는 아리우스주의화되고, 대부분은 유사 아리우스주의(semi-Arianism)화되었다. 황제는 흔히 다수의 편을 들게 마련이므로 아타나시우스는 혼자서 전 세계를 상대로 싸우는 형세가 되었다.[142] 오리겐 사상의 영향 아래 있던 다수의 동방 교회 감독들은 아리우스주의보다 사벨리우스주의를 더 두려워하고 아리우스의 위험성을 과소평가 하는 경향이 있었기 때문이다.

상황이 이렇게 전개되자 콘스탄티누스 황제가 정치적인 이유로 변심을 하게 된다. 그가 애당초 아타나시우스파를 지원했던 것은 신앙적인 이유에서가 아니라 정치적인 이유에서였던 것이다. 그는 교회 분열을 막고 국론을 통일하는 것이 자신의 통치 기반을 확고히 하는 데 필요하다고 생각했다.[143] 그러나 예상과 달리, 니케아의회 이후에도 교회 안에 평화가 이루어지지 않을 뿐만 아니라 니케아 신조가 더 큰 논쟁을 일으키게 되자, 사태의 국면을 변경시키고자 했다. 니코메디아의 유

---

141 *NPNF*, pp.xxxiii-xxxiv.

142 Louis Berkhof, *The History of Christian Doctrines* (Grand Rapids: Baker Book House. 1981), pp 87-88.

143 Justo L. Gonzalez, *A History of Christian Thought*, vol. I (Nashville: Abingdon, 1981), pp.273-280.

세비우스를 유배지에서 돌아오게 하고 아리우스에게 변호할 기회를 준 것이다. 그리고 아리우스의 변호에 만족한 황제는 그의 지지자가 되었다.

한편, 안디옥의 에우스타티오스(Eustathios), 앙카라의 마르셀루스, 알렉산드리아의 아타나시우스와 같은 니케아 신조파의 지도자들은 공격을 받고 감독직에서 물러나거나 추방당했다. 이것은 니코메디아의 유세비우스가 정치적 수완을 발휘한 결과였다. 그는 335년 두로에서 열린 종교회의에 아타나시우스를 고소하여 파면하도록 했다. 황제의 총애를 받은 그는 337년 황제가 임종할 때 그에게 세례를 주기도 했다. 이 시대의 동방은 대부분 아리우스파의 영향권 안에 있었다.

337년 콘스탄티누스 황제가 죽자, 그의 세 아들이 로마제국을 분할하여 통치하게 되었다. 콘스탄티우스는 동방을, 그의 두 동생 콘스탄스와 콘스탄티누스 2세는 서방의 이탈리아와 일리리아, 그리고 고울(Gaul)과 북아프리카 지역을 각각 통치했다. 콘스탄티우스는 아리우스주의를 옹호하고 콘스탄티노플 감독 니코메디아의 유세비우스를 적극 후원했다. 따라서 동방 교회에서는 아리우스파가 득세했다. 반면, 콘스탄스와 콘스탄티누스 2세는 니케아 신조파를 옹호하고 그 지도자들을 보호했다. 이에 따라 서방 교회에서는 니케아파가 득세했다. 그러나 콘스탄티누스 2세와 콘스탄스가 사망한 후, 콘스탄티우스가 동서 로마제국의 단독 황제가 되면서 아리우스파는 관권에 힘입어 더욱 득세하게 되었다.

한편 4세기 중엽 니케아 신조에 대한 반대파들은 여러 그룹으로 분열되었다. 첫째, 아노모이파(anomoeans, 상이본질)다. 극단적인 아리우스주의자로 아들은 모든 것에서 아버지와 다르다(anomoios)고 주장했다. 이 파의 지도자는 에우노미우스(Eunomius)였다.

둘째, 호모이우시오스파(homoiousian, 유사본질)다. 아들은 아버지와 모든 것에서 유사하다(homoiousios)고 주장한 것으로, 흔히 유사 아리우스(semi-Arian)파라고 부른다. 앙카라의 바실과 예루살렘의 시릴이 이를 대변했다.

셋째, 호모에안파(homoean, 동류본질)다. 이는 정치적 아리우스파로 알려졌으며 타협적인 집단이었다. 이들은 아버지와 아들의 관계를 유사성 또는 동류성의 관계로 보았으나 그것이 무엇을 의미하는지는 결코 정의하지 않았다.[144] 이 세 파 모두 니케아 신조를 인정하지 않았다.

동방 교회는 오리겐의 종속주의의 영향으로 유사 아리우스파가 우세했던 반면, 서방 교회는 니케아 신조에 충성했다. 서방은 주로 터툴리안의 영향을 받았으며 아타나시우스의 견해와 조화되는 신학을 발전시켰기 때문이다. 따라서 로마회의(341)와 사르디카회의(343)는 아타나시우스의 교리를 지지했다.

결국 니케아의회 이후 50년간 계속된 논쟁이 끝나고, 니케아파가 승리하게 되었다. 그 결정적인 요인은 세 가지로 정리할 수 있다.

첫째, 아리우스파 안에서 일어난 분열이다. 아리우스파와 유사 아리우스파 사이의 싸움이 그것이다. 아리우스파와 유사 아리우스파는 일치하지 않은 점이 많았다. 따라서 진정한 아리우스파인 극단적인 아노모이파가 가장 보수주의적인 신앙을 가졌던 다수파인 유사 아리우스파를 공격하게 되었다. 이에 유사 아리우스파가 니케아 신조파와 연

---

144 Ibid., pp.287-289.

합하게 되었다. 유사 아리우스파는 본래 아리우스파라기보다 오히려 중도파였다. 아버지와 아들은 다른 본질도 동일 본질도 아닌 유사 본질을 가졌다는 입장이었다. 유사 본질은 어떤 면에서 다른 본질보다 동일 본질과 더 가깝다고 할 수 있다. 다른 본질파가 유사 본질파를 공격함에 따라 둘 사이의 동맹관계가 깨지고 동일본질파와 유사본질파, 즉 니케아파와 보수주의적인 다수파의 새로운 동맹이 이루어진 것이다.[145] 서방 교회가 일관되게 니케아파를 지지하고 아타나시우스를 비롯한 니케아파 지도자들 역시 불굴의 정신으로 아리우스파와 투쟁했던 반면, 아리우스파는 약간의 미묘한 차이점 때문에 분열했던 것이 승패의 원인이 되었다.

둘째, 니케아 신조를 지지하는 새로운 세대의 지도자, 세 카파도키아 교부들의 활약이다. 373년 아타나시우스가 죽자, 가이사랴의 바실(Basil the Great), 니사의 그레고리우스(Gregory of Nyssa), 나지안주스의 그레고리우스(Gregory of Nazianzus)가 그의 뒤를 이어 니케아 신조파의 지도자가 되었을 뿐만 아니라 니케아 신조를 오리겐 신학의 의미로 해석했다. 그들은 본체(hypostasis)라는 용어를 본질과 위격(prosopon)의 동의어로 사용하는 데 오해의 원인이 있음을 발견했다. 따라서 그들은 삼위하나님의 통일성과 구별성을 보다 명확하게 정의하는 것과 그것을 표현할 수 있는 용어를 제시하는 것을 자신들의 과제로 삼았다. 그들은 본질과 본체의 개념을 구별했다. 그리고 본체(hypostasis)란 용어를 아버지의 아들의 개별적인 인격적 존재를 지칭하는 경우에만 사용하고 하

---

145 이 동맹이 이루어질 수 있는 길을 연 것은 362년에 개최된 알렉산드리아대회였다. 아타나시우스는 의미상의 차이가 없는 한, 단어상의 차이는 별로 중요하지 않다고 선언했다. 그리고 유사 본질파의 지도자 앙카라의 바실과 서신을 교환했다. Ibid., p.291.

나님의 본질을 표현하는 경우에는 사용하지 않았다. 반면 본질(ousia)이란 말은 모든 개체들이 공유하고 있는 본질을 나타내는 데 사용했다.[146] 그들은 아리우스파와 니케아파 사이에서 동요하는 유사 아리우스주의 감독들을 설득하여 동방 교회가 니케아 신앙 노선 위에 서게 하는 데 결정적인 역할을 했다.

셋째, 니케아 신조를 지지하는 테오도시우스가 동로마제국의 황제로 즉위한 것이다. 그는 콘스탄티누스 이래 동로마에서 처음으로 니케아 신조를 지지한 황제였다. 그는 아리우스주의자인 콘스탄티노플 총대주교 데모필루스에게 니케아 교리를 따르든가 콘스탄티노플을 떠나든가 양자택일하라고 명령했으며, 나지안주스의 그레고리우스를 총대주교로 임명했다. 뿐만 아니라 모든 아리우스파 감독들을 동로마제국에서 추방했다. 그리고 381년 콘스탄티노플에 제2차 에큐메니칼 공의회를 소집했다. 이는 동방 교회 감독들의 회의였으며 150명의 정통파 감독과 56명의 마케도니아 감독들이 참석하여 니케아 신조를 재확인하는 한편, 아리우스주의를 정죄했다. 아타나시우스의 교리가 동방에서 정통으로 인정받게 된 것이다. 서방 감독들은 회의에 참석하지는 않았지만, 그 결정을 받아들였다. 이 회의의 결정으로 60년 이상 계속되었던 아리우스 논쟁이 종식되었다.

결론

삼위일체 논쟁은 예수 그리스도의 진정한 의미와 의의에 대해 문제를 제기한 아리우스 신학에 대한 논쟁이었다. 아리우스는 아들이 하

---

146 Ibid., pp.294-295.

나님으로부터 지음을 받은 피조물이며 시작을 가지고 있으며 변할 수도 있다고 주장했다. 이것은 아들이 아버지에 대해 완전하고 정확한 지식을 가지고 있지 않다는 것과 예수 그리스도 안에서 인간은 실제로 하나님을 대면하지 못한다는 것을 의미했다.[147] 아리우스의 신학은 교회로 하여금 그리스도가 어떤 의미에서 하나님인가를 제시해야 하는 계기를 마련했다.

아리우스 논쟁을 통해 아버지와 아들의 관계와 기독론에 대한 기독교 정통 교리가 확립되었다. 아버지와 아들의 본질은 동일하며, 아들은 출생된 것이지 창조된 것이 아니다. 또한 그리스도의 완전한 신성과 유일신 신앙을 핵심으로 하는 삼위일체론이 확립되었다. 하나님은 본질에 있어서는 하나이지만, 위격(person)에 있어서는 셋이다.

아리우스 논쟁은 우파 오리겐주의와 좌파 오리겐주의의 대립으로부터 시작되었으며, 기독교가 헬라화하는 과정에서 나타난 결과라고 할 수 있다. 아타나시우스파가 온건하게 헬라화된 기독교 신학을 대변했다면, 아리우스파는 극단적으로 헬라화된 입장을 대변했다.[148]

아리우스 논쟁의 전개 과정은 아타나시우스의 자서전이라고 해도 과언이 아니다. 아타나시우스는 30세의 젊은 나이에 논쟁의 중심에 뛰어들어 정통 교리를 지키는 데 평생을 바쳤다. 다섯 차례에 걸친 추방과 유배에도 불구하고, 다수파의 압력과 회유에 굴하지 않은 그의 열정과 신념이 니케아 신앙에 대한 서방 교회의 일관된 지지에 힘입어 이단과의 논쟁에서 승리하게 했다.

---

147 Leith, *Creeds of the Churches*, pp.28-29.

148 Gonzalez, *A History of Christian Thought*, vol. I , pp.297-298.

아리우스 논쟁은 삼위일체 교리가 어떻게 정립되었는가를 보여주는 동시에, 진리가 끝내 승리하는 것임을 우리에게 교훈한다.

6장

새 계시와
시한부 종말

서론

사도들의 시대가 끝나고 한 세기도 지나지 않아 교회는 점점 세속
화되고, 교인들의 경건 생활은 이완되어 갔다. 세상의 종말이 임박한
것으로 믿으며 긴장의 끈을 늦추지 않았던 초대 교회와 달리, 그리스
도의 재림이 지연됨에 따라 종말에 대한 기대는 점차 사라지게 되고,
윤리 생활은 해이해졌으며, 심지어 실망하여 교회를 떠나는 사람들도
적지 않았다. 이에 대응해 교회 지도자들은 법과 질서를 통해 교인들
을 지도하려 했으며 외형적 질서와 규정을 강조했다.[149]

이러한 세속화와 제도화 현상에 반발하여 2세기 중엽 소아시아
교인들을 중심으로 일어났던 것이 몬타누스주의(Montanism) 운동이다.
초대 교회의 신앙으로부터 점점 멀어져 가는 당시 교회를 갱신하여

---

[149] Reinhold Seeberg, *Textbook of the History of Doctrines* (Grand Rapids: Baker Book House, 1964), p.107.

원상태로 되돌려 놓으려는 개혁운동이었다. 열정적 신앙을 상실하고 점점 냉랭하고 메말라 가는 신앙 풍조에 대항하여, 신약시대 고린도교회에서 일어났던 은사운동을 재현하고자 한 성령의 은사운동이었다. 그것은 또한 윤리적으로 해이해지거나 방종한 당시 교회를 갱신하기 위해 참회와 엄격한 금욕을 강조하고 교인들에게 그것을 요구했던 엄숙주의운동이었다.

몬타누스주의자들의 관심은 사변적 이론이나 교리보다는 신앙과 실천에 있었다. 따라서 그들은 교회의 신앙 규칙들을 수용했으며 정통 신학의 많은 원리들, 특히 신론이나 삼위일체론, 그리스도론을 그대로 보존했다. 교회 역사가들이 몬타누스주의를 종교개혁으로 기술하거나 몬타누스주의자들을 개혁자로 취급하는 것도 그 때문이다.

이렇듯 몬타누스주의가 교리적인 면에서는 정통적이요, 윤리적인 면에서는 엄격한 엄숙주의요, 신앙 면에서는 초대 교회의 사도적 신앙을 회복하려 한 종교개혁운동이었다면, 당시 교회는 왜 그것을 이단으로 정죄한 것일까? 몬타누스주의의 창시자 몬타누스와 그의 활동을 중심으로 이를 논의하려고 한다.

1. 몬타누스와 여선지자들

이 운동의 지지자들을 흔히 프리기안 혹은 몬타누스주의자라고 한다. 프리기안은 이 운동이 발전한 곳이 소아시아 프리기아(Phrygia)에서 나온 말이며, 몬타누스주의자는 이 운동의 창시자 몬타누스(Montanus)에서 기인한 말이다. 156년경 이 운동이 실제로 처음 일어난

곳은 히에라폴리스였다고 한다.[150]

몬타누스는 프리기아 출신으로 155년경 세례를 받고 기독교로 개종했다. 그가 이교의 제사(祭司) 출신이라고도 하는데 확실한 것은 아니다. 그가 언제 태어나 언제 죽었는지, 그리고 그의 생애와 그의 인물됨이 어떠했는지를 알려 주는 문헌은 거의 보존되어 있지 않다. 몬타누스주의에 관한 정보를 얻을 수 있는 것은 그것에 호의적이었던 터툴리안의 저작이나 그것을 반박한 이레네우스의 저작《이단논박》등을 통해서다.

a. 보혜사 성령

몬타누스주의의 특징 가운데 하나는 성령의 은사, 특히 예언을 강조한 것이다. 성령의 은사를 받은 것이 몬타누스주의자의 표식이기도 했다.[151] 몬타누스는 신비주의적 환상가요 성령으로부터 직접 계시를 받았다고 주장한 카리스마적인 인물이었다. 그것이 그를 기독교 역사에서 뚜렷한 족적을 남기게 한 이유이기도 했다. 그는 세례받은 직후부터 요한복음 14장에 예고된 보혜사 성령이 자기에게 나타났으며, 옛것을 능가하는 새 계시를 받았다고 주장했다. 또한 두 명의 여인, 프리스킬라(Priscilla)와 맥시밀라(Maximilla)가 그와 합세하여 선지자로 자처하며 예언을 하기 시작했다.[152]

150　David Christie-Murray, *A History of Heresy* (Oxford: Oxford University Press, 1976), p.33.

151　Seeberg, *Textbook of the History of Doctrines*, p.105.

152　해롤드 브라운,《교회사 안에 나타난 이단과 정통》, 라은성 역(서울: 그리심, 2002), p.122; J. L. 니이브,《기독교교리사》, 서남동 역 (서울: 대한기독교서회, 1970), p.107.

몬타누스와 두 여인은 자신들이 보혜사 성령의 도구이며 특별하면서도 최종적인 계시를 받았다고 주장했다. 계시의 시대는 자신들에게서 끝나고, 새 계시와 함께 새 시대가 시작된다고 했다. 특히 맥시밀라는 "나 이후로는 더 이상 예언은 없고 예언의 성취만이 있을 것이다"라고 선언했다.[153]

몬타누스 일행이 받았다는 새 계시는 세상의 종말에 관한 것이 핵심 내용이었다. 당시 교회는 임박한 하나님 나라의 도래에 대한 기대를 공개적으로 포기하지는 않았지만, 그것이 상당히 미약해지거나 신앙의 전면에서 물러나 있는 상태였다. 반면, 몬타누스는 세상의 종말과 더불어, 요한계시록의 기록과 같이 그리스도가 천 년 동안 성도들과 함께 통치하기 위해 지상에 재림한다는 것(계 20:1-4), 그가 프리기아의 페푸자(Pepuza)에 새 예루살렘을 건설한다는 것, 그 후 역사의 종말과 하나님의 뜻의 마지막 성취가 있게 될 것 등을 예언했다. 그것은 하나님 나라가 가까웠다고 경고하며 잠자고 있는 영혼을 깨우는 외침이었으며, 대부분의 교회에 아직도 살아 있던 임박한 그리스도의 재림에 대한 기대를 되살아나게 하는 불씨였다. 몬타누스는 초대 교회가 열망했던 그리스도의 재림에 대한 소망과 기대를 소생시켰다.[154]

b. 삶의 개혁

몬타누스는 신앙적인 갱신과 더불어 삶의 개혁을 역설했다. 그리

---

153 Seeberg, *Textbook of the History of Doctrines*, p.105.

154 E. G. 제이, 《교회론의 역사》 (서울: 대한기독교서회, 1986), p.69; Walter Nigg, *The Heretics* (New York: Alfred A. Knopf, Inc., 1962), p.104.

스도의 재림을 맞이하는 성도가 되려면, 삶의 변화가 전제되어야 하기 때문이다. 따라서 그는 임박한 종말론에 근거하여 신약성경보다 더 엄격한 윤리와 계율을 가르쳤다. 그가 받은 새 계시가 신약성경의 교훈과 모순되지 않으며 윤리적인 면이나 종말론적인 면에서는 오히려 그것을 능가한다고 주장했다.[155]

첫째, 몬타누스는 참회 문제에 대해 엄숙주의의 입장을 취했다. 당시 사죄 문제와 관련해 두 가지 다른 견해가 있었다. 중한 죄, 특히 세례받은 이후 고의로 지은 죄는 사함 받을 수 없다는 엄숙주의와 하나님의 자비에 근거하여 회개와 고백을 강조하는 관용주의가 그것이다. 전자는 히브리서(6:4-6, 10:26-31)와 요한1서(5:16) 등에 성서적 근거를 둔 것이며 2세기 교회가 견고하게 받아들인 견해였다. 이 견해에 따르면, 죄를 사함 받을 수 있는 유일한 기회는 세례받을 때 하는 참회뿐이다. 따라서 그리스도인은 세례받은 이후에는 죄를 짓지 않고 살아야 하는 것이다. 이러한 엄숙주의적인 입장이 교회의 전통적이고 지배적인 견해였다. 하지만 그것은 점차 하나의 이상으로 그치고, 실제로는 회개와 고백을 강조하는 관용주의 입장이 확산되었다. 이렇듯 당시 교회가 죄에 대해 엄격한 태도를 포기하고 세속 사회의 요구에 동화되어 죄인을 쉽게 용서하는 것에 대해 강하게 반발하고 나선 것이 몬타누스였다. 몬타누스주의자들은 교회 성직자들이 세례 이후 지은 죄까지 용서할 수 있는 권한을 가지고 있지 않다고 주장하며, 세례받은 후에 지은 큰 죄, 특히 음행을 결코 용서하지 않았다.[156]

---

155 Justo L. Gonzalez, *A History of Christian Thought*, vol. I (Nashville: Abingdon Press, 1981), p.

156 J. N. D. 켈리, 《고대기독교교리사》, 김광식 역(서울: 한국기독교문학연구소출판부, 1980),

둘째, 몬타누스는 철저한 순교 정신과 순교 신앙을 강조했다. 당시 교회는 순교는 추구되어서는 안 되고 오히려 신앙을 부정하지 않고 피할 수만 있다면 피하라고 가르쳤다. 그것이 전통적인 견해이기도 했다. 그렇지만 몬타누스는 순교를 칭송하여 그것을 성도들이 추구해야 할 목표라고 했으며, 박해로부터 도피를 용서하지 않았다. 몬타누스주의자로 전향한 터툴리안의 권고도 이런 정신을 반영하고 있다. "침상에서도, 해산하다가도, 쇠약하게 하는 열병으로도 죽기를 바라지 말고 순교로 죽기를 바라라." 몬타누스주의자들은 교회가 순교자들이 흘린 피로 인해 축복받았다고 확신했다.[157]

셋째, 몬타누스는 결혼에 대해서도 엄격한 제한을 두었다. 그는 결혼을 악한 것으로 간주하지는 않았지만, 좋은 것으로 생각하지도 않았다. 결혼을 금하지 않았으나 엄격히 제한했다. 일생에 단 한 번의 결혼을 허락한 것이다. 과부와 홀아비의 재혼을 철저히 금하고, 그것을 축첩이나 중혼과 같은 것으로 취급했다. 몬타누스는 결혼보다 오히려 독신생활을 미화하고 그것을 권장했다. 이렇듯 그가 결혼에 제한을 가하거나 소극적이었던 것은 임박한 종말사상과 밀접한 관계가 있다. 이 세상의 종말과 더불어 인간은 더 이상 번식이나 생식 작용을 필요로 하지 않게 된다는 것이다.

넷째, 몬타누스는 철저한 금욕주의를 실천했다. 그중 하나가 금식이다. 그는 당시 교회가 시행하던 것보다 더 많고 엄격한 금식 규정을 만들었다. 부활절 전 2주간의 금식, 연중 일정 기간의 금식, 마른 음식

---

pp.227-228.

157 Nigg, *The Heretics*, p.105.

만 먹는 금식 등이 그러했다. 뿐만 아니라 몬타누스주의는 일체의 오락을 금했으며 성결한 삶을 위해 육체적 욕망을 억제하는 고통을 감수할 것을 요구했다.

c. 몬타누스주의의 확산

몬타누스의 교설은 신앙적 갱신과 청교도적인 삶을 핵으로 하여 성령으로부터 직접적인 계시, 임박한 그리스도의 재림에 대한 기대와 준비를 강조한 것이 주요한 특징이었다. 그렇지만 그것은 그의 독창적인 산물이라기보다는 기독교 본래 신앙의 재발견이었다. 그것은 초기 기독교의 기본 요소이기도 했던 것이다. 따라서 몬타누스주의는 2세기 중엽 종말론적 긴장이 풀려 해이해진 신앙과 세속화된 삶에 대한 저항이었으며 종말론적 신앙을 보존하려는 시도였다.

몬타누스와 그 추종자들은 그들만이 참된 기독교인이며 성도의 모임이라고 주장하는 한편, 새 계시를 도구로 교회를 조직하여 소아시아, 로마, 고울(Gaul), 북아프리카 카르타고에 이르기까지 선풍적으로 세력을 확대해 갔다. 아시아 감독들이 교회가 텅 비었다고 보고할 정도였다.[158] 이렇듯 몬타누스주의 운동이 급속도로 광범위하게 확산된 데는 몇 가지 요인이 있었다.

첫째, 몬타누스주의의 교리 대부분이 정통적이었으며, 그 윤리는 청교도적이고 훌륭했다. 몬타누스주의자들은 교회의 교리를 의식적으로 반대하지 않았으며, 그들의 특징은 초기 기독교의 기본 요소이기도 했다.

---

158 E. G. 제이, 《교회론의 역사》, p.69.

둘째, 당시 대부분의 교회에 그리스도의 재림에 대한 기대가 살아 있었다. 임박한 재림에 대한 소망이 비록 약해지기는 했지만, 교회와 교인들 안에 여전히 잠재해 있었다. 또한 보혜사의 도래는 예수님의 말씀이자 성경의 예언이기도 했다. 몬타누스주의 운동은 교인들 속에 잠재해 있는 재림에 대한 기대를 자극하여 다시 불타오르게 했으며, 그것을 지지하고 수용하게 만들었다.[159]

셋째, 당시 교인들이 사도시대의 종료와 더불어 하나님의 계시가 끝났다는 것을 알지 못했다.[160] 몬타누스와 그 동료들의 새 계시 선포와 예언 활동은 사람들로부터 많은 관심과 큰 호응을 불러일으켰다. 당시 교회의 냉랭하고 건조한 신앙 분위기에 식상하여 열정적이고 생동력 있는 신앙을 갈망하고 있었기 때문이다.

몬타누스주의 교회의 단단한 조직과 더불어 이런 요인들이 이 운동이 확산되는 데 견고한 기반이 되었다. 3세기 초 당대 가장 탁월한 라틴 신학자 터툴리안의 지지까지 얻었던 것이 이를 말해 주고 있다. 터툴리안을 비롯해 일부 교회 지도자들이 몬타누스주의에 매료되었던 것은 엄숙주의적 신앙과 윤리, 임박한 종말과 재림에 대한 강조 때문이었다.

2. 새 계시와 성도들의 무리

위에서 살펴본 것과 같이, 몬타누스주의는 교리적으로는 정통이

---

159   Seeberg, *Textbook of the History of Doctrines*, p.107.

160   브라운, 《교회사 안에 나타난 이단과 정통》, p.123.

요, 윤리적으로는 엄격한 엄숙주의요, 신앙적으로는 초대 교회의 사도적 신앙을 회복하려 한 종교개혁적인 측면을 지니고 있었다. 따라서 당시 교회는 매우 당황스러웠으며, 몬타누스주의에 대응하여 쉽지 않은 싸움을 해야만 했다. 그렇다면 당시 교회는 몬타누스주의에 어떻게 대처했으며, 몬타누스주의자들을 왜 이단으로 정죄한 것일까? 그것은 몇 가지로 요약할 수 있다.

a. 교회의 분열

몬타누스주의의 가장 큰 약점으로 지적되는 것은 교회의 분열이었다. 그것은 두 측면에서 교회 분열을 일으켰다. 하나는 몬타누스주의의 새 예언에 대한 이해 문제로 교회가 분열된 것이고, 다른 하나는 몬타누스주의의 교회관으로 인해 교회의 통일성이 파괴된 것이다. 몬타누스주의의 새 계시와 예언은 교인들로부터 전혀 다른 반응을 일으켰다. 한쪽에서는 그것을 하나님으로부터 온 것으로 받아들였던 반면, 다른 쪽에서는 그것을 마귀로부터 온 것이라 하여 배척했다. 이에 따라 교인들이 두 편으로 갈라져 대립하며 감독들의 지지를 얻으려고 경쟁했다.[161]

더 심각한 것은 교회관의 차이로 인한 분열이었다. 교회의 전통적 이해에 따르면, 교회는 성직 계급으로 구성된 가시적 제도이며, 교회의 가르침은 중단 없이 계승되고 있는 감독들을 통해 보증된다. 따라서 교회는 "성령의 유일한 집"인 동시에, "사도적 전통의 유일한 보관소"다. 이에 반해, 몬타누스주의자들은 그들만이 참된 그리스도인이라

---

161 Henry Chadwick, *The Early Church* (New York: Penguin Books Ltd., 1980), pp.52-53.

고 주장하며 별도 조직체를 만들고 그 중심지인 페푸자에서 연례적인 집회를 개최했다. 그들에게 있어, 교회는 하나의 제도가 아니라 공동체, 즉 "카리스마적 신도회"였다.[162] 당시 교회의 관점에 따르면, 이런 몬타누스주의의 주장은 교회의 통일성을 파괴하고 교회를 분열시킬 뿐만 아니라 이단을 막는 데 꼭 필요한 교회의 구조를 약화시켰다.[163] 따라서 그것은 교회가 도저히 묵과할 수 없는 종파주의적 행위였다. 사도신경이 "거룩한 공회"(a holy catholic church)라고 고백하고 있듯이 교회의 통일성과 보편성은 교회의 표지요 특징이기 때문이다. 하나님도 한 분이요, 그리스도도 한 분이고 세례도 하나인 것처럼 하나의 교회만이 존재한다는 것이 전 세계에 보편적으로 퍼져 있는 전통적 이해였다.[164]

b. 새 계시

몬타누스주의자들은 교리에 관해서는 성령을 통해 새 계시를 전달받지 않았다고 밝히는 한편, 교리와 같은 사변적인 문제에 대해서는 큰 관심을 기울이지도 않았다. 그렇지만 그들은 교회의 정통 교리에 덧붙여 새 계시를 첨가하고 그것을 성경보다 더 권위 있는 것으로 여겼다. 이렇듯 새 계시 하나를 첨부하려 한 것이 나머지 모든 정통적인 입장을 무색하게 만들고 그들을 이단의 길로 접어들게 만들었다. 왜냐하면 새 계시에 대한 몬타누스주의자들의 주장이 그리스도 안에서 주

---

162 켈리, 《고대기독교교리사》, p.229.

163 Gonzalez, *A History of Christian Thought*, vol. I, p.146.

164 켈리, 《고대기독교교리사》, p.229.

어진 계시가 종료되었다는 교회의 전통적인 교리, 즉 계시의 종국성에 대한 신앙을 위협하고 부정하는 것이기 때문이다.[165]

c. 신비주의 현상의 극단적 강조

몬타누스와 두 여선지자는 자신들의 예언은 성령에 사로잡혀 무의식적인 황홀경 중에 성령이 말씀하신 것을 단지 전달하는 것이라고 주장했다. 자신들은 단지 성령의 말씀을 전달하는 수동적 도구라는 것이다. 심지어 후기 몬타누스주의자들은 몬타누스를 성령과 동일시하기도 했다.[166]

이와 같이 황홀경 체험을 강조한 몬타누스주의에 대해 당시 교회가 부정적으로 대응했던 것은 다음과 같은 이유에서였다. 첫째, 신비 체험의 지나친 강조다. 당시 교회가 기적이나 은사를 추구하는 것 자체를 반대한 것은 아니었다. 그것을 과도하게 강조하는 것을 반대한 것이다. 왜냐하면 최고의 기적은 황홀경이 아니라 불신자의 회심이며, 초자연적인 기적은 신비적인 황홀경이 아니라 말씀과 성례전의 사역에서 발견되는 것이기 때문이다.[167]

둘째, 무의식 상태에서의 예언이다. 교부시대에 신적 영감에 대한 두 가지 다른 견해가 있었다. 하나는 선지자들이 황홀경의 무의식 상태에서 예언을 한다는 견해이고, 다른 하나는 의식이 있는 상태에서 예언을 한다는 것이다. 전자의 경우, 하나님의 영이 선지자에게 임하

---

165 Gonzalez, *A History of Christian Thought*, vol. I, p.146.

166 Ibid., pp.144-145.

167 Chadwick, *The Early Church*, p.53.

면, 그는 의식을 잃게 되고, 그런 상태에서 하나님이 말씀하시는 것을 단지 수동적으로 전달할 뿐이고, 그 자신은 자기가 지금 무슨 말을 하는지 모른다는 것이다. 이는 알렉산드리아 유대교의 견해였으며, 이를 대변한 대표적 인물이 필로(Philo)였다. 기독교 변증가들이나 교부들 중에도 이런 입장을 취하거나 암시한 인물들이 없지 않았다. 후자의 경우, 하나님의 말씀이 선지자들이나 성경 저자들에게 임할 때, 그들은 의식이 있는 정상적인 상태와 기능을 유지한다는 것이다. 이는 교회의 전통적인 견해였으며, 히폴리투스, 오리겐, 크리소스톰, 시릴, 제롬 등이 이를 대변했다. 몬타누스주의자들의 주장은 이런 두 견해 가운데 알렉산드리아 유대교적 견해, 즉 신비주의적 전통과 일맥상통한 반면, 당시 교회가 받아들인 전통적 견해와는 차이가 있었다. 따라서 당시 교회는 성경의 예언자들은 무의식적인 황홀경 상태에 있었던 것이 아니라는 신념에 근거하여 몬타누스주의의 무의식적인 황홀경 예언을 마귀에 의한 가짜 예언, 거짓 예언으로 간주하여 그것을 배척한 것이다.[168]

이상에서 살펴본 바와 같이, 설사 몬타누스나 몬타누스주의자들이 교리적인 면에서 이단적인 것을 전파하지 않았다 하더라도, 신앙과 실천적인 면에서 다른 것을 희생시키면서까지 지나치게 어떤 것을 강조한 것만은 분명하다. 자신들이 받은 계시가 새 계시라고 강조한 것이나 자신들의 모임만이 참 교회라고 주장한 것, 그리스도의 재림, 성령의 은사, 신비 체험 등 신앙의 특정 부분을 지나치게 강조한 것 등이

---

168 켈리, 《고대기독교교리사》, pp.75-76; Chadwick, *The Early Church*, p.52; Seeberg, *Textbook of the History of Doctrines*, p.107.

그것이다. 이런 지나침이 교회를 분열시켰을 뿐만 아니라 그들을 이단에 이르게 한 것이다. 따라서 히에라폴리스의 감독 아폴리나리우스(Apollinarius), 리용의 감독 이레네우스 등이 저작 활동을 통해 몬타누스주의를 논박했으며, 교회는 몬타누스를 사이비 예언자로 낙인찍는 한편, 177년경에는 몬타누스주의자들을 마귀의 영향을 받은 이단으로 간주하여 교회에서 축출했다.[169]

3. 몬타누스주의 출현의 의의와 영향

몬타누스주의자들은 몬타누스가 그리스도가 재림하여 새 예루살렘을 건설할 것이라고 예언한 프리기아의 페푸자에 모여 종말을 맞이할 준비를 했으며, 새 계시 전파를 위해 돈을 모아 설교자들을 각지로 파송했다. 그렇지만 몬타누스의 예언과 달리, 세상의 종말은 도래하지 않았고 그리스도의 재림도 이루어지지 않았다. 몬타누스주의 지도자들은 그리스도의 재림이 연기되었다고 변명하는 한편, 그 연기의 뜻을 알아야 한다고 강변했다. 그리스도의 재림은 사람들이 엄격한 규율에 따라 자기 부정의 삶을 살도록 하기 위해 연기되었다는 것이다.[170] 하지만 그리스도의 재림이 이루어지지 않고 자칭 최후의 예언자라고 주장한 맥시밀라가 죽자 그 세력은 점차 약화될 수밖에 없었다. 또한 4세기에 이르러 유스티니아누스(Justinian)를 비롯한 로마 황제들이 몬타누스주의자들을 억압하는 정책을 폄에 따라 몬타누스주의는 더욱 세력을

---

169 Christie-Murray, *A History of Heresy*, p.35; Nigg, *the Heretics*, p.106.

170 브라운, 《교회사 안에 나타난 이단과 정통》, p.123.

잃어 6세기에 이르러선 자연스럽게 사라지게 되었다. 따라서 몬타누스주의는 후대에 일어난 시한부 종말론과 똑같은 운명에 처한 것이다. 즉 임박하다고 예고한 종말이 도래하지 않았을 때, 그 지지 기반을 잃고 붕괴되고 마는 것이다.[171]

한편, 몬타누스주의 운동이 쇠퇴함에 따라 또다시 신자들의 종말론적 긴장과 윤리 생활이 해이해지게 되었다. 이렇듯 몬타누스주의가 교회에 단지 부정적 영향만을 미친 것은 아니었다.

첫째, 정경화 작업의 촉진이다. 새로운 계시에 대한 몬타누스주의자들의 주장은 교회의 정경화 작업을 촉진하여 교회가 인정하고 수용하는 하나의 성경, 즉 정경 출현의 계기가 되었다.[172]

둘째, 성경의 권위다. 교회는 몬타누스주의자들과의 싸움을 통해 소수가 주장하는 성령의 은사보다 성경과 성서적 계시의 권위를 확립했다.[173] 반면, 교회는 몬타누스주의자들과 더불어, 예언의 은사를 추방하는 결과를 초래했다.

셋째, 하나님의 계시의 종국성이다. 당시 교인들은 성서 계시가 종료되었다는 것을 인지하고 있지 못했다. 그렇지만 교회가 몬타누스주의를 이단으로 간주하고 그 추종자들을 교회에서 축출했을 뿐만 아니라 새로운 계시의 가능성이나 예언자적 정신을 배제함으로써 하나님의 계시가 사도시대와 더불어 종료되었다는 계시의 종국성에 대한 신

171 Christie-Murray, *A History of Heresy*, p.35,

172 켈리,《고대기독교교리사》, p.72.

173 Seeberg, *Textbook of the History of Doctrines*, p.108.

넘을 크게 강화하게 되었다.[174]

넷째, 성령에 대한 관심이다. 몬타누스는 '또 다른 보혜사'를 너희에게 줄 것이라고 하신 예수님의 말씀이 자신 안에서 성취되었다고 대담하게 주장하여 자신을 보혜사 성령과 동일시하거나 성령의 말씀을 전하는 도구로 자처했다. 또한 방언과 예언을 하고 오순절 성령 강림은 과거에 일어났던 일회적인 사건이 아니라 현재에도 일어나는 계속적인 사건이라고 주장했다. 이런 몬타누스주의의 주장은 당시 교회가 그동안 관심을 기울이지 못했던 성령이나 성령의 은사 문제에 관심을 갖도록 주의를 환기시켰다. 그것이 또한 몬타누스주의가 교회에 미친 영향과 공헌이라고 할 수 있다.[175]

결론

몬타누스주의는 교회의 세속화와 제도화 현상에 반발하여 교회를 갱신하여 초대 교회적인 신앙으로 회복하고자 2세기 중엽 소아시아 교인들을 중심으로 일어난 개혁운동이었다. 또한 열정적 신앙을 상실하고 점점 냉랭해지는 신앙 풍조에 항거하여, 신약시대 고린도교회에서 일어났던 은사운동을 재현하고자 한 성령의 은사운동이었다. 따라서 엄격한 도덕과 무아경에서의 예언을 강조한 것이 몬타누스주의의 주요한 특징이었다.

몬타누스주의는 교리적으로는 정통이요, 윤리적으로는 엄격한 엄숙주의요, 신앙적으로는 초대 교회의 사도적 신앙을 회복하려 한 종교

---

174 Ibid., Chadwick, *The Early Church*, p.53.

175 Gonzalez, *A History of Christian Thought*, vol. I, p.145.

개혁적인 측면을 지니고 있었다. 그럼에도 불구하고, 당시 교회가 몬타누스주의를 이단으로 정죄한 주요한 이유는 교회의 분열 때문이었다. 몬타누스주의자들은 그들만이 참된 그리스도인이라고 주장하며 별도의 조직체를 만들고 그 중심지인 페푸자에서 연례적인 집회를 가짐으로써 교회의 통일성을 파괴하고 교회를 분열시켰을 뿐만 아니라 이단을 막는 데 꼭 필요한 교회의 구조를 약화시켰다. 그것은 교회가 도저히 묵과할 수 없는 종파주의적인 행위였다.

한편, 몬타누스주의는 후대에 출현한 다양한 신앙적 흐름의 선구자였다. 성령의 역사, 특히 예언과 방언을 강조한 점에서는 현대 오순절파와 유사했다. 또한 그리스도의 재림을 과도하게 강조한 면에서는 제7일안식일예수재림교, 임박한 재림을 주장한 점에서는 시한부 종말론 종파들, 새로운 계시를 주장한 데서는 몰몬교, 자신들만이 참된 그리스도인이라고 한 점에서는 대다수의 이단 종파들, 그리고 자신이 보혜사 성령이라고 주장한 점에서는 교주를 하나님이나 재림 예수라고 주장하는 사이비 종파의 원조였다. 따라서 몬타누스주의가 역사적으로 6세기에 사라졌다고 하지만, 그런 현상은 끊어지지 않고, 이단이나 사이비 종파를 통해 재현되고 있다.

7장

하나님의 은총과
자유의지

서론

초기 기독교 신학은 알렉산드리아와 안디옥을 중심으로 헬라 문화권에 기반을 둔 동방 신학과 로마와 카르타고를 중심으로 라틴 문화권에 기반을 둔 서방 신학으로 나눌 수 있다. 사변적 경향이 지배적인 것이 전자의 신학적 특징이라면, 실용적인 경향이 강한 것이 후자의 특징이었다.[176] 삼위일체론과 기독론이 동방 교회 신학을 통해 정립된 반면, 교회론과 구원론이 서방 교회 신학을 통해 정립된 것도 이런 신학적 기류와 무관하지 않다. 또한 정통 교리 정립 과정에서 불가피하게 일어났던 논쟁이나 이단 시비 역시 이를 증거하고 있다. 동방 교회의 이단 논쟁이 주로 삼위일체 신론과 그리스도의 본성과 같은 사변적인 주제와 관련된 데 비해, 서방 교회의 이단 논쟁은 원죄와 인간의 자유의지 같은 실제적인 주제와 관련되었다. 특히 서방 교회 최초

---

176 David Christie-Murray, *A History of Heresy* (Oxford: Oxford University Press, 1976), p.88.

의 중요 이단인 펠라기우스주의가 이를 말해 주고 있다.

인간의 본성이 중요한 주제로서 신학적 조명을 받게 된 것은 4-5세기부터였다. 동서방 교회는 인간의 원시적 상태를 '초자연적 축복 상태'로 보는 점에서는 일반적으로 입장을 같이했지만, 인간의 타락 이후 상태에 대해서는 관점을 달리했다. 동방 교회가 비교적 낙관적이었다면, 서방 교회는 비관적이었다. 동방 교부들은 인간은 타락 이후에도 의지가 자유로우며, 자신의 행위에 책임이 있다는 데 의견을 같이한 반면, "인류가 아담의 죄책을 공유하고 있다는 것은 거의 암시도 하지 않았다."[177]

한편, 서방 교회는 인간 상태에 대해 동방 교회에 비해 비관적이었으며, 아담과 인류의 연대성을 강조했다. 4세기 서방 교회는 하나님의 은총의 필요와 인간의 자유의지라는 평행적 진리를 고수했다. 이 두 개념은 "서로 용납할 수 없는 것은 아니지만, 그들의 관계를 신중하게 설정하지 않으면, 충돌을 피할 수 없는 것"이다.[178] 5세기 초 서방 교회의 상황, 특히 어거스틴과 펠라기우스가 이를 대변해 주고 있다. 인간 본성에 대한 이 두 사람의 입장 차이는 펠라기우스 논쟁으로 부딪칠 수밖에 없었다.

펠라기우스 논쟁의 가장 중요한 주제는 인간의 자유와 하나님의 은총이었으며, 쟁점은 어떻게 이 둘이 관련되느냐 하는 것이다. 이 논쟁은 두 단계, 즉 펠라기우스 논쟁과 반(半)펠라기우스(semi-Pelagius) 논

---

177 J. N. D. Kelly, *Early Christian Doctrines* (New York: Harper & Row, Publishers, 1960), pp.348-350.

178 Ibid., p.357.

쟁으로 진행되었다. 전자가 어거스틴과 펠라기우스 사이에서 일어난
것이라면, 후자는 극단적인 어거스틴주의와 펠라기우스주의를 중재
하려는 과정에서 일어난 것이다. 이 논쟁의 결과로 파생된 것이 펠라
기우스주의와 반(半)펠라기우스주의라는 서방 교회의 이단이다.

필자는 인간의 자유와 하나님의 은총이라는 주제를 중심으로 펠
라기우스와 어거스틴의 견해를 비교하여 두 입장이 어떻게 다른지를
제시하고 펠라기우스주의에 대해 당시 서방 교회는 어떻게 대응했는
지를 살펴보려고 한다.

_____ ## 1. 펠라기우스

《펠라기우스》의 저자, 에반스(Robert Evans)에 따르면, 펠라기우스의
사상을 지배한 세 가지 모티브(motif)가 있었다. 가톨릭 교회의 정통 신
학자이기를 원한 것, 인간 문제에 그의 신학적 중심을 설정하는 것, 그
리고 마니교의 인간 개념과 명확히 구분되는 기독교 인간론을 정립하
는 것이다. 펠라기우스의 신학적 관심사 가운데 하나는 마니교의 숙명
론과 맞서 싸우는 것이었으며, 그것은 어거스틴 역시 한때 진지하게
관심을 가졌던 문제이기도 했다. 그들은 또한 마니교의 도덕적 결정
론을 거부하고 그 논거를 성경에서 찾은 것에서도 입장을 같이했다.[179]
이렇듯 그들은 같은 목적과 논거를 가지고 있었음에도 불구하고, 왜
서로 신학적인 대척점에 서게 되었는가? 왜 한 사람은 정통 교리의 수

---

[179] Robert F. Evans, *Pelagius* (New York: The Seabury Press, 1968), p.22; Justo L. Gonzalez, *A History of Christian Thought*, vol. II (Nashville: Abingdon Press, 1971), p.29.

호자로, 그리고 다른 한 사람은 이단으로 정죄되어 펠라기우스주의라는 이단 사상의 유래가 되었는가?

영국 웨일스 태생의 수도사 출신인 펠라기우스(Pelagius, 354-420?)는 기독교 역사상 가장 많은 비난을 받는 인물 가운데 하나다. 그는 신학자라기보다는 바른 행실에 관심을 쏟은 도덕주의자였다. 그의 저술과 활동의 중심이 크리스천의 삶의 문제였다는 것이 이를 말해 준다. 펠라기우스주의는 순수한 펠라기우스의 주장이라기보다 그와 더불어 카엘레스티우스(Caelestius), 루피누스(Rufinus) 등의 사상을 혼합한 것이다.

펠라기우스는 390년경 영국에서 로마로 이주하면서 접하게 된 시민들의 도덕적 해이를 통해 기독교 문화의 윤리적 붕괴를 목격하고 큰 충격을 받았다. 그 후, 410년 로마를 떠날 때까지 일반 시민들에게는 그들의 옛 도덕을 상기시키는 한편, 기독교인들에게는 그리스도의 엄격한 명령에 복종케 함으로써 윤리적 삶에 대한 책임을 역설했다. 그의 대표적인 저술로《바울서신 주석》,《신앙의 책》,《의지의 자유에 대한 변호》,《자연에 관하여》등이 있다.

펠라기우스가 어거스틴의 저서를 처음 접한 것은 405년경 로마에서였다고 한다. 그는 어거스틴이 "모든 것을 하나님의 은총에만 의존"하면서 "인간의 노력이나 참여를 전적으로 배제"하는 것에 분개했다.[180] 특히 그가 어거스틴의 견해에 반론을 제기함으로써 둘 사이에 논쟁의 불을 붙인 결정적 촉매는 어거스틴의《고백록》에 수록된 기도문의 한 구절이었다. "당신께서 명하는 것을 주시고 당신께서 원하

---

180 Gonzalez, *A History of Christian Thought*, vol. II, p.28.

는 것을 명하소서."[181] 이 기도문이 그를 괴롭혔다. 사람은 하나님의 은총에 의해 전적으로 움직이는 꼭두각시라고 암시한다고 보았기 때문이다. 인간은 죄를 지을 수밖에 없다는 어거스틴의 가정은 "창조주에 대한 모욕"이었으며, 그런 도덕적 무관심은 그에게는 저주와도 같았다.[182]

a. 자유의지

펠라기우스 사상 체계의 중추를 이루고 있는 것은 자유의지와 인간의 책임이었으며, 그가 강조한 것 역시 인간의 자유의지였다. 펠라기우스가 모든 것을 하나님의 은총에만 의존하는 어거스틴의 견해에 분개한 것도 그것을 "인간의 자유와 책임에 대한 위협"으로 간주했기 때문이다.[183]

펠라기우스에 따르면, 인간은 하나님의 계명을 성취하기 위해 필요한 세 가지 기능을 가지고 있다. 가능성, 의지작용, 실현이다. 하나님은 인간을 자유로운 존재로 창조하고 그 본성에 의지를 설정하여 그의 목적에 맞게 의지를 행사할 수 있는 가능성을 주었다. 이 가능성은 선을 행할 수 있거나 악을 행할 수 있는 것을 말한다. 하나님이 인간에게 가능성을 주었다는 것은 인간에게 선택의 자유가 있다는 것이다. 인간은 자연법칙에 종속적인 다른 피조물과 달리, 그 자신의 의지

---

181 Augustine, *Confessions*, X, 40, *The Nicene and Post-Nicene Fathers*, vol. I, Philip Schaff(ed.) (Grand Rapids: WM. B. Eerdmans Publishing Company, 1979), p.153.

182 Christie-Murray, *A History of Heresy*, p.90; Kelly, *Early Christian Doctrines*, p.357.

183 Roy W. Battenhouse(ed.), *A Companion to the Study of St. Augustine* (New York: Oxford University Press, 1955), p.209; Gonzalez, *A History of Christian Thought*, vol. II, p.29.

로 선택하는 것이 가능하다. 또한 인간은 자신의 의지로 선택한 것을 실현할 수 있는 능력도 지니고 있다. 선행이나 악행이 모두 그 자신의 결정에 달린 것이다. 펠라기우스가 그의《의지의 자유에 대한 변호》에서 진술한 표현에 따르면, "하나님은 우리 안에 양방향으로 행동할 가능성을 심었다" 그렇지만 "우리가 실제로 선한 일을 하거나 선한 말을 하거나 선한 생각을 하는 것은 우리 자신으로부터 나온다."[184] 그러므로 가능성은 하나님으로부터 오는 것이지만, 의지와 실현은 인간에게 속한 것이다.

펠라기우스는 인간은 아직도 타락 이전의 아담처럼 죄 없는 상태로 태어난다고 주장했다. 왜냐하면 하나님이 각 인간의 영혼을 직접 창조하시기 때문이다.[185] 인간은 자유의지를 사용하기 전에는 하나님이 창조한 것만 있으며, 그의 존재는 깨끗한 종이와도 같다. 자연적 능력의 행사나 그 자신의 노력에 의해 죄를 피할 수도 있고, 죄를 짓지 않는 완전한 삶을 살 수도 있다.[186] 그리스도 이전과 이후, 죄 없는 인간이 실제로 존재했다는 것이 이를 증거한다는 것이다.

요약하면, 자유의지를 강조한 것이 펠라기우스의 낙관적 인간 이해의 주요한 특징이다. 그는 아담의 타락 이후에도 인간은 자유의지를 계속 지니고 있다고 본 것이다.

---

184 Augustine, *On the Grace of Christ and on Original Sin*, I, 3, 17, 19, *The Nicene and Post-Nicene Fathers*, vol. V, pp.218, 224 재인용.

185 펠라기우스가 모든 인간이 타락하기 전 아담과 같은 상태로 태어난다고 주장했는지 여부는 학자들 사이에 논란이 있다. 에반스는 하르낙이 부정확하게 그 주장을 펠라기우스에게 돌렸다고 지적하고 그것을 펠라기우스가 아닌 카엘레스티우스의 견해라고 주장하기도 했다. Evans, *Pelagius*, pp.67-68, 118.

186 Battenhouse, *A Companion to the Study of St. Augustine*, pp.209-211.

b. 원죄

펠라기우스와 어거스틴이 충돌한 쟁점 가운데 하나는 원죄 교리였으며, 어거스틴이 펠라기우스와 카엘레스티우스를 "가장 명백한 이단"이라고 판단한 근거 가운데 하나도 그들의 원죄 부정이었다.[187] 그렇다면 펠라기우스는 원죄 문제에 대해 어떻게 생각한 것인가?

펠라기우스는 아담이 인류 역사상 최초의 죄인이라는 것과 그로 말미암아 죄가 세상에 들어왔다는 것에는 동의했지만, 아담의 타락으로 전 인류가 죄를 짓게 되는 본유적 성향을 가지고 있다는 서방 교회의 전통적 가르침, 즉 원죄 교리는 거부했다. 인간의 모든 행동은 그 자신의 의지로 선택한 결과이며, 그에 따르는 책임도 인간 자신이 져야 한다. 그렇지만 모든 행동은 개인적인 선택의 문제이기 때문에, 인간은 자신의 의지로부터 나온 행동에 대해서만 책임이 있다. 따라서 인간의 본성은 아담의 타락으로 훼손되거나 오염되지 않고 창조주가 만든 그대로 남아 있다는 것이다.[188]

펠라기우스는 아담의 죄책이 그 후손들에게 전해진다는 원죄의 전가를 부정했을 뿐만 아니라 원죄의 존재 자체를 부정했다.[189] 아담은 범죄하여 타락했지만, 그것은 어디까지나 그의 개인적인 문제이지, 전 인류의 죄가 될 수 없다는 것이다. 따라서 인류 전체가 그와 함께 타락한 것이 아니며, 그의 죄책이나 부패성이 그의 후손들에게 전해지는 것도 아니라는 것이다.

---

187 Evans, *Pelagius*, p.83.

188 Ibid., p.97.

189 Christie-Murray, *A History of Heresy*, p.90.

펠라기우스는 영혼의 기원에 대한 창조설에 근거하여 아담의 죄와 그 후손 사이의 필연적 연관성을 부정하는 한편, 죄의 보편성을 모방으로 설명했다. 아담은 그의 죄성이나 부패성을 그의 후손들에게 전한 것이 아니라 그들에게 하나님의 뜻에 불순종하는 나쁜 모범을 보였으며, 그들은 그것을 모방했다는 것이다. 따라서 아담의 "불순종의 습관은 육체적 유전에 의해서가 아니라 습관과 모범에 의해 전파"되는 것이다.[190] 이렇듯 펠라기우스는 전통적 원죄 개념을 아담이 후손에게 남긴 나쁜 모범의 개념으로 대체했다.

펠라기우스는 인간의 원죄나 유전적 죄성을 부정한 것과 더불어 인간의 죽음 역시 죄의 결과라고 생각하지 않았다. 인간의 죽음은 아담의 타락으로부터 온 것이 아니라 자연적인 것이다.[191] 왜냐하면 죽음은 유한한 존재에 속한 것이며, 인간은 유한한 존재이기 때문이다. 인간의 육체적인 죽음이 자연의 일부라면, 영적인 죽음은 자유의지를 잘못 사용해서 온 결과다.

설사 펠라기우스가 인간은 아직도 타락 이전의 아담처럼 죄 없는 상태로 태어난다고 주장한 것은 아니라 하더라도, 원죄를 부정하는 그의 확고한 신념은 그것을 암시하고 있는 것 같다. 왜냐하면 그는 세례를 받지 않고 죽은 어린 아이는 정죄를 받지 않는다고 주장했기 때문이다.[192] 신생아는 원죄로부터 자유롭다는 펠라기우스의 주장은 당시 교회로부터 큰 혐오를 일으킨 요인 가운데 하나였다.

---

190 Kelly, *Early Christian Doctrines*, p.359.

191 Christie-Murray, *A History of Heresy*, p.90.

192 Gonzalez, *A History of Christian Thought*, vol. II, p.30.

이렇듯 펠라기우스는 인간의 자유의지를 강조하고, 원죄의 전가는 물론, 그 존재 자체를 부정한 것에서 더 나아가 인간은 자력으로 죄를 짓지 않는 완전한 삶을 사는 것이 가능하다고 보았다.

c. 하나님의 은총

인간의 모든 행동이 그 자신에게 달린 것이라면, 펠라기우스는 인간에 대한 하나님의 활동을 완전히 배제하거나 하나님의 은총을 부정한 것인가? 그는 하나님의 절대 은총을 주장하거나 강조하지 않았다. 왜냐하면 선행이나 악행을 할 수 있는 가능성을 인간에게 주는 것은 하나님이지만, 그중 어느 것을 결정하는 것은 인간이기 때문이다. 그럼에도 불구하고, 그가 하나님의 활동을 전적으로 부정한 것은 아니었다.

우리가 선한 것을 행하고 말하고 생각할 수 있는 것은 우리에게 이 가능성을 주시고 그것을 돕는 하나님으로부터 온다… 인간의 찬양은 인간 존재와 하나님 모두에게 속한다. 하나님은 인간에게 그의 의지와 사역을 실행할 가능성을 주셨다.[193]

펠라기우스는 하나님의 은총은 매 순간 그리고 모든 행동에서 인간에게 필요하다고 말했다. 그렇다면 그는 하나님의 은총을 어떻게 이해했는가? 그는 그것을 인간의 타고난 여러 기능을 가리키는 것으로 보았다. 은총을 선을 선택하도록 인간의 의지에 어떤 작용을 하는 하

---

193 Augustine, *On the Grace of Christ and on Original Sin*, I, 17, *The Nicene and Post-Nicene Fathers*, vol. V, p.224.

나님의 내적인 활동이라기보다 인간의 자유의지, 율법, 그리스도의 교훈과 모범을 통해 오는 하나님의 외적 도움으로 이해한 것이다. 그리고 이런 기능들은 인간의 타락으로 손상되거나 파괴되지 않았다는 것이다.[194]

펠라기우스는 하나님의 은총을 몇 가지로 나눴다. 첫째, 본래적 은총, 또는 창조의 은총이다. 이는 가능성을 부여받은 인간의 창조 그 자체를 가리키는 것이다. 둘째, 계시의 은총, 또는 가르침의 은총이다. 이는 율법과 그리스도의 삶의 모범, 신적 의지의 계시를 의미하는 것이다. 셋째, 용서의 은총이다. 이는 하나님이 인간에게 죄를 회개하고 올바르게 행동할 수 있는 노력을 하게 하며, 자신이 행한 잘못을 고칠 수 있게 해주는 것을 말한다.[195] 이러한 하나님의 은총의 역사는 단지 인간 의지의 바른 행위를 도와주는 데 외적인 역할을 하는 것이다.

하나님은 모든 사람에게 동일하게 은총을 제공한다. 펠라기우스는 하나님이 특정인에게 특별한 호의를 베푸는 것은 아니라고 보았다. 그의 해석에 따르면, 바울이 로마서 8장에서 말한 예정은 "하나님이 자신의 주권적 의지로 구원이나 정죄로 사람의 운명을 정하는 것"이 아니라 "미래의 인간의 결정이 어떻게 될 것인지를 아는 하나님의 예지"를 가리키는 것이다.[196] 그는 예정을 예지와 결합시키고 양자를 동일시함으로써 절대적 예정 개념을 거부하고 예지 예정의 입장을 취했다.

---

194 Augustine, *On the Grace of Christ and on Original Sin*, I, 3, *The Nicene and Post-Nicene Fathers*, vol. V, p.218; 알리스터 맥그라스, 《그들은 어떻게 이단이 되었는가》, 홍병룡 역(서울: 포이에마, 2011), p.249.

195 Evans, *Pelagius*, p.111; Gonzalez, *A History of Christian Thought*, vol. II, p.30.

196 Gonzalez, *A History of Christian Thought*, vol. II, p.31.

요약하면, 펠라기우스의 인간 이해는 자연주의적이고 낙관주의적인 것이 특징이다. 인간은 태어날 때부터 선행이나 악행을 선택할 수 있는 능력, 즉 자유의지를 가지고 있으며, 인간의 모든 행동은 그 자신의 의지 활동의 결과다. 하나님의 은총은 인간의 이성을 계발시켜 그로 하여금 하나님의 뜻을 알 수 있게 하며 그 자신의 능력으로 선택하고 행동할 수 있게 하는 외적 도움이며, 인간의 의지에 어떤 작용을 하는 내적인 활동은 아니다.

2. 어거스틴

펠라기우스와 대척점에 서서 서방 교회의 입장을 대변한 대표적인 인물은 어거스틴이다. 그는 동서방 신학을 관통하며 기독교 신학사에 길이 남을 불후의 명작들을 저술했다. 개종 이후 기독교 저술가로서 그의 활동은 이단들과의 논쟁의 산물이었으며, 그것은 세 단계로 구분할 수 있다.[197] 첫째, 마니교와의 논쟁이다. 405년에 이르기까지 어거스틴의 주된 관심사는 젊은 시절 한때 그가 탐닉했던 마니교였으며 그의 저서 《선의 본성에 관하여》는 그것에 대한 반론이었다.

둘째, 도나투스주의와의 논쟁이다. 도나투스주의자와의 논쟁은 그의 신학 형성에 지대한 영향을 미쳤다. 특히 교회의 본질, 교회와 국가의 관계, 성례전에 대한 그의 견해가 그러하다. 그는 이 논쟁을 통해 보이지 않는 교회와 보이는 교회, 효력 있는 성례전과 규례에 따르는 성례전을 구분하게 되었으며, 성례의 효력은 성례의 규례성에 전적으

---

197 Ibid., pp.24ff.

로 의존하는 것이 아니라는 입장을 대변했다.

셋째, 펠라기우스주의와의 논쟁이다. 어거스틴은 "하나님의 도움 없이는 인간은 악 대신 선을 선택할 수 없다"는 교리의 강력한 변호자였다.[198] 펠라기우스 논쟁은 이 문제를 둘러싸고 양자가 치열하게 대립한 싸움이었다. 어거스틴이 펠라기우스의 이름을 처음 접한 것은 펠라기우스가 로마에 체류하고 있었을 때라고 한다. 그 후 하나님의 은총에 대한 그의 견해로 논란이 제기되고 있다는 것을 알게 되었다.[199] 어거스틴은 펠라기우스주의와의 논쟁을 통해 그의 은총론과 예정론을 정립했는데, 그 핵심은 모든 것을 하나님의 은총에 의존하고 인간의 노력이나 참여를 전적으로 배제하는 것이다. 인간은 타락의 결과로 죄에 오염되었다는 것이 그 근거였다. 어거스틴의 저술은 펠라기우스에 대한 심각한 분노를 표출하기도 했지만, 일반적으로 객관적인 분석과 관대한 판단을 기조로 하고 있으며, 그가 주로 공격적으로 비판한 대상은 펠라기우스보다 오히려 카엘레스티우스였다. 그가 펠라기우스와 카엘레스티우스의 이론에 반론을 제기한 중요한 저서로는《의문과 영에 관하여》,《자연과 은총에 관하여》,《원죄에 관하여》등이 있으며, 반(牛)펠라기우스주의를 다룬 것으로는《성도의 예정에 관하여》,《견인의 은총에 관하여》등이 있다.

---

198 Battenhouse, *A Companion to the Study of St. Augustine*, p.8.

199 당시 서방 교회 입장에서 펠라기우스에 대적한 대표적 학자는 제롬과 어거스틴이다. 제롬은 380년대에 로마에서 개인적 면식을 통해 펠라기우스를 알았던 데 비해, 어거스틴은 직접 대면한 적은 없고 단지 그의 저서를 통해 그를 알았다. 또한 그들은 펠라기우스를 공격한 것은 같았지만, 그들의 강조점은 서로 달랐다. 제롬은 무죄(sinlessness) 가능성에 대한 펠라기우스의 주장을 문제시한 데 비해, 어거스틴은 하나님의 은총에 대한 그의 견해를 문제시했다. Evans, *Pelagius*, pp.4, 21, 66.

a. 자유의지

자유의지에 관한 어거스틴의 사상은 이단들과 논쟁하는 과정에서 형성되고 발전했다. 첫째, 마니교와의 논쟁이다. 젊은 시절 어거스틴은 악에 관한 문제로 기독교 신앙을 등지고 마니교 교훈에 매료되었다. 마니교는 악을 하나의 실체로 간주하고 신으로부터 그 기원을 찾았다. "악이 존재한다면, 그리고 신이 존재하는 모든 것의 원인이라면, 신은 악의 원인"이라는 것이다.[200] 기독교로 개종한 후 어거스틴은 교회의 신앙과 일치하면서도 마니교의 이원론을 피할 수 있는 해결책을 모색하여《의지의 자유에 관하여》(388-395)를 통해 악의 기원과 본질을 해명했다. 마니교가 악을 하나의 실체로 간주하고 그 기원을 신 또는 어떤 악한 원리로부터 찾는 것과 달리, 어거스틴은 존재하는 모든 것을 선한 것으로 보는 신플라톤주의와 궤를 같이하여 악을 존재의 결핍 또는 결여로 정의하고 그 기원을 자유의지에서 찾았다.[201] 악은 근본적으로 선했던 것이 왜곡된 것이라는 것이다.

인간 속에 있는 악 역시 어떤 악한 원리로부터 나온 것이 아니라 의지의 자유로운 결정으로부터 나온 것이다. 하나님이 이 세계를 창조할 때, 인간을 이성적이고 선택의 자유를 가진 존재로 창조했다. 그것은 인간의 가장 큰 특징인 동시에 위험이었다. 왜냐하면 그가 악한 것 없이 존재할 수도 있고, 그 자신 악하게 될 수도 있기 때문이다.[202] 아담은 죄 없이 있을 수 있었지만, 그 자신의 교만으로 인해 죄를 지었

---

200 Augustine, *On Free Choice of the Will* (Indianapolis: Bobbs-Merrill Company, 1979), p.xvi.

201 Gonzalez, *A History of Christian Thought*, vol. II, pp.40-41.

202 Christie-Murray, *A History of Heresy*, p.88.

다. 이렇듯 어거스틴은 인간의 자유의지를 적극 옹호하고 악을 자유의
지의 남용의 결과로 이해했다.

둘째, 펠라기우스주의와의 논쟁이다. 어거스틴은 마니교와의 논
쟁에서 자유의지를 적극 옹호했지만, 중심 주제는 악의 기원과 본질이
었다. 반면, 어거스틴과 펠라기우스 논쟁의 근본 주제는 인간의 자유
의지와 하나님의 행위 간에 관계성 문제였다. 따라서 어거스틴이 자유
의지에 대한 그의 견해를 체계적으로 제시한 것은 펠라기우스주의와
의 논쟁을 통해서였다.

펠라기우스는 가능성, 의지작용, 행동을 구분하고, 가능성은 창조
주의 은총에 돌린 반면, 나머지 둘은 인간 자신으로부터 나온다고 주
장했다. 그렇지만 어거스틴은 그것을 지지할 수 없었다. 왜냐하면 의
지작용에 대한 그 같은 구별은 그리스도의 은총이나 인간 의지의 무
력과 조화될 수 없기 때문이다. 따라서 어거스틴은 인간의 의지작용을
분석하여 의지의 능력과 선택의 능력을 구분하고 색욕을 그 실례로
제시했다. 색욕이 "인간의 의지는 원하는 데는 자유로우나 원하는 것
을 행하는 데는 무력하다"는 것을 증거한다는 것이다.[203]

펠라기우스와 어거스틴의 견해를 비교하면, 두 사람 모두 인간의
자유의지를 인정했지만, 그 이해는 동일하지 않았다. 펠라기우스는 의
지의 자유를 선택할 수 있는 힘으로 이해하고, 하나님의 은총은 그런
힘을 부여하는 기능은 갖고 있지 않다고 주장했다. 반면, 어거스틴은
의지의 자유를 선택할 수 있는 힘에서 더 나아가 완성할 수 있는 힘으
로 이해하고, 그것이 곧 하나님의 은총의 은사라고 보았으며, 은총에

203 Battenhouse, *A Companion to the Study of St. Augustine*, pp.220-222.

힘을 부여하는 기능도 있다는 것을 분명히 했다. "자연에 의해 은총이 부정되는 것이 아니라 은총에 의해 자연이 수선되는 것이다"라고 말한 그의 유명한 경구가 이를 증거하고 있다.[204]

b. 원죄

어거스틴에 따르면, 하나님이 자신의 형상에 따라 창조한 본래의 인간, 즉 타락 이전의 아담은 원의(original righteousness)와 완전성은 물론, 탁월한 지성적 재능을 지녔으며, 육체적 질병에도 노출되지 않았고, 생명나무 열매를 계속 따먹기만 하면 죽지 않을 수도 있는 복락의 상태에 있었다.[205] 또한 죄를 짓지 않을 수 있는 능력과 죄를 지을 수 있는 능력, 즉 자유의지를 부여받았다. 그럼에도 불구하고, 아담은 타락했다. 그것은 전적으로 그 자신의 선택과 결정이었다.

아담은 타락의 결과로 그가 향유하던 많은 것을 상실했다. 죽지 않고 영원히 살 수 있는 가능성, 특별한 지적 능력, 죄를 짓지 않을 수 있는 능력 등이 그것이다. 그렇지만 어거스틴은 인간의 전적 타락을 명시적으로 주장하지는 않았다. 오히려 그는 인간은 아담의 타락으로 자유의지 자체를 완전히 상실한 것은 아니라고 보았다. 그렇지만 그것은 죄를 피하거나 선을 행할 수 있는 것은 상실하고 죄를 지을 수 있는 쪽으로만 자유로운 반쪽의 자유였다.[206] 따라서 아담의 타락 이후 인간은 죄를 짓지 않을 수 있는 능력을 상실했으며 죄의 유혹을 피하거나

---

204 Augustine, *On the Spirit and the Letter*, 47, *The Nicene and Post-Nicene Fathers*, vol. V, p.103.

205 Kelly, *Early Christian Doctrines*, p.362.

206 Gonzalez, *A History of Christian Thought*, vol. II, p.43.

선을 행할 수 없으며 하나님을 찾거나 가까이 갈 수도 없게 되었다.

원죄는 죄를 범하려는 보편적인 성향을 말하며, 그 본질은 우리가 아담의 도덕적 선택에 참여하고 그것에 책임을 진다는 것이다. 어거스틴은 이런 원죄의 존재를 의심하지 않았다. 그는 아담의 죄책, 즉 원죄가 "육체적 출산 행위를 통해 부모로부터 자식에게 전달된다"는 견해를 지지했다. 유아의 부패는 의지적 악행에 선행하는 부패요 아담을 통해 받은 자연적 타락에 연루된 것이다.[207] 어거스틴은 유아세례를 지지했다. 인간이 출생하면서부터 죄인이라는 것을 인정하는 증거이기 때문이다.[208]

펠라기우스와 어거스틴의 견해를 비교하면, 그들을 갈라놓은 것은 하나님의 은총과 인간의 자유의지 가운데 어느 것을 강조하느냐에서 비롯된다. 펠라기우스는 인간의 무조건적인 자유의지와 책임에 대한 강한 신념에 근거하여 인간은 자신의 선택에 의해 신적인 의지를 성취할 수 있는 특권을 하나님으로부터 부여받았다고 주장했다. 반면, 어거스틴은 자유의지를 옹호하면서도 하나님의 은총의 절대적인 필요성을 확신하여 인간은 자력으로는 구원을 위해 아무것도 할 수 없으며 전적으로 하나님의 은총에 의존해야 한다고 역설했다. 이 근본적인 관점의 차이로부터 원죄의 부정과 원죄에 대한 확신, 예지 예정과 완전 예정과 같은 여러 가지 견해 차이가 파생하게 되었다. 이런 차이점 때문에 어거스틴은 펠라기우스의 사상이 기독교의 전통적인 교훈

---

207 Kelly, *Early Christian Doctrines*, p.363; Battenhouse, *A Companion to the Study of St. Augustine*, p.215.

208 Augustine, *On the Grace of Christ and Original Sin*, pp.17. 19ff

으로부터 철저히 이탈했으며 그 자신과 펠라기우스 사이에는 정신적 만남이 있을 수 없다고 밝힌 것이다.[209]

c. 하나님의 은총

하나님의 은총이 펠라기우스가 어거스틴의 견해에 분개하여 첨예하게 대립하는 입장을 취하게 된 주제였다면, 펠라기우스의 극단적인 인간 낙관론은 어거스틴이 펠라기우스에 대해 심각하게 문제 제기한 이론이었다. 어거스틴이 지적한 문제점은 인간의 의지가 법을 지킬 수 있는 힘을 가지고 있고, 그 실패는 계속적인 노력을 통해 치유될 수 있다고 하는 것과 하나님의 도움을 단지 그의 창조사역에 국한시키고 그리스도의 구속사역을 위한 어떤 여지도 허용하지 않는 것이다.[210] 두 사람 모두 인간의 자유의지와 하나님의 은총을 부인하지는 않았지만, 그들의 관점과 강조점은 상극을 이루었다.

어거스틴은 하나님의 은총을 "무상으로 순수하게 인간에게 주는 하나님의 사랑의 선물"로 정의하고, 그것은 인간의 공로를 통해 얻을 수 있는 것이 결코 아니라고 보았다. 어거스틴의 은총론은 몇 가지로 정리할 수 있다.

첫째, 하나님의 은총은 인간에게 절대적으로 필요한 것이다. 인간은 아담의 타락 전 상태에서도 자기 운명의 실현을 위해 하나님을 절대적으로 의지했다. "자연인은 자기 혼자서는 구원을 향해 한 발자국도 옮길 수 없다"는 것이 어거스틴의 은총론의 초점이요 펠라기우스

---

209 Evans, *Pelagius*, p.43.

210 Battenhouse, *A Companion to the Study of St. Augustine*, p.216.

주의에 대한 그의 반대의 요지였다.[211] 펠라기우스가 인간은 자신의 의지의 힘만으로도 선을 행할 수 있으며, 하나님의 은총은 단지 인간을 돕는 힘에 불과하다고 주장한 데 반해, 어거스틴은 인간은 하나님의 은총 없이 죄를 피하거나 선을 행할 능력이 없으며 전적으로 하나님의 은총에 의지해야 한다고 역설했다. "우리가 선한 것에 대해 열망하기를 시작할 수 있기도 전에, 하나님의 은총이 우리 속에 작용하지 않으면 안 된다."[212] 어거스틴에게 있어, 하나님의 은총은 인간의 구원을 위한 절대적이고도 유일한 통로였다.

둘째, 하나님의 은총은 인간의 마음에 역사하는 내적인 힘이다. 그것은 "인간 안에 주입되는 하나님의 능력"이며, "인간 안에서 활동하는 하나님의 양식"(manner)이다.[213] 따라서 펠라기우스가 주장한 것같이, 단지 외적인 도움에 불과한 것이 아니다.

셋째, 하나님의 은총은 선행적인 것이다. 아담의 타락 결과로 인간은 악만을 선택할 수 있는 제한적인 자유를 가졌으나 하나님의 은총으로 선을 행할 수 있는 의지도 부여받게 되었다. 따라서 인간의 자유의지에 선행하는 것이 하나님의 은총이다. 하나님의 은총을 입은 인간은 자유의지로 선을 행할 수 있다. "신앙에 의해 죄에 대한 은총을 얻게 되며, 은총에 의해 영혼이 죄의 질병으로부터 치유받게 되고, 영혼의 치유로부터 의지의 자유를 얻게 되며, 자유의지에 의해 의에 대한 사랑을 얻게 되고, 의에 대한 사랑에 의해 율법의 제정을 얻게 된다…

211 Gonzalez, *A History of Christian Thought*, vol. II, pp.44-45.

212 Kelly, *Early Christian Doctrines*, p.366.

213 Gonzalez, *A History of Christian Thought*, vol. II, p.47.

은총이 의지를 치유하기 때문에 의는 자유롭게 사랑받게 된다."[214]

넷째, 하나님의 은총은 불가항력적인 것이다. 전능하신 하나님의 의지가 은총을 통해 인간의 의지에 작용하면, 인간은 그것을 배격할 수 없다. 그렇지만 그것은 "부드러운 물리력을 사용하여 인간의 의지가 하나님의 은총과 일치하는 방식으로 행동하도록 의지를 움직이는 것"이다.[215] 왜냐하면 하나님의 은총을 입은 인간에게는 선을 행할 수 있는 의지도 함께하기 때문이다.

다섯째, 하나님의 은총은 인간의 자유의지를 폐하는 것이 아니라 세우는 것이다. 어거스틴은 성경이 의지는 자유롭다는 것과 하나님의 은총은 사실이라고 선언하고 있는 것에 근거하여 양자는 서로를 배제하거나 서로에게 배타적인 것이 아니라고 했다.[216] 또한 고린도전서 15장 10절의 "내가 한 것이 아니요 오직 나와 함께하신 하나님의 은혜로라"에 근거하여 인간의 구원은 "하나님의 은총만도 아니고 하나님 혼자서만도 아니며 인간과 함께하는 하나님의 은총"이라고 해석했다.[217]

우리는 은총으로 인하여 자유의지를 폐하여 버리는가? 결코 그렇지 않다. 오히려 우리는 자유의지를 세운다. 율법이 신앙으로 인해 폐지되지 않음과 같이 자유의지는 은총으로 말미암아 폐하

---

214 Augustine, *On the Spirit and the Letter*, 52, *The Nicene and Post-Nicene Fathers*, vol. V, p.106.

215 Ibid., p.65; Gonzalez, *A History of Christian Thought*, vol. II, pp.45–46.

216 Battenhouse, *A Companion to the Study of St. Augustine*, 224.

217 Augustine, *On Grace and Free Will*, 12, *The Nicene and Post-Nicene Fathers*, vol. V, p.449.

여지지 않을뿐더러 오히려 세워진다.[218]

여섯째, 하나님의 은총은 그의 주권적 자유에 속하는 것이다. 하나님이 그의 은총을 받게 될 사람들을 정하는 것은 그들의 미래의 공적에 대한 예지에 근거하는 것이 아니라, 전적으로 그의 주권에 근거하는 것이다. 따라서 어거스틴의 은총론의 전제는 예정론이다. 하나님의 은총은 그의 "영원한 예정"에 따라 선택된 사람들에게 주는 것이다.[219]

펠라기우스와 어거스틴의 견해를 비교하면, 전자에게 하나님의 은총은 절대적으로 필요한 것이 아니다. 왜냐하면 인간은 자력으로 죄를 짓지 않는 완전한 삶을 사는 것이 가능하기 때문이다. 그렇지만 어거스틴에게 하나님의 은총은 절대적으로 필요한 것이다. 왜냐하면 인간은 죄를 피하거나 선을 행할 능력이 전혀 없으며, 하나님의 은총이 인간의 구원을 위한 절대적이고도 유일한 통로이기 때문이다. 또한 펠라기우스는 하나님의 은총을 단지 인간을 돕는 외적 힘으로 간주한 데 비해, 어거스틴은 그것을 인간의 마음에 역사하는 하나님의 내적인 힘, 곧 성령의 임재로 이해했다.

3. 펠라기우스 논쟁

펠라기우스 논쟁은 두 단계로 전개되었다. 첫째는 펠라기우스와 그의 제자 카엘레스티우스를 한 축으로 한 펠라기우스파와 어거스틴

---

218 Augustine, *On the Spirit and the Letter*, 52, *The Nicene and Post-Nicene Fathers*, vol. V, p.106.

219 Gonzalez, *A History of Christian Thought*, vol. II, p.59.

을 또 다른 축으로 한 서방 교회의 대립이었다. 둘째는 존 카시안을 비롯한 반(半)펠라기우스파와 서방 교회 사이의 논쟁이었다.

a. 펠라기우스 논쟁

펠라기우스는 410년 알라리크(Alaric)가 로마시를 함락시키기 직전까지 로마에서 활동하면서 사회에 만연한 도덕적 부패에 민감하게 반응하고 기독교 개혁과 전파에 몰두했다. 그런 노력의 결실로 법률가 카엘레스티우스(Caelestius)를 추종자로 얻게 되었으며, 그의 "열정과 탁월한 지성적 능력"으로 그 자신에 관한 논쟁에 막강한 화력을 보충할 수 있었다.[220]

펠라기우스가 어거스틴의 저서를 처음 대한 것은 405년이었다고 한다. 그는 어거스틴이 모든 것을 하나님의 은총에만 의존한 반면, 인간의 노력이나 참여를 전적으로 배제하는 데 격분하여 반론을 제기했다.

410년 그는 로마가 고트족의 정복자, 알라리크의 공격으로 함락되기 전날 밤, 제자 카엘레스티우스와 함께 탈출하여 북아프리카로 향했다. 어거스틴을 방문할 목적으로 히포를 경유지로 삼았지만, 때마침 그가 출타 중이라 만나지는 못했다.[221] 펠라기우스는 아프리카에 잠시 머문 후 동방을 향해 팔레스틴 지역으로 이동한 반면, 카엘레스티우스는 카르타고에 남았다.

카엘레스티우스의 안수 문제는 펠라기우스 논쟁을 수면 위로 떠오르게 한 중요한 계기였다. 그는 카르타고교회에 안수를 청원했지만,

---

220 Battenhouse, *A Companion to the Study of St. Augustine*, p.204.

221 Ibid.

원죄 부정 혐의로 거절당했다. 그뿐 아니라 412년 초 어거스틴 주재로 카르타고에서 열린 북아프리카교회회의는 그를 정죄하고 출교에 처했다. 카르타고를 떠나야 했던 카엘레스티우스는 에베소로 가게 되었고 거기서 환대를 받으며 장로 안수를 받았다.

펠라기우스에 대한 논쟁은 413년 펠라기우스가 데메트리아 (Demetria) 수녀에게 보낸 편지로 인해 팔레스틴에서 다시 불붙었다. 편지 내용 가운데 문제가 된 것은 "인간은 완전을 이룰 수 있으니, 이는 또한 우리의 의미입니다"라고 한 구절이었다. 이것은 어거스틴과 벌인 끝없는 논쟁의 불씨였다.

415년 6월 예루살렘의 요한 감독 주도로 디오스폴리스에서 열린 교구회의는 14명의 감독이 참석한 가운데 펠라기우스의 의견을 청취하는 한편, 오로시우스(Orosius)로부터 카르타고회의에 관한 보고를 받았다. 그렇지만 펠라기우스의 주장은 기본적으로 건전하다는 결론을 내리고 그 문제를 로마 감독 인노센트(Innocent)에게 넘기기로 결의했다. 오리겐 신학의 영향 아래 있던 동방 교회는 펠라기우스의 견해에 대해 서방 교회처럼 문제의식을 민감하게 느끼지 않았기 때문이다. 예루살렘에 있었던 두 서방 신학자 제롬(Jerome)과 오로시우스를 제외하고, 어느 누구도 그 편지에 관심을 기울이지 않았다. 어거스틴은 이를 좌시하지 않고, 오로시우스를 제롬에게 보내 펠라기우스에 관해 더 자세히 알아보게 했다.

415년 12월 가이사랴 감독 주재로 디오스폴리스에서 모인 두 번째 회의는 펠라기우스뿐 아니라 카엘레스티우스 문제도 의제로 삼았다. 카엘레스티우스는 펠라기우스보다 더 과격했기 때문에, 그가 어거스틴의 실질적인 적수였다고 해도 과언이 아니다.[222] 그렇지만 제롬의 반대에도 불구하고, 펠라기우스의 이단 혐의에 대해서는 무죄로, 카엘레스티우스에 대해서는 "이단이라기보다 경솔"한 것으로 판정했다.[223]

이렇듯 펠라기우스는 두 차례에 걸친 디오스폴리스회의에서 정죄를 면했지만, 그 효력은 1년을 지속하지 못했다. 416년 카르타고와 누미디아 밀레브에서 열린 회의에서 그를 정죄하기에 이른 것이다. 오로시우스는 카르타고회의에 참석하여 디오스폴리스회의와 펠라기우스에 대한 자세한 내용을 보고했으며, 이어 소집된 밀레브종교회의에서 참석한 399명의 감독 모두가 만장일치로 펠라기우스의 주장을 오류로 판정하고 그를 정죄했다.

펠라기우스의 주장 가운데 오류로 지적받은 것은, 아담은 본래 죽도록 창조된 것이며 그의 죽음은 죄의 결과가 아니라는 것, 아담의 죄는 그 자신만을 훼손했을 뿐이며 그의 후손에게는 어떤 영향도 미치지 않기 때문에 원죄는 존재하지 않는다는 것, 신생아는 아담의 타락 전과 동일한 상태에 있기 때문에 세례를 필요로 하지 않는다는 것, 하나님의 은총 없이도 선한 일을 할 수 있다는 것, 복음뿐 아니라 율법도 인류를 천국으로 인도할 수 있다는 것, 그리스도가 오시기 전에도 전혀 죄가 없는 인간이 존재했다는 것 등이었다.[224]

한편, 교황 인노센트는 북아프리카에서 열린 두 회의의 결정에 동의하려 했으나 공식적인 정죄 판결을 내리지 못하고 417년 3월에 죽

---

222 Gonzalez, *A History of Christian Thought*, vol. II, pp.28, 31.

223 Battenhouse, *A Companion to the Study of St. Augustine*, p.205.

224 Christie-Murray, *A History of Heresy*, p.72.

었다. 이때 반전이 일어났다. 후임 교황 조시모(Zosimus)가 자신의 문제를 가져와 그에게 호소한 펠라기우스를 비난할 여지가 없다고 선언해 버린 것이다. 뿐만 아니라 카엘레스티우스에게도 같은 결정을 내렸다. 이는 교황이 그들의 정통성을 인정한 것이었다. 그러나 로마에서 발생한 난동에 펠라기우스 추종자들이 합세하여 로마 관리를 공격한 사실이 밝혀지자, 분노한 황제 호노리우스가 418년 그들을 공공질서를 교란하는 자로 비난하고, 펠라기우스와 카엘레스티우스를 로마에서 추방하자, 조시모 교황 역시 자신의 결정을 번복하고 그들을 정죄했다.

418년 조시모가 죽자, 에클라눔의 율리아노(Julian of Eclanum)의 주도하에 펠라기우스에게 새로운 재판의 기회를 주려고 시도했으나 어거스틴이 이를 봉쇄했다. 어거스틴이 주재하고 200명 이상의 감독들이 참석한 카르타고 전 아프리카 총회는 펠라기우스주의에 대한 반대를 분명히 하는 한편, 그 일파를 정죄했다. 또한 그들에 대한 정죄 회람문에 서명하기를 거부한 율리아노를 비롯한 18명의 이탈리아 감독들도 면직했으며, 율리아노를 카엘레스티우스와 아마도 펠라기우스와 더불어 콘스탄티노플에 유배시켰다. 네스토리우스 총대주교는 그들을 환대했을 뿐만 아니라 로마 교황 켈레스티누스와 그들을 중재하려 했다.

431년 에베소공회의는 네스토리우스 문제를 다루면서 펠라기우스 일파를 정죄했다. 그 후 펠라기우스와 카엘레스티우스의 행적에 대해 알려진 것은 없다. 율리아노는 기근 시 그의 전 재산을 가난한 사람들에게 나누어 주었으며 450년경 시칠리아에서 죽었다고 한다.[225]

---

225 Battenhouse, *A Companion to the Study of St. Augustine*, p.206.

b. 반(半)펠라기우스 논쟁

펠라기우스가 몰락의 길을 걸었지만, 당시 교회가 어거스틴의 모든 견해를 즉각적으로 받아들인 것은 아니었다. 어거스틴이 펠라기우스주의에 대응하면서 그 반대 방향으로 지나치게 나간 면도 없지 않았기 때문이다.[226] 인간에게는 죄를 지을 수 있는 자유밖에 없으며, 구원받은 사람은 하나님의 은총으로 자유를 분깃으로 받게 되었다는 주장도 그중 하나였다. 그는 하나님의 은총을 강조한 나머지, 인간의 자유의지를 외면했다. 따라서 그의 저술과 사상은 동방 교회에 큰 영향을 미치지 못했을 뿐만 아니라 서방 교회, 특히 남부 고울(Gaul) 지역의 수도원들에서도 반발을 일으켰다. 그들이 문제시한 것은 "의지가 자유로운데도 타락한 상태에서는 선을 선택할 능력이 없다"는 것과 숙명론을 내포하고 있는 예정 교리, 자기 부정과 훈련의 생활을 하찮게 보고 모든 "도덕적 노력을 마비"시키는 것 등이었다.[227] 또한 하나님이 선택하지 않는 한, 어떤 죄인도 한 발자국도 내디딜 수 없으며, 어느 누구도 하나님이 작정한 구원이나 정죄로부터 도피할 수 없다는 그의 견해는 기본적인 부도덕성을 포함하고 있다는 것이다.[228]

반면, 그들이 제시한 개념은 흔히 반(半)펠라기우스주의(semi-Pelagianism)로 알려지고 있다. 그것은 수정된 형태의 펠라기우스주의였다. 흔히 반펠라기우스주의로 불리는 이 학파는 실제로는 반(半)어거

---

226 Christie-Murray, *A History of Heresy*, p.93.

227 Ibid.

228 Kelly, *Early Christian Doctrines*, p.370.

스틴주의(semi-Augustinianism)였다.[229] 왜냐하면 펠라기우스를 반대하고 그것을 정죄하는 한편, 어거스틴의 교리를 수용하면서도 그 극단적인 것은 피하려고 했기 때문이다. 이 학파의 대표적 인물은 요한 크리소스톰의 제자로 알려진 존 카시안(John Cassian of Marseilles), 빈센트, 파우스투스 등이다.

카시안은 아담의 타락으로 인간의 본성이 부패된 것이 아니며, 인간은 하나님의 은총을 필요로 하지 않는다는 펠라기우스의 주장을 거부했다. 그렇지만 인간은 자유의지를 가졌으며, 선을 원하거나 행할 수 있다는 것은 인정했다. 한편, 인간은 악을 행할 자유밖에 없다는 어거스틴의 소극적 견해와 달리, 그는 인간의 자유의지를 보다 적극적으로 이해했다. 인간의 자유의지는 하나님의 선행 은총 없이도 하나님의 은총과 협력할 능력을 지니고 있다고 본 것이다. "선을 향한 인간의 의지가 때로는 인간 속에서 일어나기도 하며, 하나님은 그것을 확실하고 강하게 만든다." 따라서 인간의 자유의지는 "죽은 것이 아니라 병든 것"이며, 하나님의 은총은 그것을 "회복시키고 도와주며 협력"하는 것이다.[230] 또한 카시안은 모든 사람이 구원받기를 원하는 것이 하나님의 뜻이며, 하나님의 예정은 그가 우리의 행위가 어떠할지를 미리 아시는 예지에 따라 이루어진 것이라고 주장했다. 또한 일단 구원받은 사람은 "하나님의 특별한 도움 없이도 궁극적 견인"(final perseverance)에 이를 수 있다고 생각했다.[231]

229 Gonzalez, *A History of Christian Thought*, vol. II, p.55.

230 Kelly, *Early Christian Doctrines*, p.371.

231 Christie-Murray, *A History of Heresy*, pp.93-94.

카시안의 견해는 펠라기우스의 견해를 다 부정한 것도 아니며, 어거스틴의 견해를 다 수용한 것도 아니었다. 두 사람의 극단적인 면을 피하며 그것을 절충한 면도 없지 않다. 또한 그의 견해는 동방 교회의 전통적인 입장과 유사한 면을 지니고 있다. 아담의 타락 이후에도 인간은 자유의지를 보유하고 있다고 본 것이나 인간의 구원을 위한 하나님의 은총과 인간의 자유의지 사이의 협동에 관심을 기울이고 있는 것 등이 그러하다.[232] 한편, 그의 견해가 당시 서방 교회에서 비판을 받았던 것은 하나님 대신, 인간에게 구원을 위한 모든 공적을 부여하고 있기 때문이었다.

남부 고울의 레린(Lerins)의 수도사, 빈센트는 카시안을 지지하는 한편, 어거스틴의 교훈을 기이하다고 신랄하게 공격했다. 그는 가톨릭 신앙을 "어느 곳에서나 항상 그리고 모든 사람에 의해 믿어지는 것"으로 도전적으로 정의했다.[233]

가장 열렬히 어거스틴을 반대하는 문서 활동을 펼친 사람은 리에(Riez)의 감독 파우스투스(Faustus)였다. 그는 인간의 자유의지를 옹호했을 뿐만 하니라 "신앙의 시작은 인간의 자유의지에 의존한다"고까지 주장했다. 인간은 자유의지에 의해 하나님에게 돌아갈 수 있으며, 하나님이 응답할 때까지 그것을 추구할 수 있다고 했다. 특히 그가 어거스틴주의를 비판한 것은 예정론이었다. 그에 따르면, 예정이란 하나님이 예지를 통해서 "각 사람이 그 자신의 자유를 가지고 무엇을 할 것인가"를 미리 알고 판단하는 것에 불과하다. 따라서 "그리스도는 모든

---

232 Ibid., p.93.

233 Ibid., p.94.

사람을 위해 죽었다"는 사실만으로도 어거스틴의 예정론을 배격할 수
있는 충분한 근거가 된다고 주장했다.[234]

위에서 살펴본 것같이, 펠라기우스주의보다 더 위험한 것은 반(半)
펠라기우스주의였다. 당시 교회 감독들로부터 상당한 지지를 받았기
때문이다.[235] 반펠라기우스주의는 539년 오렌지회의에 이르기까지 또
다른 세기 동안 약해진 논쟁을 통해 간헐적으로 교회를 흔들었다. 어
거스틴은 반펠라기우스주의에 반대해《성도의 예정에 관하여》,《견인
의 은총에 관하여》을 저술했다. 529년에 열린 아라우시아쿰회의는 반
펠라기우스주의의 입장을 거부하고 비판하는 다음과 같은 내용을 결
의했다.[236]

> 아담의 범죄의 결과로 죽음과 죄가 그의 모든 후손에게 넘겨졌
> 다. 인간의 자유의지는 왜곡되고 악화되어 은총으로 촉진되고
> 도움을 받지 않고서는 하나님을 사랑하는 것은 물론, 믿지도 못
> 한다. 구약의 성자들은 그들의 공로를 오직 은총에 돌리고, 어떤
> 자연적 선의 소유로 돌리지 않았다… 모든 선한 행위에 있어 첫
> 번째 충동은 하나님께로부터 온다.

한편 캐사리우스(Caesarius , Bishop of Arless)는 온건한 어거스틴주의
를 대변했다. 그에 따르면, 인간은 "부패된 본성을 유업"으로 받을 뿐

---

234 Gonzalez, *A History of Christian Thought*, vol. II, p.58

235 Christie-Murray, *A History of Heresy*, p.93.

236 Kelly, *Early Christian Doctrines*, pp.371-372.

만 아니라 "하나님에게로 향할 수 있는 모든 능력을 상실"했기 때문에, 그의 "본성적 능력으로는 구원을 위해 어떤 것도 할 수 없다. 하나님의 은총이 인간에게 먼저 오지 않으면, 인간의 자유의지로는 하나님을 믿거나 사랑할 수도 없고 선한 것을 할 수도 없다."[237]

한편, 오렌지회의는 반펠라기우스주의를 정죄하는 한편, 죄와 은총에 관한 온건한 어거스틴주의 입장을 가톨릭 교회의 공식 교리로 인정했다. 아담의 타락으로 전 인류가 타락했고, 하나님은 은총을 인간에게 주신다. 신앙의 첫 단계인 신앙의 시작은 하나님의 은총 안에서 출발한다. 반면, 예정을 하나님의 주권적 행위로 간주하는 절대 예정 교리나 불가항력적 은총 교리는 따르지 않았다.

결론

펠라기우스 논쟁은 고대 서방 교회에서 일어난 낙관적 인간론과 비관적 인간론의 충돌이었다. 극단적인 낙관론을 대변한 펠라기우스는, 인간은 자신의 선택에 의해 신적인 의지를 성취할 수 있는 특권을 하나님으로부터 부여받았으며, 자력으로 완전에 이를 수 있다고 주장한 반면, 비관론을 대변한 어거스틴은 타락한 인간은 자력으로는 구원을 위해 아무것도 할 수 없고 전적으로 하나님의 은혜에 의존해야 한다고 역설했다.

펠라기우스의 중심 사상이 무조건적인 자유의지와 책임이라는 관념이었다면, 어거스틴의 중심 사상은 절대적인 하나님의 은총이었다. 펠라기우스와 어거스틴을 수장으로 하는 신학적 싸움은 후자의 승리

---

237 Christie-Murray, *A History of Heresy*, p.94.

로 끝났다. 왜냐하면 어거스틴이 외형적으로는 로마 황제로부터 펠라기우스의 추방을, 그리고 로마 교황으로부터 펠라기우스에 대한 정죄를 이끌어냈으며, 내면적으로는 어거스틴의 신학적 입장 대부분이 후대 로마 가톨릭과 프로테스탄트 정통주의에 반영되었기 때문이다.[238] 한편, 펠라기우스 논쟁의 가장 큰 의의는 어거스틴이 이 논쟁을 통해 그의 은총론과 예정론을 정립했다는 것이다.

펠라기우스는 당시 로마 사회에 만연한 도덕적 해이와 기독교 문화의 윤리적 붕괴에 맞서 윤리적 삶을 열망하고 그에 대한 크리스천의 책임을 역설했다. 그의 열망은 비난의 여지없이 고상했지만, 그가 전개한 신학은 많은 문제점을 노출했다. 그가 당시 서방 교회로부터 이단으로 정죄받은 것은, 인간 본성에 대해 지나치게 낙관적인 태도를 취한 반면, 인간이 하나님에게 의존적인 존재라는 것에 대해서는 부정적인 시각을 드러냈기 때문이다. 그의 주장 가운데 오류로 지적받은 것은 아담은 본래 죽도록 창조된 것이며, 그의 죽음은 죄의 결과가 아니라는 것, 아담의 범죄는 그의 후손에게는 어떤 영향도 미치지 않았으며, 원죄는 존재하지 않는다는 것, 신생아는 아담이 타락하기 전과 같은 상태로 태어나기 때문에 세례받을 필요가 없다는 것, 인간은 하나님의 은총 없이도 선한 일을 할 수 있고 완전에 이를 수도 있다는 것, 복음뿐 아니라 율법도 인류를 천국으로 인도할 수 있다는 것, 그리스도가 오시기 전에도 전혀 죄가 없는 인간이 존재했다는 것 등이다. 특히 원죄를 부정하고 하나님의 은총의 필요성을 절실하게 인정하지

---

238 Evans, *Pelagius*, p.3.

않은 것이 그가 이단으로 몰린 결정적 요인이었다. [239]

펠라기우스주의는 "동방에서는 일어날 수 없었던 서방 스타일의 이단"이었다.[240] 왜냐하면 동방 교회 교부들은 인간은 타락 이후에도 의지가 자유로우며, 자신의 행위에 책임이 있다는 데 의견을 같이했으며 원죄 교리에 대해서도 부정적이었기 때문이다. 415년 6월 예루살렘의 요한 감독 주도로 디오스폴리스에서 열린 교구회의가 펠라기우스의 주장을 기본적으로 건전하다는 결론을 내린 것이나, 415년 12월 가이사랴 감독 주재로 디오스폴리스에서 모인 회의가 펠라기우스의 이단 혐의 대해서는 무죄로, 그리고 카엘레스티우스에 대해서는 이단이라기보다 경솔한 것으로 판정한 것도 이를 말해 준다. 이렇듯 서방 교회와 달리, 동방 교회가 펠라기우스의 견해에 대해 큰 문제의식을 느끼지 않았던 것은 오리겐 신학의 영향으로 이해할 수 있을 것이다.

---

239 Evans, *Pelagius*, p.2; 브라운, 《교회사 안에 나타난 이단과 정통》, p.302.

240 Christie-Murray, *A History of Heresy*, p.87.

8장

동방 정교회와
로마 가톨릭 교회

서론

1054년 여름 어느 날 오후 콘스탄티노플의 성 소피아 성당에서 예배가 막 시작되었을 때, 추기경 훔베르트와 두 명의 다른 로마 교황 대리인들은 건물 안으로 들어가 성소까지 나갔다. 그들은 출교 교서를 제단 위에 올려놓고는 서쪽 문을 통과하면서 신발의 먼지를 털며 말했다. "하나님이 보시고 심판하시리라." 부제가 따라가며 그 교서를 도로 가져가라고 간청했으나, 추기경은 단호히 거절했으며 교서는 길거리에 떨어져 뒹굴었다.[241]

이는 기독교가 동방 정교회와 로마 가톨릭 교회로 갈라지는 마지막 장면을 보여 주는 일화다. 그렇지만 역사가들은 동서방 교회의 분

---

[241] 디모데 웨어, 《동방 정교회의 역사와 신학》, 이형기 역(서울: 한국장로교출판사, 2008), p.58

열의 정확한 시점을 명시할 수 있는 것도 아니요, 어느 날 갑자기 일어난 것도 아니라고 한다. 그것은 수세기에 걸친 복잡하고 긴 과정 끝에 이르게 된 비극적 결말이었다. 문화, 정치, 경제를 비롯해 다양한 요인들이 이 과정에 작용했지만, 근본적인 것은 교리적인 문제였다. 특히 교황의 수위권과 성령의 기원 문제였다.

1054년 분열 이후, 동방 정교회는 이슬람교와 공산주의 세력권 아래서 모진 박해를 견디며 서방 교회와 별다른 교류 없이 오늘날까지 거의 동일한 형태를 유지하고 있다. 동방 정교회는 예배당 안에 성상이나 화상을 많이 배치해 놓고 있고, 신도들은 그 앞에 머리 숙여 경배한다. 이런 모습은 개신교도들에게 생소하게 보일 수도 있고, 동방 정교회도 기독교회인가 하는 의구심을 갖게 하기도 한다.

필자는 동방 정교회가 어떤 교회이며, 서방 교회와 어떻게 갈라지게 되었는지를 개괄하고, 동서방 교회가 갈등과 충돌 끝에 서로 상대방을 이단으로 정죄하거나 파문했던 교리적인 문제를 분석하여 동방 정교회에 대한 이해를 도모하고자 한다.

1. 동방 정교회

고대 기독교는 11세기 대분열에 이르기까지 로마, 콘스탄티노플, 알렉산드리아, 안디옥, 예루살렘, 다섯 개의 총대주교 관구 체제 아래 지역 공의회와 세계 공의회를 통하여 큰 흐름에서 하나의 보편 교회(Catholic Church)를 유지하며 성장했다. 그것은 한 공동체 아래 구성원 전체가 하나의 신조, 하나의 성사(聖事), 하나의 조직망을 공유했다. 따라서 별개로 존재하는 동방 교회와 서방 교회가 있었다기보다는 "하나의 보편 교회의 동방 진영과 서방 진영"이 있었다고 해야 할 것이다.[242] 동방 교회와 서방 교회가 나뉘게 된 것은 1054년 이후였다. 동방 교회는 로마를 제외한 4개의 총대주교관구 내 교회를 말하며, 이를 동방 정교회 또는 그리스 정통교회라고 부른다. 서방 교회는 로마 대주교관구 관할 내의 교회를 말하며, 이를 로마 가톨릭 교회라고 한다. 지리적인 면에서, 동방 교회는 이탈리아 반도를 중심으로 동쪽에 있는 교회를, 그리고 서방 교회는 로마를 포함하여 이탈리아 서쪽에 있는 교회를 말한다. 또한 문화적인 면에서는 전자는 헬라어 문화권에 속한 반면, 후자는 라틴어 문화권에 속했다.

동방 교회는 오리엔트 동방 정교회와 동방 정교회로 나뉜다. 이는 고대 교회 분열의 산물이다. 전자는 5-6세기 에큐메니칼공의회의 결정에 자신들의 견해가 반영되지 않았다 하여 주류 교회로부터 이탈한 사람들이 만든 종파를 말한다. 아시리아교회, 네스토리우스교회, 이집트의 콥트교회, 터키 극동부의 자코바이트교회와 아르메니아교회 등이 여기에 속한다.[243] 한편, 1054년 대분열로 완전히 갈라서게 된 것이 동로마제국의 동방 정교회와 서유럽에서 교황 아래 있는 로마 가톨릭 교회다. 전자를 동방 정교회나 그리스 정통교회라고 하는 것은 동로마제국 및 비잔티움과의 역사적 관계나 헬라 문화유산과의 관계를 나타내는 것이다. 1차 분열이 셈족 문화권 기독교인들의 이탈이었다면, 2차 분열

---

242 이형기,《세계교회의 분열과 일치추구의 역사》(서울: 장로회신학대학교 출판부, 1994), p.93.

243 메리 커닝엄,《비잔틴 제국의 신앙》, 이종인 역 (서울: 예경, 2006), pp.23-24.

은 각각 헬라와 라틴 문화에 뿌리를 둔 기독교인 간에 분열이었다.[244]

동방 정교회는 콘스탄티노플을 중심으로 한 교회들을 말한다. 그것은 7차례에 걸친 고대 교회의 에큐메니칼공의회에서 결정한 신조에 성경 다음의 권위를 부여하며 준수하는 교회라는 의미에서 정교회 또는 정통교회라고 한다. 따라서 7차례의 공의회는 동방 정교회에서 매우 중요한 위치를 차지한다. 동방 정교회를 '7개 공의회의 교회'라고 부르는 것이 이를 말해 준다.[245] 동방 정교회의 공식 명칭은 정통 가톨릭 교회다.

동방 정교회는 그 명칭이 암시하는 것같이, 정통 신앙의 보수를 신학적 특징으로 하고 있다. 이는 다메섹의 요한의 함축적인 표현에서도 잘 드러나고 있다. "우리의 선조들이 설정해 놓은 영원한 경계선을 옮길 것이 아니라 그것을 수용하고 지키는 것이 우리의 사명이다."[246]

동방 정교회가 전통을 중시하는 보수적인 성향을 띠게 된 것은 역사적 상황과 무관하지 않다. 이슬람교 세력이 동로마제국을 침략하여 많은 지역을 지배했을 때, 동방 기독교는 정통 신앙을 보수하지 않으면, 정체성의 위기 속에서 살아남을 수 없었다. 따라서 전통 신앙의 보수를 통해 내부 단합을 도모하는 한편, 그것과 배치되는 모든 사상을 교회 분열을 조장하는 이단으로 배척했다. 동방 정교회의 신학은 고대 에큐메니칼공의회의 신조에 토대를 둔 기독교의 전통적인 교리를 고수하는 한편, 신비적인 요소를 강조하는 것이 그 주요한 특징이었

---

244   디모데 웨어, 《동방 정교회의 역사와 신학》, pp.11-12.

245   Ibid., p.47.

246   Ibid., p.196.

다.[247]

초기 동방 정교회는 동부 지중해 연안, 동부 유럽 및 러시아에 분포했으며, 그 중심지는 콘스탄티노플이었다. 콘스탄티누스 황제는 324년에 제국의 수도를 비잔티움으로 옮기고 이를 콘스탄티노플로 명명했는데, 이후 콘스탄티노플은 제국의 중심일 뿐만 아니라 동방 정교회의 중심이 되었다. 그 후 동방 정교회는 이슬람교와 로마 교회에 막혀 동쪽과 서쪽으로 교세를 확장할 수 없게 되자, 제국의 국경을 넘어 북쪽 불가리아, 세르비아, 러시아로 선교의 활로를 찾았다. 1453년 오스만 투르크족이 콘스탄티노플을 함락하고 동로마제국을 멸망시킨 이후, 동방 정교회는 동유럽과 러시아를 중심으로 발전했다. 특히 러시아는 988년 동방 정교회를 국교로 받아들였으며, 1589년 모스코바 대주교는 총대주교로 승격했다. 오늘날 동방 정교회는 고대의 4개 총대주교구 지역을 비롯하여 그리스, 러시아와 동구권에 산재해 있으며, 콥트 정교회, 그리스 정교회와 러시아 정교회, 루마니아 교회 등 14개의 지역별 종파로 나뉘어 있다. 전 세계 동방 정교회 신도 수는 2억 5천만 명에 달하며, 그중 절반이 넘는 1억 3천만 명이 러시아 정교회 신도들이다.

2. 동서방 교회의 분열

동방 정교회와 서방 로마 가톨릭 교회가 결정적으로 갈라서게 된 것은 1054년 여름 로마 교황이 그의 특사를 통해 콘스탄티노플 총대

---

247 이형기,《세계교회사》1 (서울: 장로교출판사, 2005), pp.614 615.

주교 케룰라리우스(Cerularius)에게 내린 출교 교서 사건에서 비롯되었다. 그렇지만 그것은 오랜 기간 여러 요인으로 서로 소원해진 양 교회의 관계가 극도로 악화되어 일어난 결과였다. 이러한 분열의 원인은 교황의 수위권과 성령의 기원과 같은 신학적이고 교리적인 문제가 결정적인 것이었으며, 정치, 문화, 경제와 같은 교회 외적인 영향도 간과할 수 없는 요인이었다. 먼저 교회 분열의 요인들을 분석하고 분열에 이르게 된 과정을 살펴보려고 한다.

첫째, 교황권의 확대 문제다. 초기 기독교에서 로마 교황은 451년 칼케돈 제4차 공회의에 이르기까지 동방 교회를 압도할 만큼 큰 권세를 지녔던 것은 아니었다. 교황은 황제의 뜻에 반대하지도 못했으며 교황 레오(Leo)의 교서는 449년 강도회의에서 낭독조차 할 수 없었다. 이런 상황을 반전시킨 것은 제국의 수도를 로마에서 콘스탄티노플로 이전한 것이었다. 제국의 중심부가 된 콘스탄티노플의 총대주교는 콘스탄티노플이 새로운 로마이며 자신이 전체 교회의 대주교라고 주장하자, 로마 교회 당국자들은 베드로의 대리자가 교황이라는 것을 강조하며 로마 교회의 우위권을 주장했다. 특히 교황 그레고리(Gregory)는 콘스탄티노플 교회의 그런 권리를 인정할 수 없다고 거부하는 동시에, 교황권이 교회에 대하여 우주적 우위권을 갖는다고 주장함에 따라 동서방 교회가 정면으로 충돌하게 되었다.

둘째, 로마제국의 분리다. 로마제국은 한 명의 황제가 지중해 연안의 여러 민족을 통치하는 거대한 나라였다. 그런데 황제 테오도시우스 1세가 395년 죽으면서 자신의 두 아들 아르카디우스와 호노리우스에게 제국을 동서로 분할하여 물려주었다. 이로써 로마제국의 동반부와 서반부는 두 개의 나라로 분리되었으며, 5세기 초부터 그들은 사이가 벌어지기 시작했다. 특히 야만족의 침입으로 서로마제국이 붕괴되었을 뿐 아니라 서유럽의 대부분이 정치와 군사적으로 분열되었다. 이런 로마제국의 정치적 상황이 교회에도 큰 영향을 미쳤다. 동방에서는 황제가 강력한 힘을 가지고 있었으며, 교회보다 우위에 있었다. 반면, 서방에서는 야만족의 침입으로 제국이 붕괴되고 다수의 전사 제후들이 있었으며, 황제도 교회의 일원이었을 뿐 교회 위에 있지 않았다. 특히 800년 교황 레오 3세는 프랑크족의 왕 찰스 대제에게 황제의 왕관을 씌움으로써 신성로마제국의 탄생에 결정적 역할을 했으며, 신성로마제국의 출현은 동서의 분열을 가속화시켰다. 이렇듯 동방에서는 교회가 황제의 예속 아래 있었다면, 서방에서는 교회가 황제가 관장하던 여러 기능을 맡고 있었으며, 자치적 구조를 유지했다. 이러한 정치적 상황은 동로마와 서로마의 역사를 서로 다른 방향으로 진행하게 만들었고 동서방 교회의 간격 또한 확대시켰다. 동방 교회는 4개 총대주교의 집단 지도체제를 유지한 반면, 서방 교회는 중앙집권화되어 교황이 군주 같은 위치에 있게 되었다.[248]

셋째, 언어의 차이다. 로마제국의 주축을 이루던 것은 헬라어를 사용하는 동방의 헬라 사람들과 라틴어를 사용하는 서방의 로마 사람들이었으며, 제국의 공용어도 헬라어와 라틴어였다. 그렇지만 로마제국의 분리 이후, 공통적인 언어가 없는 데다 상대방 언어를 이해하지 못하는 현상이 심화되었다. 450년경 서로마제국에서 헬라어를 해독할 수 있는 사람이 극소수였으며, 600년 이후 비잔티움이 로마제국으로

---

248 디모데 웨어, 《동방 정교회의 역사와 신학》, p.63.

불렸음에도, 로마인의 언어, 라틴어를 말하는 비잔틴인은 드물었다고
한다. 따라서 잘못된 번역이나 서로의 언어에 대한 몰이해로 오해가
일어나거나 분열이 싹트게 되었다. 특히 교황 니콜라스(Nicholas) 1세와
교황권 문제를 놓고 극한 대립을 벌였던 콘스탄티노플 총대주교 포티
우스(Photius)는 라틴어를 읽지 못했다고 한다. 이렇듯 언어의 차이로 인
한 불통은 동서방 교회를 서로 소원하게 만들고 갈등을 일으키게 하는
또 다른 원인이 되었다.[249]

넷째, 성상숭배 문제다. 성상 파괴 문제는 726년 동로마제국 황
제 레오 3세의 성화상(聖畵像)의 파괴 명령으로부터 시작하여 843년 성
화상의 최종 승리에 이르기까지 120년간 지속된 논쟁이었다. 한편에
서는 성상을 우상으로 취급하여 성상숭배를 반대하고 그것을 파괴하
려 한 반면, 다른 편에서는 성상을 숭배하는 것이 아니라 존경하는 것
이라 하여 이를 옹호했다. 이 논쟁은 동서방 교회 사이에서 일어난 것
이라기보다 동방 교회 내에서 일어난 것이었다. 그렇지만 양 교회는
이에 대해 현격한 입장 차이를 노출했다. 8세기 초 동방에서는 성상
을 널리 사용했던 반면, 서방에서는 예배용보다는 교육용으로 가끔 활
용하는 정도였다. 교황 그레고리 1세의 금언이 이를 말해 주고 있다.
"화상들은 교회 안에 둘 수 있다. 문맹자들이 책에서 읽을 수 없는 것
을 벽에 걸려 있는 것을 보고 읽을 수 있다."[250] 동방에서는 성상숭배
에 대한 찬성과 반대가 치열하게 대립한 데 반해, 서방의 로마 교황은

249 Jaroslav Perikan, *The Christian Tradition: A History of the Development of Doctrine* 2 (Chicago:
The University of Chicago Press, 1977), p.177.

250 Harold O. J. Brown, *Heresies* (New York: Doubleday & Company, Inc., 1984), p.227 재인용.

일반적으로 성상 사용을 지지하는 입장을 취했다. 717년 황제의 자리에 오른 레오 3세(717-741 재위)가 노쇠한 제국의 회복 사업의 일환으로 성상 파괴를 핵심으로 하는 종교정책을 수립하고 이를 실행에 옮기자 격렬한 논쟁이 일어났다. 콘스탄티노플의 총대주교 게르마누스가 이 정책에 반대하자, 황제는 그를 퇴위시키는 대신, 아나스타시우스를 총대주교로 세웠다. 반면, 로마 교황 그레고리 2세(715-731)는 아나스타시우스를 인정하지 않았을 뿐만 아니라 황제 레오 3세가 제정한 성상 파괴 규정을 따르기를 거부했으며, 그의 후계자 그레고리 3세는 황제를 출교시켰다. 이에 대응하여 황제는 교황의 관할하에 있던 데살로니가, 시칠리아, 이탈리아의 일부분을 빼앗았다. 한편, 성상 파괴 논쟁은 교황 레오 3세(795-816)가 프랑크족의 왕 샤를마뉴(768-814)에게 황제의 왕관을 씌우는 사건에도 일정 부분 영향을 미쳤다. 이로써 로마 교황청은 콘스탄티노플의 황제에 대한 충성에서 벗어날 수 있었으며, 서방 교회의 권위는 로마 교황을 중심으로 이루어지게 되었다. 이렇듯 성상 논쟁의 교회 정치적 수반 현상들은 동방 교회와 서방 교회의 이질화를 촉진시켰다.[251]

다섯째, 선교 영역 다툼이다. 선교 활동이 9세기 이래 불거진 동서방 교회 사이의 갈등을 부추기는 또 다른 원인이었다. 동방 교회는 이슬람 세력과 서방 교회로 인해 동쪽과 서쪽의 교세 확장이 어렵게 되자 북쪽으로 활로를 찾았다. 포티우스 총대주교가 슬라브족과 불가리아인 선교에 착수한 것이다. 863년 슬라브족의 사도 성 시릴(Cyril)과

---

251 레이문트 콧체·베른트 묄러, 《에큐메니칼교회사》 1, 《고대 교회와 동방 교회》, 이신건 역(천안: 한국신학연구소, 1995), pp.325-330.

메토디우스(Methodius)가 동로마제국의 국경을 넘어 북쪽으로 선교 활동을 전개하여 불가리아, 세르비아, 러시아인들의 개종을 이끌어냈다. 그렇지만 이 과정에서 동방 교회 선교사들과 이미 이 지역에 진출한 서방 교회 선교사들이 선교 영역 문제로 충돌하게 되었다. 특히 독일인 선교사들이 그리스 선교사들의 활동을 방해했다. 이렇듯 로마와 콘스탄티노플 교회가 모두 그 지역을 자신들의 사법권 아래 두려고 함으로써 충돌이 일어나게 되었다.[252]

그렇다면 동서방 교회는 하나의 통일된 교회에서 어떤 과정을 거쳐 완전히 갈라서게 된 것인가? 양 교회가 소원한 관계를 지속하다 결국 분열하게 된 데는 동방 교회를 대표하는 콘스탄티노플 총대주교와 로마 교황 간의 분쟁이 결정적 영향을 미쳤다.

첫째, 포티우스와 니콜라스 1세의 대립이다. 동방 교회와 서방 교회의 관계가 악화되기 시작한 것은 포티우스의 총대주교직 임명 문제와 성령의 기원 문제를 쟁점으로 하여 일어난 논쟁(858-867)부터였다. 858년 동로마제국 황제는 이그나티우스를 콘스탄티노플 총대주교직에서 해임하고, 평신도였던 포티우스(858-867, 878-886 재위)를 그 대신 임명했다. 교황의 사절단도 이를 조사하고 포티우스가 합법적인 총대주교라고 결정했다. 그럼에도 불구하고, 교황 니콜라스 1세는 그것을 월권으로 간주하고 부정하는 한편, 이 사건의 재심을 위해 863년 공의회를 소집하여 이그나티우스를 총대주교로 인정하고, 포티우스에게는 모든 사제적 권한에서 물러날 것을 선포했다. 하지만 콘스탄티노플 교회는 이 선포를 개의치 않았고 교황의 편지도 무시했다. 이 같은 갈

---

252 디모데 웨어, 《동방 정교회의 역사와 신학》, p.12; 커닝엄, 《비잔틴 제국의 신앙》, p.38.

등은 교회권에 대한 견해 차이에서 비롯되었다. 교황 니콜라스 1세는 자신이 지상 모든 교회 위에 위치하는 권위를 부여받았으며 총대주교를 선택하는 결정권을 가지고 있다고 확신하고 콘스탄티노플 교회의 분쟁을 교황의 보편적 관할권을 강화할 기회로 삼았다. 반면, 포티우스는 교황의 수위권을 인정하지 않았고 니콜라스가 그의 사절단의 결정을 바꾸고 로마 자체에 재심을 주장한 것을 교회법 위반으로 간주하는 한편, 베드로가 로마의 감독이 되기 전 안디옥의 감독이었던 사실에 근거하여 로마의 우위권은 근거가 없다고 일축했다. 또한 성령이 성부와 성자로부터 나왔다는 이중 발현의 교리도 분쟁의 요인이었다. 서방 교회의 독일인 선교사들이 불가리아에서 성령의 발현을 기술한 니케아 신조 항목에 '그리고 성자로부터'를 뜻하는 헬라어 '필리오케'(filioque)의 삽입을 주장했을 때, 니콜라스 1세는 그것을 지지했다. 그렇지만 포티우스는 이를 단호히 배격하고 867년 그 용어를 사용하는 사람들을 이단으로 정죄하는 내용의 서신을 동방의 다른 총대주교들에게 보내는 한편, 콘스탄티노플에서 공의회를 소집하여 니콜라스 1세를 파문하고 그를 "주님의 포도원을 약탈한 자"로 선언했다.[253] 포티우스가 '필리오케'를 쟁점으로 교황과 싸움을 벌인 것은 자신의 총대주교직 임명을 교황이 반대했기 때문이다. 이 같은 총대주교 포티우스와 교황 니콜라스 1세 간의 불화는 그들 자신들뿐만 아니라 동서방 교회 간에 감정의 골을 더욱 깊게 만들었다.

둘째, 총대주교 케룰라리우스와 교황 세르기우스(Sergius) 4세 사이의 갈등이다. 케룰라리우스와 세르기우스 4세가 각각 총대주교와 교

---

253 디모데 웨어, 《동방 정교회의 역사와 신학》, pp.71-73.

황으로 있을 때, 콘스탄티노플 교회와 로마 교회 사이에 공개적인 갈등이 일어났다. 이는 이중 발현의 교리 문제와 더불어 상이한 신앙 관습 문제에서 파생한 분쟁이었다. 동방 교회는 성직자의 결혼을 인정한 반면, 서방 교회는 성직자의 독신생활을 옹호했으며, 동방 교회는 성찬에 발효한 빵을 사용한 반면, 서방 교회는 발효하지 않은 무교병을 사용했다. 11세기 초 '필리오케'에 대한 논란이 재연되었을 때, 로마 교황 세르기우스 4세는 신조에 그 구절을 추가하는 것을 채택하고 1014년 로마에서 거행된 황제 헨리 2세의 대관식에 그런 신조를 사용했으며 '필리오케'를 포함하는 편지를 콘스탄티노플 교회에 보냈다. 반면, 케룰라리우스 콘스탄티노플 총대주교는 교황의 이름을 총대주교들의 생사자 명단에 포함시키지 않는 것으로 이에 대응했다.[254] 한편, 노르만족이 동로마제국이 관할하던 남부 이탈리아 지역을 침략하여 그 대부분을 점령하고 헬라 사람들에게도 라틴 관습에 순응할 것을 강요했다. 케룰라리우스는 이를 묵과하지 않고 그와 유사한 조치를 취하는 것으로 대응했다. 콘스탄티노플에 있는 라틴인 교회들에게 헬라 관습을 채택할 것을 요구하고, 라틴인 교회들이 이를 거부하자, 1052년 그 교회들을 폐쇄한 것이다.[255] 1053년 케룰라리우스가 교황의 이름을 생사자 명부에 회복시키겠다는 화해적인 조치를 제안하자, 교황 레오 9세는 헬라와 라틴 관습 문제를 해결하기 위해 훔베르트(Humbert)를 대표로 하는 3명의 특사를 콘스탄티노플에 파견했다. 훔베르트는 콘스탄티노플에서 로마 교황의 우위권과 성직자의 독신을 열

---

254 Ibid., p.75.

255 커닝엄,《비잔틴 제국의 신앙》, p.43.

렬히 옹호하는 일련의 논란을 벌이는 한편, 총대주교를 향해 아리우스
주의자, 성령 훼손자, 도나투스주의자 등 각종 비난과 인신공격도 주
저하지 않았으며 그리스인들을 이교도들이라고 비난했다. 총대주교
가 교황의 사절단을 더 이상 만나기를 거부하자, 1054년 여름 홈베르
트는 성 소피아 성당의 높은 제단 위에 케룰라리우스를 파문하고 헬
라 사람들이 니케아-콘스탄티노플 신조에서 '필리오케'를 생략한 것
을 저주하는 교황의 교서를 올려놓고 콘스탄티노플을 떠났다. 동방 교
회 전체는 케룰라리우스를 로마의 악랄한 공격을 받은 희생자로 여겼
으며, 그가 소집한 공의회에서 홈베르트를 정죄하고 파문하는 것으로
보복했다. 이렇듯 교황과 콘스탄티노플의 총대주교가 서로 상대방을
파문한 것이 동방 교회와 서방 교회가 대분열에 이르게 된 분수령이
되었다.[256]

1054년 대분열 이후에도 동방 교회와 서방 교회의 관계는 지속되
었지만, 그 분열을 고착시킨 것은 십자군 전쟁이었다. 특히 1204년 제
4차 십자군은 콘스탄티노플을 함락한 뒤 3일간 그 도시를 약탈했다.
동방 기독교는 이 십자군의 약탈을 결코 잊을 수 없었으며, 서방의 침
략과 신성 모독에 대한 원한과 증오심을 품게 되었다. 그 후 동방 교회
와 서방 교회는 상호 불신으로 인해 분열을 치유하지 못하고 둘로 나
뉘어 각각 자신들이 참 교회라고 주장하기에 이르렀다.[257]

---

256 이 상호 파문은 1965년 13월 7일에 이르러서야 교황 파울루스 6세와 총대주교 아테나고라
스가 공동선언을 통해 해제되었다. 콧체·묄러, 《에큐메니칼교회사》 1, p.348

257 커닝엄, 《비잔틴 제국의 신앙》, p.348.

_____ **3. 교리 논쟁**

동방 교회와 서방 교회가 분열한 것은 여러 요인이 복합적으로 작용한 결과였지만, 결정적인 것은 교리상의 차이였다. 양측이 서로를 보완하기보다 분쟁으로 번지게 된 대표적인 교리는 교황의 수위권과 성령의 기원 문제였다. 이 같은 교리 문제로 인해 동방 교회는 "교황은 이단"이라고 비난한 반면, 서방 교회는 콘스탄티노플을 이단의 근원이라고 공격했다.[258]

a. 교황의 수위권

교황의 권위 문제는 동서방 교회에 불화와 갈등을 일으킨 가장 큰 쟁점 가운데 하나였고, 양 교회의 분열을 초래한 직접적인 원인이기도 했다. 교황은 자신이 다른 감독들보다 우월하며 "기독교의 최고 권위를 대표"한다고 주장한 반면, 다른 총대주교들은 교황 역시 동등한 권한을 가진 총대주교 가운데 하나로 취급했다.[259] 이렇듯 우위성을 대변하는 교황과 동등성을 대변하는 총대주교들은 서로 다른 입장으로 인해 첨예하게 대립했다.

고대 교회가 교회의 가시적인 구조를 명시하기 시작한 것은 325년 니케아에서 열린 제1차 에큐메니칼공의회부터였다. 니케아공의회는 당시 로마제국의 중심 도시였던 로마, 알렉산드리아, 안디옥, 그리고 그 상징성을 고려하여 예루살렘을 전 세계 기독교를 관할하는 총대주교 관구로 정했다. 그 후 382년 콘스탄티노플 제2차 공의회는 콘스탄

---

258 Perikan, *The Christian Tradition*, pp.156, 171.

259 커닝엄, 《비잔틴 제국의 신앙》, pp.7-8.

티노플을 추가하여 로마 다음 위치에 놓았다. 콘스탄티노플이 부상하게 된 것은 그곳이 제국의 새 수도가 되었기 때문이다. 451년 칼케돈 에큐메니칼공의회는 5두 정치로 알려진 조직 체계, 즉 로마, 콘스탄티노플, 알렉산드리아, 안디옥, 예루살렘 순으로 서열을 확정한 총대주교 관구 제도를 완성했으며, 이 도시의 감독을 총대주교라 칭했다.[260]

대교구 또는 총대주교 사이에 갈등이 처음 일어난 것은 동방 교회에서였다. 알렉산드리아와 콘스탄티노플 교회가 동방에서의 첫 번째 지위를 놓고 다툼을 벌인 것이다. 알렉산드리아 교회 세력이 처음에는 우세했지만, 그들의 단성론이 451년 칼케돈에서 열린 제4차 에큐메니칼공의회에서 콘스탄티노플의 양성론에 패배한 여파로 그들의 최상권 주장도 힘을 잃게 되었다.[261] 그 후 동방의 총대주교들과 서방의 교황은 교황의 수위권 문제로 긴장 관계를 형성했다. 총대주교들은 명예에 있어서만큼은 교황의 우선권을 인정했지만, 직무에서 있어서는 보편적 수위권을 인정하지 않았던 반면, 교황은 보편적 수위권을 자신의 직무요 특권이라고 주장했다. 총대주교들은 사도적인 토대의 공유에 근거하여 그들의 동등권을 주장한 반면, 교황은 그것의 독점적 소유에 근거하여 그의 수위권을 주장했다. 이런 동방과 서방 간의 논쟁이 콘스탄티노플 총대주교와 로마 교황 간의 대결 양상으로 발전하게 된 것은 로마제국의 수도 이전과 밀접한 관계가 있다. 콘스탄티노플이 새 수도가 되어 제국의 중심부가 되자, 콘스탄티노플 총대주교는 콘스탄티노플이 "정치적인 면뿐만 아니라 종교적인 면에서도 새로운 로마이

260 디모데 웨어,《동방 정교회의 역사와 신학》, pp.32-33.

261 이형기,《세계교회의 분열과 일치추구의 역사》, p.78.

며 로마의 지위와 권위를 계승한다"고 주장했다. 뿐만 아니라 자신을 전 교회의 대주교로 부를 것을 요구하기에 이르렀다. 이에 로마 교회는 교황의 우주적 우위권에 반하는 콘스탄티노플의 요구를 거부하는 한편, 도시의 우위권이 아니라 베드로의 우위권에 근거하여 동방 교회에 정면으로 대응했다.[262]

동방의 총대주교들과 로마 교황의 갈등의 핵심은 베드로와 베드로의 역할에 관한 예수님의 약속과 위임, 즉 "너는 베드로라 내가 이 반석 위에 내 교회를 세우리니 음부의 권세가 이기지 못하리라 내가 천국 열쇠를 네게 주리니 네가 땅에서 무엇이든지 매면 하늘에서도 매일 것이요 네가 땅에서 무엇이든지 풀면 하늘에서도 풀리리라"(마 16:18-19)고 한 성경 본문을 어떻게 해석하느냐에 있었다. 이 구절 가운데 교회의 토대가 되는 '반석'과 '천국 열쇠'가 무엇을 가리키는가를 놓고 헬라적 해석과 라틴적 해석이 충돌한 것이 동서방 교회의 대립이요, 총대주교들과 교황 사이의 갈등이었다. 그렇다면, 양쪽의 입장은 무엇이며 그 차이는 무엇인가?

첫째, 동방은 '반석'을 베드로의 신앙고백이나 그 신앙에 의해 파악된 그리스도를 가리키는 것으로 해석한 반면, 서방은 그것을 베드로의 인격을 가리키는 것으로 해석했다. 동서방 교회는 베드로의 신앙고백(마 16:16)이 기독교 정통 신앙이 무엇인가를 정의한 것이며 그것과 베드로가 밀접한 관계에 있다고 보는 점에서는 견해를 같이했다. 그렇지만 그리스도가 베드로에게 하신 약속과 위임, 즉 '반석'과 '열쇠'

---

262 Justo L. Gonzalez, *A History of Christian Thought*, vol. II (Nashville: Abingdon Press, 1971), pp.137-138.

가 무엇을 가리키며, 그리고 그것이 어떻게 후대에 계승되는지에 대해
서는 서로 입장을 달리했다. 동방의 견해를 대변하는 7세기 막시무스
(Maximus)와 서방의 견해를 대변하는 교황 니콜라스 1세의 해석이 이
를 증거하고 있다. 막시무스는 "그리스도의 약속에서 반석은 베드로라
는 인물이라기보다 베드로의 신앙고백"으로 해석했다. 그리스도는 교
회가 그 위에 세워져야 하는 머릿돌이요 반석이라면, 베드로는 "우리
신앙의 토대와 기둥"이다. 베드로는 그의 신앙고백으로 인해 그리스
도로부터 천국 열쇠의 권세를 수여받았으며 사도들의 머리가 되었다.
"로마 교회의 수위는 베드로에 대한 약속의 선물이고 그의 신앙고백
의 결과였다." 그렇지만 그 열쇠의 권세가 로마 교회의 계승자에게만
한정된 것은 아니고 교회의 모든 신실한 감독들에게도 개방된 것이다.
그들 역시 베드로와 동일한 신앙고백을 함으로써 그 지위를 얻게 되
고 그리스도의 약속의 수혜자가 되었다. 한편, 당시 서방 교회의 관점
을 대변하는 교황 니콜라스 1세는 그 반석을 베드로로 해석하고 베드
로는 교회의 머리가 될 수 있는 권리를 그리스도로부터 획득했으며,
로마 교회는 그것을 어떤 단절도 없이 계승해 왔다고 주장했다. 따라
서 교황은 모든 교회의 머리이며, 모든 교회 문제에 대한 결정권을 가
지고 있다는 것이다. 페리칸(Perikan)은 이렇듯 첨예하게 대치하고 있는
동서방 교회의 입장을 대비하고 이를 함축적으로 표현했다. "동방에서
는 교황은 그가 정통이었기 때문에 우두머리 감독이었다면, 서방에서
는 그는 우두머리 감독이었기 때문에 정통이었다."[263]

둘째, 동방 교회는 모든 교회 감독의 동등성을 주장한 반면, 서방

---

263 Perikan, *The Christian Tradition*, pp.157-162.

교회는 교황의 우위성을 주장했다. 전자는 교회의 모든 감독은 사도적 승계를 비롯하여 성례전 집전, 에큐메니칼공의회의 참석 등 모든 면에서 본질적으로 동등하다고 보았다. 반면, 서방은 로마만이 사도적인 토대를 둔 유일한 교구이며, 교황만이 사도 베드로의 계승자이자 그의 대리자라고 주장했다. 왜냐하면 로마는 사도적인 주교좌요, 교황은 사도적인 토대에 기초한 유일한 주교이기 때문이다.[264]

셋째, 동방 교회는 교황의 우선권은 인정했으나 그의 최상권은 부정한 반면, 서방 교회는 교황의 최상의 사법 관할권을 주장했다. 동방 교회도 교황에게 영예의 우선권, 즉 교회의 첫 번째 감독이요 동등한 자 가운데 첫 번째 서열이라는 특별한 지위가 있다는 것은 인정했다. 그렇지만 그것이 모든 감독들의 본질적인 동등성을 뒤엎을 수 있는 것은 아니었다. 이에 반해, 서방 교회는 교황의 지상권을 주장한 것이다.[265]

넷째, 동방 교회는 로마와 사도 베드로의 관계에 근거한 우위권 주장을 근거 없는 것으로 취급한 반면, 서방 교회는 그런 특별한 관계에 근거하여 로마의 우위권을 주장했다. 전자는 안디옥도 베드로가 감독이었던 도시라는 사실에 근거하여 후자의 주장을 일축했다. 로마가 베드로가 로마의 감독이었다는 것에 근거하여 그 수위성을 주장하는 논리라면, 안디옥 역시 수위는 물론 우선권을 주장할 수 있다는 것이다. 왜냐하면 베드로는 로마에 오기 전 8년 동안 안디옥의 감독이었기

---

264 강태용 편, 《동방 정교회: 역사와 신학》 (서울: 익산, 1991), p.60; 디모데 웨어, 《동방 정교회의 역사와 신학》, p.38.

265 커닝엄, 《비잔틴 제국의 신앙》, p.37; 디모데 웨어, 《동방 정교회의 역사와 신학》, p.40.

때문이다. 반면, 후자는 로마는 베드로가 감독이었던 도시요 베드로와 바울의 순교지라는 사실에 근거하여 그 우위성을 주장했다.[266]

다섯째, 동방 교회는 5두 정치로 불리는 집단 지도체제였던 반면, 서방 교회는 군주제였다. 5두 정치는 "기독교의 사도적인 정체성은 5개의 총대주교좌, 즉 로마, 콘스탄티노플, 예루살렘, 안디옥, 알렉산드리아 사이의 협력을 통해 유지된다는 이론"이다.[267] 5명의 총대주교들은 사도들의 계승자들이며 교리에 대한 관할권을 가지고 있다. 동방 교회는 교회의 모든 감독들이 참여하는 공의회에서 총대주교들의 협의 아래 교리와 신앙 문제를 최종 결정했다. 반면, 서방 교회 역시 5명의 총대주교의 존재 자체를 부정한 것은 아니지만, 교황은 다른 총대주교들과 정도에서 다른 것이 아니라 질적으로 다르다는 것이다. 하나님이 그의 교회를 총대주교들 위에 세웠다는 동방의 주장과 달리, 교황 위에 세웠다는 것이 서방 교회의 주장이다.[268] 교황은 총대주교들 없이도 전체 교회를 위해 행동할 수 있지만, 총대주교들은 교황 없이는 행동할 수 없다. 따라서 서방 교회는 교리와 신앙 문제를 교황의 결정에 전적으로 의존했다. 왜냐하면 교황은 무오류성을 자신의 특권으로 간주했기 때문이다. 따라서 에큐메니칼공의회의 결정을 수용하기는 했지만, 공의회에서 적극적인 역할을 하지는 않았다. 이렇듯 동방 총대주교들은 그들의 공통적인 권위를 주장한 데 반해, 교황은 그의 독점적 권위를 주장했다. 동방 교회는 서방 교회의 중앙집권화를 반대하지 않

---

266 Perikan, *The Christian Tradition*, p.162; 이형기,《세계교회의 분열과 일치추구의 역사》, p.79.

267 Ibid., p.164.

268 Ibid., p.166.

왔으나, 교황이 그의 사법관할권을 동방에까지 확대하려 하자, 양 진영 사이에 싸움이 일어나게 되었고 11세기에 이르러 끝내 서로 갈라서게 된 것이다.[269]

여섯째, 교리적 정통성 문제다. 동방 교회와 서방 교회 간의 관할권 다툼과 신학적인 논쟁에 큰 영향을 미친 것은 교황의 교리적 정통성이다. 로마 교회가 수위권을 주장하는 또 다른 근거 가운데 하나는 교황은 베드로의 보호에 의지하여 진리의 길로부터 이탈되지 않았고, 어떤 이단들에게도 결코 굴복하지 않았으며, 어떤 오류로부터도 면제되었다는 것이다. 기독교 역사의 처음 6세기 동안 동방 교회는 교리 문제로 진통을 겪었으며 여러 이단 교리와 종파가 일어났다. 이와 대조적으로, 서방 교회는 교황을 중심으로 신앙의 순수성과 진리에 대한 확고한 충성심을 유지했다. 이는 고위 성직자가 이단의 창시자가 되기도 한 동방 교회와 전혀 다른 양상이었다. 특히 칼케돈공의회에서 교황 레오 1세의 역할은 정통 교리에 대한 서방 교회의 열정을 보여 주는 최고의 사례였다. 그는 동방의 극단적인 기독론에 대해 온건하면서도 복음적인 기독론을 수용하도록 중재했다. 이에 그 공의회에 모인 감독들은 "베드로가 레오의 입을 통해 말씀했다"고 외쳤으며, 그를 "정통의 기둥"으로 부르기도 했다.[270]

b. 성령의 기원

성령론이 신학적인 조명을 받기 시작한 것은 4세기 동방 교회에

---

269 강태용,《동방 정교회: 역사와 신학》, p.62.

270 Perikan, *The Christian Tradition*, p.148.

서였다. 특히 아타나시우스와 아리우스는 삼위일체론 논쟁의 연장선 상에서 이 문제로 대립했다. 전자는 성령이 성부, 성자와 동일 본질을 지니고 있다고 주장한 반면, 후자는 그것을 부정하고 성령은 성자가 산출한 첫 번째 피조물이라고 주장했다. 카파도키아 교부들은 아타나시우스의 입장에 동조하여 성령의 동일 본질을 열렬히 변호했다. 바실(Basil)은 성령이 결코 피조물일 수 없다고 아리우스를 반박했으며, 나지안주스의 그레고리우스(Gregory of Nazianzus)는 성령은 하나님이며, 삼위일체의 위격 간에 유일한 구별은 그들의 기원이라고 했다. 성부는 출생되지도 발현되지도 않은 반면, 성자는 출생되고, 성령은 발현되었다는 것이다.[271] 콘스탄티노플공의회의 신조(381)는 성령이 성부로부터 발현되었다고 명시한 반면, 또한 성자로부터 발현되었다는 것은 부정도 긍정도 하지 않았다. 동방 교회와 서방 교회는 이런 삼위일체 내의 구별을 널리 수용했지만, 성자의 출생(generation)과 성령의 발현(procession)이 어떻게 다른지를 설명해야 하는 난제를 떠안게 되었다. 왜냐하면 아리우스주의자들이 성자와 성령의 존재가 성부로부터 유래했다면, 하나는 성자라고 불리고, 다른 하나는 그렇지 않은 것이 어떻게 가능하냐는 문제를 제기했기 때문이다. 어거스틴(A.D. 430)은 성령이 성부와 성자로부터 발현했다고 하는 이중 발현 교리를 가르치는 한편, 성자의 출생과 성령의 발현이 어떻게 다른지를 설명하려고 고심한 끝에 성령은 "성부와 성자 사이에 존재하는 사랑의 결속"이라는 이

---

271 Justo L. Gonzalez, *A History of Christian Thought*, vol. I (Nashville: Abingdon Press, 1981), p.323.

론을 제시했다.[272] 이렇듯 동방 교회는 성령이 "성자를 통해 성부로부터 발현"한다는 단일 발현의 교리를 가르친 반면, 서방 교회는 성령이 "성부와 성자로부터 발현"한다는 이중 발현 교리를 일반적으로 수용했다.[273]

동방 교회와 서방 교회는 성령의 기원을 창조나 출생이 아닌, 발현에서 찾은 것에서는 견해를 같이했지만, 성령이 누구로부터 발현했느냐에 대해서는 서로 견해를 달리했다. 이것이 동서방 교회의 교리상의 주요한 차이 가운데 하나였다.

동방 교회와 서방 교회가 서로 충돌하게 된 것은 전통적인 신조에 성령의 이중 발현을 명시하는 헬라어 '필리오케'를 삽입하는 문제 때문이었다. 일부 서방 신학자들은 신조 안에 '필리오케'를 첨가하고 성령이 성부와 성자로부터 이중적으로 발현한다고 주장했다. 또한 6세기 스페인 교회는 589년 제3차 톨레도(Toledo)회의에서 아리우스주의를 막기 위한 안전장치로 니케아-콘스탄티노플 신조에 '필리오케'를 삽입하여 사용했으며, 그 후 그것은 프랑스와 독일 등으로 확산되었다.[274] 서방 교회가 내세운 논리는 성령이 단지 성부로부터만 발현했다면, 성부와 성자의 동일 본질에 의구심을 가질 수 있다는 것이다. 왜냐하면 성령을 발현하는 것이 "신적 본질이나 본체에 해당하는 활동"이기 때문이다. 따라서 그들은 '필리오케'를 첨가하는 것이 성자가 성부와 동

---

272   Ibid., pp.340-341; J. N. D. Kelly, *Early Christian Doctrine* (New York: Harper & Row, Publishers, 1960), pp.274-276.

273   Gonzalez, *A History of Christian Thought*, vol. II, p.126.

274   디모데 웨어, 《동방 정교회의 역사와 신학》, p.67.

일하다는 동일 본질에 대한 니케아 교리를 보다 더 명확히 하는 것이
라고 보았다. 그렇지만 서방 교회가 동방 교회와 상의 없이 콘스탄티
노플 신조에 '필리오케'를 첨가한 것이 양 교회가 6세기 말 충돌하기
시작하여 11세기에 완전히 갈라서게 된 분쟁에 뜨거운 쟁점이 되었다.

동방 교회는 '필리오케'의 첨가를 거부하는 한편, 에큐메니칼공의
회의 신조에 무엇을 첨가하는 것은 잘못이라고 주장했다. 왜냐하면 그
신조는 전체 교회의 공동 소유이고, 그것에 어떤 것을 첨부하거나 삭
제하는 것은 오직 에큐메니칼공의회에서나 결정할 수 있는 사안이기
때문이다. 따라서 서방 교회가 동방 교회와 협의 없이 신조를 바꾼 것
은 "형제 살해죄와 교회 일치를 반대하는 죄"와 다름이 없는 것으로
간주했다.[275] 또한 필리오케 첨부에 따르는 신학적인 문제점도 지적했
다. 그것이 "성령이 성자와 동일 본질이라는 것을 강조하고는 있지만,
성부와 성자 사이의 구별을 손상시킬 수도 있고, 성령을 격하"시킬 수
도 있다는 것이다. 따라서 동방 교회는 성령은 성부에게서만 발현한다
고 보았으며, 성령이 성자에게서도 발현한다는 주장을 이단으로 취급
했다.[276]

애당초 '필리오케' 첨부건은 교황의 관심사가 아니었다. 교황은 그
것을 내심 반대했지만, 필리오케를 수용하는 서방 교회의 관행을 근절
하려는 적극적 조치를 취하지는 않았다. 809년 아헨회의는 신조에 필
리오케를 삽입할 것을 결정했지만, 교황청은 그것의 수용을 거부하기
도 했다. 교황 레오 3세는 '필리오케'가 교리적으로 건전하다고 믿었지

275 Ibid., p.68.

276 Brown, *Heresies*, pp.221-222.

만, 그 신조의 원문을 함부로 고치는 것은 실수라고 생각했다. 로마 교회는 필리오케를 지지하는 프랑크족과 그것을 반대하는 비잔티움의 중재자로 행동하기도 했다.[277] 로마 교회가 '필리오케'를 수용하기 시작한 것은 9세기 후반 이후였으며, 그것이 9세기와 11세기에 일어난 콘스탄티노플 총대주교와 교황 간의 분쟁의 주요 쟁점이었다. 11세기 초 '필리오케'에 대한 논란이 다시 일어났던 것은 교황이 1014년 로마에서 거행된 황제 헨리 2세의 대관식에서 '필리오케'를 추가한 신조를 채택했기 때문이다.

요약하면, 동서방 교회는 성령이 성부나 성자와 동일 본질을 지니고 있다는 것과 성령의 기원을 창조나 출생이 아닌, 발현에서 찾은 것에서는 같은 입장을 취했다. 그렇지만 성령이 누구로부터 발현했는가 하는 문제에서는 서로 입장을 달리했다. 동방 교회는 성령이 성자를 통해 성부로부터 발현했다고 보는 단일 발현을 주장한 반면, 서방 교회는 성령이 성부와 성자로부터 발현했다는 이중 발현을 주장했다. '필리오케' 논쟁은 동방 교회와 서방 교회 사이에 일어난 교리적인 싸움이었을 뿐만 아니라 또한 양 교회 간의 세력 다툼이었다. 이로 인해 양쪽 교회의 관계가 더욱 악화되어 결국 분열에 이르게 된 것이다.

결론

기독교의 대분열은 그 1차가 1054년 동방 정교회와 서방 로마 가톨릭 교회의 분열이라면, 그 2차는 1517년 서방 교회의 분열, 즉 천주교와 개신교의 분열이다. 이로써 세계 기독교는 동방 정교회, 로마 가

---

277   Ibid.

톨릭 교회 그리고 프로테스탄트 교회로 3분되어 오늘에 이르고 있다.

동방 정교회와 로마 가톨릭 교회의 분열은 기독교 역사에서 파생한 가장 큰 재난 가운데 하나였다. 왜냐하면 그것은 이슬람교 세력과 제일선에서 맞서 그 확산에 항거하던 동방 기독교의 에너지를 크게 약화시켰던 비극적인 사건이기 때문이다. 또한 그것은 동방 교회와 서방 교회가 그들이 처한 상이한 환경, 즉 헬라 문화적 배경과 로마 문화적 배경, 헬라어 사용권과 라틴어 사용권, 지방 분권적인 교회와 중앙 집권적 교회, 황제 주도적인 교회와 교황 주도적인 교회 등으로 인해 일어난 여러 가지 갈등을 극복하지 못하고 서로 불화하여 나타난 결과였다. 따라서 동방 교회와 서방 교회가 분열한 것은 어떤 특정 사건이나 인물에 의해 특정 시점에 돌발적으로 일어난 사건이라기보다 교회 내적 요인들과 정치, 문화, 언어, 관습 등 교회 외적 요인들이 오랜 기간 동안 축적되어 일어난 현상이었다고 할 수 있다.

기독교의 분열에 결정적인 영향을 미친 것은 교황권 문제였다. 교황에게 최고의 권위를 부여하는 교황의 수위권 문제가 동방 교회와 서방 교회 간에 갈등을 일으켰다. 동방의 총대주교들은 사도적인 토대의 공유에 근거하여 그들의 동등권을 주장한 반면, 서방의 교황은 그것의 독점적 소유에 근거하여 그의 수위권을 주장했다. 이런 견해 차이가 신학적 논쟁으로 그치지 않고 분열로 이어진 것은 그것이 교권 다툼이나 다름없었기 때문이다. 교황은 그의 수위권에 근거하여 그의 관할권을 동방 교회까지 확대하려 한 반면, 콘스탄티노플 총대주교를 비롯하여 동방 교회는 이를 거부하고 항거하게 된 것이다. 교황의 수위권은 지금도 동방 정교회와 로마 가톨릭 교회는 물론, 로마 가톨릭 교회와 프로테스탄트 교회가 서로 입장을 달리하는 문제이기도 하다.

동방 교회와 서방 교회의 분열에 영향을 미친 또 다른 요인은 '필리오케'의 문제였다. 이 문제로 인해 동방 정교회는 서방 교회의 교황을, 그리고 서방 교회의 교황은 동방 교회의 대표격인 콘스탄티노플의 총대주교를 파문하거나 이단으로 정죄했다. 그렇지만 이 논쟁은 양쪽 모두 정통 신앙에 대한 열정에서 비롯된 것이다. 서방 교회는 '필리오케'를 첨가하는 것이 성자가 성부와 동일하다는 동일 본질에 대한 니케아 교리를 보다 더 명확히 하는 것이라고 본 반면, 동방 교회는 그것이 성령이 성자와 동일 본질이라는 것을 강조하고는 있지만, 성부와 성자 사이의 구별을 손상시킬 수도 있다고 보고 성령이 성자에게서도 발현했다는 주장을 이단으로 취급한 것이다.

동방 정교회는 1054년 분열 이후, 서방 교회와 별다른 교류 없이 독자적으로 생존해 왔다. 동방 정교회가 오늘날까지 거의 동일한 형태를 유지하고 있는 데 반해, 로마 가톨릭 교회는 그리스도의 복음과는 동떨어진 방향으로 형성된 면도 적지 않았다. 그로 인해 1517년 로마 가톨릭 교회는 천주교와 개신교로 분열하게 된 것이다. 종교개혁자들은 로마 가톨릭 교회가 신약성서적인 교회로부터 이탈했다고 평가하고 그것을 개혁하여 사도시대의 순수한 기독교의 모습으로 회복시키고자 했다. 그리스도가 베드로에게 하신 약속과 위임의 말씀 가운데 '반석'을 베드로의 개인적 인격을 가리키는 것으로 보는 로마 가톨릭 교회와 달리, 동방 정교회와 같이 그것을 베드로의 신앙고백을 가리키는 것으로 해석한 것도 그 가운데 하나였다. 이런 면에서 개신교 신학은 고대부터 현대까지 거의 동일한 형태를 유지하고 있는 동방 정교

회의 신학, 특히 그리스도의 복음에 대한 이해에 관심을 기울일 필요가 있을 것이다.[278]

---

278 빌헬름 니젤,《비교교회론》, 이종성 · 김항안 역(서울: 대한기독교서회, 1988), pp.186-187.

2부   프로테스탄트 교회와
      이단 논쟁

9장

**로마 가톨릭 교회와
프로테스탄트 교회**

서론

최근 한국 개신교는 심각한 위기에 직면하고 있다. 교회 성장이 정체되고 있는 데다, 교회 내부의 어두운 면과 부정적인 사례들이 노출되면서 사회적으로 반기독교적인 정서가 팽배해지고 있다. 반면, 한국 천주교는 급성장을 거듭해 1990년대에 비해 신자 수가 배로 증가하여 2014년 기준으로 540만 명에 이르렀고, 매년 10만 명 가까이 늘어나고 있다고 한다. 특히 지난 2014년 8월 교황의 한국 방문으로 각종 매체로부터 집중 조명을 받으면서 대중들의 관심을 불러일으켰고 이에 따라 새로운 전기를 맞고 있다. 한편, 적지 않은 사람들이 기독교에서 천주교와 개신교의 차이가 무엇인지 궁금해 하고 있다.

기독교는 예수 그리스도로부터 시작된 이래 천 년 동안 하나의 교회를 유지했다. 그러다 1054년 콘스탄티노플 총대주교 미카일 케룰라리오스와 로마 교황 사절단 간에 일어난 상호 파문의 여파로 헬라어를 사용하는 동방 교회와 라틴어를 사용하는 서방 교회로 분열되었다. 그리고 1517년 루터가 일으킨 종교개혁으로 서방 교회는 천주교와 개신교, 즉 가톨릭 교회와 프로테스탄트 교회로 나뉘게 되었다.

기독교라는 한 우산 아래 세 진영으로 나뉜 동방 정교회, 로마 가톨릭 교회 그리고 프로테스탄트 교회는 천 년에 걸친 하나의 역사와 예수 그리스도라는 공통적인 근원과 성경이라는 동일한 토대를 공유하고 있다. 그럼에도 불구하고, 각기 자신들 외에는 구원의 가능성이 없다고 주장하며 서로를 이단시하거나 적대시하기도 했다. 특히 가톨릭 교회와 프로테스탄트 교회가 그랬다. 가톨릭 교회는 종교개혁자들을 교회를 분열시킨 이단으로 정죄했던 반면, 종교개혁자들은 가톨릭 교회를 우상숭배와 미신과 불경한 교리로 오염된 모임으로 간주하여 교회로 인정하지 않았을 뿐만 아니라 교황을 적그리스도로 취급했다. 그렇다면 그들은 왜 서로를 이단시하거나 적대시했는가?

한편, 프로테스탄트 교회의 창건자, 루터가 본래 원한 것은 가톨릭 교회를 전복시키거나 새로운 교회를 창립하는 것이 아니었다. 그의 종교개혁은 그리스도의 복음으로부터 이탈된 교회를 개혁하고 청결케 하여 초대 교회의 순수한 모습으로 회복시키려는 기독교 갱신운동이요 부흥운동이었다. 그렇다면 루터를 비롯한 종교개혁자들이 가톨릭 교회에 대해 복음과 근원으로부터 벗어났다고 지적한 교리적인 문제들은 무엇이었으며, 그에 대한 가톨릭 측의 반응은 어떠했는가? 종교개혁 이후 갈라서게 된 가톨릭 교회와 프로테스탄트 교회 사이의 교리적인 차이점은 무엇인가?

이러한 의문점에 대한 해답을 찾으려는 것이 이 연구의 목적이다.

가톨릭 교회와 프로테스탄트 교회가 동일한 토양에 뿌리를 내리고 있음에도 불구하고, 왜 갈라서게 되었는지를 교리적인 측면에서 해명하려는 것이다. 따라서 가톨릭 교회의 교리가 어떤 것인지를 파악하는 것이 이 연구의 일차적인 관심이다. 그리고 그것을 프로테스탄트 교리와 비교하여 어떻게 다른지를 밝히려는 것이다.

이러한 과제를 위해 가톨릭 교리서인 오트(Ludwig Ott)의 《가톨릭 교의의 근본적인 것들》(Fundamentals of Catholic Dogma)을 면밀히 검토한 결과, 칭의와 하나님의 은총, 교회와 교황, 성모 마리아의 의의, 성찬과 그리스도의 임재 및 연옥의 존재와 죽은 자를 위한 기도의 교리가 프로테스탄트 교리와 현저한 차이를 나타내고 있다는 것을 확인했다. 따라서 이에 관한 트렌트공의회를 중심으로 한 현대 가톨릭 교회의 입장과 루터와 칼빈을 중심으로 한 프로테스탄트의 견해를 비교하려고 한다. 트렌트공의회를 주목하려는 것은 그것이 프로테스탄트 종교개혁에 대한 로마 가톨릭 측의 대답이었기 때문이며, 루터와 칼빈을 주목하려는 것은 그들 모두가 로마 가톨릭 출신으로 가톨릭의 실상을 정확히 알고 있는 탁월한 전문가들이기 때문이다.[1]

1. 칭의의 교리

칭의는 종교개혁자들이 로마 가톨릭 측과 첨예하게 대립한 끝에 결국 갈라서게 된 결정적인 주제라고 해도 과언이 아니다. 루터가 종

---

[1] 트렌트공의회는 1545년부터 1563년까지 25회에 걸쳐 회의를 소집하여 종교개혁자들이 제기한 중요한 신학적 문제들을 검토하고 이에 대한 가톨릭 교회의 입장을 밝혔다.

교개혁을 일으키기로 결심한 이유도 이 칭의의 교리에서 비롯되었다. 그가 비텐베르크의 어거스틴 수도원 다락방에서 로마서 연구를 통해 위대한 발견을 한 것은 오직 믿음으로 말미암아 의로워진다(롬 1:17)는 복음이었으며 이를 널리 알리기 위해 95논제를 썼다.

a. 가톨릭 교회

칭의론을 주 의제로 1547년 소집된 트렌트 제6차 회의는 종교개혁적인 입장을 거부하는 한편, 중세 토마스주의적인 관점에서 칭의를 정의하고 이를 칙령으로 선포했다.

> 어느 누구든지 하나님에 의해, 하나님의 소명과 행동에 대한 동의에 의해 움직이고 행동을 개시하는 인간의 자유의지가 칭의의 은혜를 얻을 마음을 내키게 하고 준비하게 하는 것에 어떤 식으로든 협력하지 않는다고 말한다면, 그리고 자유의지는 거절하기를 원하면서도 그 동의를 거절할 수 없다거나 생명 없는 어떤 것으로서 아무것도 하지 않고 단지 수동적이라고 말한다면, 그는 저주를 받을 것이다.[2]

이 칙령이 함축하고 있듯이, 로마 가톨릭의 칭의 교리는 몇 가지로 정리할 수 있다. 첫째, 자유의지의 존재다. 트렌트 제5회의(1546)가 선포한 원죄에 관한 칙령에 따르면, 처음 사람 아담은 그의 범죄로 인해 하나님으로부터 받은 거룩함과 의로움을 상실하고 하나님의 진

---

2 John H. Leith(ed.), *Creeds of the Churches* (Atlanta: John Knox Press, 1982), p.420

노와 죽음 그리고 사탄의 속박 아래 놓이게 되었다. 또한 그 죄가 그의 후손 전체에게 전해졌다.[3] 가톨릭 교회는 이렇듯 인간의 원죄를 주장하면서도, 자유의지의 존재를 부정하지 않는다. 트렌트 제6차 회의(1547)의 칙령에 따르면, 칭의에 대한 정확한 이해를 위해서는 인간의 자유의지는 "비록 그 힘이 약하여졌고 굽혀져 있기는 하지만 결코 소멸되지 않았다"는 것을 인식하는 것이 필요하다.[4] 따라서 인간은 자유의지와 이성 속에서 하나님과 중요한 접촉점을 가지고 있으며, 그 자신의 힘으로 무엇인가 선한 것을 행할 수도 있다는 것이다.

둘째, 인간 내부에 의를 주입하는 것이다. 칭의는 죄를 실제로 완전히 제거하고 내적 인간을 거룩하게 갱신하는 것이다. "죄의 진정한 근절"이 그것의 소극적인 면이라면, "내적 인간의 초자연적 청결과 갱신"이 그것의 적극적인 면이다.[5]

셋째, 사랑으로 역사하는 믿음으로 이루어지는 것이다. 칭의는 오직 은혜나 오직 믿음에 의해 이루어지는 것이 아니라, 하나님의 은혜와 인간의 협력, 사랑을 행하는 믿음에 의해 이루어진다. 따라서 선행이 칭의의 필수적이며 실질적인 요소다. 트렌트공의회는 오직 믿음에 의한 칭의를 주장하며 인간의 협력이나 준비를 부정하는 사람은 저주를 받을 것이라고 정죄했다.[6]

---

3 Ibid., pp.405-406.

4 Ibid., p.408.

5 Ibid., p.411; Ludwig Ott, *Fundamentals of Catholic Dogma* (St. Louis: B. Herder Book Company, 1954), p.248.

6 Leith, *Creeds of the Churches*, p.421.

넷째, 칭의의 분량은 개인에 따라 다르다. 칭의의 은혜는 선행에 의해 증가될 수 있고, 하나님의 자유로운 분배의 분량에 따라, 그리고 수용자 자신의 준비와 협력에 따라 달라진다.[7]

다섯째, 초자연적 공덕을 획득한다. "의롭게 된 사람들은 자신의 선행에 의해 하나님으로부터 초자연적 보상에 대한 권리를 실제로 획득한다." 그들에게 영생은 하나님의 은혜인 동시에, 그 자신의 선행과 공덕에 대한 보상이다.[8]

이상에서 살펴본, 가톨릭 교회의 칭의 교리는 인간의 자유의지를 토대로 하나님의 은혜에 대한 인간의 협력을 강조하는 것이 특징이며, 여기에서 다른 여러 교리들이 파생되었다.

b. 프로테스탄트 교회

종교개혁 신앙은 세 가지 '오직'으로 압축된다. '오직 성서, 오직 은혜, 오직 믿음'이다. 그것은 칭의의 교리에서도 드러나고 있다.

첫째, 인간의 완전 타락이다. 루터가 그의 칭의 교리의 출발점으로 삼은 것은 인간 본성이 아담의 범죄로 인해 완전히 부패되었다는 신념이었다. 타락 이후 인간은 자유의지는 명목에 불과하고, 죄 이외의 어떤 선행도 할 수 없게 되었다.[9] 칼빈 역시 그의《기독교강요》에서 아담의 범죄로 온 인류가 저주를 받아 본성이 완전히 타락하고 부패했으며, 선택의 자유를 상실하고 죄의 권세 아래 종의 상태로 매여 있다

---

7 Ott, *Fundamentals of Catholic Dogma*, p.260.

8 Leith, *Creeds of the Churches*, p.418; Ott, *Fundamentals of Catholic Dogma*, p.262.

9 Ott, *Fundamentals of Catholic Dogma*, pp.221, 248.

고 했다.[10]

둘째, 죄인을 의롭다고 선언하는 하나님의 사법적, 선언적 행위다. 칭의는 죄책으로부터 용서받고 하나님의 사랑을 받는 의의 상태로 회복되는 것이다. 루터는 칭의를 우리의 죄악성에도 불구하고, 하나님이 우리를 의롭게 여겨 주시는 죄 사면의 선포로 이해했다. 따라서 기독교인은 의인인 동시에 죄인이다.[11] 칼빈 역시 칭의를 하나님이 그리스도의 중보로 인간의 죄책을 사면하고 의로운 자로 인정하는 법정적인 개념으로 이해했다.[12]

셋째, 그리스도의 의를 죄인에게 전가시키는 것이다. 칭의는 하나님이 우리의 믿음을 보시고 그리스도의 의를 우리에게 전가시켜 죄인임에도 불구하고 의로운 자로 인정하는 것이다. 따라서 루터와 칼빈은 칭의를 실제로 의인이 되게 하는 것이 아니라 죄인이지만 의인으로 인정하는, 전가된 의로 이해했다. 따라서 새 생명으로 변화되는 중생과는 구별되는 것이다.[13] 또한 칭의는 그리스도의 의의 전가이기 때문에 모든 사람에게 동일한 것이다.

넷째, 오직 하나님의 은혜의 결과다. 루터는 인간은 그 자신의 힘으로나 자유의지가 아닌, 오직 하나님의 은혜로만 의롭게 된다는 것을 강조했다. 율법이나 인간의 어떤 행위도 칭의에 이를 수 없으며, 오직

---

10 John Calvin, *Institutes of the Christian Religion* 1, John T. McNell(ed.)(Philadelphia: The Westminster Press), pp.241-255.

11 Justo L. Gonzalez, *A History of Christian Thought*, vol. III (Nashville: Abingdon, 1980), pp.50-52.

12 Calvin, *Institutes of the Christian Religion* 1, pp.726-728.

13 Ibid., pp.727, 729, 739; Gonzalez, *A History of Christian Thought*, vol. III, pp.50-52.

은혜만이 칭의의 역사를 수행한다.[14] 왜냐하면 완전 타락한 인간은 선행을 할 수도 하나님과 협력할 수도 없기 때문이다. 칼빈 역시 칭의는 은혜에 따라 주어지는 것이며 행위의 공로에서 나오는 것이 아니라고 했다.[15]

다섯째, 유일한 조건은 믿음이다. "믿음에 의한 칭의"가 루터의 칭의론의 통상적인 명칭일 정도로, 루터는 칭의는 우리가 성취할 수 있거나 공로로 획득할 수 있는 것이 결코 아니며, 오직 믿음에 의해서만 온다는 것을 강조했다.[16] 칼빈 역시 "사람은 믿음으로 말미암아 의롭다 하심을 받는 것"이라고 했다.[17]

여섯째, 인간의 초자연적 공덕은 존재하지 않는다. 루터는 로마 순례와 신학적인 진전을 통해 공로와 성자의 유물에 대한 신뢰는 다 헛것이라는 확신을 갖게 되었으며 그들이 공덕을 가진다는 것을 논박했다. 칼빈 역시 잉여 공덕으로 죄에 대한 배상을 할 수 있다는 가톨릭의 주장은 죄의 위중함이나 인간의 행위로는 하나님을 기쁘게 할 수 없다는 사실을 망각한 것이라고 비판했다.[18]

이상에서 살펴본 바와 같이, 가톨릭과 프로테스탄트의 칭의 교리

---

14 루터는 95개조에서 면죄부 배후에 있는 신학적 문제를 다루면서 논제 1-12항을 통해 율법도 행위도 인간을 하나님 앞에서 의롭게 되도록 인도할 수 없다는 것을, 그리고 13-18항을 통해 칭의는 오직 하나님에게만 속한 일이며 결코 자유의지의 대상이 아니라는 것을 분명히 했다. 반면, 선행은 칭의를 위한 준비나 조건이 아니라 칭의의 열매로 간주했다.

15 Calvin, *Institutes of the Christian Religion* 1, p.744.

16 Martin Luther, *Commentary on the Epistle to the Romans* (Grand Rapids: Kregel Publication, 1979), pp.40-41.

17 Calvin, *Institutes of the Christian Religion* 1, pp.725ff.

18 Ibid., pp.779-780.

에는 상당한 차이가 있다. 로마 가톨릭은 칭의를 죄가 완전히 제거되어 실제로 의롭게 되는 내적 개념으로 해석하고 있는 반면, 종교개혁자들은 칭의를 그리스도의 의를 전가하여 죄인임에도 불구하고 의롭다고 선언하는 외적이며 법적 개념으로 해석했다. 또한 전자는 칭의의 방법과 수단으로 사랑으로 역사하는 믿음을 강조하고 하나님의 은혜와 더불어 인간의 협력과 공로의 필요성을 주장한 반면, 후자는 칭의의 유일한 조건과 방법으로 오직 은혜, 오직 믿음만을 역설한 것이다.

2. 교황제도

종교개혁자들의 관심은 그들이 재발견한 복음이 무엇인가를 밝히는 데 있었다. 따라서 그 외의 주제, 즉 교황권이나 미사의 희생제사나 성모 마리아, 성인 숭배 같은 문제에 대해서는 심도 있게 논할 겨를이 없었다. 이 문제에 대한 로마 가톨릭의 입장을 분석하고, 그에 대한 종교개혁자들의 입장을 약술하려고 한다.

로마 가톨릭 교회에는 수직적 위계질서로 이루어진 성직계급제도(hierarchy)가 있다. 교황은 부제, 사제, 주교로 이루어진 성직 계급의 정점에 위치하며, '그리스도의 진정한 대리자'로서 통치권, 성품권과 교도권의 절대 무오의 권한을 지니고 있다.

하지만 종교개혁자들은 하나님이 그런 직책을 만든 것은 아님을 분명히 하며, 만인제사장론을 주창했다. 따라서 종교개혁자들이 로마 가톨릭과 첨예하게 대립한 문제 가운데 하나는 교회의 성격, 특히 교황제도였다.[19] 그것은 교리와 신앙 문제를 판단할 최고의 권위를 어디에 두느냐 하는 문제이기도 했다. 루터가 '오직 성서'를 종교개혁의 모토로 삼은 것은 성서나 전승보다 교회와 교황에 더 권위를 부여하는 것에 대한 항거였으며, 가톨릭 교회와 프로테스탄트 교회의 또 다른 차이점을 암시하는 것이기도 했다.

한편, 트렌트공의회는 교황을 회의의 권위의 근원인 동시에, 회의의 최종적인 해석자로 선포하여 교황의 권위를 강화하였으나 교황제도에 관해서는 전혀 논의하지 않았으며 그 문제를 집중적으로 다룬 것은 바티칸공의회(1870)였다.

a. 수위권

(1) 가톨릭 교회

나는 거룩하고 보편적이며 사도적인 로마 교회를 모든 교회의 어머니와 교사로 인정하며 그리스도의 대리자요 사도들의 우두머리, 복된 베드로의 계승자인 로마 교황에게 진실한 복종을 약속하며 서약합니다. 나는 정경과 공의회가 전달하고 정의하고 설명한 모든 교리들(특히 로마 교황의 수위권과 그의 무오한 교도권에 관한 교리들)과 특히 가장 거룩한 트렌트회의 교리들을 주저 없이 받아들이고 고백합니다.[20]

---

19 Luther, *Works of Martin Luther*, vol. II (Grand Rapid: Baker Book House, 1982), p.120.

20 Leith, *Creeds of the Churches*, p.441.

트렌트공의회 신조의 이 인용구가 명시하고 있듯이, 로마 가톨릭 교회는 교황을 그리스도의 대리자와 사도 베드로의 계승자로 믿고 그의 수위권과 교도권에 관한 교리를 신앙고백적으로 받아들이고 있다. 교황은 "신앙과 도덕의 문제는 물론, 교회의 훈육과 통치에서 전체 교회를 관할"하는 최고의 권한을 보유하고 있다.[21] 바티칸공의회(1870)가 선포한 교회에 관한 교의 가운데 포함된 수위권에 대한 교리는 몇 가지로 요약할 수 있다.

첫째, 그리스도는 베드로를 전체 교회에 대한 "관할권의 수위에 즉각적으로 그리고 직접적으로" 임명했다. 따라서 그는 모든 사도들의 우두머리요 전 교회의 가시적 머리였다.[22] 이 수위권은 베드로가 가이사랴 빌립보에서 메시아에 대한 위대한 고백을 했을 때, 그리스도가 그에게 약속한 것이며(마 16:17-19), 부활 후 그리스도가 내 양을 먹이라고 명령했을 때 그에게 수여한 것이고(요 21:15-17), 그리스도가 승천한 후, 베드로가 양도받아 행사한 것이다(행 1:15). 따라서 베드로는 이 땅에서 그리스도의 입장을 대변하는 그의 대리자였다.[23]

둘째, 베드로의 수위권은 후계자들을 통해 영속적으로 계승되어야 한다. 그것은 그리스도가 제정한 것이며, 신적인 권위에 의한 것이다. 그러나 이는 그리스도의 수위권 약속이나 수여에 관한 성경 본문에 근거한 것은 아니며 수위권의 본질과 목적으로부터 추론한 것이

21 Ott, *Fundamentals of Catholic Dogma*, p.283.

22 Leith, *Creeds of the Churches*, pp.449-450; Ott, *Fundamentals of Catholic Dogma*, p.277.

23 Leith, *Creeds of the Churches*, pp.449-450; Ott, *Fundamentals of Catholic Dogma*, pp.278-279.

다.[24]

셋째, 수위권 계승자는 로마 교황이다. 그리스도가 베드로 안에서 교황에게 전체 교회를 통치하고 양육할 수 있는 완전한 권한을 부여했다. 로마 교황직과 수위권의 결합은 베드로가 로마 감독으로 활동하다 죽었다는 역사적 사실에 근거한 것으로 바티칸회의가 정의한 것이다. 따라서 교황직과 수위권의 분리는 불가능하다.[25]

넷째, 교황의 수위권은 무오를 포함하고 있다. 로마 교황은 그가 "교황좌에서 말을 할 때… 거룩하신 구세주가 그의 교회에 주신 무오성을 소유하는 것"이다. 신앙과 도덕 교리에 관한 교회 교도권의 모든 주장들에는 오류가 존재하지 않는다. 따라서 제1차 바티칸회의는 교황의 무오를 교리로 선포했다. "교황의 무오는 신적으로 계시된 교리임을 확정하노라."[26]

이러한 논거에 따라 로마 가톨릭 교회는 교황의 수위권을 부정하는 사람을 이단으로 정죄했다.

(2) 프로테스탄트 교회

루터가 처음 공격의 대상으로 삼은 것은 교황이 아니라 면죄부 설교자들이었다. 만일 교황이 면죄부에 대한 불법 거래와 강제 징수에 대해 안다면, 그것을 승인하지 않을 것이라고 주장한 것이 이를 말해

---

24 Leith, *Creeds of the Churches*, pp.450-451; Ott, *Fundamentals of Catholic Dogma*, p.280.

25 Leith, *Creeds of the Churches*, pp.450-454; Ott, *Fundamentals of Catholic Dogma*, pp.280-283.

26 Leith, *Creeds of the Churches*, pp.454-457; Ott, *Fundamentals of Catholic Dogma*, pp.284-287,

준다.[27] 그러나 교황청이 그의 제의를 거부하자, 공격의 칼끝을 교황에 게로 돌렸다. 1519년 루터는 교황제도의 역사에 대한 연구를 통해 교황에게 최고 권위를 부여하는 것은 정당하지 않다는 근거를 발견했다. 그는 성경의 권위와 교황의 권위를 대비하고, 교황은 신적 권위로 교회의 머리가 된 것이 아니라는 것을 확신했다. 따라서 교황의 절대 권력을 비판하기 시작했으며 교황의 무오성은 물론, 종교회의의 무오성도 부인하게 되었다.

루터는 라이프치히 논쟁에서 가톨릭 신학자 에크와 교황의 수위권과 공의회의 권위를 주제로 토론했다. 에크는 로마 교황의 수위권은 "신적인 법"이며, "성 베드로의 신앙과 직위를 가진 교황은 베드로의 후계자요 그리스도의 대리자"라고 주장하는 한편, 로마 교회가 교황 실베스터 1세 이전에는 다른 교회보다 높지 않았다는 주장을 부인했다. 반면, 루터는 교황의 수위권이 그리스도에 의해 제정된 신적인 법이라는 것을 부인하고 교황은 후대 교회가 필요에 의해 만든 인간적인 제도라고 주장했다. 로마 교회가 다른 모든 교회보다 우위에 있다는 것은 5세기 이후 등장한 "로마 교황의 빈약한 교령에 근거"한 것인 반면, 동방 교회와 서방 교회로 갈라지기 전, "1100년의 신앙의 역사와 성서 본문과 모든 공의회 가운데 가장 거룩한 공의회인 니케아 공의회는 이것을 반대했다."[28]

한편, 칼빈은《기독교강요》4권에서 로마 가톨릭 교회와 교황 문

---

27 오언 채드윅,《종교개혁사》, 서요한 역(서울: 크리스천다이제스트, 1999), p.42.

28 칼 하인츠 츠어 뮐렌,《종교개혁과 반종교개혁》, 정병식 · 홍지훈 역(서울: 대한기독교서회, 1967), pp.79-80.

제를 여러 장에 걸쳐 상세히 논의하면서 그들의 입장을 예리하게 논박했다. 그의 논리의 핵심은 로마 교회와 교황의 수위권은 그리스도가 제정한 것도 아니고, 고대 교회 관례로부터 유래한 것도 아닐뿐더러 성서적 근거도 전혀 없다는 것이다. 가톨릭 교회가 수위권에 대한 성서적 근거로 제시하는 본문들(마 16:18, 요 21:15-17)은 교황의 수위권과는 전혀 관계가 없는 것이며 천국 열쇠(마 16:19)에 대한 로마 가톨릭의 해석도 왜곡된 주장이라는 것이다. 특히 '매고 푸는' 열쇠는 은유적 표현일 뿐인데 가톨릭 교회는 이를 문자적으로 해석하여 수위권의 근거로 삼고 있다고 했다. 따라서 그는 베드로가 수위권을 가지고 있었다든가, 교회를 베드로의 이름 위에 세웠다는 등의 주장은 논박할 가치도 없는 황당한 논리에 불과하다고 했다. 또한 베드로가 로마에 있었기 때문에 로마 교회가 그의 수위권을 계승한다는 주장도 올바른 정신을 가진 사람이라면 결코 수용할 수 없는 유치한 발상이다.[29]

요약하면, 로마 가톨릭 교회는 베드로의 수위권에 근거하여 로마 교회와 교황의 우월성과 수위권을 주장하고 있는 반면, 종교개혁자들을 비롯하여 프로테스탄트 교회는 이를 부정하고 성서적 근거가 없는 것으로 취급하고 있다.

b. 교도권

하나님에 대한 인간의 지식은 하나님이 스스로 자신을 보여 준 계시로부터 온다. 계시 외에, 하나님을 알 수 있는 길은 존재하지 않는다. 따라서 이 계시를 기록해 놓은 성서는 신학과 교리의 원천이요 근

---

29 Calvin, *Institutes of the Christian Religion* 2, pp.1102-1112.

거다. 이런 계시의 의미와 의의에 대해 로마 가톨릭 교회와 프로테스
탄트 교회는 이해를 같이하고 있다. 그렇지만 계시의 장소 또는 위치
에 대해서는 미묘한 차이를 보이고 있다. 후자는 계시가 기록된 말씀
의 형태, 즉 성서에서 나타났으며 모든 사람이 접근할 수 있도록 공개
되어 있다고 가르치고 있다. 반면, 전자는 하나님의 계시는 교회에 주
어진 것이기 때문에 교회의 교도권을 통하지 않고는 교리의 원천인
성서에 접근할 수 없다고 한다. 성서관이 종교개혁운동의 중심 주제
가운데 하나가 된 것은 이런 관점의 차이에서 비롯된 것이다.

(1) 가톨릭 교회

트렌트공의회에 따르면, "진리와 규범은 기록된 책들과 기록되지
않은 전승 속에 포함되어 있다."[30] 이렇듯 가톨릭 교회는 전승에 성서
와 버금가는 권위를 부여하고 있다. 그렇지만 가톨릭 교회가 단순히
성서나 전승 자체를 교리와 신앙의 원천으로 간주하는 것은 아니다.
왜냐하면 거기에 조건을 붙이고 있기 때문이다. "교황이나 총회가 결
정한 신앙의 단호한 판단에 의하여, 또는 교회의 통상적이며 일반적인
교도권을 통해" 신앙을 위하여 신적으로 계시된 것으로 제시된 성서
와 전승만이 그 원천이다.[31] 즉 교회의 판단과 교도권의 결정이라는 전
제하에, 성서와 전승이 교리와 신앙의 원천이라는 것이다.

가톨릭 교회에 따르면, 교회의 지체들이 성서와 전승이라는 두 원

---

30 Leith, *Creeds of the Churches*, p.402.

31 Ott, *Fundamentals of Catholic Dogma*, p.4; 빌헬름 니젤, 《비교교회론》(서울: 대한기독교서회,
1988), pp.50-51.

천 가운데 무엇을 받아들일 것인지를 결정하는 것은 교회가 가지고 있는 교도권뿐이다. 또한 교회만이 성서의 진정한 의미와 그 해석을 결정할 수 있다. 교도권은 "계시의 진리를 거짓 없이 보존하고 무오하게 해석"하는 것이 그 목적이다.[32]

가톨릭 교회는 신앙과 도덕 문제에 관한 궁극적 결정권을 교회에 부여하고 있으며, 교회의 교도권은 무오하다고 한다. 왜냐하면 교회가 성경을 창출하고 정경을 결정했으며, "교회가 공포하는 말 속에는 성령이 말하고" 있기 때문이다. 따라서 성서와 전승이 간접적 신앙 규범이라면, 교회는 직접적 신앙 규범이다. 교인들은 후자의 규범을 따라야 하며, 교회의 교도권이 최종적으로 결정한 것은 오직 믿음으로 받아들여야 한다.[33] 이렇듯 가톨릭 교회가 중시하는 것은 교회의 교도권이다. 왜냐하면 성서와 전승은 오직 교회의 교도권을 통해서만 접근될 수 있기 때문이다.

바티칸공의회에 따르면, 로마 교황이 전체 교회에 대하여 소유하고 있는 사도적인 수위권은 이 교도권을 포함하고 있다. 그의 권위는 이 교도권으로부터 나온 것이다. 성서는 모호하고, 불충분하며 불확실하기 때문에, 성서의 의미와 해석을 결정할 수 있는 권위가 필요하며, 그것을 할 수 있는 최고의 권위, 즉 교도권은 오직 교회에 있고, 그 교도권을 소유한 교황이 최고의 권위자라는 것이다.[34]

---

32 Ott, *Fundamentals of Catholic Dogma*, p.8.

33 Ibid., p.9.

34 Leith, *Creeds of the Churches*, pp.454; 헤롤드 브라운, 《교회사 안에 나타난 이단과 정통》, 라은성 역(서울: 그리심, 2002), p.498

(2) 프로테스탄트 교회

루터는 면죄부를 쟁점으로 로마 가톨릭 교회와 논쟁한 초기만 해도 그의 공격의 대상은 교황이 아니라 면죄부 판매 설교자였다. 그의 95논제는 그가 교황의 권위와 교황의 매고 푸는 열쇠를 인정하는 전통 교리를 믿으려고 했지만, 당시 교황좌가 복음과 일치하지 않는다는 것을 알고 고심한 것을 보여 준다. 그렇지만 논쟁이 격렬해지자, 교황 레오 10세는 1520년 루터를 이단으로 정죄하는 교서 '오 주님, 일어나소서'를 발표하고 그를 출교하기로 결정했다. 교황이 루터를 이단으로 정죄한 것은 신학적인 문제 때문이었다기보다 오히려 교황의 권위에 도전했다는 혐의 때문이었다.[35]

루터 역시 교황과 맞서지 않을 수 없었다. "침묵을 지킬 때는 지나가고 이제는 말할 때가 왔다"고 선언하며, 중세 교회가 교황권을 지키기 위해 쌓아놓은 거대한 담을 허물기 시작했다. 루터가 1520년 발표한 '독일 크리스천 귀족에게 보내는 글'에 따르면, 로마 교회가 중세 천 년 동안 서방 세계를 지배할 수 있었던 기반이요, 그 뒤에서 교황권을 방어한 거대한 담은 세 가지였다. 교황은 영적 문제에서 최고의 권위라는 것, 교황만이 성서 해석의 유일한 권위자이며, 그 외의 누구도 성서를 해석할 수 없다는 것, 교황만이 교회회의를 소집할 권한을 가지고 있고, 공의회의 결정도 교황의 교도권과 부합하는 경우에만 권위를 지닌다는 것이다. 그뿐 아니라 교황은 그리스도가 그의 교회에 주

---

35 알리스터 맥그라스, 《그들은 어떻게 이단이 되었는가》, 홍병룡 역 (서울: 포이에마, 2011), p.309.

신 무오성을 소유하고 있다는 것이다.[36]

　루터는 교황이 세상 통치자보다 우위에 있다는 것을 비판하고 만인제사장 교리를 제시했다. 당시 로마 교회는 사람들을 영적 계급과 세속적 계급으로 구분했으며, 교황, 주교, 사제, 부제는 전자에 속하는 반면, 군주, 영주, 직공, 농부는 후자에 속했다. 영적 계급의 성직자들은 하나님과 인간 사이에 위치하여 양자를 중보한다고 했다. 루터는 이런 구분을 거짓과 위선으로 간주하는 한편, "모든 크리스천은 참으로 영적 계급에 속하며, 그들 가운데는 직무상의 차이 외에는 전혀 차이가 없다"고 했다.[37] 모든 신자가 제사장이라고 역설한 것은 성직자와 평신도 간의 구별을 허문 것이다.

　또한 루터는 교황이 성서의 궁극적 해석자라는 것도 부인했다. 왜냐하면 베드로에게 열쇠를 주었을 때, 이 성서 해석의 권세를 "베드로에게만 준 것이 아니라 전체 공동체에게 준 것"이기 때문이다.[38] 또한 루터는 교황만이 공의회를 소집할 수 있다는 것도 성서적 근거가 없는 것으로 간주했다. 그 반증이 사도들과 모든 장로들이 소집한 사도공의회와 황제가 소집한 니케아공의회 등이다.[39]

　루터는 교회가 성서를 창출했기 때문에, 성서는 교회를 통해 효력과 능력을 얻는다는 로마 가톨릭 교회의 주장에 동의할 수 없었다. "교회가 정경을 확정한 것은 사실이나, 그 교회를 창조한 것은 복음"이기

36　Luther, *Works of Martin Luther*, vol. II, p.65.

37　Ibid., p.66.

38　Ibid., p.75.

39　Ibid., p.77.

때문이다. 따라서 성경의 권위는 정경이 아니라 복음 안에 있는 것이다. 루터에게 있어 최고의 권위는 복음이었다.[40]

또한 루터는 교황이 교도권을 통해 성서를 해석해야 한다는 로마 교회의 주장을 반박하고 성서는 성서로 해석해야 한다고 역설했다. 왜냐하면 성서는 교황의 해석을 필요로 하지 않을 만큼 명백하기 때문이다. 성경은 이중의 명백성, 즉 외적 명백성과 내적 명백성을 지니고 있다. 전자는 말씀의 선포에 있으며, 후자는 오직 성령을 통해 주어지는 것이다. 성령은 성서의 본질적 의미를 깨닫도록 돕는다. 따라서 성서는 전혀 모호하지 않으며, 가톨릭 교직의 해석을 필요로 하지 않는다.

이렇듯 루터는 로마 교회가 쌓아놓은 거대한 담을 허무는 동시에, 강대상 아래 숨겨져 있던 하나님의 말씀을 누구든지 자유롭게 읽을 수 있도록 개방하기 위해 종교개혁을 일으켰다.

한편, 칼빈은 루터보다 더 강경한 입장을 취했다. 그는 회심 이후, 성서의 유일한 권위를 확신하는 한편, 교황주의 우상을 버리게 되었다. 특히 로마 가톨릭 교회의 성상숭배를 교황청의 미신으로 간주하고, 그것을 여로보암 왕 시대 이스라엘 왕국에 만연했던 우상숭배와 동일시했다. 따라서 교황을 적그리스도로 간주하고, 로마 교회를 교회로 인정하지 않았다. 왜냐하면 그 모임은 우상숭배와 미신과 온갖 불경한 교리로 오염되어 있기 때문이다. 그렇지만 칼빈은 로마 교회 무리 안에도 교회가 있을 수 있다는 것을 부정한 것은 아니었다. 왜냐하면 그 안에도 세례와 같은 "교회의 흔적들"이 남아 있기 때문이다.[41]

---

40 Gonzalez, *A History of Christian Thought*, vol. III, pp.42-43.

41 Calvin, *Institutes of the Christian Religion* 2, pp.1049-1052.

프로테스탄트 교회는 일반적으로 종교개혁자들의 입장을 계승하여 교회의 교도권을 거부하는 반면, 성서가 스스로를 해석하고 입증한다고 주장한다.[42] 반면, 가톨릭 교회는 교회의 교도권에 결정적 권위를 부여하고 있다. 마리아의 육체적 승천이 성서적 근거가 빈약하고 고대 전통에서도 강력한 뒷받침을 찾을 수 없다는 것을 시인하면서도, 1950년 교황의 교도권에 의해 그것을 교의로 선포한 것이 그것을 말해 주고 있다.[43]

c. 사면권

(1) 로마 가톨릭 교회

로마 가톨릭 교회는 교회가 죄를 사면할 수 있는 권한을 가지고 있다는 것을 교의로 정하고 있다. "교회는 세례받은 후 지은 죄를 용서할 권한을 그리스도로부터 받았다."[44] 따라서 교회의 사죄에 의해 죄는 진정으로 그리고 즉시 용서된다. 이에 대한 성서적 근거로 베드로가 가이사랴 빌립보에서 신앙고백을 했을 때 예수님께서 열쇠의 권한과 매고 푸는 권한을 약속한 성경 본문(마 16:19)을 제시한다.

베드로가 받은 사죄의 권한은 사도들과 그들의 후계자들에게 양도되었으며 그들이 실행하는 죄에 대한 사면 행위는 죄가 하나님에 의해 사면되는 효력을 가진다고 한다(요 20:21-23). 트렌트공의회가 이를 증거하고 있다. "그리스도는 사도들과 그들의 합법적인 후계자들에

---

42 Ott, *Fundamentals of Catholic Dogma*, p.5.

43 Leith, *Creeds of the Churches*, pp.457-458.

44 Ott, *Fundamentals of Catholic Dogma*, p.415

게 세례받은 후 죄를 범한 신자들과 하나님을 화해시키기 위하여, 죄를 용서하고 존속시킬 수 있는 완전한 권한을 주었다."[45]

교회의 사면권 행사를 위한 필수적인 요소가 고해이며 그와 관련된 성례전이 고해성사다. 고해성사는 사제가 죄를 회개하고 진실하게 그것을 인정하고 속죄받고자 하는 죄인에게 죄 사함을 선언하는 것으로 세례와는 구별되는 별개의 성례전이다. 사면권의 유일한 소유자는 주교와 사제다.[46]

교회의 사면권 행사로서 나온 것이 면죄부였다. 면죄부는 본래 십자군에 참전한 병사들에게 사죄에 필요한 고해를 면제하여 연옥 징벌에 처하지 않도록 마련한 제도였다. 면죄부 판매의 이론적 근거는 교회의 보화 교리였다. 하나님은 그리스도와 성자들이 행한 그들의 구원에 충족하고 남은 선행을 하늘의 보고에 저장하고 그 처리권을 교황에게 위임했다. 교황은 죄인이 참회할 때, 이 잉여 보화로부터 사면을 분배할 수 있다는 것이다.

(2) 프로테스탄트 교회

루터의 종교개혁운동의 시발점으로 간주되는 95논제는 면죄부의 능력과 효용성에 관한 것으로 죄의 사면 문제가 그 핵심을 이루고 있다. 루터는 이 논제를 통해 교황의 사면권에 대해 논의하면서 그것을 전적으로 부정한 것은 아니다. 단지 그 범위를 엄격히 제한했다. 교황은 자신의 판단이나 교회의 법령에 따라 부과된 징벌만을 사면할 수

---

45 Ibid., p.415.

46 Ibid., p.437.

있는 권한이 있을 뿐이며, 그 외의 것은 하나님만이 사면할 수 있다는 것이다.[47] 또한 교황은 연옥의 심판에 대해서 아무런 권한이 없다. 왜냐하면 교회법은 살아 있는 자에게만 유효하고, 사후 세계, 즉 연옥에는 그 영향을 미치지 않기 때문이다. 따라서 징벌을 사죄하는 교황의 권한은 죽은 자와는 아무 상관이 없다. 교황은 연옥의 심판에 대해서도 어떤 권한도 가지고 있지 않다.[48]

루터는 면죄부의 핵심 논리인 교회 보화론을 단호히 배격했다. 교회의 참된 보화는 그리스도와 성자들의 잉여 공로가 아니라 복음이기 때문이다. 따라서 교황이 잉여 보화로부터 사면을 나누어 줄 수 있는 것도 아니며 면죄부 때문에 구원을 얻을 수 있는 것도 아니다.[49]

칼빈 역시 사제나 교황의 사죄권을 단호히 부정했다. 사제들이 '매고 푸는' 권한이나 천국 열쇠의 권한을 가지고 있다는 것은 거짓이요 어리석은 주장이다. 사제들은 사도들의 대리자도 후계자도 아니기 때문이다. 죄인의 사죄를 확실히 하는 것은 사제가 아니라 그리스도다. 사죄의 유일한 조건은 "너희 믿음대로 될지라"(마 9:29)의 원칙에 따라 그리스도의 은혜를 받아들이는 것이다.[50]

또한 칼빈은 배상의 교리도 부정했다. 가톨릭 교회에 따르면, 세례받은 이후의 죄는 눈물, 금식, 헌금, 구제 등의 배상을 통해 회복해야 한다. 즉 죄는 하나님의 은혜로 사함을 받는 것이지만, 행위의 공로를

47 Luther, *Works of Martin Luther*, vol. I(Grand Rapid: Baker Book House, 1982), p.30.

48 Ibid., pp.30-32.

49 Ibid., pp.35-36.

50 Calvin, *Institutes of the Christian Religion* 1, pp.643-649.

통해 죄의 과실을 갚아야 한다는 것이다. 칼빈은 이것 역시 거짓된 이론으로 간주하고 사죄는 값없이 주어지는 것이며 형벌이 면제되는 것이라는 사실을 분명히 했다. "오직 그리스도의 은혜만이 죄에 대한 진정한 배상"을 지불할 수 있기 때문이다.[51]

루터와 칼빈에게서 보듯이, 프로테스탄트 교회는 죄를 용서할 수 있는 교회나 사제의 권한을 전적으로 부정하고 있다.

3. 성모 마리아

로마 가톨릭 교회와 프로테스탄트 교회가 교리적으로 현격한 차이를 보이고 있는 또 다른 주제는 예수님의 모친 마리아에 대한 견해다. 그들은 그리스도가 동정녀 마리아를 통해 성육신하셨다는 사실에는 일치하지만, 그녀의 정체성과 역할 등과 관련해서는 이해를 달리한다. 양쪽 신학이 마리아를 다루는 비중 역시 대비된다. 후자의 경우 그리스도의 성육신을 다루면서 동정녀 탄생을 논의하는 정도라면, 전자의 경우 그리스도론의 상당 부분을 차지하고 있는 것이 마리아론이다.[52]

a. 가톨릭 교회

로마 가톨릭 교회는 마리아를 "은총으로 충만한 무한한 존엄성을

---

51 Ibid., pp.651-653.

52 예를 들어, Ott의 *Fundamentals of Catholic Dogma*의 경우, 그리스도론의 1부는 그리스도의 인격, 2부는 그리스도의 업적 그리고 3부는 구세주의 어머니로서 마리아에 관해 논하면서 20쪽 이상을 할애하고 있다.

지닌" "가장 거룩한 하나님의 어머니"라고 부른다. 하나님의 어머니(테오토코스)란 칭호는 에베소공의회(431)가 "거룩한 동정녀가 하나님의 어머니"라고 선언한 이래, 공의회들이 이 교리를 반복적으로 확인한 것이기도 하다. 마리아에 대한 가톨릭 교회의 교리는 몇 가지로 정리할 수 있다.

첫째, 평생 동정녀였다. 그것은 예수 그리스도의 탄생 이전, 탄생 시, 탄생 이후에도 지속되었다. 마리아는 남성의 개입 없이 성령에 의해 수태하여 동정녀성에 아무런 손상 없이 예수를 출산했으며, 이후에도 그의 동정녀성은 지속되었다. 따라서 제5차 콘스탄티노플공의회(553)는 마리아에게 "영속적인 동정녀"라는 타이틀을 부여했으며, 649년 라테란회의는 이를 교의로 정했다. 성경에서 언급하고 있는 "예수의 형제들"은 그의 가까운 친척이나 요셉의 전처소생, 즉 이복형제였다.[53]

둘째, 원죄의 흠 없이(immaculate) 수태했다. 마리아는 "그리스도의 공로"로 원죄에 결코 종속되지 않았으며 원죄의 오염으로부터 전적으로 보호받았다. 1546년 트렌트 제5회의는 "원죄에 관한 칙령에 마리아를 포함시키는 것"은 그 칙령의 본래 의도가 아니라고 선언했으며, 1854년 교황 피오(Pius) 9세는 동정녀 마리아는 수태 순간 원죄의 모든 오점으로부터 면제되어 보호되었다는 무흠 수태의 교리를 신앙의 교의라고 선언했다.[54]

셋째, 전 생애에 무죄했다. 마리아는 세상에 태어나기도 전에 성

---

53 Ott, *Fundamentals of Catholic Dogma*, pp.201-205.

54 Leith, *Creeds of the Churches*, pp.408, 442-443.

화의 은혜를 받았으며, 평생 결코 죄를 범하지 않았다. 트렌트공의회에 따르면, "교회가 복된 동정녀 마리아에 대하여 주장하는 것같이, 어느 누구도 하나님으로부터 특별한 특권에 의한 것을 제외하고는 평생 모든 죄, 심지어 가벼운 죄도 피할 수 없다."[55] 일부 헬라 교부들은 마리아가 천사의 메시지에 대해 의심하고, 십자가 아래서 부족한 신앙을 드러내는 등 개인적인 결함 때문에 고통을 받았다고 가르쳤는데, 라틴 교부들은 마리아의 무죄 교리를 이의 없이 가르쳤다.[56] 가톨릭 신학은 예수께서 죄로 인해 오염된 어머니로부터 수태되었다면, 죄성이 있을 수밖에 없다는 문제를 해결하기 위해 마리아의 원죄 없는 수태설과 영속적인 무죄설을 제시했다.

넷째, 몽소(蒙召, 육체적) 승천했다. 마리아는 일시적으로 죽음을 겪었지만, 이후 그의 몸과 영혼이 하늘로 승천했다. 1950년 교황 피오 12세는 "마리아는 지상 생활을 완료한 후, 그의 육체와 영혼이 하늘의 영광 속으로 승천했다"는 사도적 규약을 반포하여 그것을 신앙의 의무 항목에 넣었다.[57]

다섯째, 그리스도의 구속사역의 공동 협력자다. 그리스도는 하나님과 인간 사이의 유일한 중보자이지만(딤전 2:5), 이는 그리스도에 종속된 제2차적인 중보를 배제하는 것은 아니다(고후 5:19). 마리아는 이중적 의미에서 모든 은혜의 중보자(mediatrix)다. 그는 이 세상에 모든 은혜의 근원인 그리스도를 낳았으며, 그리스도의 구속 은총을 포함한

55 Ibid., p.423.

56 Ott, *Fundamentals of Catholic Dogma*, pp.200-201.

57 Leith, *Creeds of the Churches*, pp.457-458; Ott, *Fundamentals of Catholic Dogma*, pp.205-206.

어떤 은총도 승천한 마리아의 중보 협력 없이는 아무한테도 수여되지 않는다. 그의 중보기도는 대제사장 그리스도의 중보기도에는 미치지 못하지만, 다른 모든 성인들의 중보기도를 능가한다. 가톨릭 신학은 이 마리아의 보편적 중보 교리가 분명한 성서적 증거가 부족하다는 것을 시인하면서도, 그것을 교회와의 관계는 물론, 성육신과 구속에 대한 그의 협력에 근거하고 있다.[58]

마지막으로, 마리아에게 '최고 숭경'의 명칭을 부여하고 그를 공경하며 그의 성상을 숭경하고 있다. 그것은 하나님의 어머니로서 그의 존엄과 은혜 충만에서 비롯된 것이며 본질상 하나님에 대한 숭배(흠숭지례, adoration)보다 못하지만, 천사나 다른 성인에 대한 숭앙(공경지례, veneration)보다는 높은 것이다. 따라서 마리아에게 부여한 특별한 숭앙을 최고 숭경(상경지례, cultus hyperdulie)이라 부르고 있다.[59]

b. 프로테스탄트 교회

종교개혁자들은 일반적으로 로마 가톨릭 교회의 성모 마리아 교리에 대해 비판적이었지만, 세부적으로는 그것을 어느 정도 수용하고 어떻게 거부하느냐에 따라 입장 차이를 나타냈다.

루터는 가톨릭 교회의 마리아 교리에 대해 일부는 수용하고, 일부는 거부하는 이중적인 태도를 취했다. 하나님의 어머니, 영속적인 동정녀성, 순결한 수태, 중보자라는 신앙에 대해선 수용하는 한편, 겸손과 신앙의 모델로서 마리아에게 경의를 표하며 그의 중보에 의해 간

---

58 Ott, *Fundamentals of Catholic Dogma*, pp.209-212.

59 Ibid., pp.213-214; 니젤,《비교교회론》, pp.153-160.

청(appeal)이 이루어질 수 있다는 것을 인정했다. 반면에, 피조물에게 신적인 명예를 돌린다거나 마리아의 독특한 중보성이 편견을 가져올 수 있다는 점을 염려해 마리아에 대한 숭앙을 예리하게 비판했다. 초기 루터파 신학자들은 대부분 이런 루터의 입장을 계승했다.

종교개혁자 가운데 마리아론에 대해 가장 강경한 태도를 취한 것은 칼빈이었다. 그는 마리아에 대한 일체의 숭앙을 단호히 거부했다. 그것을 우상숭배로 간주했기 때문이다.

이렇듯, 가톨릭 교회의 마리아론에 대한 프로테스탄트 교회의 대응은 루터 이후 점증적으로 강경해졌다. 현대에 이르러서는 그리스도의 성육신 신앙은 살아 있으나 마리아 숭앙은 전적으로 폐지되었다. 또한 '하나님의 어머니'(테오토코스)라는 마리아의 명칭은 수용하나 예수를 출산한 후에도 동정녀성을 유지했다는 것에는 의문을 표시하고 있고, 마리아의 승천이나 영화에 대해서는 부정적이다.

_____ **4. 성례전**

성례전은 로마 가톨릭 교회와 프로테스탄트 교회를 갈라놓은 중요한 주제 가운데 하나였다. 양자는 성례전의 의미와 성격, 종류와 효력에 대해 서로 견해를 달리했다. 전자는 성례전을 "은혜의 효과적인 표지"로 의롭게 하는 능력과 은혜를 부여하는 능력을 지니고 있다고 믿으며 7개 성사를 그리스도가 제정한 제도로 준수하고 있다.[60] 후자는 그리스도가 제정한 성례전은 세례와 성찬뿐이며, 그 외의 것은 인

---

60 Leith, *Creeds of the Churches*, p.425; Ott, *Fundamentals of Catholic Dogma*, p.324.

간이 만든 것이라 하여 이를 부정하고 있다.

성만찬에 대해서도, 예수 그리스도가 자신의 죽음을 기념하도록 그것을 제정했다는 것과 그의 재림 시까지 계속 시행해야 한다는 것에는 양자가 입장을 같이하지만 그리스도 임재의 방법, 즉 그리스도의 몸과 피가 어떻게 성찬에 임재하는가 하는 문제에서는 견해를 달리하고 있다.

a. 가톨릭 교회

로마 가톨릭 교회에 따르면, "성만찬은 그리스도가 그 자신을 하늘 아버지에게 드리기 위하여 그리고 영혼을 위한 영양으로 신자들에게 주기 위하여, 떡과 포도주의 형태에서 그의 몸과 피와 더불어 참으로 임재하는 성례전"이다.[61] 가톨릭 교회의 성만찬 교리의 특징은 다음 몇 가지로 정리할 수 있다.

첫째, 사효론이다. 성례전은 그 의식의 집행을 통해 즉시 효력이 발생한다. 성례전은 집례자나 수찬자의 주관적인 성향이나 신앙과 독립적으로 객관적인 효력을 지니고 있다.[62]

둘째, 성만찬 본문(마 26:26-28, 막 14:22-24)에 대한 문자적 해석이다. 성만찬의 떡과 포도주를 그리스도의 육체적인 몸과 피로 해석하고 있다.

셋째, 화체설(transubstantiation)이다. 성찬식 집례자가 그 요소들을 신성하게 할 때, 떡과 포도주의 외관은 그대로 있지만, 그 본질은 그리스도의 몸과 피로 변한다. 트렌트공의회는 성만찬의 성체에 그리스도는

---

61 Ott, *Fundamentals of Catholic Dogma*, p.368.

62 Ibid., pp.326-327.

실재한다는 것을 명시하고 있다. "떡과 포도주의 축성(consecration)에 의해 떡의 실체 전체가 그리스도 우리 주의 몸의 실체가 되고 포도주의 실체 전체가 그의 피의 실체로 되는 변화가 일어난다."[63] 가톨릭 교회는 이 변화를 화체라고 한다. 화체설은 성만찬에서 그리스도의 육체적 임재를 고수하려는 가톨릭 신학의 공식이자, 교리다. 그것은 1215년 라테란공의회가 신앙고백으로 채택하여 공식화된 것이다.

넷째, 사제주의다. 오직 사제만이 성만찬을 집례할 수 있다. 떡과 포도주를 신성하게 하는 성만찬의 합당한 집례를 위해서는 특별한 제사장적 권한이 필요하기 때문이다. 그렇지 않으면, 그 요소들은 단지 떡과 포도주에 불과할 뿐이다. 따라서 성만찬은 사제직의 존재 이유이기도 하다.[64]

다섯째, 성만찬의 제의적 성격이다. 사제는 성만찬을 통해 그리스도의 몸과 피를 하나님께 제물로 봉헌한다. 따라서 성만찬 미사는 "참되고 적절한 희생제사"이며 십자가상에서 그리스도의 희생제사와 동일한 것이다. 따라서 미사는 그리스도의 십자가 제사를 반복하는 것이다.[65]

여섯째, 단형 영성체, 즉 평신도에 대한 분잔 금지다. 가톨릭 교회는 평신도에게 떡만 주고 포도주는 주지 않는 것을 제도화하고 있다. 그 이유는 그리스도의 피가 엎질러져 신성 모독으로 이어질 수 있기 때문이다. 이는 성만찬의 모든 떡 조각과 포도주에 그리스도가 임재한

---

63 Leith, *Creeds of the Churches*, p.432.

64 니젤, 《비교교회론》, pp.137, 140.

65 Ott, *Fundamentals of Catholic Dogma*, p.400; 니젤, 《비교교회론》, pp.146-147.

다는 신념으로부터 나온 것이다. 또 다른 이유는 "너희가 이것을 마시라"(마 26:27)고 하신 그리스도의 명령은 모든 사람에게 한 것이 아니라 사제와 주교들에게 한 것으로 해석하기 때문이다.[66]

화체설로 요약되는 로마 가톨릭의 성만찬 교리는 그 신자들에게 성례전에서 육체적인 모습으로 함께하시는 예수 그리스도를 소유할 수 있다는 확신을 주는 반면, 사제나 교회가 초월적이며 이적적인 능력을 소유한다는 의식을 심어 주는 경향이 있다.

b. 프로테스탄트 교회

성만찬 교리는 가톨릭 신학자들과 종교개혁자들이 첨예하게 대립한 쟁점 가운데 하나다. 하지만 종교개혁자들이 동일한 입장을 견지했던 것은 아니다. 큰 틀에서 가톨릭 교리를 거부하고 비판하는 것에는 뜻을 같이했지만, 그 거부의 범위와 강도에서는 차이가 있었다. 따라서 성만찬 교리는 종교개혁자들 사이에서도 논쟁이 그치지 않던 주제이기도 했다.

루터는 성만찬 본문에 대한 문자적 해석이나 성만찬에서 그리스도의 육체적 임재에 대해선 전통적인 가톨릭 교회와 입장을 같이했지만, 가톨릭 교회의 화체설 교리는 거부했다.

루터는 그의 종교개혁 3대 저서 가운데 하나로 꼽히는 《교회의 바벨론 포로에 대하여》에서 이 문제를 다루면서 로마 가톨릭 교회의 성례전 체계를 공격했다. 그는 가톨릭 교회의 성만찬 3중 행위, 즉 평신

---

66 Joseph Pohl, *The Sacraments: A Dogmatic Treatise*, vol. 2, ed. Arthur Preuss(St. Louis: B. Herder, 1942), p.252; 니젤, 《비교교회론》, p.143.

도에 대한 분잔 금지, 화체설과 미사의 공로와 희생제사적인 성격을 바벨론 포로 상태로 비유하고 이를 거부했다. 루터가 가톨릭 교회의 견해를 거부한 것은 몇 가지로 정리할 수 있다.

첫째, 성서의 성례전으로 세례, 성만찬과 참회, 3개만을 인정했다. 그 외의 것은 그리스도가 제정한 것이 아니라 교회의 필요에 의해 사람이 만든 것이기 때문이다.[67]

둘째, 사효론을 반대했다. 루터가 사효론을 반대한 것은 그것이 수찬자의 신앙을 전혀 고려하지 않기 때문이다. 성례전의 실행이 수찬자를 의롭게 하는 것이 아니라 성례전에 대한 신앙이 그를 의롭게 하는 것이다.[68]

셋째, 평신도의 차별을 반대했다. 가톨릭 교회가 평신도에게 성만찬의 떡만 주고 포도주는 허락하지 않는 것은 "너희가 이것을 마시라"(마 26:27)고 하신 그리스도의 명령과 성서의 증언에 위배되는 것이다.[69]

넷째, 화체설을 부정했다. 루터는 그리스도의 육체적인 몸과 피가 성만찬의 떡과 포도주에 공존하는 그리스도의 실제적 임재를 믿었지만, 떡과 포도주의 본질이 변하는 것으로 보지는 않았다. 왜냐하면 빵과 포도주는 변하지 않고 그대로 있으면서, 그리스도의 몸과 피가 임재하는 통로 역할을 하는 것이기 때문이다.[70] 이것이 그의 공재설이다.

---

67 Luther, *Works of Martin Luther*, Vol. II, p.177.

68 뮐렌,《종교개혁과 반종교개혁》, pp.92-93.

69 Luther, *Works of Martin Luther*, vol. II, pp.180-182.

70 Ibid., pp.190-194

화체설과 공재설은 그리스도의 실제적 임재를 인정하는 점에선 동일하지만, 떡과 포도주의 본질적 변화와 관련해선 입장을 달리한다. 전자가 본질적 변화를 주장하는 데 반해, 후자는 그것을 부정한다.

다섯째, 미사의 희생제사 개념을 부정했다. 그리스도의 죽음은 단번에 모든 사람의 속죄를 위한 희생제사였다. 따라서 속죄를 위한 희생제사를 더 이상 되풀이할 필요가 없고 오직 믿음으로 성만찬에 참여하면 되는 것이다.[71]

여섯째, 사제주의도 거부했다. 루터가 사제주의를 거부한 것은 그리스도의 몸과 피의 임재는 "사제의 행위의 결과"가 아니라 "그리스도의 권세의 결과"이기 때문이다.[72]

한편, 루터는 그리스도의 속성의 교류라는 전통적 교리에 근거하여 자신의 그리스도의 몸과 피의 실제적 임재 교리를 변호했다. 그리스도가 완전한 하나님이라면, 그의 신성의 속성이 그의 인성의 속성도 된다. 그의 신성은 어디든지 동시에 계실 수 있는 편재의 속성을 가지고 있다. 그리스도의 몸은 속성의 교류에 의해 편재성을 소유하고 있다.

한편, 츠빙글리에서 칼빈으로 이어지는 개혁파 전통은 루터와 색조를 달리하면서도, 그들 사이에서도 견해 차이를 보였다. 츠빙글리의 성만찬 교리는 기념설로 요약할 수 있으며, 이를 그의 논문 〈참 종교와 거짓 종교에 관하여〉(On True and False Religion)에서 밝히고 있다.

츠빙글리는 교황의 사법권을 부인하고 공의회의 오류 가능성을

---

71 Ibid., pp.194 ff.

72 Millard J. Erickson, *Christian Theology*, vol. 3(Grand Rapids: Baker Book House, 1985), pp.1117–1118.

제기한 루터의 주장에 큰 감명을 받았지만, 성만찬 문제에서는 루터와 입장을 달리했다.[73] 그는 성만찬은 그리스도의 죽음과 그 효력을 상기시키게 하는 일종의 기념으로 간주했다. 따라서 성만찬에서 그리스도의 임재를 전적으로 부정하고, 그것을 그리스도의 상징에 불과한 것으로 보았다.[74]

마르부르크 담화가 시사하고 있듯이, 츠빙글리가 루터와 결별하게 된 요인 가운데 하나도 성만찬에 대한 이해 차이였다. 그들은 15개 항의 이슈 가운데 14개항에는 동의하면서도, 한 항목에 대한 이견으로 등을 돌렸다. 바로 마가복음 14장 22-24절의 "이것은 내 몸이니라… 이것은… 나의 피 곧 언약의 피니라"에서 해석을 달리한 것이다.[75] "떡은 그리스도의 몸이니라"로 문자적으로 이해한 루터와 달리, 츠빙글리는 그것을 "상징하다"로 해석했다. 제단 위의 떡과 포도주에 그리스도의 몸과 피가 실재한다고 본 루터와 달리, 그는 성만찬은 단지 그리스도의 죽음을 통한 우리의 구속을 기념하는 것이며, 성만찬의 떡과 포도주는 그리스도의 몸과 피를 단순히 상징하는 것으로 보았다. 이것이 그의 상징설 또는 기념설이다.

츠빙글리가 성만찬에서 그리스도의 육체적 임재를 거부한 이유는 두 가지였다. 첫째, 물질적인 것과 영적인 것은 전혀 다르다는 그의 이해 때문이다. 성만찬이 영적으로 유익하기 위해서는 순수하게 영적이어야 한다는 것이다. 둘째, 그리스도의 인간성이 속성의 교류를 통해

---

73   뮐렌, 《종교개혁과 반종교개혁》, p.117.

74   Ibid., p.126.

75   Ibid., p.173.

어디에나 존재한다는 편재의 개념을 받아들일 수 없었기 때문이다. 그리스도가 하나님 우편에 앉아 계신다면, 그의 몸은 지상 어디에도 임재할 수 없다는 것이다.[76]

칼빈은 로마 가톨릭의 성례전 이론을 거부하는 한편, 루터와 츠빙글리 견해의 중간 길을 택하는 성례전 이론을 정립했다. 그가 가톨릭 이론 가운데 중대한 오류로 지적한 것은 다음 몇 가지로 요약할 수 있다.

첫째, '성례전은 의롭게 하는 능력과 은혜를 부여하는 능력을 가지고 있다.' 칼빈은 믿음과 상관없이 의를 약속하는 이런 견해를 악마적 개념으로 취급했다. 왜냐하면 그런 약속을 통해 영혼들을 멸망 속으로 던져 넣기 때문이다.[77]

둘째, '신약성경의 성례전은 모두 그리스도가 제정했다.' 이와 달리, 칼빈은 세례와 성만찬만이 신약성서의 성례전이며 그리스도가 제정한 것이라고 본 반면, 그 외 다른 것은 성서나 고대 교회에서 근거를 찾을 수 없는 허구로 간주했다.[78]

셋째, '미사는 속죄를 위한 희생제사다.' 칼빈은 이런 주장을 마귀가 만든 가장 유해한 오류로 간주했다. 왜냐하면 미사는 그리스도를 모욕하고 그의 성만찬을 무효화시키기 때문이다. 미사를 통해 제사를 반복하는 것은 그리스도의 완전한 희생제사를 부정하는 것이다.[79]

---

76 Gonzalez, *A History of Christian Thought*, vol. III, pp.75-76; 브라운,《교회사 안에 나타난 이단과 정통》, p.459.

77 Calvin, *Institutes of the Christian Religion* 2, pp.1280-1290.

78 Ibid., pp.1446 ff.

79 Ibid., pp.1429 ff.

넷째, '그리스도의 성만찬적 임재다.' 칼빈은 화체설을 떡을 하나 님으로 여기는 미신이며, 마술적 초혼과 다를 바 없는 것으로 간주했 다.[80]

다섯째, '평신도에게는 분잔을 금한다.' 칼빈은 분잔 금지를 논박 할 가치도 없는 궤변으로 취급했다. 왜냐하면 그리스도께서 "너희가 다 이것을 마시라"고 명하셨을 뿐만 아니라(26:26-27) 실제로 고대 교 회가 평신도들에게도 분잔을 시행했기 때문이다.[81]

한편, 칼빈은 츠빙글리의 견해에 대해서도 신중하게 접근했다. 츠 빙글리처럼, 그리스도께서 자신의 인간적 몸을 지니고 계셨고, 제한적 의미로 영광받으셨으며, 재림 시까지 하늘에 머문다고 가르쳤다. 따라 서 편재의 속성에 근거하여 그리스도의 몸과 피의 실제적 임재를 변 호하는 루터의 견해를 거부했다. 그렇지만 그리스도의 임재를 부정하 고, 그것을 상징이나 기념으로 이해한 츠빙글리에 동의하지는 않았다. 오히려 그는 성례전은 참으로 효과적이며, 성령이 그것을 효과 있게 만든다고 보았다.[82]

칼빈은 성만찬에 그리스도의 임재를 인정한 것에서는 루터와 입 장을 같이한다. 하지만 그것을 편재 개념에 근거하여 설명하거나 그리 스도의 실제적 임재를 주장하는 루터의 방식은 받아들이지 않았다. 그 리스도의 몸은 부활 후에 하늘에 있으며 공간적 경계를 잃어버린 것 이 아니라고 보았기 때문이다. 따라서 성만찬에 그리스도의 몸이 있을

---

80 Ibid., pp.1372 ff.

81 Ibid., pp.1424 ff.

82 Ibid., p.1404

수 없다는 것이다. 그리스도는 성만찬에 그의 몸이 아니라 영으로, 그의 능력으로 임재한다. 성만찬의 떡과 포도주를 통해, 하늘에 있는 그리스도의 변화된 몸으로부터 나오는 능력과 효력이 신자들에게 수여된다는 것이다.[83]

정리하면, 성만찬과 관련하여 프로테스탄트 교회가 로마 가톨릭 교리 중 한결같이 거부하거나 반대한 것은 사효론, 화체설, 성만찬 및 미사의 희생제물적인 의미, 평신도의 차별과 사제주의 등이다. 반면, 프로테스탄트 교회는 성만찬의 효과와 수찬자의 조건으로 오직 믿음만을 강조했다.

한편, 종교개혁자들은 가톨릭 교회의 화체설을 거부하는 데 전적으로 일치했지만, 성만찬에서 그리스도의 임재 방식을 설명하는 데는 서로 입장을 달리했다. 루터는 성만찬의 떡과 포도주에 그리스도의 몸과 피가 실제로 임재하는 공재설을 제시한 데 비해, 칼빈은 그리스도의 영적 임재를 주장했으며, 츠빙글리는 그리스도의 임재를 전적으로 부정하고 떡과 포도주를 그리스도의 몸과 피를 단지 상징하는 것으로만 이해했다.

5. 연옥

가톨릭 교회와 프로테스탄트 교회는 사후 세계로 천국과 지옥이 존재한다는 점에선 의견을 같이했지만, 천국과 지옥 사이에 중간 장소가 있다는 것에 대해선 입장을 달리하고 있다. 전자는 천국과 지옥 사이의

83　Ibid., pp.1401 ff.

중간 장소로 연옥이 있다고 주장하는 반면, 후자는 천국과 지옥 외의 제 3의 장소는 존재하지 않는다는 입장을 일관되게 견지하고 있다.

a. 가톨릭 교회

(1) 연옥의 존재

연옥은 현세에서 지은 가벼운 죄로부터 정결함이나 그에 합당한 징벌을 받지 않는 사람의 영혼이 사후에 거쳐야 하는 "일시적인 징벌적 정화의 장소와 상태"를 가리키며 "정화하는 불"로 표현되기도 한다.[84] 그런 영혼이 결국 천국에 들어가는 것은 확실하지만, 사후에 즉시 가는 것이 아니라 연옥에서 수동적으로 당하는 고통을 통해 정화의 과정을 마친 후 간다는 것이다.

연옥 교리는 고대 알렉산드리아 학파에서 제시된 이래 중세를 거치면서 로마 가톨릭 교회의 일반적인 견해로 공식화되었다. 교황 그레고리 대제 때부터 연옥 교리를 주장했으며 1274년 리용회의는 그것을 신조로 제정했고, 1439년 플로렌스(Florence)회의는 그것을 재확인했다. "고백성사의 훌륭한 열매에 의해 죄와 과실에 대해 배상을 하기 전에, 진정한 회개와 더불어 하나님의 사랑 안에서 이생을 떠난 사람들의 영혼은 죽은 후 정화의 징벌로써 정화된다."[85] 1563년 트렌트회의 역시 연옥의 실재와 거기에 있는 불쌍한 영혼들을 위한 대도의 가치와 면제부의 능력을 신조로 선포했다.

---

84 Ott, *Fundamentals of Catholic Dogma*, p.480.

85 Ibid., p.481.

나는 연옥이 있다는 것과 거기에 억류되어 있는 영혼들은 신자들의 기도에 의해 도움을 받고 있다는 것을 확신합니다… 나는 그리스도가 면제부의 능력을 교회가 보관하도록 맡겼다는 것과 그것을 이용하는 것이 크리스천들에게 매우 유익하다고 단언합니다.[86]

가톨릭 교회가 연옥 교리에 대한 성서적 근거로 제시하는 것은 첫째, 구약 외경 마카비후서 12장 43-45절이다. 이 본문은 죽은 자의 사죄를 위한 기도와 희생제물이 죽은 자들이 죄로부터 벗어나는 데 도움이 될 수 있다는 것을 가르치고 있다.

둘째, 마태복음 12장 32절이다. "또 누구든지 말로 인자를 거역하면 사하심을 얻되 누구든지 말로 성령을 거역하면 이 세상과 오는 세상에서도 사하심을 얻지 못하리라." 이 본문은 이 세상뿐만 아니라 오는 세상에서도 죄를 용서받을 수 있다는 가능성을 시사한다.

셋째, 고린도전서 3장 13-15절이다. "불이 각 사람의 공적이 어떠한 것을 시험할 것임이라." 사도 바울이 이 본문에서 말하고 있는 불은 "저세상에서 일시적인 정화의 징벌"을 가리키는 것이다.

이상의 본문들은 연옥이란 말을 사용하거나 연옥 교리를 직접 가르치고 있지는 않지만, "저세상에서 정화의 가능성을 인정"하고 있는 것이 "간접적으로 정화의 불," 즉 연옥의 존재를 증거한다는 것이다.[87]

가톨릭 교회가 연옥 교리의 또 다른 근거로 삼고 있는 것은 전통

86 Leith, *Creeds of the Churches*, p.441,

87 Ott, *Fundamentals of Catholic Dogma*, p.481.

의 증거다. 연옥의 존재에 대한 주요한 증거가 교부들, 특히 라틴 교부들의 증거에서 발견된다는 것이다. 그들은 사후 세상에서 정화를 위한 일시적인 징벌과 죄의 용서를 위한 증거로 앞서 지적한 성서 본문을 자주 인용했다. 어거스틴은 "이 세상에서 속죄되어야 할 일시적인 징벌과 죽은 후 속죄되어야 할 일시적 징벌을 구분했다."[88]

한편, 연옥에 체류하는 기간은 특정 햇수로 구체화할 수 있는 사항이 아니다. 그 기간이나 고통의 강도는 정화의 정도에 따라 달라지며, 정화의 과정은 모든 죄와 징벌로부터 완전히 벗어날 때까지 계속되며 이런 과정을 통해 영혼이 완전히 정화될 때, 천국에 들어가게 된다.

(2) 대도

로마 가톨릭 교회는 교황이 연옥에서의 정화 과정을 사면하거나 경감 또는 종료할 수 있다고 가르친다. 왜냐하면 교황이 연옥의 관할권을 가지고 있기 때문이다. 또한 연옥 체류 기간은 대도에 의해서도 단축되거나 경감될 수 있다고 한다.

대도(suffrage)는 연옥에 있는 영혼들이 겪고 있는 징벌과 정화를 대체하여 하나님께 드리는 것을 말하며 연옥 징벌에 대한 일종의 사면 방식이다. 연옥에 있는 영혼들은 대도를 통해 정화를 면제받거나 그 기간을 단축할 수 있다는 것이다. 대도에는 중보기도, 개인적 선행, 경건 활동, 미사의 제사 등이 있으며, 특히 미사의 거룩한 희생제사가 가장 효과적이라고 한다.[89]

---

88 Ibid., p.482.

89 Ibid., p.320.

이 대도는 생전에 준비할 수도 있고 사후에 친척이나 신자들이 할 수도 있다고 한다. "살아 있는 신자는 그들의 중보로 연옥에 있는 영혼을 도울 수 있다." 살아 있는 신자뿐만 아니라, 하늘에 있는 성도들도 그들의 중보를 통해 연옥에 있는 영혼을 도울 수 있다고 한다.[90]

이 대도를 뒷받침하는 근거로 제시되는 것은 성서와 전통의 증거다. 사도 바울은 그의 충성스런 조력자 오네시보로를 위해 "원하건대 주께서 그로 하여금 그날에 주의 긍휼을 입게 하여 주옵소서"(딤후 1:18)라고 한 것이나 "죽은 자가 자선을 통해 도움을 받을 수 있다"고 한 클리소스톰(John Chrysostom)의 진술 등이 대도 교리를 증거한다는 것이다.[91]

이렇듯 가톨릭 교회는 대도의 가능성과 효력을 가르치면서도, 연옥에 있는 불쌍한 영혼으로 그 효력의 대상을 제한한다. 지옥에 있는 사람들의 영혼은 대도의 대상이 아니다. 왜냐하면 그들은 그리스도의 신비적 몸에 속하지 않았기 때문이다.[92]

b. 프로테스탄트 교회

연옥의 존재는 종교개혁자들에게 민감한 문제 가운데 하나였다. 왜냐하면 종교개혁의 도화선이 된 교황청의 면죄부 판매는 연옥 교리로부터 유래한 것이기 때문이다. "연보궤에 돈이 떨어지는 소리와 함께 연옥의 영혼이 천국으로 옮겨진다"는 면죄부 부흥사들의 설교는

---

90 Ibid., p.319.

91 Ibid., pp.319-320.

92 Ibid., pp.321-322.

로마 교회와 교황권의 부패를 함축적으로 보여 주는 상징이었던 동시에, 종교개혁의 불길을 붙인 도화선이었다.

종교개혁자들은 연옥의 존재를 부정한 종교개혁의 선구자 위클리프(John Wyclif)와 후스(Jan Hus)의 견해를 지지하여 연옥의 실재를 부정하고 정결케 하는 불의 개념을 거부했다. 그것은 성서의 교훈이나 칭의의 교리와 맞지 않았기 때문이다. 종교개혁자 가운데 제일 먼저 연옥에 대한 반대 입장을 표명한 사람은 츠빙글리였다. 그는 연옥 교리는 전혀 성서적 근거를 가지고 있지 않다고 보았다.[93]

루터는 죽은 후 영혼의 상태에 대해 많은 연구를 하지는 않았다. 신앙에 유익을 주지 못하는 쓸데없는 공론을 피하기 위해서였다. 그럼에도 불구하고, 로마 가톨릭의 연옥 교리를 거부하고 그것을 비기독교적인 것으로 취급했다. 왜냐하면 그것이 비성서적일 뿐만 아니라 그리스도의 구속사역을 훼손시키기 때문이다.

> 하나님은 우리 앞에 두 가지 길을 두셨다고 말씀하셨다. 믿음에 의해 구원에 이르는 길과 불신앙에 의해 멸망에 이르는 길이 그것이다. 성경의 어떤 곳에서도 연옥에 대해서 언급하고 있지 않으며 우리는 그것을 허용해서는 안 된다. 왜냐하면 그것은 그리스도의 은혜와 유익을 어둡게 하고 경시하기 때문이다.[94]

---

93 Zwingli, *The Sixth-Seven Articles of Ulrich Zwingli*, 1523; 이종성, 《종말론》 I (서울: 대한기독교출판사, 1990), p.194.

94 Luther, *Table-Talk*, No. 3695, *Luther's Works*, vol. 54(Philadelphia: Fortress Press, 1967), p.259.

루터는 죽은 자를 위한 기도를 목회적인 이유에서 금하지 않았다. "우리는 죽은 자들을 위해 기도하라는 하나님의 명령을 가지고 있지 않다. 그러므로 그들을 위해 기도하지 않는다고 해서 죄를 짓는 것은 아니다." 반면, "최종적인 심판이 이 영혼들에 대해 내려졌는지 아닌지는 불확실하고 아무도 알지 못하기 때문에 그들을 위해 기도한다는 것은 죄가 아니다."[95]

칼빈 역시 연옥의 존재를 부정하고 이를 "로마주의자들의 조작물" 또는 마귀가 만들어 낸 속임수로 간주했다. 연옥 교리에 대한 칼빈의 반론은 몇 가지로 정리할 수 있다. 첫째, 사탄이 계시를 간교하게 조작시켜 만든 "치명적인 허구"다. 연옥은 "그리스도의 십자가를 무효화"시키는 것이요 "하나님의 긍휼에 대한 견딜 수 없는 모욕"이다.[96]

둘째, 성서적 근거가 없다. 로마 가톨릭은 "연옥 교리를 입증하기 위해 성경 구절들을 무식하게 왜곡"했다. 그 성서적 근거로 제시된 본문들이 하나같이 그러하다. 주 근거인 마카비후서(12:43-45)는 정경이 아니라 외경으로 그 권위를 인정할 수 없다. 또한 그 내용 자체도 연옥 교리를 말하고 있지 않고 우상을 섬긴 죄로 죽은 병사의 구원 가능성을 암시하고 있을 뿐이다. 또한 마태복음 12장 32절 역시 성서적 근거가 될 수 없다. 왜냐하면 그것은 어떤 죄가 내세에서 용서받을 수 있다고 말한 것이 아니기 때문이다.[97]

---

95 Luther, *Gospel Sermon*, First Sunday After Trinity, Hugh T. Kerr, Jr., *Compend of Luther's Theology* (Philadelphia: The Westminster Press, 1943), p.244 재인용.

96 Calvin, *Institutes of the Christian Religion* 1, pp.675-676.

97 Calvin, *Institutes of the Christian Religion* 1, pp.676-681; Millard J. Erickson, *Christian Theology*, vol. 3, p.1181; Loraine Boettner, *Immortality* (Philadelphia: The Presbyterian and Reformed Publishing

셋째, 배상 개념에 근거한 것으로 성서적 구원론에 배치된다. 연옥은 "사람은 죽은 후 그들의 영혼이 죄에 대한 배상(satisfaction)을 지불한다"는 것을 의미한다. 그렇지만 "그리스도의 보혈이 신자의 죄에 대한 유일한 배상이요, 유일한 속죄요, 유일한 정화다."[98]

프로테스탄트 교회는 일반적으로 연옥의 존재를 부정하고 이를 로마주의자들이 만들어 낸 속임수로 간주한다. 인간의 죄는 연옥의 불과 고통에 의해 정화되는 것이 아니라 예수 그리스도의 피로 말미암아 깨끗하게 된다(요일 1:7). 따라서 연옥 개념은 그리스도의 십자가 공로에 의한 죄의 완전한 사면이라는 복음과 모순되는 것이다.

결론

로마 가톨릭 교회는 역사적으로 프로테스탄트 교회를 이단으로 낙인찍었던 반면, 프로테스탄트 교회는 가톨릭 교회를 진정한 교회에 속한 것으로 여기지 않거나 교황을 적그리스도로 간주했다. 후자의 입장에서는 전자가 복음의 본질을 상실하고 그것을 거짓 교리나 과장된 것으로 도금해 버린 반면, 전자의 입장에서는 후자가 서방 기독교를 분열시키고 "기독교 유럽을 붕괴시킨 장본인"이었다.

로마 가톨릭이나 프로테스탄트, 양자는 삼위일체론이나 그리스도론에서는 근본적으로 다르지 않다. 왜냐하면 니케아 신조와 칼케돈 신조를 정통으로 수용하기 때문이다. 따라서 그 신조들을 기준으로 삼는다면, 어느 한쪽도 그것을 위반했다고 하기 어려울 것이다.

Co., 1977), p.132.

98 Calvin, *Institutes of the Christian Religion* 1, p.676

그럼에도 불구하고 로마 가톨릭 교회와 프로테스탄트 교회는 교리와 신앙고백에서 현저한 차이가 있다는 것을 확인했다. 루터는 믿음으로 주어지는 칭의는 "교회가 서느냐 무너지느냐를 결정하는 조항"이라고 했으며, 칼빈은 칭의의 교리는 "기독교가 돌아가야 할 중심점"이라고 했다.[99] 이렇듯, 기독교 신앙의 핵심에 위치한 칭의 교리에 있어 양 교회는 상당한 간극을 나타내고 있다. 로마 가톨릭 교회는 설사 선행에 의한 칭의는 아니라 하더라도 칭의를 이루는 과정에서 인간의 협력과 공로를 강조하고 있고 믿음과 선행의 중요성을 동시에 천명한다는 것은 부정할 수 없는 사실이다. 반면, 종교개혁자들을 비롯한 프로테스탄트 교회는 오직 은혜와 믿음만을 강조한다.

종교개혁자들이 제기한 신학적 문제를 검토하고 이에 대한 로마 가톨릭의 입장을 밝힌 트렌트공의회는 신학과 교리에 대한 종교개혁자들의 견해를 확고히 거부했다. 그뿐 아니라 종교개혁적 교리를 이단으로 정죄하고 저주했다. 트렌트공의회의 관점에서 가톨릭 교의를 해설하고 있는 오트(Ott)의 《가톨릭 교의의 근본적인 것들》도 종교개혁자의 견해를 대부분 이단적 견해 항목 아래 취급하고 있다.

제2차 바티칸공의회(1962-1970) 이후, 로마 가톨릭 교회는 프로테스탄트에 대해 유화적인 태도를 취하고 있다. 성령이 비가톨릭 기독교 공동체 안에도 활동한다는 것을 인정하고 프로테스탄트들을 '형제'라고 부르며 화해를 모색하고 있는 것이다. 하지만 종교개혁적 유산에 대해서는 여전히 비판적이다. 또한 죽은 자를 위한 기도, 동정녀의 무

---

99 Martin Luther, *What Luther Says: An Anthology*, vol. II(St. Louis: Concordia, 1959), p.704; Calvin, *Institutes of the Christian Religion* 1, p.726.

흠 잉태, 그리스도와 마리아의 공동 구속사역, 교황의 무오와 같은 비복음주의적인 교리를 포기하지 않고 완강히 고수하고 있다.

한편, 종교개혁자들은 로마 가톨릭 교회나 교황에 대해 정확하게 동일한 입장을 취한 것은 아니다. 교황을 적그리스도로 간주하는 것과 같이 큰 틀에서 가톨릭의 교리를 거부하고 비판하는 데는 뜻을 같이하지만, 그 범위와 강도에서는 차이를 보이기도 했다. 루터와 츠빙글리, 칼빈 가운데 비교적 온건한 입장을 취한 것이 루터였다면, 가장 강경한 태도를 보인 것이 칼빈이었다. 예를 들어, 루터는 로마 가톨릭의 마리아 교리를 일부 수용하는 한편, 겸손과 신앙의 모델로서 마리아에게 경의를 표하며 그의 중보에 의해 간청(appeal)이 이루어질 수 있다는 것을 인정했다. 반면, 칼빈은 마리아에 대한 일체의 숭앙을 단호히 거부하고 그것을 우상숭배로 간주했다. 성만찬 시 그리스도의 임재에 대해서도, 루터는 로마 가톨릭과 같이 그리스도의 육체적 임재를 수용한 반면, 칼빈은 그것을 부정하고 영적 임재를 주장했다. 루터는 죽은 자를 위한 기도를 부정하지 않았지만, 칼빈은 이를 부정했다. 이런 차이는 그들의 종교개혁의 목표에서 비롯된 것으로 이해될 수 있다. 루터는 성경에 위배되는 요소만 교회 전통에서 배제시키려고 한 반면, 칼빈은 종교개혁을 철저하게 전개해서 신약성경적인 원시 기독교를 회복하려 했다.

마지막으로 지적하고 싶은 것은, 이렇듯 강경한 태도를 견지한 칼빈도 로마 가톨릭에 "교회의 흔적"이 있다는 것을 인정했다는 점이다. 최근 자료에 따르면, 많은 로마 가톨릭 교인들, 특히 미국의 교인들이 공식적 또는 외면적으로는 가톨릭 교회에 충성하고 있지만, 개인적,

또는 내면적으로는 복음주의의 주요 교리를 받아들이고 있다. 그들도 복음 자체에 많은 관심을 가지고 있기 때문이다. 따라서 교회가 가르치는 것을 맹목적으로 따르기보다 복음주의적인 신앙과 교리를 받아들이고 있는 것이다.[100] 이런 면을 고려한다면, 복음주의적 프로테스탄트들은 로마 가톨릭 교회에 대한 정확한 이해와 더불어, 그 교회 내에서 일어나고 있는 최근의 현상을 예의 주시하며 교회와 교인을 구별해서 대하는 지혜가 필요하리라 생각한다.

---

100 Alister McGrath, *Evangelicalism & the Future of Christianity* (Downers Grove: Inter Vasity Press, 1995), pp.178-179.

10장

칼빈주의와 알미니우스주의

서론

네덜란드가 낳은 저명한 신학자를 꼽는다면, 알미니우스(Jacobus Arminius)라는 데 이론을 제기하는 사람은 없을 것이다. 후대 프로테스탄트 신학은 그를 반(反)칼빈주의 학파의 원조로 취급하지만, 실상 그는 평생 칼빈주의자로 자부하며 산 개혁교회 신학자였다.[101] 알미니우스주의라는 용어 역시 그의 이름으로부터 유래한 것이다.

알미니우스의 신학이나 알미니우스주의는 지금도 칼빈주의자들로부터 비판을 받고 있다. 그 비판의 배후에는 그것이 칼빈주의 내에서 일어난 논쟁의 산물이라는 정서의 영향도 없지 않다. 또한 그 비판이 알미니우스 자신의 직접적인 진술에 근거한 것이 아니라 대부분 그에 대한 해석에 근거하고 있다.

---

101   후스토 곤잘레스, 《기독교사상사》 III, 이형기·차종순 역 (서울: 대한예수교장로회총회출판국, 1988), p.366; 김재성, 《개혁신학의 광맥》 (서울: 이레서원, 2001), pp.352-353.

이 연구는 칼빈주의와 알미니우스주의를 단순히 비교하거나 양자 가운데 어느 것이 옳거나 우월한지를 밝히려는 것이 아니라, 알미니우스 자신의 견해를 보다 정확히 이해하려는 것이다. 이를 위해 그의 생애와 신학, 그리고 그의 직계 항의파와 18세기 복음주의적 알미니우스주의를 대변한 존 웨슬리, 네 측면에서 그를 조명하려고 한다. 이런 과정을 통해 알미니우스로부터 시작된 알미니우스주의가 직계 항의파를 거쳐 복음주의적 알미니우스주의에 이르기까지 어떻게 전개되었는지를 아울러 살펴볼 것이다.

알미니우스의 신학과 알미니우스주의는 강경파 칼빈주의와의 논쟁 과정을 통해 형성되었다. 그 형성 배경이 되는 것이 칼빈주의였다. 따라서 칼빈주의자들과의 논쟁이나 그들의 비난에 대해 알미니우스나 항의파 및 웨슬리가 어떻게 대응했는지를 주목하려고 한다.

1. 알미니우스의 생애

1560년 네덜란드의 작은 도시 아우데바터르(Oudewater)에서 출생한 알미니우스는 유년 시절 아버지를 잃고 홀어머니 밑에서 여러 형제들과 함께 어렵게 성장했다. 그가 어느 목사의 양자가 된 것도 경제적으로 어려운 가정 형편과 무관하지 않다. 1575년 스페인 군대가 그의 고향 땅을 점령하고 가톨릭 신앙으로 복귀하기를 거부하는 주민들을 학살했을 때, 그의 가족들도 이를 피할 수 없었다.

이렇듯 불우한 가정환경에서 성장했지만, 알미니우스가 훌륭한 교육을 받을 수 있었던 것은 그의 총명함 때문이었다. 어린 알미니우스의 재능을 알아본 양부가 그를 아들로 삼아 학교에 보냈다. 양부가 죽은 후에는 마르부르크에 있는 어느 교수의 도움으로 그는 그곳 루터교 대학에 진학했으나 그의 전 가족이 학살되는 비극으로 인해 학업을 중단해야 했다. 그 후 개혁교회 목사 베르티우스(Peter Bertius)의 도움으로 새로 설립된 라이덴(Leiden)대학에 입학하여 1576년부터 신학을 공부할 수 있었다. 그의 스승 콜만(Johann Kolmann)은 하나님의 주권을 지나치게 강조하는 '높은 칼빈주의'(high Calvinism)는 하나님을 전제군주와 사형집행관(executioner)으로 만든다고 가르쳤다. 이것은 훗날 알미니우스가 칼빈주의 주류에 맞서 자신의 신학 체계를 전개할 수 있는 씨앗이 되었다. 1582년에는 스위스 제네바에서 베자(Theodore Beza)의 지도 아래 학문에 더 정진할 수 있는 길이 열렸다. 암스테르담 길드(merchants guild)가 그의 성공적인 학업과 장래성을 인정하여 재정적 후원에 나선 것이다. 베자는 칼빈의 사위이자 후계자로서 칼빈의 견해를 보다 엄격하게 이해하여 타락 전 예정론(supralapsarianism)을 주장한 '높은 칼빈주의'의 대변자였다.[102] 알미니우스는 교수들과의 철학적 신념 차이로 제네바대학을 잠시 떠나 바젤대학에서 수학하기도 했다. 바젤대학은 그의 학문성을 인정하여 그에게 박사학위 수여를 제의했지만, 그는 어린 나이를 이유로 정중히 사양했다.

1587년 스위스 제네바에서 학업이 끝나 갈 무렵, 암스테르담의 교회는 알미니우스를 목회자로 초빙했으며, 베자는 친히 추천서를 암스테르담 지도자들에게 보내기도 했다. 1588년 목사 안수를 받고 엄격한 칼빈주의자로 목회 활동을 시작한 그는 "훌륭한 설교자, 신실한 목

---

102 high Calvinism은 직역하면 '높은 칼빈주의'이나 의역하면 '극단적 칼빈주의'라 할 수 있다.

사, 천부적인 성경주석가"라는 평판을 들었다.[103]

알미니우스 당시 칼빈주의가 네덜란드를 지배한 것은 아니었으며, 네덜란드 개혁교회 안에서도 여러 의견이 충돌하고 있었다. 평신도 휴머니스트 코른헤르트(Dick Coornhert)는 종교개혁을 지지하면서도, 칼빈의 예정론, 특히 베자의 타락 전 예정론을 거부했다. 뿐만 아니라 그것을 비판하는 강연과 저술로 많은 호응을 얻었으며 그를 중심으로 형성된 그룹은 칼빈주의의 존립에 큰 위협이 되었다. 일부 목사들은 코른헤르트의 학설에 대응하여 베자의 타락 전 예정론을 포기하고 로마서 9장에 근거하여 타락 후 예정론(infralapsarianism)을 주장했다. 칼빈주의자들이 타락 전 예정론자와 타락 후 예정론자로 나뉘게 된 것이다.

네덜란드 개혁교회는 베자의 제자 알미니우스에게 코른헤르트와 타락 후 예정론을 논박하고 타락 전 예정론을 변증해 줄 것을 요청했다. 그렇지만 그는 예정론에 대한 심도 깊은 연구와 코른헤르트와의 논쟁을 통해 종래의 정통 신학의 논리로는 합리적인 사람들을 설득할 수 없다는 것을 인식하고 개혁신학을 재고하게 되었다. 왜냐하면 베자의 예정론에 심각한 문제가 있는 반면, 코른헤르트의 견해에 상당한 정당성이 있었기 때문이다. 로마서 9장은 "하나님의 절대적인 역사적 주권과 개인 구원의 조건"을 명확히 구분하고, "개인 구원은 항상 신적 작정에 의해서가 아니라 믿음에 의해" 이루어진다고 가르치고 있다. 그것은 베자의 예정론에 대한 논박이나 다름없었다.[104] 또한 베자의 타락 전 예정론이 하나님을 죄의 창시자로 만드는 것도 문제였다. 따라

---

103 밀드레드 와인쿱,《칼빈주의와 웨슬레신학》, 한영태 역(서울: 생명의말씀사, 1987), p.45.

104 Ibid., pp.45-46.

서 그는 칼빈주의 해석을 직접적으로 부정하지는 않았지만, 설교와 강의를 통해 하나님의 영원한 작정보다는 믿음에 의한 칭의를 강조하는 한편, 은총, 예정, 자유의지에 관해 자신의 견해를 발전시켜 나갔다. 이렇듯 알미니우스가 강경 칼빈주의에 의구심을 품게 된 것은 아이러니컬하게도 예정론을 옹호하기 위해 그것을 연구하면서부터였다.

한편, 그의 목회 생활은 순탄했으며, 그의 강해 설교는 큰 명성을 얻었다. 많은 사람들이 그의 설교를 경청하기 위해 몰려들었다. 그렇지만 그의 로마서 강해는 목회자들 사이에서 논란을 일으켰다. 1591년 알미니우스는 로마서 7장 14절의 "나는 육신에 속하여 죄 아래에 팔렸도다"를 바울이 중생하기 전의 자신의 상태를 상기한 것이며, 7장에서 말씀하고 있는 죄와의 싸움 역시 중생하기 전에 일어난 싸움을 가리킨다고 설교했다. 일부 목사들은 이에 대해 불편한 감정을 숨기지 않았다. 왜냐하면 그들은 그 구절을 중생한 사람의 상태에 대해 말하고 있는 것으로 이해하고, 중생한 뒤에도 죄에 대한 계속적인 항거가 있다고 믿었기 때문이다. 따라서 그들은 중생하지 않은 사람도 율법과 성령의 영향으로 죄를 자각하고 구원을 소망할 수 있다고 가르치는 알미니우스를 펠라기우스주의자로 몰았다. 그렇지만 알미니우스는 자신이 하이델베르크 고백이나 정통주의 표준에 반하는 어떤 것도 가르치지 않았으며 펠라기우스주의 이단을 전적으로 거부한다고 역설했다.

1593년 로마서 9장을 본문으로 한 예정론에 관한 그의 설교 역시 칼빈주의자들의 반감을 샀다. 그들은 로마서 8장 29-30절에 근거하여 하나님의 주권적인 은총에 기초를 둔 선택과 9장에 근거하여 어떤 사람들의 유기를 가르치는 데 반해, 알미니우스는 이를 부정하고, 하나님의 예정은 하나님이 인간의 믿음을 미리 보시는 그의 예지에 기초한 것이라고 주장했다. 따라서 많은 네덜란드 칼빈주의자들은 예정에 관한 알미니우스의 설교가 부적절하며, 인간의 의지에 대한 그의 지나친 신뢰는 문제가 있는 것으로 간주했다.[105]

1603년 라이덴대학은 암스테르담을 휩쓴 흑사병으로 두 명의 신학부 교수를 잃게 되자 그 후임으로 알미니우스를 교수로 임용하고 같은 해 그에게 그 대학 최초의 신학박사 학위를 수여했다. 이는 고마루스(Gomarus) 교수의 면담과 결정을 거쳐 이루어진 것으로, 이로써 알미니우스는 자신의 신학을 본격적으로 전개할 자격과 무대를 얻게 된 셈이었다. 신학부 주임교수로 승진한 후에는 개혁교회 주류와 입장을 달리하는 목소리의 대변자가 되었다.[106]

그런데 알미니우스의 신학적 적수는 동료 교수 고마루스였다. 고마루스가 강경 칼빈주의자요 타락 전 예정론자라면, 알미니우스는 온건한 칼빈주의자요, 진리를 추구하는 구도자(seeker)였다. 알미니우스가 정통 예정 교리에 서 있지 않다고 확신한 고마루스가 그를 공격함에 따라 둘 사이에 논쟁이 벌어지게 되었다. 더구나 대학 캠퍼스를 넘어 전국 교회로 확산되었다. 그러나 엄밀히 말한다면, 고마루스와 알미니우스의 논쟁은 칼빈주의자와 반(反)칼빈주의자 간의 다툼은 아니었다. 두 사람 모두 칼빈의 영향을 깊이 받았기 때문이다. 따라서 이 논쟁은 칼빈주의 내 해석의 차이와 의견의 불일치에서 비롯된 것이라

---

105 김재성, 《개혁신학의 광맥》, pp.352-354.

106 칼빈주의자들은 알미니우스가 1603년 라이덴대학의 교수가 되기까지는 아무 문제없는 개혁신학자라고 인정한다. 미국 웨스트민스터신학교 총장을 역임한 고드프레이(Robert Godfrey)는 *Who was Arminius* 에서 알미니우스를 네덜란드 개혁교회가 낳은 가장 유명한 신학자로 평했다.

고 해야 할 것이다.[107]

1608년 4월 알미니우스는 그의 견해를 해명할 수 있는 기회를 달라고 정부에 청원했고, 정부는 다음 달 5월에 알미니우스와 고마루스가 헤이그에 있는 최고 법정에서 진술하는 것을 허락했다. 주심 판사는 두 교수의 예정 교리 차이는 하찮은 것이고 공존할 수 있는 것이라고 결론짓고 서로 관용하도록 명했다. 알미니우스는 공개적으로나 전국 회의 혹은 지역 회의에서 그의 견해를 변호할 기회를 요청했으나, 정부는 교회 회의 개최를 피하기 위해 의회 앞에서 해명하는 것을 허락했다.

알미니우스는 예정에 관한 다양한 견해를 개괄하고, 타락 전 예정론은 벨직 고백(the Belgic Confession)과 하이델베르크 교리문답(the Heidelberg Catechism)에 일치하지 않는다는 것과 타락 전 예정론과 타락 후 예정론은 기본적으로 동일한 것이라고 지적하는 한편, 자신이 말하는 것이 그 고백과 교리문답에 일치한다고 주장했다.[108] 또한 그는 높은 칼빈주의, 특히 타락 전 예정론으로부터 교회를 보호하려는 것이 그의 목적이라는 것을 강조했다. 이러한 그의 신학적 신념을 요약하여 1608년 10월에 발표한 것이 '소신 선언문'(Declaration of Sentiments)이다.[109] 반면, 고마루스는 알미니우스가 펠라기우스주의와 예수회(the

---

107 곤잘레스, 《기독교사상사》 III, p.366.

108 벨직 고백은 프랑스 프로테스탄트 고백서에 기초해서 만든 것으로 칼빈주의적이었으나 네덜란드 전체 교회의 신앙고백서로 사용되었다. 아울러 네덜란드교회는 젊은이들의 훈육을 위해 하이델베르크 교리문답서를 채택했다. A. Dakin, *Calvinism* (Philadelphia: The Westminster Press, 1940), p.138.

109 알미니우스는 교수로 재직하는 동안 자신의 가르침을 변호하는 도합 3개의 성명서를 공개적으로 발표했다. 1608년 히폴리투스(Hippolytus)에게 보낸 편지와 1609년 'An Apology Against

Jesuits)의 지지자라고 매도하고 타락 전 예정론과 같은 사소한 것이 문제가 아니라 믿음에 의한 칭의의 교리가 문제라고 주장했다. 의회는 이 두 사람이 의회에서 진술한 것을 출판하는 것을 금지했다.

알미니우스파와 고마루스파의 충돌이 개혁교회 내에서 계속 확산되자, 정부가 다시 개입하여 교회 회의 소집 없이 이를 진정시키려고 했다. 1609년 8월 13-14일 헤이그에서 열리는 회의에 참석할 것을 두 사람에게 명했다. 그리고 회의를 연장해 8월 18일에 재소집하기로 했으나, 알미니우스는 건강이 악화되어 라이덴으로 돌아와야 했다. 그러자 정부는 회의를 중단하고 두 사람에게 상대방의 견해에 대한 서면 응답을 요구했다.

이렇듯 전국 교회를 분열시키는 극심한 대립과 논쟁, 그로 인한 극심한 스트레스는 알미니우스를 병들게 하고, 결국은 죽음으로 몰고 갔다. 그는 1609년 10월 19일 49세를 일기로 생을 마쳤다. 그의 교수 생활은 5년 남짓에 불과했지만, 그는 당대 가장 위대한 학자였다. 그의 신학사상은 프로테스탄트 신학 전통에 중요한 흐름, 즉 알미니우스주의를 형성했으며 그의 신학적 영향은 아직도 계속되고 있다.

2. 도르트회의

17세기에 이르기까지 네덜란드 신학자들은 전체 기독교 세계에서 큰 명성을 얻었으며 프로테스탄트 신학의 발전에 큰 영향을 미쳤다. 칼빈주의 교리를 최초로 검토하고 예정론에 대해 반대를 표명한 곳도

Thirty-one Articles', 그리고 국회에 보낸 성명서가 그것이다.

네덜란드였으며, 한 세기 이상에 걸친 신학적 논쟁이 최초로 발발한 곳도 네덜란드였다.[110]

알미니우스는 강경 칼빈주의자들과 논쟁해서 승리로 이끄는 동시에 공청회와 자유 토론으로 자신의 견해를 해명하기 원했지만, 끝내 소망을 이루지 못하고 세상을 떠났다. 그의 지지자들은 에피스코피우스(Simon Episcopius)를 후계자로 세워 그의 유업을 계승해 나갔다.

1610년 고마루스와 그의 추종자들이 합세하여 알미니우스 지지자들을 모든 가르치는 직책에서 축출하려고 하자, 목회자 46명이 정부에 자신들의 신학적 입장에 대한 관용과 신변안전을 보장해 달라는 청원서, 즉 '항의서'(remonstrance)에 서명했다. '항의서'는 그들의 신학을 다섯 가지로 요약하고 있다. 조건적 선택, 보편적 속죄, 전적 타락, 충분하지만 항거할 수 있는 은총, 성도의 견인의 불확실성이 그것이다. 반면, 1611년 강경 칼빈주의자들은 '반항의서'(contra-remonstrance)로 대응했다. 무조건적 선택, 제한적 속죄, 전적 타락, 불가항력적 은총, 성도의 견인이 그것이다. 항의파와 반(反)항의파란 명칭은 이 두 문서에서 유래한 것이다. 항의파는 강경 칼빈주의를 거부하는 한편, 세속 정부가 교회를 통치하는 정책을 지지했다. 반면, 반항의파는 강경 칼빈주의를 대변하는 한편, 세속 정부로부터 교회의 독립적 운영을 추구했다.

항의파는 의회에 자신들에 대한 신학적 관용과 신변안변 보장을 청원한 반면, 반항의파는 교회 회의 소집을 청원했다. 의회는 양쪽의 청원을 모두 거부하고, 단지 대표자 6명의 회합만을 주선했다. 양쪽이 오랜 회의에도 불구하고 합의에 이르지 못하자, 정부는 논란이 되고

---

110 Dakin, *Calvinism*, p.139.

있는 주제가 기독교의 기본 교리에 속한 것이 아니라면 서로 관용하라고 강권했다.

당시 항의파는 소수가 아니었으며, 그들을 후원하고 보호해 주는 정치 세력도 없지 않았다. 지방 분권을 주장한 네덜란드와 프리슬란트 지방의 봉건 영주, 올덴바르네벨트(Oldenbarneveldt)가 그 대표적인 인물이었다. 라이덴대학 경우, 오히려 반항의파가 열세였으며, 도처에서 공개적으로 알미니우스의 견해를 수용하는 설교자들이 나타났다. 1616년 반항의파는 지지자들을 규합하여 전국 개혁교회 총회 소집을 정부에 청원했으나 기각되었다. 또한 의회는 항의파를 지지하는 네덜란드의 지도자 3인, 올덴바르네벨트, 그로티우스, 후게르비츠를 체포했다.[111]

중앙정권을 장악한 오랜지공국의 군주 마우리스(Mauris)는 고마루스와 반항의파를 지지하고 이 문제에 정치적으로 개입하여 전국 개혁교회 총회를 도르트에서 소집했다. 1618년 11월 13일에 개회하여 1619년 5월 9일까지 154차례의 회합을 가진 도르트회의는 칼빈주의자 최초의 국제회의였다. 그것은 항의파와 반항의파가 논란이 된 주제에 대해 자유 토론을 하기 위해 모인 것이 아니라 알미니우스 신학을 정죄하기 위해 모인 것이었다. 네덜란드와 유럽 여러 나라의 칼빈주의자 대표 130명이 참석한 데 비해, 알미니우스 지지자들은 고작 13명이 참석했다. 그것도 알미니우스주의자들은 회의 대표가 아닌, 투표권이나 발언권도 없는 국가 죄수로, 피고로 소환된 것이었다. 따라서 도르트회의는 항의파에게 처음부터 일방적으로 불리하고 불공정한 게

임과도 같았다.[112]

도르트회의의 핵심 주제는 예정론이었으며, 항의파 예정론을 최선봉에 서서 공격한 것은 고마루스였다. 알미니우스의 후계자 에피스코피우스의 2시간에 걸친 진술은 청중들의 심금을 울렸지만, 회의는 이를 외면하고 알미니우스주의를 이단으로 정죄했다. 반면, 베자의 타락 전 선택설을 포함한 강경 칼빈주의, 즉 반항의파의 5대 교리를 신조로 채택하는 한편, 개혁교회 목사들이 서명하고 가르쳐야 할 신경과 요리문답을 제정하여, 그것에 서명하기를 거부하는 목사들은 추방하기로 결의했다.

정부가 도르트회의 결의를 강력히 뒷받침하자, 항의파 목사들에 동정적이던 사람들 중에도 입장을 바꾸는 사람이 늘어났다. 그렇지만 80명의 목사들은 서명을 거부했고, 70명은 서명했으나 그중 20명은 다시 서명을 철회했다. 2명은 가톨릭으로 돌아갔으며, 40명은 개혁교회에 잔류했다. 항의파들은 도르트회의 결의에 따라 평상시 봉급의 절반을 받고 침묵을 지키든가, 추방당하든가를 선택해야 했다. 결국 200여 명의 목사들이 강단에서 쫓겨났고, 우테보가르트와 에피스코피우스를 비롯한 8명은 해외로 추방되었다.

교리에 대한 이단과 정통은 "지역 세력의 정치에 의해 결정"되었기 때문에 이단과 정통의 본래 의미가 상실되었다고 브라운이 지적한 것같이, 알미니우스에 대한 정죄도 그러했다.[113] 국가 권력에 힘입어 네덜란드 국가 교회는 도르트회의에서 알미니우스주의를 정죄했

---

112   Ibid., pp.364-368.

113   해롤드 브라운,《교회사 안에 나타난 이단과 정통》(서울: 그리심, 2002), p.445.

지만, 그 후 네덜란드 국가는 알미니우스주의를 공식적으로 관용했다. 1625년 마우리스가 죽고, 새 영주가 된 프레데릭 헨리가 항의파에게 자유를 허락하는 신학적 관용 정책을 시행한 것이다. 이에 힘입어, 항의파들은 반항의파의 박해에도 불구하고 네덜란드에서 개혁교회와 별개의 교회를 세워 존속할 수 있었다. 1630년에 암스테르담과 로테르담에 항의파 교회들이 설립되기 시작했으며 1631년에는 약 40개의 알미니우스파 교회와 50여 명의 설교자가 있었다. 1632년에 아카데미가 설립되어 대학교로 발전했으며, 1634년 암스테르담에 에피스코피우스를 학장으로 하는 신학교도 설립되었다. 또한 해외에 망명한 다수의 목사들이 귀국하여 알미니우스주의 세력 확산에 힘을 더했다. 그 후 알미니우스주의는 프로테스탄트 내에서 여러 형태로 지금까지 존속하고 있다.

3. 알미니우스의 신학

알미니우스는 당대 최고의 학자로 평가받고 있으며, 칼빈주의자들도 그가 처음에는 열렬한 칼빈주의자였다는 것을 인정한다. 그렇다면 칼빈주의자로 자처한 그를 칼빈주의로부터 이탈했다고 비판하는 근거는 무엇인가?

알미니우스와 칼빈주의자들이 결별하게 된 결정적 요인은 예정론이었다. 예정론은 그가 여러 해 동안 관심을 쏟으며 자신의 견해를 밝힌 가장 중요한 주제이기도 했다. 따라서 예정론을 중심으로 알미니우스의 신학사상을 살펴보려고 한다.

a. 하나님의 예정

당시 네덜란드 개혁교회에는 하나님의 예정과 관련해 다양한 견해가 혼재하고 있었다. 알미니우스가 세밀하게 분석하여 다각도에서 문제점을 지적한 이론은 타락 전 예정론이었다. 타락 전 예정론에 따르면, 하나님은 의나 죄, 순종과 불순종에 상관없이 그의 정의와 자비의 영광을 증명하기 위해 또는 그의 구속적인 은총, 지혜, 자유롭고 무한한 능력을 증명하기 위해 완전히 그 자신의 선의(good pleasure) 가운데 영원하고 불변적인 작정에 의해 어떤 사람은 영생에로, 그리고 어떤 사람은 영벌로 예정하셨다.[114]

이 같은 칼빈주의의 무조건적인 예정론과 달리, 알미니우스의 예정론은 하나님의 예지를 하나님의 작정의 전제와 토대로 삼고 있는 것이 특징이다. 하나님은 사람의 미래를 미리 아시고, 그의 운명을 정한다는 것이다. 또한 그것은 그리스도 중심적이다. 구원의 근원과 원인은 하나님의 작정이 아니라 그리스도라는 것이다. 왜냐하면 인간의 구원은 그리스도에 대한 믿음을 통해 이루어지기 때문이다. 하나님의 예정 순서에 관한 그의 진술이 이것을 증거하고 있다.

> 죄인의 구원에 관한 하나님의 첫 번째 절대적 작정은 하나님이 그의 아들 예수 그리스도의 죽음을 통해 죄를 멸하고 그의 순종을 통해 상실했던 구원을 획득하며 그의 힘에 의해 그것을 전달할 수 있는 중보자, 구원자, 제사장 및 왕으로 임명하기로 정한 것이다.

---

114 F. H. 클로스터, 《칼빈의 예정론》, 신복윤 역(서울: 성광문화사, 1987), pp.31-34.

하나님의 두 번째 정확하고 절대적인 작정은 하나님이 회개하고 그리스도를 믿는 사람은 은총 속으로 받아들이고 그리스도 안에서 그리고 그리스도를 통해 그들의 구원을 끝까지 유지하도록 작정한 반면, 회개하지도 않고 그리스도를 믿지도 않는 사람들은 죄와 진노 아래 내버려두고 그리스도로부터 이방인이 되도록 정죄하기로 정한 것이다.

세 번째 하나님의 작정은 하나님이 회개와 신앙에 필요한 수단을 충분하고 효율적으로 집행하도록 정하고 그런 집행은 신적 지혜와… 신적 정의에 따라 제도화하기로 정한 것이다….

네 번째 작정이 뒤따른다. 그것은 하나님이 어떤 특정인들을 구원하고 멸망시키기로 정한 것이다. 이 작정은 하나님의 예지에 그 토대를 가지고 있다. 하나님은 이 예지에 의해 누가 그의 선행 은총을 통해 믿고 뒤따르는 은총을 통해 견인될 것인지… 그리고 누가 믿지 않고 견인되지 않을지를 영원 전부터 알고 있다.[115]

알미니우스는 예정에 관한 이러한 자신의 견해가 그 어떤 이론보다 타당하고 성경 말씀에 부합한다고 여겼다. 이에 대해 그가 제시한 논거는 다음과 같이 요약할 수 있다.[116]

첫째, 타락 전 예정론은 기독교의 토대도 아니고 구원과 구원의

---

115 Arminius, *Works of James Arminius*, vol. I (Grand Rapids: Baker Book House, 1986), p.653.

116 Nichols and Bagnall, *The Writings of James Arminius*, vol. I (Grand Rapids: Baker Book House, 1956), pp.216-217.

확실성의 토대도 아니다. 왜냐하면 타락 전 예정론은 그리스도를 구원자로, 구원의 후사가 될 사람들의 머리와 토대로 정한 하나님의 작정도 아니고, 오직 우리의 구원이 의지하는 그리스도 예수 안에서 하나님의 선의의 작정도 아니며, 믿는 모든 사람이 구원에 이르게 하는 하나님의 능력도 아니기 때문이다. 반면, 알미니우스 자신의 예정론은 기독교와 구원과 구원의 확실성의 토대라는 것이다.

둘째, 타락 전 예정론은 복음 전체도, 일부도 포함하고 있지 않다. 왜냐하면 복음은 회개하고 믿으라는 명령과 죄의 용서, 성령의 은총, 영생을 준다는 약속으로 이루어져 있음에도 불구하고, 타락 전 예정론은 이 명령과 약속 어디에도 속하지 않기 때문이다. 반면, 알미니우스 자신의 예정론은 복음의 총계와 내용은 물론, 복음 그 자체라는 것이다.

셋째, 기독교 역사의 첫 6세기 동안 어떤 공의회나 지역 회의, 정통 학자도 결코 타락 전 예정론을 선포하거나 승인하지 않았던 반면, 모든 정통 크리스천 교사들이 알미니우스의 예정론을 지속적으로 인정하고 있다. 알미니우스 자신의 예정론은 어떤 회의의 검토나 결정을 필요로 하지 않는다. 왜냐하면 성경이 그것을 분명하게 증거하고 있기 때문이다.

넷째, 타락 전 예정론은 개혁교회와 프로테스탄트 교회 이름으로 제네바에서 단권으로 출판된 고백서들의 요람(Harmony)이나 벨직 고백과 하이델베르크 고백과 일치하지 않는 반면, 알미니우스 자신의 예정론은 네덜란드 고백을 비롯하여 프로테스탄트 교회들의 모든 고백과 일치한다.

다섯째, 타락 전 예정론은 하나님과 인간의 본성, 영생과 영벌의 본질, 하나님의 은총과 죄의 본질과 일치하지 않는 반면, 알미니우스 자신의 예정론은 하나님과 인간의 본성, 영생과 영벌의 본질, 하나님의 은총과 죄의 본질과 일치한다.

여섯째, 타락 전 예정론은 하나님을 죄의 저자로 만들며, 예수 그리스도에게 극히 불명예스런 것이다. 왜냐하면 그리스도를 예정으로부터 전적으로 배제하기 때문이다. 반면, 알미니우스 자신의 예정론은 하나님을 모든 선의 원인과 우리 구원의 원인으로 나타내는 반면, 인간을 죄와 정죄의 원인으로 나타내고 있다. 따라서 하나님의 영광과 예수 그리스도의 명예를 나타내는 데 공헌하고 있다.

일곱째, 타락 전 예정론은 그리스도의 복음이 증거하고 있는 구원의 순서를 뒤바꿔 놓고 있다. 그리스도의 복음은 인간의 구원을 위해서는 회개와 믿음이 우선적인 것임을 역설하고 있음에도 불구하고, 타락 전 예정론은 하나님의 절대적인 의지가 우선이며, 회개와 믿음은 그다음이라는 것이다. 반면, 알미니우스 자신의 예정론은 인간을 구원으로 인도하는 능력과 수단이 되며 인간의 구원을 크게 증진한다. 또한 회개와 신앙을 요구하는 한편, 죄의 용서, 성령의 은총, 영생을 약속함으로써 복음 전파의 순서를 확인하고 확정한다.

이외에도, 타락 전 예정론은 복음 전파에 부정적이라는 것이다. 하나님이 항거할 수 없는 은총으로 사람을 구원한다면, 굳이 복음을 전파할 필요가 없기 때문이다. 알미니우스에 따르면, 이러한 문제점으로 인해 루터와 멜란히톤을 비롯한 대다수 기독교 교사들이 이 예정론을 거부한 것이다. 반면, 알미니우스 자신의 예정론은 복음의 사역을 강화하며, 하나님의 공의에 대한 사랑과 인간에 대한 사랑이 조화를 이룬다. 따라서 대다수의 고백적인 크리스천이 그것을 인정하고 있다는 것이다.

또한 알미니우스는 타락 후 예정론에도 부정적이었다. 이 예정론에 따르면, 하나님은 인간의 타락 이후 그의 자비의 선포를 위해 인류 가운데 어떤 사람은 은총으로 선택하여 구원하기로 작정하고 그 나머지는 그의 공의의 선포를 위해 저주 아래 유기하기로 작정했다. 하나님은 인간의 회개와 믿음 여부를 전혀 고려하지 않고 그것을 결정했다. 타락 전 예정론이 인간의 창조나 타락을 예정의 작정을 위해 하나님이 미리 정한 수단으로 이해하고 있는 것과 달리, 타락 후 예정론은 그것을 예정의 작정에 대한 목적 또는 이유로 간주하고 있다. 인간의 타락 이후 하나님이 작정하셨다고 하는 것은 예정 교리로부터 하나님이 죄의 저자라는 결론을 이끌어내는 것을 피하려는 것이다. 알미니우스는 이 이론으로부터 아담의 타락의 필요성을 추론할 수 없다는 것을 인정했다. 그렇지만 그가 타락 전 예정론에 대하여 제시한 반론이 이 이론에도 동일하게 적용될 수 있다고 보았다.

이렇듯 알미니우스는 강경 칼빈주의의 무조건적인 예정론을 거부했지만, 하나님의 예정 자체를 부정한 것은 아니었다. 오히려 죄인의 구원을 위한 하나님의 작정(decree)은 정확하고 절대적이라고 믿었다. 또한 그의 예정론은 인간의 자유의지에 대한 긍정적 이해를 바탕으로 하고 있는 것이 특징이다. 하나님은 인간에게 그의 구원을 받아들일 수도 있고 거부할 수도 있는 자유를 주셨으며, 그 결과에 대한 예지를 토대로 인간을 선택한다는 것이다.

b. 인간의 타락

칼빈주의와 알미니우스 신학의 결정적 차이는 예정론에서 비롯되었다. 칼빈주의자들이 그를 비판하거나 이단시하는 것도 그의 예정론과 그것이 함축하고 있는 논거들 때문이었다. 알미니우스가 인간의 전적인 타락을 부정한 반면, 절대적인 자유를 주장하고 인간의 업적을 통한 구원을 가르쳤다는 혐의도 그와 같은 것이다.[117] 따라서 이 문제를 중심으로 알미니우스의 신학사상을 살펴보려고 한다.

알미니우스를 비난하는 주요한 이유 가운데 하나는, 그가 인간의 전적인 타락을 부정했다는 것이다. 비판자들은 알미니우스와 그의 추종자들이 "인간은 전적으로 타락한 것이 아니며 영적 중생에서 하나님과 협력할 수 있다"고 가르쳤다고 주장한다. 반면, 지지자들은 그것을 오해로 간주하고 알미니우스가 인간의 전적 타락을 인정했다고 변호하고 있다. "진정한 알미니우스주의는 칼빈주의처럼 인간 본성의 전적 타락을 완전히 인정하고 있다."[118] 이렇듯 인간의 타락은 알미니우스의 신학에서 상반된 해석이 일어나는 주제 가운데 하나다.

그렇다면 이에 대한 알미니우스 자신의 진술은 어떠한가? 알미니우스는 처음 사람 아담과 하와의 죄의 결과를 분명히 인식하고 있다. "이 범죄로 인하여 인간은 하나님의 불쾌와 진노 아래 떨어졌으며, 이중적인 죽음에 종속하게 되었으며, 하나님의 형상의 대부분을 형성하

---

117 미국 남감리교대학의 리즈너(Vic Reasoner)는 1998년에 발표한 그의 논문 "Arminius: The Scapegoat of Calvinism"에서 이런 비난은 칼빈주의자들의 잘못된 주장이라고 반박하는 한편, 알미니우스의 견해를 옹호하고 있다. www: imarc.cc/esecurity/arminius 을 검색하면, 이 논문에 접할 수 있다.

118 Lars Qualben, *A History of the Christian Church* (New York: Thomas Nelson, 1958), p.351; Samuel Wakefield, *Christian Theology* (Salem, OH: Schmul, 1985), pp.290-291.

고 있는 본래적인 의와 거룩을 잃게 되었다."[119]

알미니우스는 아담의 범죄 결과를 하나님의 진노, 죽음, 하나님의 형상의 상실로 이해하고 그것을 처음 사람들에게만 국한한 것이 아니라 그들의 후손들에게도 해당하는 것으로 보았다. "이 죄의 전체는 우리 최초의 부모에게만 독특한 것이 아니라 전 인류와 모든 그들의 후손들에게 공통적인 것이다."[120] 아담의 죄의 결과로 모든 그의 후손들이 죽음을 겪게 되고 의와 거룩을 비롯한 하나님의 형상을 상실하게 되었다는 것이다.

이러한 진술에 따르면, 곤잘레스도 지적한 것같이, 알미니우스가 인간의 전적인 타락이나 원죄를 부정했다고 주장하는 것은 그에 대한 정확한 이해가 아닌 것 같다.[121]

c. 인간의 자유

알미니우스를 비난하는 또 다른 이유는, 그가 인간 의지의 결정에 의해 구원에 이를 수 있는 절대적 자유를 가르쳤다는 것이다. 그를 펠라기우스주의자로 취급하는 것도 이 때문이다. 그렇다면 원죄의 존재와 그 결과를 분명히 인식하고 있었음에도 불구하고, 알미니우스는 인간의 절대적인 자유를 주장한 것인가? 알미니우스가 인간의 자유의지를 인식하고 있었던 것은 분명하다. 왜냐하면 그는 하나님이 인간에게 "이해할 수 있고 평가할 수 있으며, 생각하고 원하고 그에게 주어진 명

---

119 Arminius, *Works of James Arminius*, vol. II, p.151.

120 Ibid., p.156.

121 곤잘레스, 《기독교사상사》 III, p.373.

령에 따라 선한 것을 행할 수 있는 것과 같은 지식, 성결, 능력의 어떤 몫을 부여했다"고 밝혔기 때문이다.[122] 그렇지만 알미니우스는 인간의 타락으로 그것을 상실했다는 것 또한 분명히 하고 있다.

> 이 상태에서, 진정한 선을 향한 인간의 자유의지는 손상되고, 불구되고, 약해지고, 구부러지고, 무력해졌을 뿐만 아니라 또한 속박되고, 파괴되고, 상실되었다. 그리고 그 힘은 은총에 의해 도움을 받지 않는 한 약하고 무익할 뿐만 아니라 하나님의 은총으로 일깨워지는 힘을 제외하고 어떤 힘도 가지고 있지 않다.[123]

알미니우스에 따르면, 인간은 자유의지를 가지고 있다 하더라도, 하나님의 은총 없이는 어떤 선한 것도 할 수 없다. 인간의 자유의지는 하나님의 은총의 활동을 통해서만 가능하다. 그것은 아담의 타락 이후는 물론, 그 이전에도 그랬다. 인간이 참으로 선한 것을 생각하고 원하고 행하려면, "그의 지성, 감정 의지 및 모든 능력이 성령을 통해 그리스도 안에서 하나님에 의해 중생하고 갱신하는 것이 필요하다." 그뿐 아니라 "하나님의 은총의 계속적인 도움이 있어야 한다."[124] 하나님의 도움은 항상 본질적인 것이다.

이러한 알미니우스의 진술은 그가 인간 의지의 절대적인 자유를 가르쳤다는 주장과 일치하지 않는다. 알미니우스는 절대적인 자유를

---

122 Arminius, *The Works of Arminius*, vol. I, pp.659-660,

123 Ibid., vol. II, p.192.

124 Ibid., vol. 1, pp.659-660,

가르친 것이 아니라 하나님의 은총에 대한 인간 의지의 절대적인 의존을 가르친 것이다. 인간의 의지는 하나님의 은총의 도움이 없으면 무력하여 어떤 선한 것도 할 수 없다고 역설했기 때문이다.

뿐만 아니라 알미니우스는 인간이 하나님과 협력할 수 있는 것도 하나님의 선행 은총을 통해서라는 것을 분명히 했다. 선행 은총은 성령이 인간의 부패성에도 불구하고 누구를 막론하고 모든 사람에게 부여한 것이며 믿음과 구원을 위해 충분한 것이다.[125] 따라서 알미니우스는 자신의 예정론의 네 번째 주제로 선행 은총을 내세웠다.

정리하면, 인간은 아담의 타락으로 하나님이 주신 본래적인 능력을 상실하여 무력하게 되었지만, 하나님의 선행 은총에 의해 상실된 것이 일부 회복되어 하나님과 협력할 수 있게 되었다는 것이다. 그렇지만 인간의 자유의지는 하나님의 은총의 도움 없이는 어떤 선한 것도 할 수 없다. 따라서 인간의 절대적인 자유는 알미니우스 자신의 교훈이나 견해라고 할 수 없다.

d. 하나님의 은총과 인간의 업적

알미니우스를 비판하는 또 다른 이유는, 인간 구원의 결정적 요소가 그에게는 하나님의 은총이 아니라 하나님의 은총에 대한 인간의 반응이라는 것이다. 즉 그는 인간 업적에 의한 구원을 가르쳤다는 것이다. 벌코프(Berkhof)는 그의 저서 《조직신학》에서 알미니우스주의자들의 구원의 순서는 구원의 역사를 하나님에게 표면적으로 돌리는 반면, 실제로는 인간의 태도와 업적을 구원의 조건으로 만들고 있다고

---

125 James Nichols and Bagnall, *The Writings of James Arminius*, vol. I, p.367.

지적하고 있으며, 패커(Packer)는 알미니우스주의는 구원하는 신앙을 철저히 인간 자신의 업적으로 간주한다고 비판했다.[126] 이러한 칼빈주의자들뿐만 아니라, 비교적 중립적인 곤잘레스도 하나님이 인간을 선택하는 원인이 그의 예지에 있다면, 인간 구원의 결정적 요소는 복음에 대한 인간의 응답, 즉 인간의 믿음이지 하나님의 은총이 아니라는 결론에 이르게 된다고 했다.[127]

그렇다면 비판자들이 주장하는 것처럼 알미니우스는 인간 구원의 결정적 요소를 하나님의 은총이 아닌, 인간의 반응으로 본 것인가? 이 질문에 답하기 위해 하나님의 은총에 대한 그의 견해를 좀 더 살펴보는 것이 필요하다.

알미니우스는 하나님의 은총을 죄인을 향해 값없이 주시는 하나님의 사랑으로 이해했다. 하나님의 은총은 그의 아들을 믿는 자를 의롭다 하여 양자 삼아 구원과 영생에 이르게 하는 것이다. 인간을 중생하게 하는 성령의 역사 또한 은총이다. 따라서 성령의 은사가 없으면, 인간은 선한 것과 신령한 것을 생각할 수도 원할 수도 행할 수도 없다. 은총은 인간이 선한 것을 할 수 있게 하는 성령의 계속적인 도움이다. 그렇지만 알미니우스는 하나님의 절대 주권이나 불가항력적 은총을 주장하지는 않았다. 그는 하나님의 은총을 사람을 향한 하나님의 일방적이고 독단적인 강요가 아니라 인간을 "가능하게 하시는 하나님의

---

126 Louis Berkhof, *The History of Christian Doctrine* (Grand Rapids: Baker Book House, 1981), p.421, John Owen, *The Death of Death in the Death of Christ* (London: Banner of Truth, 1959), pp.3-4.

127 곤잘레스, 《기독교사상사》 III, p.369.

값없이 주시는 선물"로 이해했기 때문이다.[128] 따라서 누구든지 은총으로부터 멀어지는 것도 가능하다. "중생한 자도 때로는 성령의 은총을 잃을 수 있는 것"이다.[129]

한편, 알미니우스는 인간은 오직 믿음으로 의로워진다고 보았다. "믿음, 그리고 오직 믿음만이 의를 위해 돌려지고 있다. 이것에 의해서만 우리는 하나님 앞에서 의롭게 되며, 우리의 죄로부터 용서를 받으며 하나님에 의해 의롭다고 간주되고 선언받는다."[130]

이상에서 살펴본 바에 따르면, 일부에서 주장하는 것처럼, 알미니우스가 인간의 업적을 통한 구원을 말한 것은 결코 아니다. 그는 믿음도 인간의 자유의지의 산물이 아니라 성령의 역사, 즉 하나님의 은총의 결과라고 보았다. "복음적인 신앙은 죄인들 안에 복음을 통해 성령에 의해 산출되는, 마음의 동의다."[131] 따라서 알미니우스가 하나님의 은총에 대한 인간의 반응, 즉 신앙이나 업적에 의한 구원을 가르쳤다고 주장하는 것은 그의 직접적인 진술에 근거한 것이 아니다. 왜냐하면 그는 하나님의 은총과 무관한 인간의 자유의지를 주장한 것이 아니라 하나님의 은총 아래 있는 인간의 자유의지를 역설했기 때문이다.

---

128 와인쿱, 《칼빈주의와 웨슬레신학》, p.55.

129 Arminius, *The Work of James Arminius*, vol. III, p.505.

130 Ibid., vol. II, p.702.

131 Vic Reasoner, "Arminius: The Scapegoat of Calvinism," Arminius, *The Work of James Arminius*, vol. II, p.400.

_____ 4. 항의파와 반항의파

알미니우스는 자신의 신학 개념을 생전에 충분히 전개하지 못했으며, 그의 저술도 대부분 사후에 출판되었다. 따라서 그의 신학과 관련하여 논란이 되고 있는 것은 상당 부분 그의 직접적인 진술에 근거한 것이 아니라 그에 대한 편향적인 관점과 해석에 근거한 면도 적지 않았다. 알미니우스의 신학과 칼빈주의 신학 사이에는 많은 공통점도 있지만, 분명한 차이점도 있다. 알미니우스 사후에 대립한 그의 추종자들과 비판자들, 즉 항의파와 반항의파의 논점을 대조하는 것이 알미니우스의 신학을 이해하는 또 다른 길이다.

흔히 알미니안 5개 조항(The Five Arminian Articles)으로 알려지고 있는 것은 알미니우스가 직접 만든 것이 아니다. 1610년 그가 죽은 해에 그를 따르던 항의파가 그의 신학적 신념을 반영하여 그들의 신앙고백을 5개 조항으로 압축한 것이다.[132] 알미니안 5개 조항은 각 조항마다 그것을 직접적으로 뒷받침하는 성경 본문을 제시하여 이 조항들이 하나님의 말씀에 전적으로 일치한다는 것을 입증하고 있다. 반면, 개혁교회 내에서 예정론을 둘러싸고 일어난 논쟁을 종식시키기 위해 1618년에 소집된 도르트회의는 반항의파 칼빈주의자들의 주도 아래 항의파의 교리를 배격하는 한편, 칼빈주의 5대 교리로 간주되는 5개 조항의 신조를 채택했다. 이 문제를 논의하고 있는 여러 문헌에 근거하여 항의파의 5개 조항 순서에 따라 양쪽의 입장을 비교한 후, 무엇이 같고

---

132 그의 전집은 1629년에 라이덴에서 그리고 1631년과 1635년에 독일 프랑크푸르트에서 라틴어로 출판되었다.

무엇이 다른지를 분석하려고 한다.[133]

첫째 조항은 하나님의 예정에 관한 것이다. 항의파에 따르면, 창세전, 하나님은 타락한 인류 가운데서 성령의 은총을 통해 그의 아들 예수 그리스도를 믿는 사람을 구원하기로 작정한 반면, 그를 믿지 않는 사람을 죄와 진노 아래 내버려두기로 작정했다. "아들을 믿는 자에게는 영생이 있고 아들에게 순종하지 아니하는 자는 영생을 보지 못하고 도리어 하나님의 진노가 그 위에 머물러 있느니라"(요 3:36). 이 조항은 하나님의 예정의 근거가 그의 예지임을 밝힌 것이다. 하나님은 그리스도를 믿을 자와 믿지 않을 자를 미리 아시고 그것에 근거하여 선택과 유기를 정하셨다는 것이다. 따라서 하나님의 선택은 무조건적인 것이 아니라 조건적이다. 신앙이 그 조건이다. 반면, 반항의파를 대변하는 도르트회의 입장은 무조건적 선택이다. 하나님은 그리스도 안에서 어떤 사람은 구원하기로 선택한 반면, 그의 공의 가운데 어떤 사람은 멸망하도록 내버려두기로 정했다. 하나님의 선택은 어떤 조건에 기인한 것이 아니라 전적으로 무조건적이다. 그것은 구원받을 사람의 믿음이나 선행을 예견하는 하나님의 예지에 근거한 것이 아니고 하나님의 절대적인 주권에 근거한 것이다. 하나님의 선한 의지가 그의 선택의 유일한 이유요 근거다.

둘째 조항은 그리스도의 속죄 범위에 관한 것이다. 항의파에 따르면, 그리스도는 모든 사람을 위해 죽으셨으며, 그로 말미암아 모든 사

133 Gregory A. Boyd and Paul R. Eddy, *Across the Spectrum* (Grand Rapids: Baker Academic, 2009), pp.145-159; Don Thorsen, *An Exploration of Christian Theology* (Peabody, MA.: Hendrickson Publishers, Inc., 2008), pp.256-258; 곤잘레스, 《기독교사상사》 III, pp.371-375; 와인쿱, 《칼빈주의와 웨슬레신학》, pp.58-60.

람에 대한 구원과 속죄를 얻으셨다. 그렇지만 그의 속죄사역의 실제적 효력은 믿는 자에게만 미친다. "하나님이 세상을 이처럼 사랑하사 독생자를 주셨으니 이는 그를 믿는 자마다 멸망하지 않고 영생을 얻게 하려 하심이라"(요 3:16). 그리스도의 속죄는 모든 사람을 위한 것이지만, 그 효력은 믿는 자에게 한정된다는 것이다. 즉 믿는 자만이 구원을 받는 것이다. 반면, 반항의파의 입장은 제한 속죄다. 그리스도의 희생적 죽음은 무한한 가치를 지니고 있으며, 모든 인류를 구원하기에 넉넉하도록 충분한 것이다. 그렇지만 그것은 오직 선택된 사람의 구원에만 효력을 미치는 것이다.

셋째 조항은 인간의 타락에 관한 것이다. 항의파에 따르면, 배교와 죄의 상태 아래 있는 인간은 선한 어떤 것도 할 수 없다. 따라서 그리스도 안에서, 성령을 통해 하나님 속에서 다시 태어나는 것이 필요하다. "나를 떠나서는 너희가 아무것도 할 수 없음이라"(요 15:5). 이 조항은 인간은 죄의 상태에 있으므로 어떤 선한 것도 할 수 없다는 것과 하나님의 은총이 필수적이라는 것을 분명히 하고 있다. 반면, 반항의파의 입장은 인간의 전적 타락(Total Depravity)이다. 도르트회의는 엄밀한 의미에서 원죄 교리를 변호했다. 아담은 그의 모든 후손들의 법적인 대표자이므로, 그의 죄책이 그들에게 전가되었으며, 인간 본성의 부패 또한 그들에게 유전되었다. 그들은 전적으로 부패했다. 중생케 하는 하나님의 은총 없이는 누구도 하나님을 기쁘게 하거나 하나님과 깨어진 관계를 회복하는 어떤 것도 할 수 없다. 그렇지만 타락 이후에도 인간 속에는 자연적인 빛의 희미한 불빛이 남아 있으며 그것에 의해 하나님, 자연적인 것, 선과 악의 차이 등에 대한 지식을 보유하고 있다.

그러나 그것만으로는 하나님의 구속적인 지식에로 사람을 인도하는 데 충분하지 않다. 따라서 중생은 하나님과 인간의 협력에 의한 것이 아니라 전적으로 하나님에 의해서 이루어지는 것이다.[134]

넷째 조항은 하나님의 은총의 활동 양식에 관한 것이다. 항의파에 따르면, 인간의 모든 선행은 하나님의 은총에 기인하는 것이다. 그렇지만 하나님의 은총에 항거할 수 없는 것은 아니다. 왜냐하면 사도행전 7장을 비롯하여 성경의 많은 본문이 그런 사례를 증거하고 있기 때문이다. 이 조항은 중생한 사람도 하나님의 은총 없이는 선을 행할 수 없지만, 은총에 항거할 수 없는 것은 아니라는 것이다. 반면, 반항의파의 입장은 불가항력적 은총(Irresistible Grace)이다. 도르트회의에 따르면, "신앙은 하나님이 인간에게 선물로서 제공해 주시는 것이며, 인간이 자의적인 뜻에 따라 받아들이기도 하고 거절하기도 하는 것이 결코 아니다." 전적으로 타락한 인간의 마음을 움직일 수 있는 것은 오직 하나님의 불가항력적 은총뿐이다. 따라서 하나님의 은총은 선택받은 사람을 항거할 수 없게 구원한다. 왜냐하면 항거할 수 없는 은총은 인간의 반역을 압도할 수 있기 때문이다.

다섯째 조항은 구원받은 사람의 타락 가능성에 관한 것이다. 항의파에 따르면, 참 신앙으로 그리스도와 연합한 사람은 사탄의 세력과 싸워 승리할 수 있는 능력을 가지고 있다. 예수 그리스도는 성령을 통해 모든 유혹에서 그들을 도우며 타락으로부터 그들을 지켜 주신다. 따라서 사탄은 그들을 그리스도의 손에서 빼앗지 못할 것이다. "그들을 내 손에서 빼앗을 자가 없느니라"(요 10:28). 그렇지만 그들이 태

---

134 Berkhof, *The History of Christian Doctrine*, pp.152-153.

만으로 인해 그리스도 안에서의 삶을 버리고 다시 악한 세상으로 돌아가서, 그들을 구원한 거룩한 교리로부터 돌아서며 선한 양심을 상실하고 은총을 결여할 수 있는지 여부는 성경을 통해 더 연구해야 할 문제다. 항의파는 성도의 견인 이론을 공격하거나 반대한 것이 아니라 성도의 견인에 반대되는 교리를 구체적인 성경의 증거도 없이 가르치는 것을 반대한 것이다.[135] 한편, 반항의파의 입장은 성도의 견인(Perseverance of the saints)이다. 도르트회의는 성도의 견인론의 중요성을 철저하게 강조했다. 하나님이 그의 아들 그리스도 안에서 받아들인 사람은 은총의 상태로부터 멀어질 수 없고 끝까지 보존될 것이라는 것이다. 즉 한 번 진정한 크리스천이 된 사람은 전적으로 타락할 수 없다. 일시적으로 죄에 빠질지라도 다시 회복되어 구원받게 될 것이다.

5개 조항을 비교하면, 양쪽의 입장이 전적으로 대비되는 것은 아니다. 즉 조건적 예정 대 무조건적 예정, 보편적 속죄 대 제한적 속죄, 부분적 타락 대 전적인 타락, 항거할 수 있는 은총 대 항거할 수 없는 은총, 조건적 견인 대 최종적 견인 식으로 단순화하기는 어려울 것 같다. 왜냐하면 5개 조항 가운데 2개, 즉 인간의 전적 타락과 성도의 견인 문제는 더 논의할 여지가 있기 때문이다.

첫째, 항의파는 인간의 전적인 타락을 부정한 반면, 반항의파는 그것을 인정했느냐 하는 것이다. 항의파는 배교와 죄의 상태 아래 있는 인간은 선한 어떤 것도 할 수 없다고 자연적 무능력을 주장한 반면, 반항의파는 타락 이후에도 인간 속에는 자연적인 빛의 희미한 불빛이 남아 있다고 보았다. 따라서 곤잘레스도 지적한 것과 같이, 항의파는

---

135 곤잘레스, 《기독교사상사》 III, p.374.

인간의 전적인 타락을 부정한 반면, 반항의파는 그것을 인정했다고 주장하는 것은 정확한 이해가 아닌 것 같다.[136] 왜냐하면 항의파는 전적인 타락이란 용어는 사용하고 있지 않지만, 자연적 무능력을 말하고 있는 반면, 반항의파는 전적인 타락을 주장하면서도 타락 이후에도 인간에게 어떤 능력이 있다는 것을 인정하고 있기 때문이다.

둘째, 항의파가 성도의 견인 교리를 반대했느냐 하는 것이다. 항의파들은 성도의 견인 교리를 반대한 것이 아니라 그 교리에 반대되는 이론을 성경의 구체적인 증거도 없이 가르치는 것을 반대했다. 성도도 하나님의 은총으로부터 떨어질 수 있다는 이론을 옹호한 것은 항의파가 아니라 후대 알미니우스주의자들이었다.[137]

_____ 5. 복음적 알미니우스주의와 웨슬리

도르트 종교회의 이후, 알미니우스주의는 자유주의적 알미니우스주의와 복음주의적 알미니우스주의, 두 흐름으로 나뉘게 되었다. 전자는 자유의지를 지나치게 강조하고 합리주의와 인본주의에 편향되어 교육이나 사회개혁 등으로 인간의 문제를 해결할 수 있다고 주장하는 것이라면, 후자는 항의파의 5대 교리에 근거하여 알미니우스 신학의 복음적 입장을 따르는 것이다.[138]

18세기에 이르러 영국이 복음주의적 알미니우스주의의 주요 근거

---

136   Ibid., p.373.

137   Ibid., p.374.

138   와인쿱,《칼빈주의와 웨슬레신학》, p.64.

지가 된 것은 존 웨슬리의 영향 때문이었다. 웨슬리는 당시 영국교회에서 자유주의적 알미니우스주의와 극단적 칼빈주의의 문제점을 직시했다. 전자는 갈급한 심령의 필요를 충족시키지 못한다면, 후자는 율법 무용론적 경향으로 인해 사회악에 도전할 마음을 일깨우지 못했다. 웨슬리는 알미니우스의 저서를 통해 깊은 감명을 받고 알미니우스주의에서 새로운 활로를 찾았다.

웨슬리가 칼빈주의자들과 긴 논쟁에 돌입하게 된 것은 그의 오랜 친구이자 부흥운동의 동료인 휫필드(Whitefield)가 칼빈주의 입장을 수용한 것에서 비롯되었다. 1739년 웨슬리는 '값없이 주시는 은총'이란 제목의 설교에서 휫필드가 주장한 예정론과 자신이 역설하는 값없이 주시는 은총의 차이를 밝히면서 성령이 일으키는 확신이 곧 값없이 주시는 은총의 실재라고 지적했다. 웨슬리가 칼빈주의를 비판한 주요한 이유는 그것이 율법 무용론을 초래할 뿐만 아니라 그리스도인의 성결을 위한 욕구를 약화시키기 때문이다.[139] 반면, 칼빈주의자들은 1770년 메도디스트 연회의 의사록에 근거하여 그 대회가 업적 칭의 교리를 승인했다고 문제를 제기하며, 알미니우스주의에 가하던 공격을 웨슬리와 그 지지자들에게 되풀이했다. 이들은 예정론을 반대하거나 인간의 자유의지나 그리스도의 보편적 속죄를 주장하거나 인간의 책임을 강조하는 사람은 알미니우스주의자로 취급하는 경향이 있었기 때문이다.[140]

---

139 Thomas A. Langford, *Practical Divinity: Theology in the Wesleyan Tradition* (Nashville: Abingdon Press, 1983), p.51

140 Richard P. Heitzenrater, *Wesley and the People Called Methodists* (Nashville: Abingdon Press, 1995), p.12.

웨슬리는 그들에 대한 별명인 메도디스트를 공식 명칭으로 삼은 것처럼, 알미니우스주의자라는 별명을 배지(badge)로 삼아 1778년 창간한 그의 새로운 기관지에 〈알미니안 매거진〉(Arminian Magazine)이란 표제를 붙였다. 그것은 자신의 신학이 알미니우스주의에 동의한다는 암시이기도 했다. 그럼에도 불구하고, 웨슬리 학자들은 알미니우스가 웨슬리 신학의 결정적 근원 가운데 하나는 아니라고 지적한다.[141]

웨슬리의 입장을 지지하며 그에게 견고한 신학적 논거를 제공한 것은 프레처(John Fletcher)였다. 프레처에 따르면, "완고한 칼빈주의자들의 오류는 복음주의적 자유를 부정하는 것에 중심을 두는 것"이라면, "완고한 알미니우스주의자들의 오류는 우리가 타락 이후 삶을 선택하고 의를 성취하는 자유와 능력을 위해서 구원하는 은총에 충성심을 돌리지 않는 것"이다.[142] 이 두 극단을 피할 수 있는 길은 "오직 값없이 주시는 은총에 의해 회복되고 도움을 받는 자유의지에 대한 성경적 교리를 따르는 것"이다. 웨슬리는 은총과 자유의지에 대한 프레처의 견해를 받아들였으며 그것을 그의 설교자들에게도 권했다.

웨슬리는 '알미니안이란 무엇인가?'라는 제목의 논문에서 흔히 알미니우스주의의 오류로 비난하는 다섯 가지 논제를 검토하고 알미니우스주의의 입장을 변증했다.[143]

---

141 Ibid., pp.646; Albert C. Outler(ed.), *John Wesley* (New York: Oxford University Press, 1980), p.23.

142 John Fletcher, "On Reconciliation," *Checks to Antinomianism* (New York: J. Collard, 1837), Vol. 2, pp.333-334, Langford, *Practical Divinity*, p.53에서 재인용.

143 John Wesley, *The Works of John Wesley*, vol. X (Peabody, M A. : Hendrickson Publishers, Inc., 1984), pp.359-360. 이는 Wesleyan Methodist Book Room, London에서 1872년 출판한 것을 Reprint 한 것이다.

첫째, 원죄를 부정한다. 이에 대해 웨슬리는 알미니우스주의자들도 칼빈주의자들과 마찬가지로 원죄를 인정하며, 원죄의 교리는 이교주의와 기독교를 구분하는 첫 번째 특징이라고 주장했다.

둘째, 믿음에 의한 칭의를 부정한다. 웨슬리는 알미니우스주의자들도 믿음에 의한 칭의를 가르치며, 칼빈이 칭의에 관해 생각한 것과 똑같이 그 자신도 생각한다고 밝히며 믿음을 통한 은총에 의한 칭의를 강조했다.

셋째, 절대적인 예정을 부정한다. 칼빈주의자들과 알미니우스주의자들 간에 부정할 수 없는 차이가 존재하는데 그것은 하나님의 예정에 관한 교리다. 전자는 무조건적 예정을 믿는 반면, 후자는 조건적 예정, 즉 믿는 자는 구원받고, 믿지 않는 자는 정죄될 것이라고 믿는다. 웨슬리는 무조건적인 선택을 받아들일 수 없었다. 왜냐하면 그것은 무조건적인 유기의 결과를 초래하며, 무조건적인 유기는 비성서적이기 때문이다.

넷째, 항거할 수 없는 하나님의 은총을 부정한다. 이것은 세 번째 논제의 자연스런 결과다. 칼빈주의자들은 하나님의 구원의 은총은 절대적으로 항거할 수 없다고 주장한 반면, 알미니우스주의자들은 그리스도께서 모든 사람을 위해 죽으셨으나 인간은 하나님의 사랑을 거부할 수도 있다고 했다. 예정이 조건적이라면, 은총은 항거할 수 없는 것이 아니라는 것이다.

다섯째, 성도의 견인을 부정한다. 칼빈주의자들은 그리스도를 진심으로 믿는 사람은 은총으로부터 떨어질 수 없다고 주장하는 반면, 알미니우스주의자들은 신자도 큰 죄에 빠질 수 있을 뿐만 아니라 영원히 멸망당하는 믿음의 파선을 할 수 있다고 생각한다.

이렇듯 웨슬리는 알미니우스주의에 대한 비난 가운데 첫 두 개는 근거가 없는 것으로 취급하고 그 비난에 대해 알미니우스주의자들은 무혐의라고 변증했다. 웨슬리는 칼빈주의보다 오히려 알미니우스주의가 원죄의 교리와 믿음으로 말미암는 칭의에 더욱 근거하고 있다고 역설했다. 반면, 나머지 세 개에 대해서는 그것을 인정하고, 그에 대해 적극적으로 반증하려고 했다. 그것은 하나님의 예정이 절대적이냐, 아니면 조건적이냐에 달려 있다는 것이다.

웨슬리는 칼빈주의의 예정 교리를 거부하고 알미니우스주의와 칼빈주의의 차이점을 밝혔지만, 칼빈주의의 모든 것을 반대한 것은 아니었다. 웨슬리는 자신의 입장이 세 가지 면에서 칼빈주의의 바로 가장자리에 있다고 했다. 모든 선한 것을 하나님의 은총에 돌리는 것, 은총에 선행하는 모든 자연적 자유의지와 능력을 부정하는 것, 그리고 하나님의 은총에 의해 가지거나 행하는 것에 대해서도 인간으로부터 모든 공로를 배제하는 것이 그것이다. 웨슬리의 강조점은 자유의지 위에 있는 것이 아니라 선행 은총을 포함하여 하나님의 은총 위에 있었다.

한편, 웨슬리는 알미니우스 신학사상의 모호한 것은 보다 선명하게, 그리고 미진한 것은 좀 더 보완하여 그것을 한 단계 더 발전시켰다.

첫째, 선행 은총을 통한 자유의지의 회복을 강조했다. 알미니우스는 아담의 범죄 결과로 모든 그의 후손들이 죽음에 종속되었고 하나님의 형상의 대부분을 상실했으나 선행 은총으로 그 일부가 회복되었다고 가르쳤지만, 인간이 전적으로 타락했다고 분명하게 표현한 것 같지는 않다. 따라서 비판자들이 그가 인간의 전적인 타락을 부정했다고 곡해할 수 있는 빌미를 제공한 면도 없지 않았다. 이에 비해, 웨슬리는 인간의 전적인 타락을 명시한 후, 선행 은총을 통한 회복을 역설했다. "인류의 현재 상태에서, 자연적 자유의지를 나는 이해하지 못한다. 나는 단지 세상에 와서 모든 사람을 밝게 하는 초자연적인 빛과 더불어 모든 사람에게 초자연적으로 회복된 일정의 자유의지가 있다는 것을 주장한다."[144]

둘째, 웨슬리는 믿음을 종교의 핵심으로 만들었다. 알미니우스가 신적 작정의 감옥으로부터 믿음을 해방시켰다면, 웨슬리는 그것을 구체화하여 믿음을 기독교인의 삶과 신학의 핵심으로 만들었다.[145]

셋째, 웨슬리는 하나님의 은총을 통한 구원을 분명히 했다. 비판자들은 알미니우스의 예지 예정론에 근거하여 그에게는 인간 구원의 결정적 요소가 하나님의 은총이 아니라 그에 대한 인간의 반응, 즉 믿음이라고 공격했다. 이런 비판과 달리, 알미니우스는 하나님의 은총이 하나님의 아들을 믿는 자를 의롭다 하시며 양자 삼아 구원과 영생에 이르게 하는 것이라고 말했다. 웨슬리는 이를 더욱 분명히 하여 믿음을 통한 은총에 의한 구원을 강조했다. 인간의 구원은 하나님이 값없이, 공로 없이 주시는 은총에 전적으로 의존하고 있다는 것이다. "은총은 근원이고, 믿음은 구원의 조건이다."[146]

넷째, 하나님의 은총과 인간의 자유의지 사이의 조화다. 알미니우스는 선행 은총 개념을 통해 인간이 구원을 얻기 위해 하나님께 전적

---

144 Collins, *The Scripture Way of Salvation*, p.42.

145 와인쿱, 《칼빈주의와 웨슬레신학》, pp.65-66.

146 Sermons, "Salvation by Faith," part 3.

으로 의존해야 한다는 것과 동시에, 인간의 책임성을 강조했다. 인간이 하나님의 은총에 적극적으로 응답하는 것은 하나님의 구속사역에 협력하는 것이다. 웨슬리에 따르면, 이 협력은 하나님과 인간이 절반씩 감당하는 것이 아니라 주도권은 하나님에게 있으면서도 하나님의 은총으로 인간이 하나님의 구원사역에 함께 호응하는 것이다. 이렇듯 그는 함께 받아들이는 것이 어려운 하나님의 주권과 인간의 자유의지를 역동적인 관계로 조화시켰다.[147] 그것이 하나님의 은총과 인간의 자유의지의 조화를 강조하는 웨슬리의 복음적 신인협력설이다.

다섯째, 성화와 성령의 역사 관계성이다. 알미니우스는 성화에 대한 견해를 가지고 있었지만, 그것이 성령의 역사라는 것을 인식하지 못했다면, "웨슬리는 알미니우스의 통찰에 성령의 역사라는 본질적 요소를 더했다."[148]

결론

알미니우스와 강경파 칼빈주의자들, 또는 항의파와 반항의파의 대립은 "종교개혁 신학이 엄격한 정통주의로 도식화되는 과정에서 빚어진 일화"였다.[149] 가톨릭주의자나 루터파의 눈에는 그들 모두 칼빈주의자로 보였던 것이나, 알미니우스와 고마루스가 교리적으로 대립할 당시, 헤이그 최고 법정의 주심 판사가 양자 간에 예정 교리의 차이는 하찮은 것이고 공존할 수 있는 것이므로 서로 관용하도록 명했던

147 Langford, *Practical Divinity*, p.34.

148 와인쿱, 《칼빈주의와 웨슬레신학》, p.69.

149 곤잘레스, 《기독교사상사》 III, p.375.

것도 이를 말해 준다. 알미니우스 논쟁은 예정론을 중심으로 칼빈주의 내부에서 일어난 것이지만, 이로 인해 결국 칼빈주의와 알미니우스주 의로 갈라지게 되었다.

제자들은 흔히 스승의 사상 가운데 어떤 것을 선택하여 강조하거 나 그 의미를 변형시켜 자신의 입장으로 발전시킨다. 따라서 스승 본 래의 사상과 그것에 주의라고 붙인 추종자들의 사상이 상당히 다른 경우도 많다. 알미니우스주의도 예외가 아니다. 알미니우스나 항의파 는 성도의 견인 교리를 반대한 것이 아니라 그 교리에 신중한 입장을 취했다. 성도의 견인 교리를 반대한 것은 후대 알미니우스주의자들이 었다. 또한 자유주의적 알미니우스주의는 알미니우스의 일부 사상을 과도하게 강조하거나 왜곡하여 극단화시켰다. 알미니우스에 대한 비 판은 대부분 그 자신의 진술에 근거한 것이 아니라 후대 알미니우스 주의, 특히 자유주의적 알미니우스주의에 근거하여 알미니우스를 비 판한 것이다. 따라서 그 비판이 알미니우스에게 해당되지 않는 것도 적지 않다. 그가 원죄를 부정했다든가 인간의 절대 자유를 주장했다고 하는 비난이 그와 같은 것이다. 웨슬리가 '알미니안이란 무엇인가'라 는 제목의 논문에서 알미니우스 저술의 한 페이지도 결코 읽지 않은 사람이 그가 주장한 것을 어떻게 알 수 있는가라고 반문했던 것도 이 를 지적한 것이다.[150]

루터와 칼빈을 비롯한 종교개혁자들은 인간의 업적에 의해 구원 가능성을 주장한 중세 가톨릭주의의 업적-구원론을 거부하고 오직 은 총과 오직 믿음에 의한 구원을 역설했다. 그렇지만 그들은 한 극단을

---

150 Wesley, *The Works of John Wesley*, vol. X, p.360.

거부하며 하나님의 절대 주권을 강조하다 구원의 책임을 전적으로 하나님에게 돌리는 또 다른 극단으로 나가게 된 면도 없지 않았다. 이 양극단의 문제점을 인식하고 이를 바로잡으려 한 것이 알미니우스였으며, 그 정신을 이어받은 것이 웨슬리의 복음적 신인협력설이다. 그들은 하나님의 주권을 지지하는 한편, 그것이 선택하거나 거부할 수 있는 자유를 인간에게 허락하는 하나님과 모순되지 않는다고 생각했다. 그렇지만 인간이 자신의 결정, 업적 또는 다른 어떤 행위에 의해 구원받는다고 주장한 것은 결코 아니었다.[151]

강경파 칼빈주의자들은 타락 전 예정론과 같은 사소한 것이 문제가 아니라 믿음에 의한 칭의의 교리가 문제라고 주장했다. 그렇지만 알미니우스 역시 오직 은총, 오직 믿음에 의한 구원을 가르쳤으며, 복음적 알미니우스주의를 대변했던 웨슬리 사상의 중심 주제도 믿음을 통한 은총에 의한 칭의였다. 웨슬리는 이런 면에서 그 자신과 칼빈주의자들 사이에는 "머리카락 넓이만큼의 차이도 없다"고 밝혔다.[152] 따라서 인간이 하나님의 은총과 믿음으로 구원받는다는 점에서 그들 사이에 차이가 있었던 것은 아니다. 그들 사이의 차이는 하나님의 은총이 역사하는 방법에 있었다. 칼빈에게 있어 은총은 예정받은 사람에게만 제한된 것이라면, 알미니우스나 웨슬리에게 있어 은총은 보편적이며 선행 은총으로 하나님의 구원에 응답할 능력이 인간 누구에게나 있다고 보았다. 또한 전자에게는 구원의 책임이 인간에게는 없는 반면, 후자에게는 구원에 대한 책임이 인간에게 있다.

---

151 Thorsen, *An Exploration of Christian Theology*, p.225.

152 Wesley, *The Works of John Wesley*, vol. X, p.359.

알미니우스와 칼빈주의를 갈라놓은 결정적 차이는 예정 교리였다. 알미니우스는 칼빈주의의 무조건적인 예정론을 거부했지만, 하나님의 예정 자체를 부정한 것은 아니었다. 오히려 죄인의 구원을 위한 하나님의 작정은 정확하고 절대적이지만, 하나님이 인간을 무조건적으로 선택하는 것이 아니라 그의 예지를 토대로 선택한다고 믿었다. 웨슬리와 칼빈주의자들 사이의 오랜 논쟁도 예정 교리가 중심 논제였으며, 웨슬리는 칼빈주의의 무조건적 예정론이 초래하는 율법 무용론을 반대했다. 강경 칼빈주의자들이 타락 전 예정론과 같은 사소한 것이 문제가 아니라고 했지만, 결국 그들은 예정론을 정통을 가늠하는 기준으로 삼아 알미니우스나 알미니우스주의자들을 정죄한 것이다.

알미니우스주의는 네덜란드 칼빈주의 개혁교회 안에서 처음 일어나 강경 칼빈주의자 130명이 모인 도르트회의에서 충분한 변증의 기회도 없이 일방적으로 이단으로 몰렸다. 칼빈주의와 알미니우스주의는 상대방을 이단이라고 비난했지만, 이단이란 용어는 양 진영 가운데 어느 편에도 사용할 수 없는 것이었다. 왜냐하면 이단이란 용어는 "온 교회가 용납할 수 없는 것으로 판단된 가르침"을 가리키는 것인 데 반해, 칼빈주의와 알미니우스주의는 "프로테스탄티즘의 한 선거구, 즉 개혁교회 안에서 일어난 분열을 대변하기 때문이다."[153]

도르트회의에도 불구하고, 알미니우스주의는 소멸되지 않고, 18세기 웨슬리를 통해 재발견되어 복음주의적 알미니우스주의로 소생했다. 오늘날 알미니우스주의는 프로테스탄트 신학의 주요 흐름을 형성하고 있을 뿐만 아니라 웨슬리 신학 전통의 뿌리 가운데 하나로 간

---

153 알리스터 맥그라스, 《그들은 어떻게 이단이 되었는가》, 홍병룡 역(서울: 포이에마, 2011), p.318.

주되고 있다. 와인쿱의 지적에 따르면, "오늘날 칼빈주의의 대부분은 알미니우스주의화한 칼빈주의다."[154]이 같은 현상은 한국의 칼빈주의 신학자들에게서도 엿볼 수 있다. 김재성 교수의 칼빈주의 해설에 따르면, "칼빈주의자들은 인간이 전적으로 부패했다고 말하지만, 사람이 열심히 노력하면 죄를 짓지 않고 하나님께 영광을 돌릴 수 있음을 믿는다… 인간은 죄에 대해 기울어져 있으나 자신이 얼마든지 선택하고 조심하면 죄를 짓는 길에서 돌이킬 수 있다."[155] 특히 김명용 교수는 예정론 문제에 보다 적극적이었다. 그는 칼빈주의의 전통적 예정론이 "간과할 수 없는 심각한 문제점을 야기시켰다"는 것을 인지한 반면, "예정론에 대한 비판과 반론들은 상당 부분 정당성을 갖고 있다"고 주장했다. 칼빈주의의 예정론이 예정을 "운명적으로, 기계적으로 설명"하거나 인간의 자유의지와 갈등 상황을 일으킨 것은 오류라는 것이다. 이런 인식은 알미니우스의 이름을 직접 거명하지는 않았지만, 그의 견해를 상당 부분 반영한 것으로 이해할 수 있을 것이다.[156]

---

154 와인쿱, 《칼빈주의와 웨슬레신학》, p.59.

155 김재성, 《개혁신학의 광맥》, p.374.

156 김명용, 《현대의 도전과 오늘의 조직신학》 (서울: 장로회신학대학출판부, 1997), pp.62-83.

11장

예수그리스도후기성도교회:
몰몬교

서론

〈유에스 뉴스 앤드 월드 리포트〉(U.S. News and World Report)에 따르면, 오늘날 세계에서 가장 빠르게 성장하고 있는 종교운동 가운데 하나가 흔히 몰몬교라고 부르는 예수그리스도후기성도교회다. 1830년 6명으로 시작하여 30여 명에 불과하던 신도 수가 1950년에는 100만 명을, 그리고 1964년에는 200만 명을, 1978년에는 400만 명을 넘어섰으며, 현재는(1992) 미국에서만 교인 수가 450만 명에 이르고 전 세계적으로는 830만 명 이상에 달한다고 한다. 이런 성장 추세라면, "2080년까지 교인 수가 2억 5천만 명에 이를 것이며 로마 가톨릭을 제외한 전체 기독교회를 능가할 것"이라고 예측하기도 한다.[157] 또한 〈미국과 캐나다의 교회 연감〉에 따르면, 몰몬교회는 1965년 178만 9175개에서

---

157 "Latter Day Struggles," *U.S. News and World Report*, 28 September 1992, p.73; 조시 맥도웰 · 돈 스튜어트,《이단종파》, 이호열 역(서울: 기독지혜사, 1987), p.15.

2001년 511만 3409개로 거의 3배로 늘어났다.[158]

사이비 종교나 비기독교 신앙이 성장하고 번창하고 있는 것과 달리, 미국 프로테스탄트 교회는 정반대로 감소 상태에 있다. 1960년대에 들어서면서부터 성장이 둔화되다 중반에 이르러서 급기야 감소의 길로 접어들었으며 아직도 그 추세는 계속되고 있다.

이렇듯 미국의 경우, 기독교 교회는 감소되는 데 반해, 몰몬교는 급성장을 거듭하고 있다. 그렇다면 몰몬교는 어떤 종파이기에 성장하고 있으며, 머지않아 로마 가톨릭을 제외한 전체 기독교를 수적으로 능가할 것이라는 예측까지 나오고 있는 것인가? 이러한 궁금증을 해소하기 위해 세 가지 측면으로 이 문제에 접근하려고 한다. 먼저 몰몬교가 어떻게 일어나서 오늘에 이르게 되었는지, 그 기원과 성장 과정을 개괄하려고 한다. 그리고 그것은 무엇에 교리적 토대를 두고 있는지, 그 경전을 살펴보려고 한다. 또한 무엇을 믿고 있는지, 기독교의 교리와 대비되는 몰몬교 특유의 교리를 분석하려고 한다. 이러한 논의는 결국 몰몬교가 전통 기독교와 무엇이 다르며, 왜 기독교가 몰몬교를 이단으로 간주하는지에 대한 대답으로 귀결될 것이다.

1. 조셉 스미스와 몰몬교의 태동

몰몬교는 미국에서 일어난 최초의 기독교 이단이며, 창립자는 조셉 스미스 2세(Joseph Smith, Jr., 1805-1844)다. 몰몬교의 태동은 교주 스미

---

[158] Jacquet, *Yearbook of Canadian and American Churches*, 1988, p.262, *Yearbook of American and Canadian Churches*, 2001, pp.348, 352.

스의 소위 환상 및 계시 체험과 밀접한 관계가 있다. 따라서 몰몬교를 이해하는 지름길은 그의 생애를 살펴보는 것이다.

스미스는 버몬트 주 샤론(Sharon)에서 9형제 중 셋째로 태어나 체질적으로 병약해 병고에 시달렸으며 가난한 집안 형편으로 정규 교육도 거의 받지 못하고 자랐다. 아홉 살 무렵 그의 가족은 뉴욕 주의 팔미라(Palmyra)로 이사했으며, 몇 년 후 다시 맨체스터(Manchester)로 옮겼다. 1820년 봄 열네 살 소년 스미스는 어느 교회를 다닐 것인가 하는 문제를 놓고 숲속에서 기도하는 가운데 첫 환상을 보았다고 한다. 하나님과 그리스도가 그에게 나타나 지상의 모든 교회는 인간의 계명을 교리로 가르치는 잘못된 교회요 그들의 신자는 부패했으므로 어느 교회에도 속하지 말고 기다리라고 말했다는 것이다.[159]

1823년 9월 21일 밤, 스미스가 열정적으로 기도하고 있을 때 빛이 방 안을 대낮처럼 환하게 밝히더니, 흰옷 입은 천사가 그에게 나타났다. 그는 자신을 하나님이 보낸 천사 모로나이(Moroni)라고 밝히며 금판에 관한 이야기를 전했다. 그 천사의 메시지는 금판과 우림(Urim)과 둠밈(Thummim)이라는 은테로 두른 두 돌이 숨겨져 있다는 것과 하나님이 그 금판을 번역하도록 그를 택했다는 것이다. 그리고 그 금판들이 묻힌 장소를 보여 주었다. 그러면서 하나님의 허락이 있을 때까지 그것들을 다른 곳으로 옮겨서는 안 된다고 했다. 그날 밤 모로나이는 세 차례나 스미스에게 나타나 똑같은 내용의 메시지를 되풀이해서 전했다. 다음 날 그는 환상에서 보았던 장소를 찾아 나섰다. 집 근처에 위

---

159 조셉 스미스, 《값진 진주》 조셉 스미스의 역사 (서울: 말일성도예수그리스도교회, 1968), pp.3-20.

치한 쿠모라(Cumorah) 언덕이었다. 그는 바위 아래 묻힌 돌상자에서 금판들을 발견하고 그것을 옮기려 했지만, 천사가 나타나 그를 가로막았다. 그 후 1827년 9월 22일 모로나이는 그 금판들을 스미스에게 주며 그것을 번역하라고 했다. 스미스는 처가가 있는 펜실베이니아 주 하모니(Harmony)로 이사하여 금판의 영어 번역에 착수했다.[160]

1829년 스미스가 몰몬경을 번역하는 동안 세례 요한이 하늘로부터 내려오는 것을 그의 동료 올리버 카우드리(Oliver Cowdery)와 함께 보았으며, 그로부터 아론의 제사장직을 안수받았다. 또한 베드로, 야고보, 요한이 나타나 그들에게 멜기세덱의 반차를 좇는 제사장으로 안수했다고 한다.

스미스가 3년에 걸친 작업 끝에 번역을 완성하여 1830년에 출판한 것이《몰몬경》(The Book of Mormon)이다. 몰몬경은 미 대륙의 원주민의 역사와 신앙, 그리고 하나님이 그들에게 한 일 등의 내용으로 구성되어 있다. 몰몬경 출판 이후, 모로나이 천사는 그 금판들을 회수해 갔다고 한다.[161]

스미스는 몰몬경, 아론의 제사장직과 멜기세덱의 제사장직을 근거로 자신이 하나님으로부터 그의 권능과 진리를 회복할 사람으로 부름받았다고 주장하며 그것을 전파하기 시작했다.[162] 그리고 1830년 4월 6일 뉴욕 주 서부에 위치한 파이에트(Fayette)의 휘트너(Peter Whitner)의 집

---

160 Joseph Smith, Jr., *The Book of Mormon* (Salt Lake: The Church of Jesus Christ of Latter-day Saints, 1978), Origin of the Book of Mormon; 스미스,《값진 진주》조셉 스미스의 역사, pp.30-67.

161 스미스,《값진 진주》조셉 스미스의 역사, pp.68-72.

162 스미스,《교리와 성약》1, pp.17-23.

에 6명이 모여 그리스도의교회(the Church of Christ)를 창립했다. 이것이 몰몬교의 시작이었다. 스미스는 교회 창립까지 20회에 걸쳐 하나님의 계시를 받았다고 한다.

1836년 스미스는 내부 분열과 외부의 박해로 인해 그의 추종자들과 함께 근거지를 오하이오 주 커틀랜드(Kirtland)로 옮겼다. 스미스는 거기서 처음으로 말일의 성도들이 모일 시온 성전을 건립했으나 외부의 강한 반대에 부딪치기도 했다. 그 후 스미스는 미주리 주 잭손에 토지를 구입하고 이동하여 그리스도 왕국의 지상 본부라고 선언했다. 그렇지만 부도 수표 문제로 체포될 위험에 처하자 추종자들과 함께 미주리 주 인디펜던스(Independence) 시로 도피하여 그곳을 시온 성전을 위한 장소로 계시받았다고 했다. 그렇지만 기존의 정착민들과 몰몬교도 사이의 갈등으로 박해와 충돌이 일어나 그 건축 계획은 좌절되었고 그와 몰몬교 지도자들은 감옥에 갇히기도 했다.

1840년에 몰몬교도들은 브리검 영(Brigham Young)의 주도하에 다시 일리노이 주로 이주하여 미시시피 강가에 몰몬교 정착지 노부(Nauvoo)를 건설했다. 스미스는 주 정부로부터 노부를 독립 시로 허락받고 법을 제정하는 한편, 별도의 군대를 조직하여 몰몬교도들을 통치했으며, 이에 힘입어 몰몬교인 수도 급증하여 2만 명이나 되었다.

1843년 스미스는 하나님으로부터 계시를 받았다고 주장하며 몰몬교 '지도자들을 위한 특권'으로 일부다처제를 처음 도입했다.[163] 〈엑스포지터〉(Nauvoo Expositor) 신문이 이를 폭로하자, 그 기사에 불만을 품은 몰몬교도들이 신문사로 몰려가 불을 질렀다. 스미스와 그의 형제

---

[163] 스미스, 《교리와 성약》, 132:1-4, 61-62

히람(Hiram)도 이 방화 사건에 연루된 혐의로 체포되어 감옥에 갇혔다가 1844년 6월 27일 감옥을 습격한 폭도들의 총격으로 사망했다.

스미스가 죽은 후 몰몬교도들은 여러 분파로 흩어졌으나, 대부분은 브리검 영(1801-1877)을 후계자로 받아들였다. 영은 몰몬교의 모세와 같은 존재였다. 노부에서 계속 어려운 문제에 봉착하게 되자, 그는 급기야 노부를 포기하기로 결단하고 1846년 400대의 마차를 동원하여 1만 5000명의 신도들과 함께 서부를 향해 대이동에 나섰다. 그들은 메마른 광야와 험준한 로키산맥을 통과하는 18개월 동안의 험난한 여정 끝에 1847년 7월 유타 주 솔트레이크(Salt Lake)에 도착했다. 영은 여기에 몰몬주의 원칙을 철저히 적용하는 식민지를 건설하고 몰몬교 본부로 삼았다.

영은 스미스로부터 예언자직을 계승했다고 주장하며 30년 이상 몰몬교를 통솔하는 한편, 유타 주의 초대 지사가 되어 막강한 권한으로 철권통치를 했다. 몰몬교 공동체는 그의 지도력 아래 수적으로나 경제적으로나 큰 성공을 거두며 전성기를 누렸다. 그것은 그의 지도력과 더불어 술, 담배, 육식 등을 금하는 깨끗한 도덕 생활, 엄격한 규칙, 지칠 줄 모르는 근면과 철저한 자기 훈련 등을 강조한 것에 힘입은 바가 컸다. 몰몬교는 1850년대에 유타 주의 주 교회(state church)였으며, 오늘날도 유타 주 주민의 60%가 몰몬교도라고 한다.[164]

1852년 몰몬교는 공식적으로 일부다처제를 도입했다. 3명의 부인을 두는 것이 몰몬교 고위 직분자의 필수 자격 조건이기도 했다. 몰몬교가 일부다처제를 도입한 것은 나름대로 이유가 있었다. 그 하나가

---

164 the Fourteenth Amendment는 주 교회를 지명하는 관행을 중지했다.

영혼들이 아이들의 육체를 점유하기 위해 기다리고 있다는 그들의 신념이라면, 다른 하나는 몰몬교는 거대한 미 대륙에 비해 지극히 작은 공동체에 불과하기 때문에 인구 증가가 절실하다는 그들의 현실적 상황이었다.[165]

1889년 미국 연방정부는 몰몬교의 일부다처제가 국법에 위배된다 하여 몰몬교회의 모든 재산을 동결해 버렸다. 이에 몰몬교의 4대 회장 월포드 우드러프(Wilford Woodruff)는 1890년 더 이상 일부다처제를 인정하지 않겠다고 선언하고 그것을 폐지했다.

몰몬교의 성직제도는 그 정점에 제일 회장이 있고 두 명의 다른 회장이 그를 돕는다. 그 아래 12사도의 최고회의, 족장 또는 전도자라 불리는 그룹, 대제사장, 79인이라 불리는 그룹 순서로 구성되어 있다. 이들은 모두 멜기세덱 계열의 제사장이라고 한다. 그들은 장로로 불리며 설교하고 안수할 자격과 권한을 가지고 있다. 이보다 낮은 서열이 아론 계열의 제사장이며 감독, 제사장, 집사, 교사가 여기에 속한다. 거의 모든 남자 몰몬교도들은 제사장이라고 할 수 있다.[166] 몰몬교의 최종 지도권은 회장과 12사도를 중심으로 이루어지고 있으며, 그들은 하나님께서 그들을 통해 그의 뜻을 계속 계시한다고 주장한다.

몰몬교는 1840년대에 그들만이 모여 사는 공동체 생활을 포기했다. 그것이 몰몬교에 분란의 요인이 되기도 했다. 왜냐하면 일부 분파가 공동체 생활을 몰몬교 신앙의 본질로 간주하고 문제를 제기했기 때문이다. 영의 정통성 문제도 갈등의 또 다른 요인이었다. 제1대 교

165 David Christie-Murray, *A History of Heresy* (Oxford: Oxford University Press, 1976), p.203.

166 Christie-Murray, *A History of Heresy*, p.203.

주 스미스가 교회 지도권을 그의 아들 스미스 3세에게 계승했다는 편지가 발견됨에 따라 영의 계승권이 도전을 받았다. 이런 갈등 끝에, 몰몬교는 결국 둘로 갈라졌다. 하나는 영을 후계자로 신봉하는 다수파로 유타(Utah) 주 솔트레이크에 본부를 두고 있다. 다른 하나는 스미스의 아들인 스미스 3세를 후계자로 신봉하는 소수파로 1860년 말일성도복원예수그리스도교회(Reorganiged Church of Jesus Christ of Latterday Saints)를 창설하고 미주리 주 인디펜던스(Independence)에 그 본부를 두고 있다. 후자는 논란이 되는 전자의 주요 교리를 거부했다. 죽은 자의 세례, 일부다처제, 다신론, 인간의 신으로의 승화 등이 그것이다.

몰몬교는 청년 교도들에게 1~2년 동안 해외에 나가 선교사로 사역하기를 기대한다. 이렇듯 선교를 강조하는 것이 몰몬교가 급성장한 요인 가운데 하나다. 3만 명 이상에 달하는 몰몬교 청년들이 세계 곳곳에 무보수 선교사로 나가 헌신적으로 활동하여 매년 수십만 명의 교도를 얻고 있다. 1992년의 통계에 따르면, 몰몬교도는 전 세계적으로 830만 명에 달한다.

몰몬교는 브리감영대학(Brigham Young University)과 몰몬 태버내클 콰이어(Mormon Tabemacle Choir) 등 널리 알려진 기관들을 운영하고 있으며 세계적인 체인망을 갖춘 호텔을 비롯하여 많은 사업체를 가지고 있는 것으로 알려졌다.

몰몬교의 두 파는 모두 한국에 들어와 활동하고 있다. 예수그리스도후기성도교회는 미국에서 몰몬교 신자가 된 김호직이 1951년에 귀국하여 부산에서 한국전쟁에 참전한 미군 병사들과 함께 포교를 시작하여 1956년 조직체로 발전했다. 서울 종로구 청운동에 본부를 두고 있고 신학연구원을 운영하는 한편, 정기간행물 〈성도의 벗〉을 발행하고 있다. 복원예수그리스도교회는 1958년 미국인 함(Wher Ham)이 처음 전파했으며, 본부는 서울 서대문구 연희동에 있다. 현재 400여 명의 몰몬교 선교사가 한국에서 활동하고 있으며, 대략 5만 명 이상의 교세를 가지고 있는 것으로 추정하고 있다.

2. 새 계시와 참된 교회

몰몬교의 창시자 스미스의 생애와 몰몬교의 기원과 성장 과정을 개괄함으로써 몰몬교가 어떤 교회인지를 살펴보았다. 그렇다면 몰몬교는 무엇을 믿고 가르치는가? 몰몬교의 일반적인 교리를 전반적으로 다루기보다는 기독교와 대비되는 그들 특유의 몇몇 교리를 중심으로 이를 논의하려고 한다.

a. 새 계시

몰몬교는 하나님의 계시가 아직도 계속되고 있다는 것을 신조로 명시하고 있다. "우리는 하나님이 이제까지 계시하신 모든 것과 지금 계시하는 모든 것과 앞으로도 하늘나라에 관하여 위대하고 중대한 것을 많이 계시하실 것을 믿는다."[167] 이러한 계시관의 산물이 몰몬교 경전들이다. 몰몬교는 성경과 더불어 《몰몬경》, 《교리와 성약》(Doctrine and Covenant), 《값진 진주》(The Pearl of Great Price)를 4대 경전으로 공인하고 있다. 《몰몬경》의 저자가 몰몬이고 그 번역자가 스미스라면, 《교리와 성

---

167 스미스, 《값진 진주》, 신앙개조 9항.

약》과《값진 진주》의 저자는 스미스 자신이다.

몰몬경은 몰몬교의 태동과 밀접한 관계에 있다. 스미스가 몰몬교를 창립한 것은 몰몬경의 발견에서 비롯되었기 때문이다. 몰몬교는 몰몬경을 부활하신 그리스도가 미국 원주민에게 나타나 전해 준 말세의 복음이라고 믿는다.

몰몬경은 바벨탑 이후 기원후 400년에 이르기까지 약 4천 년에 걸친 북미와 중미 대륙의 역사를 기록하고 있다. 몰몬경에 따르면, 고대 미 대륙에 이민 온 두 족속이 있었다. 야레드족(Jaredites)과 레히(Lehi) 가족이다. 야레드족은 바벨탑 붕괴 이후(기원전 2250) 오랜 항해 끝에 중미 서쪽 해안에 도착한 사람들이다. 그들은 도시를 건설하고 문명을 발전시켰으나 내부 분열과 내전으로 서로 살상을 일삼다 결국 전멸하고 말았다.

레히 가족은 기원전 600년경 예루살렘을 떠나 배를 타고 남미 해안에 도착한 므낫세 지파 유대인들이었다. 레히의 두 아들 라만과 니파이의 후손들은 라만족(Lamanites)과 니파이족(Nephites)으로 갈라졌다. 라만족은 하나님을 섬기지 않고 오히려 하나님에게 반항하는 악한 사람들이며, 그들로부터 아메리칸 인디언(Red Indian)들이 유래했다. 반면, 니파이족은 하나님을 잘 섬기는 선한 사람들이었다.

몰몬경에 따르면, 미국은 본래 팔레스틴과 마찬가지로 그리스도의 지상 활동 무대였다. 그리스도가 하늘로부터 내려와 세례를 주고 성찬을 베풀며 복음을 전파했다. 부활 후에도, 그리스도는 니파이족에게 나타났다. 왜냐하면 미국이 다시 그의 활동 무대가 될 것이기 때문이다. 그리스도 당시 그 나라 모든 사람이 그를 믿었기 때문에, 두 족

속은 200년간 평화를 유지하며 문명을 발전시킬 수 있었다. 그러나 양자 사이에 전쟁이 일어나고 최후 결전이 385년 뉴욕 주 북부 쿠모라에서 벌어졌다. 이 전투에서 승리한 라만족은 니파이족을 멸족시켰으며, 오직 몰몬의 아들 모로나이만 살아남았다.

한편, 니파이족은 그들의 역사에 대한 기록을 가지고 있었다. 니파이는 큰 판에는 자기 족속의 세속 역사를, 그리고 작은 판에는 영적 역사를 기록했다. 또한 니파이 이후 역사에 대한 기록도 있었다. 4세기에 몰몬은 이 기록들에 기초하여 부족 역사 전체를 요약하고 그것을 금판에 새겨 쿠모라 언덕에 파묻었다. 라만족과의 최후 결전에서 유일하게 살아남은 모로나이가 그것에 내용을 좀 더 첨가하여 다시 묻었다. 그리고 그것은 모로나이가 스미스에게 그 존재를 알려 줄 때까지 오랜 세월 땅속에 묻혀 보존되었다는 것이다.

몰몬경은 세 종류의 금판의 기록을 포함하고 있다. 니파이, 몰몬 그리고 에데르의 금판이다. 니파이의 금판은 니파이족의 세속사를 기록한 큰 판과 영적 역사를 기록한 작은 판 두 종류로 이루어져 있다. 몰몬의 금판은 몰몬이 만든 니파이판의 초록과 해설, 니파이족 역사의 보완 및 그의 아들 모로나이의 부록을 포함하고 있다. 에테르의 금판은 모로나이가 요약한 야레드족의 역사와 그의 해설 및 일반 역사에 대한 기록을 포함하고 있다.[168] 이 금판에 덧붙여 동판이 있다. 그것은 몰몬경이 자주 언급하고 있는 라반(Laban)의 동판으로 레히 사람들이 예루살렘에서 가져온 것이라고 한다. 라반판은 히브리 경전과 연대기 등을 포함하고 있다. 몰몬경은 각 저자의 이름을 밝힌 15권의 책으

---

[168] Smith, Jr., *The Book of Mormon* 서두에 수록된 '몰몬경에 대한 간단한 분석'에서 인용.

로 구성되어 있으며, 저작 연대는 기원전 600년에서 기원후 421년에 이르는 기간이라고 한다.[169]

한편, 몰몬교가 몰몬경과 더불어 신앙과 생활 규범으로 삼고 있는 또 다른 경전은《교리와 성약》이다. 그것은 스미스가 받은 계시의 내용을 기록한 것이라는데, 1876년 처음 출판되었다.《교리와 성약》은 136장으로 구성되어 있으며, 신의 본질, 제사장직, 천년왕국과 구원의 과정, 죽은 자에 대한 세례, 결혼 등 몰몬교의 핵심 교리를 포함하고 있다. 특히 천상의 결혼, 일부다처제 등은 몰몬경에도 언급이 없는 내용들이다.

몰몬교가 교리적 권위를 부여하고 있는 또 하나의 경전은《값진 진주》다. 그것은 구약성경 창세기 1-6장의 요약, 신약성경 마태복음 24장에 대한 스미스의 번역문, 스미스가 받은 계시, 그의 생애, 영들의 지상생활, 신앙개조 등을 포함하고 있다.

한편, 몰몬교는 몰몬경과 더불어 성경을 하나님의 말씀으로 믿고 있지만, 그것에 제한된 가치와 권위를 부여하고 있다. 성경이 정확하게 번역되는 한에서만 하나님의 말씀이라는 것이다. "우리는 성경이 정확하게 번역된 한 하나님의 말씀임을 믿고 또한 몰몬경도 하나님의 말씀임을 믿는다."[170] 따라서 몰몬교는 영어성경 가운데 흠정역본(King James Version)만을 인정한다. 뿐만 아니라 영원한 복음은 성경만을 읽어서는 발견할 수 없다고 한다. 왜냐하면 교회가 성경에서 "명백하고 귀중한 것"을 많이 삭제해 버렸기 때문이다. 반면, 몰몬경은 사도들이 전했지

---

169 Ibid.

170 스미스,《값진 진주》, 신앙개조 8항.

만, 그 후 사라진 바로 그 영원한 복음이라고 한다. 그것을 1830년 스미스가 회복했다는 것이다.[171]

전통 기독교가 신앙과 교리의 최종적 권위를 성경에 부여하고 있는 데 반해, 몰몬교는 새 계시에 그 권위를 부여하고 있다. 몰몬교는 그리스도를 최후의 예언자로 간주하거나 신약성서를 하나님의 최종적인 언약으로 대하지도 않는다. 왜냐하면 하나님의 계시는 그리스도나 신약성서 이후에도 계속되고 있기 때문이다. 따라서 성경은 불완전하며, 구원의 안내자로서도 불충분하다는 것이다.

반면, 몰몬교는 하나님이 새 계시를 위해 한 사람을 택했는데 그가 바로 스미스라고 믿는다. 따라서 그가 받은 계시의 산물인 몰몬 경전들의 우위성을 주장하며 성경보다도 그것에 더 가치와 권위를 부여한다. 새 계시에 토대를 둔 몰몬 경전이 더 완전한 구원의 안내서라는 것이다. 권위의 서열로 보면, 몰몬교가 가장 중요시하는 것은 몰몬경이고, 그다음이 《교리와 성약》, 《값진 진주》 그리고 성경의 순서다.

b. 참된 교회

몰몬교는 기존 교회를 가증하고 부패한 교회로 취급하는 반면, 자신들을 참되고 살아 있는 유일한 교회로 자부한다. 스미스가 초대 교회 때부터 시작된 교회의 변질로부터 참된 교회를 재건할 사명을 하나님으로부터 부여받은 진정한 예언자라고 믿기 때문이다. 따라서 참된 교회의 회복은 1830년 몰몬경의 출현과 몰몬교의 창립으로부터 시

---

171 Smith, *The Book of Mormon*, 1 Nephi 13:26-29.

작되었다고 한다.[172] 몰몬교가 참된 교회라는 근거는 몰몬교만이 그리스도 이후 하늘로부터 직접 계시를 받아 시작한 유일한 교회라는 것과 아론과 멜기세덱의 제사장직을 이어받은 교회라는 것이다. 스미스와 카우드리가 1829년 세례 요한으로부터 아론의 제사장직을, 그리고 베드로와 야곱, 요한으로부터 멜기세덱의 제사장직으로 안수받았다는 것이 그 이유다.

이렇듯 몰몬교는 새로운 계시와 제사장직에 근거하여 자신들만이 참 교회이며 몰몬교회에만 구원이 있는 반면, 기존 교회에 속한 사람들은 저주 아래 있다고 주장하거나 그들을 적그리스도로 취급하고 있다. "하나님이 조셉 스미스를 보내셨고 그를 통해서만 영원한 복음이 선포되었다고 고백하지 않는 모든 영혼은 적그리스도다."[173]

_____ ### 3. 육체를 지닌 하나님

몰몬교의 이단성과 관련하여 논란이 되는 중요한 주제는 하나님에 관한 교리다. 몰몬교는 기독교 신앙의 핵심에 속하는 하나님에 대해 전통 교회와 본질적으로 다른 주장을 하고 있다. 몰몬교의 신관은 몇 가지로 정리할 수 있다.

첫째, 하나님도 육체를 가진 존재다.[174] 스미스에 따르면, 성부와

---

172 Ibid.,1 Nephi 13:26-28; 스미스, 《교리와 성약》 1: 24-33.

173 *Discourses of Brigham Young*, p.435.

174 Gordon B. Hinckley, *What of the Mormons?* (Salt Lake: The Church of Jesus Christ of Latter-day Saints, 1954), p.21.

성자는 사람과 같이 육체를 가지고 있는 반면, 성령은 그것을 가지고 있지 않다.

> 아버지는 사람의 것과 같은 만져 볼 수 있는 살과 뼈의 몸을 가
> 지셨으며, 아들도 그러하시니라. 그러나 성신은 살과 뼈의 몸을
> 가지지 아니하셨고 다만 영의 인격체시니라. 만일 그렇지 아니
> 하면 성신이 우리 안에 거하실 수 없으리라.[175]

몰몬교 제2대 교주인 영 역시 하나님 아버지를 인간의 육체처럼 유형적인 살과 뼈로 이루어진 몸을 가졌다고 주장했다. 이렇듯 몰몬교는 하나님을 영적 존재로 생각하지 않고, 육체를 아울러 가진 존재로 믿고 있다.

둘째, 신은 인간 출신이다. 신들은 본래 인간이었으며 지상에서 살다 신이 된.것이다.[176] 바꿔 말하면, 사람도 신이 될 수 있다는 것이다. 실제로 현재의 신들은 신이 되도록 스스로 승화한 사람이었다. 예를 들어, 아브라함과 이삭과 야곱은 그들이 받은 명령을 지켰기 때문에 지금 하늘 보좌에 하나님으로 앉아 있다는 것이다.

> 아브라함은 첩들을 받았고 이들이 그에게 자녀를 낳으매, 이것
> 이 그에게 의로 헤아려졌나니, 이는 이들이 그에게 주어졌고 그

---

175 스미스, 《교리와 성약》, 130:22, 88:27 참조.

176 스미스, *Teachings of the Prophet Gospel Smith*, 1844 스미스의 가르침, pp.345-436, 이종성, "몰몬교와 여호와의증인교," 《한국기독교와 사이비이단운동》, 한국기독교문화연구소 편(서울: 숭실대학교출판부, 1995), p.116에서 재인용.

는 나의 율법에 거한 까닭이라. 그와 같이 또한 이삭과 야곱도 명함을 받은 일 외에는 아무 일도 하지 아니하였나니, 이에 그들이 명함을 받은 일 외에는 아무 일을 하지 아니하였으므로 그들은 약속에 따라 그들의 승영에 들어가 보좌에 앉았으니, 천사가 아니요 신이니라.[177]

몰몬교는 인간이 신도 될 수 있고 천사도 될 수 있을 뿐만 아니라, 천사도 인간이 될 수 있다고 믿는다. 몰몬경을 쓴 예언자 몰몬의 아들 모로나이는 본래 인간이었으나 지금 천사로 있다는 것이다. 이렇듯 신이 되도록 승화하는 것이 모든 인간의 과제다.[178]

셋째, 신도 성별을 지니고 있다. 몰몬교는 하나님 아버지를 남성을 의미하는 것으로 해석하며, 하나님 어머니도 있다고 주장한다. 그리고 그들이 낳은 영적 자녀 가운데 장자가 예수님이라고 한다.

넷째, 아담은 하나님이다. 몰몬교는 아담과 하와가 인간이 되기 전 영적 존재였으며, 아담은 천사장 미가엘(Michael)이었다고 주장한다. "또한 미가엘 곧 모든 자의 조상이요 모든 자의 왕자요 옛적부터 있던 자 아담으로 더불어 마시리라."[179] 뿐만 아니라 아담을 하나님이라고도 한다.

너희가 너희를 위하여 예비된 면류관에 이르고 많은 왕국을 다

---

177 스미스, 《교리와 성약》, 132:37

178 Christie-Murray, *A History of Heresy*, p.203.

179 스미스, 《교리와 성약》, 27:11

스리는 통치자가 되게 하려 함이니라. 아담-온다이-아만의 기초를 세운 시온의 거룩한 자, 주 하나님이 이르노라. 그는 미가엘을 너희 왕자로 정하고, 그의 발을 굳게 세우고, 그를 높은 곳에 두고, 시작한 날이나 생명의 끝이 없는 거룩하신 이의 권고와 지시 아래 구원의 열쇠들을 그에게 주었느니라.[180]

또한 몰몬교는 원죄를 인정하지 않을 뿐만 아니라 아담과 하와의 타락을 저주가 아닌 축복으로 해석한다. 왜냐하면 그들의 타락이 없었다면, 그들은 자녀를 가질 수 없었을 것이고 인류의 역사는 시작될 수 없었기 때문이다.[181]

다섯째, 다신론적인 신관이다. 몰몬교 경전은 하나님의 수에 대해 서로 일치하지 않는 내용을 말하고 있다. 때로는 하나님이 유일하다고 했다가, 때로는 많은 하나님이 있다고도 한다. "보라, 이것이 그리스도의 가르침이요 하나님이시고 끝이 없으신 유일하시며 참되신 아버지와 아들과 성령의 가르침이니라."[182] "유일의 하나님이 되시는 아들 그리스도와 아버지 하나님과 성령의 심판대에 끌려 나와 선한 일이든지 악한 일이든지 저들이 행한 행위대로 심판을 받으리라."[183]

반면, 이미 지적한 것과 같이 몰몬교는 인간이 승화하여 하나님이 될 수 있다고 가르친다. 또한《값진 진주》는 창세기의 하나님을 가리

180 스미스,《교리와 성약》, 78:15-16.

181 Smith, *The Book of Mormon*, 2 Nephi 3:22-25.

182 Smith, *The Book of Mormon*, 2 Nephi 31:21.

183 Smith, *The Book of Mormon*, Alma 11:44.

키면서 '하나님들'이란 표현을 반복적으로 사용하고 있는 것도 다신론적 관점을 시사한 것으로 여겨진다. "주께서 이르시되, 우리가 내려가자 하시고, 태초에 그들이 내려가시니라. 그리고 그들 곧 하나님들께서 하늘들과 이 땅을 조직하며 지으시더라…."[184] 이렇듯 몰몬교 경전들은 서로 일치하지 않는 내용을 포함하고 있다. 하나님이 유일하다면, 아담과 아브라함 등은 하나님일 수 없는 반면, 그들도 하나님이라면, 하나님은 유일한 것이 아니기 때문이다. 따라서 일부 유일신론적 언급이 있다 하더라도, 몰몬교의 신관은 다신론적이라는 것을 부인하기 어렵다.

이외에도 몰몬교는 신앙개조 첫 항목에서 "우리는 영원하신 하나님 아버지와 그의 아들 예수 그리스도와 성령을 믿는다"고 고백하고 있다.[185] 그렇지만 성부 성자 성령을 삼위일체의 하나님이 아닌, 각각 분리된 별개의 하나님으로 믿는다는 혐의를 받고 있다. 왜냐하면 성부와 성자는 사람과 같은 육체를 가지고 있는 반면, 성령은 단지 영적 존재라고 주장하기 때문이다.[186]

요약하면, 몰몬교의 하나님은 육체를 가지고 있을 뿐만 아니라 본래 인간 출신이었다. 아담, 아브라함, 야곱, 이삭 등도 지금 하나님으로 있으며, 그들은 승화하여 하나님이 되었다고 한다. 이렇듯 몰몬교에서는 하나님이나 천사가 사람이 되기도 하고, 반대로 인간이 하나님이나 천사가 되기도 한다. 이러한 몰몬교의 하나님 신앙은 기독교의 유일신

---

184 스미스, 《값진 진주》, 아브라함서 4-5장.

185 스미스, 《값진 진주》, 신앙개조 1항.

186 스미스, 《교리와 성약》 130:22.

신앙이나 삼위일체 하나님 신앙, 또는 성경의 하나님과는 전적으로 다른 것이다. 기독교의 하나님은 창조주이고, 인간은 그의 피조물이다. 양자 사이에는 질적이고 존재론적 차이가 있다. 그렇지만 하나님이 인간 출신이라고 믿는 몰몬교에서는 하나님과 인간 사이에 본질적인 차이란 존재할 수 없다.

4. 세 아내를 둔 그리스도

스미스는 1830년 '그리스도의교회'라는 명칭으로 몰몬교를 창립했으며, 그 후 그것을 '말일성도예수그리스도교회'라고 부르다가 2005년 '예수그리스도후기성도교회'로 개칭했다. 이렇듯 자칭 예수 그리스도의 교회라고 주장하는 몰몬교는 그리스도에 대해 무엇을 믿고 어떻게 가르치고 있을까?

몰몬교도 예수 그리스도를 세상의 구원자로 고백하는 외형적인 면에서는 기독교와 다르지 않다. "너희 주, 너희 하나님, 그리고 너희 구속주인 예수 그리스도…."[187] 하지만 그리스도의 본성과 생애, 사역에 대한 교리를 구체적으로 주목해 보면, 그 특유의 주장을 발견할 수 있다.

첫째, 그리스도는 여호와 하나님의 첫째 아들이다. 모든 인간은 태어나기 전부터 영(spirit)으로 존재했으며, 태초에 하나님과 함께 있었다. 그들은 하나님이 지상에 있었을 때 낳은 아들과 딸들이다.[188] 그 가

---

187 스미스, 《교리와 성약》 27:1.

188 스미스, 《교리와 성약》 93:29, 33; J. Smith, *Man, His Origin and Destiney*, pp.351, 355.

운데 첫아들이 그리스도다. "엘로힘의 여호와의 아들 중에서 첫 탄생
자는 여호와 또는 예수 그리스도였다. 다른 모든 영은 그리스도의 연
하다."[189]

둘째, 나사렛 예수는 성부 하나님 또는 아담 신과 마리아의 동침
으로 잉태된 것이다. 스미스는 그리스도의 탄생을 하나님 아버지에 의
해 마리아의 몸에 잉태된 것으로 가르친 반면, 영은 아담에 의해 마리
아의 몸에 잉태되었다고 했다. 이처럼 양자는 그리스도의 탄생과 관련
해 견해 차이를 노출하고 있다.

셋째, 예수는 이 땅에서 여러 여자와 결혼생활을 했다. 스미스가
이를 공개적으로 주장했다는 논거는 없지만, 일부 몰몬교 지도자들은
그것을 주장했다. 몰몬교 최초의 12사도들 가운데 하나였던 하이드(O.
Hyde)에 따르면, 예수는 가나에서 여러 여자와 결혼했다.

> 갈릴리 가나 결혼식장에서 예수가 신랑이 되어 마리아와 마르다
> 와 다른 마리아를 신부로 맞이했다는 것은 우리를 놀라게 하지
> 않는다. 우리의 구주와 그들 여자들 사이에 친근함이, 남편과 아
> 내의 관계와 같은 것이 없었다고 하는 것은 정당한 생각이 아니
> 다.[190]

예수는 결혼했을 뿐만 아니라 자녀까지 두었으며 십자가 위에서
죽기 전에 그들을 대면했다고 한다. "예수 그리스도가 결혼을 했기 때

---

189 J. Talmage, *Articles of Faith*, p.471.

190 *Journal of Discourses*, II, pp.81-82.

문에 그가 십자가 위에서 죽기 전에 그의 씨를 볼 수 있었다. 구주가 죽기 전에 그 자신의 자녀를 보았다고 할 것이다."[191]

넷째, 그리스도는 그의 죽음과 부활을 통해 보편적 구원과 개인적 구원을 성취했다. 보편적 구원은 죽음에서 부활하는 것을 말하며, 그리스도가 그의 부활을 통해 조건 없이 모든 사람에게 제공한 것이다. 반면, 개인적 구원은 최상의 천국인 해의 왕국에 들어가는 '승영'을 말하며 어떤 조건을 충족시킴으로써 얻을 수 있는 것이다.

> 구원은 이중적이다. 보편적으로 그리스도에 대한 신앙과는 관계 없이 모든 사람에게 주어진다. 개인적으로 개인의 생활 영역 안에서 하는 행동의 공로와 율법과 복음의 제도에 복종함으로써 얻어진다.[192]

몰몬교에 따르면, 그리스도는 개인의 구원에 대한 문을 열기만 한 것이고, 그것을 완성하는 것은 인간의 몫이라는 것이다. 개인적 구원, 즉 승영은 그리스도에 대한 믿음뿐만 아니라 몰몬교 의식과 계명의 준수, 침례, 선행 등을 통한 영혼의 승화에 의해 이루어지는 것이다. 따라서 몰몬교는 믿음보다 오히려 인간의 업적을 강조하고 있다. 몰몬교 신앙개조가 이를 증거하고 있다. "우리는 그리스도의 속죄를 통하여 온 인류가 복음의 법과 의식을 지킴으로써 구원을 받을 수 있음을

---

191 Ibid.

192 Smith, *Doctrine of Salvation*, II, pp.302-303.

믿는다."[193] 반면, 몰몬교는 오직 믿음에 의해서만 의롭게 된다는 이신득의의 전통적 교리를 무의미한 것으로 간주한다. 정리하면, 몰몬교는 기독교와 전적으로 다른 그리스도에 대한 이해를 주장하고 있다.

첫째, 몰몬교는 그리스도와 인간 사이의 본질적 차이를 부정한다. 몰몬교는 하나님이 그리스도의 영을 포함하여 모든 인간의 영을 낳았으며, 인간은 본래 영적 존재였다고 주장한다. 그것은 그리스도와 인간 사이의 본질적 차이를 부정하고 단지 하나님이 먼저 낳았느냐, 나중에 낳았느냐 하는 순서와 시간적 차이만을 인정하는 것이다.

둘째, 몰몬교는 그리스도가 이 땅에서 여러 여자와 결혼했으며 자녀까지 두었다고 주장한다. 이렇듯 예수의 결혼설을 주장하는 것은 결혼을 하지 않으면 구원을 이룰 수 없다는 그들의 교리를 합리화하려는 것이다. 예수가 결혼을 하고 자녀를 둠으로써 내세에서의 승화를 완성했다는 것이다. 또한 그것은 몰몬교의 일부다처제를 뒷받침하려는 시도로도 이해할 수 있다.

셋째, 몰몬교는 믿음으로 말미암는 칭의를 무력화하고 있다. 몰몬교는 그리스도가 죽음에서 부활하는 보편적인 구원을 이룩했지만, 최상의 천국에 이르는 개인적인 구원은 인간의 업적에 의해 이루어진다고 주장한다. 따라서 외형적으로는 그리스도를 세상의 구속주라고 고백하지만, 실제로는 그리스도의 구속사역을 미완성으로 간주하고 있다. 그리스도는 구원의 문만 열었을 뿐이며, 그것을 완성하는 것은 인간이 몫이라는 것이다.

---

193 스미스, 《값진 진주》, 신앙개조 3항.

5. 누구나 가는 천국

몰몬교는 세계의 종말이 가깝다는 이유에서 그 공식 명칭을 한때 말일성도예수그리스도교회라 했다. 그럼에도 몰몬경은 그리스도의 재림에 대해 거의 언급하지 않고 있으며, 《교리와 성약》에서 조금 다루고 있을 뿐이다. 종말에 관한 몰몬교 특유의 신앙은 다음 몇 가지로 요약할 수 있다. 첫째, 세 종류의 천국이다. 해의 왕국, 달의 왕국, 별의 왕국이 그것이다. 해의 왕국은 지상에서 이룩되며 가장 높은 단계의 천국이다. 몰몬교인으로 모든 계명과 의식을 잘 지킨 사람들이 들어갈 수 있으나 독신자나 신전 성례 불참자는 들어갈 수 없다. 달의 왕국은 달에서 이룩되며 두 번째 단계의 천국이다. 몰몬의 율법 없이 죽은 사람, 생전에 몰몬의 복음을 받아들이지 않았다가 사후에 받아들인 사람, 몰몬교인 가운데 계명과 의식을 다 지키지 않은 사람들이 가는 곳이다. 별의 왕국은 별들에서 이룩되며 가장 낮은 단계의 천국이다. 몰몬의 복음을 받아들이지 않은 사람, 몰몬교인이 아닌 모든 기독교인들이 들어가는 곳이다. 몰몬교는 모든 사람이 이 세 종류의 천국 가운데 하나에 들어간다고 주장한다.[194]

둘째, 죽은 사람의 세례다. 몰몬교는 죽은 사람에 대해 세례를 베푼다. 이는 세례를 구원의 필수 조건으로 여길 뿐만 아니라 스미스가 참된 교회를 세우기 전에 죽은 사람들도 구원에 유효한 세례를 반드시 받아야 한다고 믿기 때문이다. 따라서 몰몬교는 복음을 알지 못하고 죽은 사람을 대신해 살아 있는 사람이 세례를 받으면, 이미 죽은 사람도 구원받을 수 있다고 믿는다. 이는 스미스가 1841년과 1842년에

194 스미스, 《교리와 성약》, 88:4-31.

받은 두 차례의 계시와 사후에도 복음을 믿을 수 있는 기회가 있다는 신념에 근거한 것이다.[195]

셋째, 지옥의 존재에 대한 실제적 부정이다. 몰몬경은 지옥의 존재를 말하고 있으나 몰몬교의 사도, 지도자, 학자들은 지옥이나 영원한 형벌의 실재성을 부인하거나 극소수의 사람만이 지옥에 간다고 주장하고 있다. 그것은 명목적으로는 지옥의 존재를 인정하고 있지만, 실제로는 그것을 부정하는 것이나 다름없다. 몰몬교가 모든 사람이 세 종류의 천국 가운데 어느 하나에 들어간다고 가르치고 있다는 것이 이를 뒷받침한다.

넷째, 이스라엘 민족의 문자적인 회복이다. 몰몬교의 신앙개조 제10조는, 우리는 이스라엘 민족이 문자 그대로 사방에서 집합하고 그 열 지파가 회복될 것을 믿는다고 명시하고 있다.

다섯째, 그리스도의 미국 재림이다. "새 예루살렘, 곧 시온이 이 대륙(미국)에 건설되며, 그리스도는 친히 지상의 왕으로 오시어 다스리시고 땅은 새로워져서 낙원의 영광을 받게 될 것을 믿는다."[196] 몰몬교 창시자 스미스는 그리스도가 1891년 2월 14일에 재림한다고 예언한 바 있다.

이상에서 살펴본 몰몬교의 종말론은 기독교의 교리와 전적으로 다를 뿐만 아니라 성서적 근거도 전혀 없다. 첫째, 세 종류의 천국론과 무지옥설은 성경의 증거와 정면으로 배치된다. 천국은 구원받은 사람

---

195 스미스,《교리와 성약》, 88:4-31; 이종성, "몰몬교와 여호와의증인교",《한국기독교와 사이비 이단운동》(숭실대학교출판부, 1995), p.121.

196 스미스,《값진 진주》, 신앙개조 10항.

이 영원히 사는 곳인 반면, 지옥은 구원받지 못한 사람이 영원한 형벌을 받는 곳이다. 성경은 지옥의 존재를 분명히 보여 주고 있을 뿐만 아니라(마 25:41, 눅 16:19-31, 계 20:15), 복음을 거부한 사람(막 16:16), 마귀와 그 사자들(마 25:41), 범죄한 천사(벤후 2:4), 우상숭배자(계 14:11) 등이 지옥에 갈 사람이라고 구체적으로 지적하고 있다.

둘째, 죽은 사람이 대리적인 세례로 구원의 기회를 가지게 된다는 주장은 예수님의 교훈과 어긋나는 것이다. 예수님은 부자와 거지 나사로의 이야기를 통해 죽음 이후 인간 영혼의 상태가 변경 가능하다는 것을 부정한 반면, 죽음 이후 인간 영혼의 상태는 확정적이라는 것을 분명히 하셨다(눅 16:19-31).

셋째, 미국이 시온이 되며, 미 대륙이 그리스도의 재림 장소라는 주장은 성경에 근거를 둔 것이 아니라, 몰몬 경전과 미국적 민족주의의 발상에 근거한 것이다.

결론

몰몬교는 자칭 예수 그리스도의 교회라고 하지만, 그 명칭이 무색하리만치 성경의 가르침이나 기독교의 교리와 동떨어진 주장을 하고 있다. 삼위일체 하나님 이외 여러 신의 존재를 인정하는 다신론, 하나님과 인간의 질적 차이를 부정하고 인간도 신으로 승화할 수 있다고 보는 인간 이해, 인간은 출생 전부터 이미 영으로 존재했다고 보는 인간 영혼의 선재, 그리스도의 구속사역을 미완성적인 것으로 간주하는 반면, 몰몬교의 계명과 의식 준수와 같은 인간의 업적을 강조하는 구원론, 지옥의 실제적인 존재를 부정하는 한편, 천국을 세 종류로 나누고 모든 사람이 그중 하나에 간다는 종말론, 죽음 이후 영혼의 상태를 확정적인 것으로 보지 않고 죽은 자의 세례를 통해 변경 가능한 것으로 보는 사후 기회설, 일부다처제, 천상에서의 결혼 등이 그 대표적인 사례다. 이로 인해 기독교는 몰몬교를 이단으로 규정하는 것이다.

몰몬교와 기독교의 교리적 논쟁은 타협이나 조정이 가능한 싸움이 아니라 전적으로 옳으냐, 아니면 전적으로 그르냐의 싸움이다. 그것은 어떤 해석상의 문제로 빚어진 갈등이 아니라 근본적인 토대 문제로 빚어진 존립을 건 싸움이다. 기독교는 성경을 최고의 권위와 근거로 삼고 있는 반면, 몰몬교는 몰몬경을 비롯한 새로운 계시를 최고의 권위로 삼고 있다. 후자는 성경에 대해 "올바로 번역되는 한"에서만 가치를 제한적으로 인정할 뿐이다. 따라서 몰몬교의 이단적인 특정 교리보다 더 근원적이고 심각한 것이 새로운 계시 문제다. 새로운 계시의 가능성을 인정하게 되면, 기독교 교리의 골조가 흔들리게 될 것이다. 반면, 그것을 부정하면, 그 위에 건설된 몰몬교는 붕괴를 면치 못할 것이다.

몰몬교는 하나님의 계시가 아직도 계속되고 있다는 것을 신조로 명시하고 있으며, 하나님으로부터 새로운 계시를 받은 사람이 스미스라고 믿는다. 따라서 그가 받은 계시의 산물인 몰몬 경전들의 우위성을 주장하며 성경보다도 그것에 더 가치와 권위를 부여하고 있다. 그렇다면, 몰몬교에 대해 제기할 수 있는 근원적인 문제는 하나님 계시의 계속성 문제와 그 계시의 진위 문제일 것이다.

기독교는 하나님의 계속적인 계시에 대해 이미 고대 교부들을 통해 입장을 정리했으며 지금도 그것을 따르고 있다. 따라서 초기 기독교가 새로운 계시를 받았다고 주장한 몬타누스주의자들을 이단으로 정죄한 것을 오늘의 귀감으로 삼아야 할 것이다. 몬타누스주의자들은 정통적인 교리를 수용하고 엄격한 윤리적 삶을 강조하고 실천했음에도 불구하고, 계속적인 계시를 주장하고 새로운 계시를 보유하고 있는 그들과 그들의 공동체만이 참된 그리스도인이요 참된 교회라고 주장한 것으로 인해 이단으로 정죄받았다. 새로운 계시를 주장하는 것은, 그리스도 안에서 주어진 계시가 종료되었다는 계시의 종국성에 대한 신앙을 위협하고 부정하는 것이요, 자신들만이 참된 교회라는 주장은 교회의 통일성을 파괴하고 교회를 분열시키는 행위이기 때문이다.[197] 몰몬교가 기존 교회를 복음의 많은 부분을 삭제한 가증하고 부패한 교회로 간주한 반면, 새로운 계시를 소유한 자신들만을 참된 교회라고 하는 것은 몬타누스주의자들과 전혀 다를 바 없다. 몬타누스주의는 단한 가지 교리, 즉 새로운 계시를 주장한 것 외에는 교회의 전통적인 교리를 다 수용했다는 사실을 감안한다면, 여러 면에서 전통 교회와 입장을 달리하는 몰몬교는 이단 혐의를 피할 수 없다. 따라서 고대 기독교가 몬타누스주의에 대해 엄격한 결정을 내렸던 것같이, 현대 교회는 여러 측면에서 기독교의 진리를 훼손하고 부정하고 있는 몰몬교에 대해 단호하게 대처해야 할 것이다.

마지막으로 한 가지 더 지적한다면, 몰몬경의 진위 여부도 논란이 계속되고 있는 문제 가운데 하나라는 사실이다. 몰몬경의 원본인 금판이 실제로 존재했다는 증거가 없기 때문이다. 그 금판을 보았다는 해리스(Martin Harris), 카우드리, 위트머(David Witmer) 같은 스미스의 측근들

---

197 Gonzalez, *A History of Christian Thought*, vol. I(Nashville: Abingdon, 1981), p.146.

도 그 후 몰몬교회를 떠나면서 그것을 부정하고 스미스를 거짓 예언자라고 비판했다.[198] 일부 비판가들은 몰몬경이 솔로몬 스폴딩 목사의 공상소설 《아메리칸 인디안의 시조》와 《이스라엘의 잃어버린 후예》를 표절한 것이라고 한다.[199]

---

198 이종성, "몰몬교와 여호와의증인교", 《한국기독교와 사이비이단운동》, p.110.

199 두란노, 〈목회와 신학〉 (1995년 9월호), p.171.

12장

여호와의증인

서론

미국에서 일어나 급성장하고 있는 또 다른 기독교 이단 집단이 여호와의증인이다. 본래 '시온의 워치타워소책자협회'로 불렸으나 그 후 현재의 명칭으로 바뀌었다. 1965년까지 20년간 여호와의증인 신도 수는 배로 증가했으며, 1988년과 2001년 사이에는 33만 3358명에서 99만 340명으로 거의 3배나 급증했다.

여호와의증인은 예수 그리스도가 이미 재림했으며, 여호와의증인 들만이 여호와의 왕국에 들어갈 수 있다고 믿는다. 그들의 주장은 대부분 세상의 종말에 관련된 것이며 기독교 전통적인 교리와 일치하지 않는 것이 특징이다.

또한 여호와의증인은 국가나 사회적인 문제로 물의를 일으키거나 논란의 대상이 되기도 한다. 세속적인 정부로부터 철저한 분리를 주장해 국기에 대한 경례나 병역 의무를 거부하고 응급 환자의 수혈을 거부하는 것 등이 그것이다. 최근에도 양심적 이유로 입영을 거부한 여호와의증인 신도 3명이 대법원으로부터 무죄 판결을 받았다는 기사가 언론 매체에 보도되었다.

기독교는 여호와의증인을 이단 종파로 규정하고 있는 반면, 여호와의증인은 그들이 기독교나 그 어떤 기성 종교로부터 파생했다는 것을 부정하고 기독교와는 완전히 다른 별개의 종교라고 주장한다. 여호와의증인은 어떤 종파이기에 이런 주장을 하며, 기독교는 왜 그들을 이단으로 규정하는 것일까? 여호와의증인의 주장을 먼저 살펴보고 기독교적 관점에서 그 이단성을 논의하려고 한다.

____ 1. 찰스 러셀과 여호와의증인의 태동

여호와의증인(Jehovah's Witness)은 아담의 둘째 아들 아벨로부터 시작된 가장 오랜 역사를 지닌 종교운동이라고 자처한다. 그러나 여호와의증인을 실제로 창설한 것은 19세기 말 미국의 찰스 러셀(Charles T. Russell, 1852-1916)이다.

러셀은 펜실베이니아 주 피츠버그(Pittsburgh)에서 스코틀랜드-아일랜드계 부모 밑에서 태어나 그들의 영향 아래 장로교회에서 신앙생활을 시작했다. 그는 10대 시절 하나님의 예정, 영혼 불멸, 지옥 형벌 등 교회의 가르침에 대한 반감으로 믿음 자체가 흔들렸다고 한다. 그의 신앙생활에 전환점이 된 것은 재림파와의 교류였다. 1869년 어느 날 저녁 길을 걷던 그가 들려오는 찬송 소리에 이끌려 들어간 곳이 재림파 집회였다. 거기서 접한 재림파 교리는 흔들리던 믿음을 회복하고

성경을 주의 깊게 연구하도록 그를 이끌었다.[200]

1870년 러셀은 피츠버그 인근에서 몇몇 친지들과 더불어 성경 공부반을 조직하여 성경을 연구하기 시작했다. 그 후 5년간은 그의 신앙과 지식의 성장기였다. 그는 영혼의 불멸성을 "하늘 왕국에서 그리스도와 함께 공동 후사가 되는 사람들이 얻게 될 선물"로, 그리스도의 재림을 "영체로 보이지 않게 임재하는 것"(요 14:19)으로, 재림의 목적을 "모든 사람을 멸하기 위한 것이 아니라 땅의 순종하는 가족을 축복하기 위한 것"(갈 3:8)으로 인식하게 되었다. 그의 성서 연구는 재림파 목사 웬델(Jonas Wendell)의 《성서주석》, 재림교회 목회자 조지 스테트슨, 〈사경〉(Bible Examiner)의 발행인 조지 스토스에 힘입은 바 크다.[201]

1877년 러셀은 그리스도의 재림에 관한 잘못된 견해에 대항하기 위해 그의 첫 소책자 《주의 재림의 목적과 방법》을 출판하여 그리스도가 1874년에 영적으로 재림했다는 그의 생각을 세상에 알리기 시작했다.

한편, 러셀은 〈아침의 전령〉(Herald of the Morning)의 편집인 바부어(N. H. Barbour)의 재림운동에 합세하여 그와 〈세 세계와 현 세계의 추수〉(Three World, and the Harvest of This World)를 공동으로 발행했다. 회복과 때에 관한 성경의 예언을 논의함으로써 그리스도의 비가시적 지상 재림이 1874년 가을에 시작되었으며, 1914년에 이방인의 때가 끝난다는 것을 제시했다.[202] 또한 자금난으로 정간되었던 바부어의 〈아침의 전령〉을 다시 펴

---

200 워치타워성서책자협회, 《여호와의증인: 하나님의 왕국 선포자》 (서울: 워치타워성서책자협회, 1993), p.43.

201 Ibid., pp.44-45.

202 Ibid., p.47.

냈다.

1878년 러셀은 피츠버그에 있는 독립 회중교회 목사가 되었으나, 바부어와는 그리스도의 죽음의 의의와 관련한 견해 차이로 몇 달에 걸친 지상 논쟁 끝에 결별하고 독자적인 활동에 나섰다. 그는 자신의 성경 해석을 전파하기 위해 일련의 잡지들과 소책자들을 출판했다. 1879년부터 발행되기 시작한 〈시온의 파수대와 그리스도의 임재의 전령〉(*Zion's Watch Tower and Herald of Christ's Presence*)도 그중 하나다.

1881년 러셀은 펜실베이니아 주 앨러거니(Allegany)에 본부를 둔 '시온의 워치타워소책자협회'(Zion's Watch Tower Tract Society)를 창립하여 초대 회장이 되었다. 이후 그의 종교운동은 미국을 넘어 1900년에 영국으로, 1903년에 독일로, 그리고 1904년에는 호주로 확산되었다.[203] 1914년에는 '국제성서연구자협회'(International Bible Student's Association)를 출범시켜 영국 런던에 본부를 두었다. 1917년에 이르기까지 여호와의 증인은 전 세계적으로 약 1200개 교회로 성장했다.

그렇지만 그의 가정생활은 순탄하지 않았다. 1879년에 결혼하여 13년간 결혼생활을 했지만, 〈파수대〉 잡지 운영 문제를 둘러싸고 부부간에 갈등이 생기면서 1897년부터 별거에 들어갔다가 1911년에 완전히 갈라섰다. 그 여파로 그는 본부를 뉴욕 시로 옮겼지만, 그의 사생활에 대한 비판과 1914년 이후에도 여호와의 왕국이 실현되지 않은 문제 등이 겹치면서 교세가 위축되었다. 1916년 10월 16일 그는 캘리포니아 순회전도를 마치고 기차로 돌아오는 중 텍사스 주 팸파에서

---

203 David Christie-Murray, *A History of Heresy* (Oxford: Oxford University Press, 1976), p.207.

64세로 사망했다.[204]

러셀은 대단한 웅변가였으며 정력적인 활동가였다. 일생 동안 5만 쪽 이상의 성경 연구 소책자를 펴내는 한편, 3만 번 이상의 설교를 했으며, 북미의 1500개 신문에 매주 그의 설교를 게재했다. 그는 《천년기 새벽》을 1886년부터 저술하기 시작하여 사망하기까지 5권을 출간했다. 또한 매년 3만 마일 이상, 도합 100만 마일 이상의 전도여행을 통해 그의 종교운동을 전 세계로 확산시켰다. 그의 주장은 삼위일체와 영혼 불멸 개념이 이교로부터 유래했다는 것과 그리스도는 비가시적인 영체로 이미 재림했다는 것을 핵심으로 하고 있다.

1917년 취임한 여호와의증인 제2대 회장은 여호와의증인 법률 고문이던 조지프 러더퍼드(Joseph F. Rutherford, 1869-1942)다. 창립자 러셀이 성경 공부와 영적 훈련을 중시했다면, 전직 판사 출신 러더퍼드는 행정을 체계화하고 교리를 조직화하며, 방문전도에 역점을 두는 등 많은 변화를 모색했다. 교리와 단체 명칭을 현재의 형태로 정비한 것도 러더퍼드였다.

그는 첫째, 주의 재림 시기를 1874년에서 1914년으로 변경했으며 지상 세계는 끝났고, "지금 살아 있는 수백만은 결코 죽지 않을 것"이라고 선포했다.

둘째, 단체의 명칭을 여호와의증인으로 변경했다. 1931년 오하이오 주 콜럼버스에서 열린 강연에서 "너희는 나의 증인"(사 43:10, 44:8)이라는 말씀에 근거하여 단체의 공식 명칭을 여호와의증인으로 선언했으며, 여호와의증인의 역사적 기원을 아담의 둘째 아들 아벨에서 찾았

---

204 워치타워성서책자협회, 《여호와의증인: 하나님의 왕국 선포자》, p.61.

다.[205]

셋째, 여호와의증인의 수를 14만 4천 명과 다른 양 무리(요 10:16)로 수정했다. 러더퍼드는 1935년 워싱턴 시에서 '여호와의증인과 요나답 반열'이란 제목의 강연을 통해 세례 요한으로부터 아벨에 이르는 요나답 반열의 충실한 사람들이 여호와를 위한 증인이었던 것처럼 다른 양 무리, 곧 '큰 무리'(계 7:9-17)가 현대의 요나답 반열이라고 주장했다.[206]

1942년 러더퍼드가 결장암으로 사망한 것은 여호와의증인들에게 큰 충격이었다. 왜냐하면 그와 그들이 생전에 천년왕국의 실현을 보게 되리라 기대했기 때문이다.

1942년 제3대 회장으로 개혁교회 출신 나단 노어(Nathan H. Knorr, 1905-1977)의 취임과 더불어 여호와의증인은 전성기를 맞았다. 16세에 여호와의증인에 가담하여, 전임 설교자, 본부 출판국 직원, 뉴욕 지역 책임자 등의 경력을 쌓은 노어는 36세의 젊은 나이에 회장에 취임하여 교육 사업과 세계 선교에 역점을 두었다. 1943년 뉴욕 주 북부 사우스 랜싱에 선교사와 지도자 양성을 위한 '길르앗 워치타워 성서학원'을 설립했으며, 협회의 모든 책과 논문은 익명으로 발행해야 한다고 규정했다. 1946년에 나온 《하나님을 참되게 하라》는 여호와의증인에서 가장 권위 있는 교리서이며 50여 개 언어로 번역되어 1700만 부이상 배포되었다.[207] 또한 성경을 현대 영어로 독자적으로 번역한 《신

205   Ibid., p.82.

206   Ibid., pp.83-84.

207   이종성, "몰몬교와 여호와의증인교," 《한국기독교와 사이비이단운동》, 한국기독교문화연구소 편

세계역 성경》을 1950년에 신약, 1960년에 구약, 그리고 1961년에 단권으로 출판했다. 이 성경이 여호와의증인의 신앙과 생활의 원리가 되었다. 이런 노어의 지도력 아래 여호와의증인은 급성장을 거듭하여 그의 재임 기간에 추종자가 11만여 명에서 200만 명 이상으로 증가했다. 1977년 제4대 회장으로 프레드릭 프란츠(Frederick W. Franz)가, 그리고 그의 뒤를 이어 밀턴 헨첼이 1992년 제5대 회장으로 선임되어 현재에 이르고 있다.

여호와의증인이 교리적으로 권위를 두는 것은 《신세계역 성경》과 러더퍼드의 우의적이며 비역사적인 성경 해석 및 교리서인 《하나님을 참되게 하라》(God Be True)다. 여호와의증인은 이것을 그들의 신앙과 생활의 원리로 삼고 있다.

여호와의증인은 신도들에게 높은 수준의 도덕적 삶을 요구하는 한편, 담배, 마약, 음주, 음행, 살인, 도둑질 등 모든 부도덕한 행실을 금하고 있다. 또한 음행과 간음 이외의 사유로 이혼하는 것을 인정하지 않는다. 하지만 국가와 사회에 대한 그들의 태도는 사회적으로 지탄을 받곤 한다. 국가와 민족에 대한 충성심의 부족, 병역 의무의 거부, 환자의 수혈 반대, 소극적인 사회적 관심과 참여 등이 그것이다. 그들은 만인제사장직의 신념과 모든 나라에 여호와의증인이 있다는 이유로 병역 의무를 거부할 뿐만 아니라 어떤 형태로든지 전쟁에 관여하기를 거부한다. 이로 인해 제2차 대전 때, 여호와의증인 6천 명이 나치수용소에서 죽었으며, 전후에는 캐나다, 호주, 뉴질랜드 등 여러

(서울: 숭실대학교출판부, 1995), p.133.

나라가 그들의 활동을 금지하기도 했다.[208]

　여호와의증인은 현재 미국 뉴욕 시 브루클린에 본부를 두고 있으며《신세계역 성경》을 비롯해 각종 서적, 소책자, 잡지 등을 발행하여 전 세계에 무료로 배포하고 있다. 그중 주요 출판물은 매월 발행되는 〈파수대〉와 〈깨어라〉이다. 2014년 3월 기준으로 〈파수대〉를 매월 228개 언어로 5294만 6000부, 그리고 〈깨어라〉를 101개 언어로 5178만 8000부 발행하고 있으며,《신세계역 성경》을 124개 언어로 도합 2억 800만 권 이상 발행 배포하고 있다.[209]

　여호와의증인은 2014년 기준으로 전 세계 239개국 820만여 명의 교인 수를 보유하고 있다. 한국에는 1912년 홀리스터(A. A. Holister) 부부가 여호와의증인을 처음 전파했으며 1957년 한국 지부로 사단법인 위치타워성서책자협회를 설립했다. 한국 지부는 경기도 안성시 공도읍에 위치하고 있으며, 2000년 통계에 따르면 왕국회관 수 1377개, 교인 수 10만 600여 명에 이르고 있다.

2. 하나님의 피조물 그리스도

　여호와의증인은 삼위일체 교리를 비성서적이며 이교에서 유래한 것으로 간주하여 삼위일체 하나님을 믿지 않고 오직 여호와만이 참하나님이라고 주장한다(신 4:39, 시 83:18). 따라서 그리스도를 하나님과 동등하다고 생각하지도 않으며 하나님의 피조물로 간주한다. 하나님

208　Christie-Murray, *A History of Heresy*, p.209.

209　〈파수대〉와 〈깨어라〉 2014년 3월호 (워치타워성서책자협회 발행) 참조.

은 아담을 창조하시기 전에 그를 창조했다는 것이다.[210]

여호와의증인이 그리스도를 피조물로 보는 것은 하나님이 아내를 두지 않았다는 사실에 근거하고 있다. 하나님이 아내를 두지 않았지만, 모든 생명의 창조주라면, 그리스도 역시 그의 피조물이라는 것이다. 그들은 이를 성경의 교훈이라고 주장하며, 《신세계역 성경》으로부터 그 근거를 제시한다. 하나님은 '모든 생명을 창조하신 분'(계 4:11)이라는 구절과 그리스도는 '모든 창조물 가운데 처음 나신 분'(골 1:15)이라는 구절이다. 여호와의증인은 그리스도를 하나님의 피조물이라고 하면서도, 하나님의 아들로 인정하고 있다. 그것은 아담의 경우와 같다고 한다. 아담도 하나님의 피조물이지만, 그의 아들로 불렸다는 것이다(눅 3:38). 이렇듯 예수는 영적 피조물로 하늘에서 존재했으며, 다른 피조물에 대해서는 하나님의 대변인이었다. 여호와의증인은 예수를 천사장 미가엘과 동일시한다.[211]

한편, 그리스도는 이 세상에 오실 때 그 이전의 모든 것을 버리고 순수한 인간으로 태어났다. 즉 그리스도는 천상의 천사에서 지상의 완전한 인간이 된 것이다. 그러나 하나님이 인간이 된 성육신은 아니었다.[212] 또한 그는 30세까지는 보통 인간이었으나 세례받은 후 메시아가 되었다. 이렇듯 여호와의증인은 그리스도의 신성을 부정하고 인간성만을 인정하고 있다.

---

210 "여호와의증인은 개신교입니까?," 여호와의증인 공식 웹사이트(www.jw.org/ko), 삼위일체를 믿어야 하는가? (Watch Tower Bible &Tract Society, 1989), pp.12-16.

211 "예수가 하느님의 아들로 불리는 이유는 무엇입니까?," www.jw.org/ko

212 이종성, "몰몬교와 여호와의증인교," 《한국기독교와 사이비이단운동》, p.138.

여호와의증인은 예수 그리스도를 여호와의 "충실한 증인"으로 이해하고 있다. 그는 자신이 여호와의 증인이 되어야 한다는 것을 잘 알고 있었을 뿐만 아니라 그 임무를 충실히 수행했다. 따라서 그는 아벨로부터 시작되는 여호와의 증인의 역사상 가장 뛰어난 증인이 되었으며, 하나님 또한 죽은 자 가운데서 그를 사흘 만에 일으키심으로써 그것을 인정하셨다는 것이다.[213]

그렇지만 여호와의증인은 그리스도의 육체적인 부활을 부정하고 영적인 부활만을 주장한다. 그는 육체로 죽었다가 비가시적인 영으로 부활했다는 것이다. 부활 후, 그리스도는 하나님으로부터 불멸성을 부여받았으며 미가엘 천사의 지위를 다시 회복하여 우주를 통치하는 기구의 총리가 되었다는 것이다.[214]

여호와의증인이 그리스도의 영적 부활을 주장하는 것은 그들의 배상설 형태의 속죄론과 밀접한 관계가 있다. 인간은 아담의 범죄로 완전성과 생명에 대한 권리를 상실했으며, 이를 회복하려면, 아담과 동등한 자격을 가진 속상금이 필요하다. 아담의 죄를 유전받은 그의 후손들은 불완전하여 그럴 자격이 없고, 오직 하나님이 직접 창조한 그리스도만이 자격이 있다. 그런데 그리스도가 육체로 부활한다면, 그것은 대속의 값을 되돌려받는 것과 다를 바 없으며, 그의 속죄사역은 무효가 되는 것이다. 따라서 그리스도는 육체로 부활할 수 없다는 것이다. 그리스도는 하나님에게 철저하게 순종했기 때문에, 하나님은 그

---

213 워치타워성서책자협회, 《여호와의증인: 하나님의 왕국 선포자》, pp.21-24.

214 이종성, "몰몬교와 여호와의증인교," p.139.

에게 영적 부활만을 허락했다는 것이다.[215]

여호와의증인은 구원을 얻기 위한 인간의 행위를 강조한다. 그리스도의 대속 희생은 아담의 범죄로 상실한 영원한 생명을 회복할 수 있는 길을 인류에게 열어 주었지만, 인간은 헌신과 봉사를 해야 구원을 얻을 수 있다. 여호와의증인은 구원은 "하나님의 뜻에 대한 완전한 순종, 그의 말씀을 믿는 신앙, 왕국 교리에 대한 준수"로부터 온다고 믿는다.[216]

이상에서 살펴본 바에 따르면, 여호와의증인의 그리스도론은 전통 기독교의 교리와 양립할 수 없는 다수의 요소를 포함하고 있다.

첫째, 성경 말씀의 변조다. 여호와의증인은 성경을 "하나님의 영감된 말씀"으로 믿고 신앙의 초석으로 삼고 있으나 그 성경은《신세계역 성경》을 가리키는 것이다.[217] 기존의 성경은 오류가 많다고 하여 독자적으로 번역한 것이《신세계역 성경》이다.《신세계역 성경》과 성경을 대조해 보면, 성경 본래의 말씀을 교묘히 변조하거나 없는 것을 삽입한 것을 발견할 수 있다. "주께서 만물을 지으신지라"(계 4:11)에서 만물을 "모든 생명"으로, 그리스도는 "모든 피조물보다 먼저 나신 이"(골 1:15)를 "모든 창조물 가운데 처음 나신 분"으로 변조했으며, "그 위는 셋이요 그 위는 아담이요 그 위는 하나님이시라"(눅 3:38)에 "아담은 하나님의 아들이었다"를 삽입했다.

---

215 노길명,《한국의 신흥종교》(대구: 가톨릭신문사, 1994), p.256.

216 워치타워성서책자협회,《여호와의증인: 하나님의 왕국 선포자》, p.131; Christie-Murray, *A History of Heresy*, p.208.

217 워치타워성서책자협회,《여호와의증인: 하나님의 왕국 선포자》, p.122.

둘째, 삼위일체 교리를 부정한다. 여호와의증인은 삼위일체 교리는 고대 바벨론, 인도, 이집트의 삼신론의 영향으로 생성된 것으로 간주하고 이를 부정한다.[218] 따라서 그리스도와 성령은 하나님과 같은 신격의 위치에 있지도 않고 하나님과 동격의 존재도 아니다. 특히 여호와의증인이 그리스도를 피조물로 간주하고 그의 신성을 부정하는 것은 고대 교회가 이단으로 정죄한 아리우스주의와 유사하다. 아리우스 역시 그리스도를 하나님의 피조물로 보았으며, 그의 신성을 부정했다.[219] 러셀이 아리우스를 워치 타워 진리를 가르친 교사 중 하나로 열거한 것도 이를 증거하고 있다. 또한 여호와의증인은 성령은 인격체가 아니라, 하나님이 사용하는 활동력으로 간주하며 성령의 신성을 부정할 뿐만 아니라 성령 자체에 대해 거의 언급하지 않는다. 따라서 여호와의증인에는 삼위일체 교리가 존재하지 않는다. 이러한 여호와의증인의 입장은 325년 니케아공의회에서 삼위일체 교리를 확립하고 이를 니케아 신조로 명문화한 것에 전적으로 배치되는 것이다.

셋째, 그리스도의 양성의 교리를 부정한다. 그리스도는 완전한 하나님인 동시에, 완전한 사람이다. 그럼에도 불구하고, 여호와의증인은 그리스도의 인성만을 강조하고, 그의 신성을 부정하고 있다. 그리스도는 본래 영적 피조물로 천사 미가엘이었으나 이 모든 것을 버리고 순수한 인간으로 태어났다. 따라서 하나님이 인간이 된 성육신은 아니라는 것이다. 이렇듯 여호와의증인은 그리스도의 신성을 부정하고 인간

---

218 Ibid., pp.124-126.

219 목창균, "삼위일체논쟁: 아리우스와 아타나시우스,"《한국신학논총 15집: 조용목 목사 고희 기념헌정논문집》(한국신학회, 2014), pp.62-63.

성만을 인정하고 있다. 따라서 그리스도와 인간 사이에 질적인 차이는 없고 단지 정도의 차이만 있을 뿐이다. 이는 451년 칼케돈공의회에서 그리스도의 본성을 완전한 하나님과 완전한 인간으로 정립하고 이를 칼케돈 신조로 명문화한 것을 부정하는 것이다.

넷째, 그리스도를 하나님의 피조물로 취급하고 있다. 여호와의증인은 그리스도를 하나님의 아들이라고는 하나 하나님과 그의 동등성을 부정한다. 그리스도는 단지 하나님의 피조물에 불과한 것이다. 그리스도의 신성을 부정하고, 그의 피조성을 주장하는 것은 4세기의 이단 아리우스주의와 다를 바 없다.

다섯째, 그리스도의 영적 부활만을 신봉한다. 여호와의증인 역시 그리스도의 부활을 믿지만, 그들의 영적 부활론은 전통 기독교 신앙과 다를 뿐만 아니라 성서의 증거와도 일치하지 않는다. 성경은 그리스도의 육체적 부활을 증거하고 있다. 부활하신 그리스도 자신이 의심하는 도마에게 나타난 사건(요 20:29)이나 육체적 부활에 대한 사도 바울의 증거(골 2:9) 등이 그것이다.

3. 14만 4천 명과 다른 양

여호와의증인은 인간을 세 부류로 구분하고 있다. 영원히 소멸될 사람, 14만 4천 명 그리고 다른 양 무리다. 그리스도의 속죄사역은 전 인류에게 효력을 미치는 것은 아니고, 하나님의 기억 속에 있는 후자의 두 부류 사람에게만 미친다는 것이다.

14만 4천 명은 요한계시록(계 7:4-8, 14:1)에 성서적 근거를 둔 것으로 여호와의증인의 핵심 개념 가운데 하나다. 그것은 또한 구원받을 여호와의 증인의 수이기도 하다. 그들은 그것을 기름 부음 받은 자, 그리스도의 몸, 그리스도의 신부, 택함을 받는 자, 거룩한 민족, 왕의 제사장직, 새 국민, 영적 이스라엘, 영의 아들 등 여러 가지 명칭으로 표현한다.

여호와의증인은 14만 4천 명을 "성별된 무리" 또는 "고급 계층의 무리"라고 한다. 그것은 믿고 회개하여 자신의 삶을 변화시키고 하나님과 그리스도에 대한 믿음을 굳게 지킨 참된 교인을 가리킨다. 또한 그들은 하나님의 뜻을 실현하기 위해 자신을 희생하고 헌신한 사람들이다. 그들은 지상생활에서 하나님의 영적 자녀, 성화된 사람, 하나님의 동역자다. 하나님은 영적으로 부활한 그들에게 영생의 상과 그리스도와 더불어 새 하늘, 즉 천상의 하나님 왕국에서 왕이 될 수 있는 영광으로 보상하신다.[220]

한편, 여호와의증인은 "다른 양들"(요 10:16)을 "셀 수 없는 큰 무리"(계 7:9)와 동일한 것으로 해석하고 "낮은 계층의 무리"라고도 한다. 1935년 러더퍼드가 워싱턴 시 강연에서 큰 무리가 현대의 요나답 반열이라고 선언한 이후, 여호와의증인은 이들 역시 하나님과 그리스도에 대한 믿음을 가지고 침례를 받고 하나님께 헌신한 여호와의 증인들이라고 인정하고 있다. 그들은 구원을 위해 삶의 희생이나 중생 및 성화를 필요로 하지 않는다. 적은 무리인 14만 4천 명만 천상의 왕국에 가고, 그 외 하나님의 승인을 받은 사람들은 천년왕국 이후 지상에

---

220 이종성, "몰몬교와 여호와의증인교", p.140.

건설될 여호와의 왕국에서 영원히 살게 될 것이다.[221]

4. 지옥은 없다

여호와의증인의 중심 교리는 종말론과 밀접한 관련이 있으며, 그 대부분이 기독교의 전통적인 교리와는 입장을 달리하고 있다.

a. 영혼의 소멸과 수면

죽음 이후 인간의 영혼은 어떤 상태에 있게 되는가? 기독교 신학은 인간의 영혼은 선인과 악인을 막론하고 누구나 죽은 후에도 의식을 가지고 존속하는 것으로 가르치고 있다. 예수님도 부자와 거지 나사로의 비유를 통해 이를 증거하고 있다(눅 16:19-31). 반면, 여호와의증인은 죽음 이후 인간의 상태에 대해 이중적인 입장을 취한다. 악인의 영혼은 죽음과 동시에 소멸되는 반면, 의인의 영혼은 무의식적인 수면 상태에 들어간다는 것이다.

여호와의증인이 주장하는 근거는 두 가지로 정리할 수 있다. 하나는 죽음을 잠으로 묘사하고 있는 성경 본문(마 9:24, 요 11:11, 행 7:60)이다. 여호와의증인은 이런 본문들을 문자적으로 해석하여 죽음을 영혼의 잠으로 이해한다. 또 하나는 인간을 하나의 통일체로 보는 인간 이해다. 기독교 신학은 인간을 영혼과 육체, 또는 영과 혼과 육으로 구성된 것으로 이해하고 있다. 그것이 2분설과 3분설이다. 그렇지만 여호와의증인은 인간이 육체와 영혼으로 구성되어 있다는 것을 부정하고

221 워치타워성서책자협회, 《여호와의증인: 하나님의 왕국 선포자》, pp.83-84.

인간을 하나의 통일체로 이해한다. 그것은 그들의 영혼관에서 비롯된 것이다. 여호와의증인은 영혼을 두 가지 의미로 이해한다.

첫째, 영혼은 인간 자신을 가리킨다. 여호와의증인은 영혼과 인간을 동일시한다. 인간의 영혼은 육체와 구별되는 별개의 존재가 아니라 육체와 정신 모두를 포함하는 인간 자신이라는 것이다. 《신세계역 성경》 신명기 12장 20절이 이를 시사하고 있다. "우리는 사람에게 영혼이 있는 것이 아니라 사람이 바로 영혼 곧 존재라는 가르침에 유의해야 한다."[222] "너희 영혼이 고기를 먹고 싶어 하기 때문이다." 이 구절에서 영혼은 인간을 가리키는 것이다. 영혼이 고기를 먹고 싶어 한다는 것은 인간이 그러하다는 것이다.

둘째, 영혼은 육체를 살게 하는 생명력 또는 원리다. 여호와의증인에 따르면, 인간은 생명의 원리와 육체의 결합으로 이루어져 있다. 인간은 살아 있는 동안만 영혼을 가지고 있을 뿐이며, 육체가 기능을 정지하면 영혼은 더 이상 존재하지 않고 소멸된다. 영혼은 인간의 생명 자체를 가리키기 때문이다.[223]

여호와의증인은 인간 영혼의 불멸성에 관한 교리는 성경에 근거한 것이 아니라 이교에서 유래한 것으로 간주한다. "성서는 사람이 멸성이며 죽음이 그에게 가능하다고 단언하는 반면, 영혼 불멸성의 교리가 이교의 핵심"이기 때문이다.[224] 이렇듯 여호와의증인은 현대에 영혼

222   Ibid., p.127.

223   *Make Sure of All Things*(1957), p.349. 이는 70개의 주제에 대한 성경 구절의 편집서다. 노길명, 《한국의 신흥종교》, p.254.

224   워치타워성서책자협회, 《여호와의증인: 하나님의 왕국 선포자》, p.127.

수면설을 가장 분명하게 주장하는 집단 가운데 하나다.

한편, 여호와의증인의 영혼 소멸설과 수면설은 성경의 증언과 일치하지 않는 문제점을 지니고 있다.

첫째, 성경 본문에 대한 오해와 확대 해석이다. 여호와의증인은 잠이란 표현을 문자적으로 해석하여 인간은 죽음과 동시에 무의식적인 수면 상태에 들어간다고 주장한다. 하지만 죽음을 잠으로 표현한 성경 본문들은 죽음 이후의 상태를 묘사한 것이 아니라 단지 생명의 중단을 비유로 표현한 것이다. 여호와의증인의 주장과 달리, 성경은 오히려 신자는 죽음 직후 하나님과 그리스도와 교제하는 인격적이며 의식적 생명을 향유한다고 명시하고 있다(눅 16:19-31, 빌 1:21-24, 고후 5:8-10). 따라서 영혼 수면의 개념은 비성서적인 것이다.

둘째, 영혼의 불멸을 부정한다. 여호와의증인은 영혼의 불멸성과 육체적 죽음 후 영혼의 생존을 부인하고 악인의 영혼은 죽음과 동시에 소멸된다고 주장한다. 그들은 악인과 의인의 영혼 상태를 소멸과 수면으로 구분하지만, 그것은 표면적인 구분에 불과하고, 실상은 양자가 다를 바 없는 것이다. 의인의 영혼은 무의식적인 수면 상태에 있다가 마지막 심판 때에 하나님에 의해 영적 존재로 다시 창조되어 생명을 부여받는다는 그들의 주장이 이를 반증하고 있다. 왜냐하면 죽을 때의 영혼과 부활 때 하나님이 다시 창조한 영혼은 동일한 영혼이 아니기 때문이다. 따라서 설사 의인의 영혼은 재창조된다고 하더라도, 살아 있을 때의 영혼이 사라진다는 면에서는 악인의 운명과 다를 바 없는 것이다. 이렇듯 여호와의증인이 인간 영혼의 불멸을 부정하는 것은 인간은 죽더라도 그 영혼은 살아남아 내세에서 또 다른 삶을 산다는 성경의 교훈이나 정통 기독교의 입장과 배치되는 것이다.

셋째, 인간의 죽음과 부활 사이의 완전한 중단이다. 여호와의증인 역시 인간은 죽음에서 부활될 것이라고 말한다. 하지만 그들은 부활을 육체의 회복으로 이해하지 않고, 재창조로 이해한다. 따라서 죽기 전의 인격체와 부활 후의 인격체가 서로 단절되어 연속성이 없다. 이런 면에서 정체성의 문제가 제기될 수 있고, 전자의 행위에 대한 상이나 벌을 후자가 받을 정당한 이유를 찾을 수 없다.[225]

b. 지옥은 없다

지옥은 악인의 사후 거처요 영원한 형벌의 장소다. 기독교는 악인에 대한 영원한 형벌과 그 장소로서 지옥의 존재를 믿고 있다. 반면, 여호와의증인은 지옥의 존재를 부인한다. 러셀은 그의 성서 연구 초기부터 지옥을 사후 영혼의 고통의 장소로 생각하지 않았을 뿐만 아니라 그것을 이교로부터 기독교에 혼입된 것으로 취급했다. 따라서 여호와의증인은 지옥 교리는 비성서적이고 비합리적일 뿐만 아니라 하나님의 사랑과 공의에 모순되는 것으로 간주한다.[226]

여호와의증인이 지옥의 존재를 부정하는 것은 악인의 영혼 불멸을 부정하고 악인의 영혼은 죽음과 동시에 소멸된다고 보는 것의 필연적인 귀결이다. 죽은 자는 생명도 없고 의식도 없어 고통을 느낄 수도 없다면, 고통이 끝없이 지속되는 영원한 형벌은 무의미할 뿐 아니

---

225 로레인 뵈트너, 《불멸의 생명》 (서울: 영음사, 1963), pp.126-127; 박영관, 《이단종파비판》 (서울: 예수교문서선교회, 1977), p.346.

226 워치타워성서책자협회, 《여호와의증인: 하나님의 왕국 선포자》, pp.127-128.

라 불필요한 것이다. 따라서 여호와의증인은 영원한 형벌의 장소에 대한 언급을 성경에서 찾아볼 수 없다고 주장하며, 지옥이나 음부와 같은 표현은 "모든 인류가 아담의 죄로 정죄받아 가는 곳" "무덤 곧 죽음의 상태"를 가리키는 것이라고 한다.[227]

이렇듯 여호와의증인은 지옥의 존재와 영원한 형벌을 부정하고 있다. 이런 무지옥설과 무형벌설은 성경의 가르침에 정면으로 위배된다. 여호와의증인의 주장과 달리, 예수님은 지옥을 마귀와 그 사자들을 위하여 예비된 곳으로 말씀했으며(마 25:41) 거지 나사로의 이야기를 통해 영원한 형벌과 지옥의 존재를 교훈했다(눅 16:19-31).

5. 이미 재림한 그리스도

여호와의증인은 그리스도의 가시적인 재림을 부정하고 비가시적인 영적 재림을 주장한다. 이것은 그들의 영적인 부활론과 맥을 같이하는 것이다. 그리스도는 영적으로 부활한 이후에는 육체를 가지지 않고 승천하여 하나님 우편에 있다는 것이다. 따라서 그리스도가 이 세상에 다시 오지만, 인간의 육체를 입고 오는 것은 아니다. 뿐만 아니라 그들은 그리스도는 이미 재림했다고 믿는다. 러셀은 그리스도의 보이지 않는 임재가 1874년에 시작되었으며, 영안이 열리지 않은 일반인의 눈으로는 그것을 보지 못한다고 주장했다.[228] 러더퍼드 역시 러셀의 주장을 그대로 따랐으며 단지 시기만을 1914년으로 변경했을 뿐이다.

---

227 Ibid., p.129.

228 Ibid., pp.133-134.

오늘날도 여호와의증인은 그리스도가 보이지 않는 모습으로 1914년에 재림했다고 믿는다.

여호와의증인의 재림론은 기독교의 교리와 다를 뿐만 아니라 성경의 교훈과도 일치하지 않는다.

첫째, 여호와의증인은 그리스도의 비가시적인 재림을 주장한다. 그렇지만 성경은 그리스도의 재림을 가시적이며 공개적인 사건으로 명시하고 있다. "볼지어다 그가 구름을 타고 오시리라 각 사람의 눈이 그를 보겠고 그를 찌른 자들도 볼 것이요 땅에 있는 모든 족속이 그로 말미암아 애곡하리니 그러하리라 아멘"(계 1:7).

둘째, 여호와의증인은 그리스도의 재림 시기를 특정하고 있다. 그렇지만 성경은 그리스도의 재림이나 종말의 시한을 정하는 것을 경고하고 있다. 재림의 날과 때는 오직 하나님 이외에는 아무도 모르며, 심지어 천사나 그리스도 자신도 모른다고 했다(마 24:36).

셋째, 여호와의증인은 그리스도가 재림했다고 주장한다. 그렇지만 성경은 "그리스도가 여기 있다 혹은 저기 있다 하여도 믿지 말라"고 엄히 경고하는 한편, 그렇게 하는 자들을 "거짓 그리스도들과 거짓 선지자들"로 규정하고 있다(마 24:23-24).

6. 여호와의 왕국

여호와의증인은 여호와의 왕국이 성경 전체의 주제라고 강조하며 이를 그들의 핵심 원리로 삼는다. 그들은 두 종류의 여호와의 왕국을 주장한다. 하나는 기름 부음 받은 여호와의 증인 14만 4천 명이 거주하는 천상 천국이고, 다른 하나는 다른 양 무리들이 거하게 될 지상 천국이다.

여호와의증인에 따르면, 부활한 그리스도는 하늘로 올라가 하나님의 우편에 앉아 있다가 1914년 10월 1일 왕의 자리로 옮겨 앉았다. 그 사건이 곧 그리스도의 재림이다. 그리스도는 영적 재림과 더불어, 하늘에서 여호와의 왕국을 시작했다. 여호와가 이 나라의 영원한 왕이라면, 그리스도는 섭정 왕(Co-regent)이다. 이 나라에 속할 수 있는 사람은 여호와의 증인 14만 4천 명뿐이다. 그들 가운데 일부는 1918년에 이미 영적으로 부활하여 그리스도와 동역하고 있으며, 여호와의 제사장으로 봉사하고 있다. 그 나머지는 현재 살아 있는 자들이며(계 20:6), 그들은 죽는 즉시 영적으로 부활하여 천상 천국으로 가게 될 것이다.[229] 여호와의증인은 그들 신도들을 이미 천상에서 시작된 여호와의 왕국의 백성으로, 그리고 그들이 모이는 처소를 왕국회관이라고 부르고 있다.

한편, 그리스도의 재림과 더불어 이 세계는 환란과 심판의 시대로 전환되고 아마겟돈 전쟁이 일어난다. 아마겟돈 전쟁은 여호와 하나님께서 사탄과 그 세력을 파괴하여 모든 악을 제거하고 하나님의 권세를 보호하기 위해 싸우는 것이다. 이 전쟁에서 살아남을 수 있는 사람은 오직 여호와의증인 신도뿐이며, 여기서 죽는 사람은 부활할 수 없다. 이 전쟁을 통해 사탄을 비롯하여 여호와 하나님에 대한 모든 적대 세력은 소멸되고 세상 모든 정부는 붕괴되며 옛 질서는 종식되는 반면, 천년왕국이 시작된다.

---

229 Christie-Murray, *A History of Heresy*, p.207; 노길명, 《한국의 신흥종교》, p.255.

천년왕국은 여호와께 충성하는 자들을 위하여 지상에 설립되는 것이며, 그 기간은 천 년이 될 것이다. 그리스도는 14만 4천 명의 여호와의 증인들과 더불어 세상을 통치하고 사람들을 심판할 것이다. 이 기간에 생명의 부활과 심판의 부활이 있게 된다(요 5:28-29). 그리스도의 재림 시 일어난 여호와의 증인의 부활이 첫째 부활이라면, 이것은 둘째 부활이다. 생명의 부활의 대상이 구약시대와 오순절 사건 이전에 죽은 믿음 좋은 사람들이라면, 심판의 부활의 대상은 하나님의 말씀을 들을 기회가 전혀 없었던 사람들이며 그들의 선행이 심사받게 될 것이다.

천년왕국 끝에 최후 심판이 있게 된다. 여호와의 증인들은 최고 재판관인 여호와로부터 심판을 받는다. 한편, 이 땅은 낙원으로 회복되어 영원한 여호와의 왕국이 된다. 그것이 지상천국이다. 하늘에서 살게 될 여호와의 증인들은 14만 4천 명뿐이며, 나머지 모든 여호와의 증인들은 이 지상천국에서 살게 된다.

적은 무리가 그 기간에 주의 왕국에서 공동 후사로서 그분과 함께 상을 받게 될 것이며 아마 수십억 다른 사람들은 에덴처럼 아름답게 회복된 땅에서 완전한 생명의 기회를 받게 될 것이다.[230]

이러한 여호와의 왕국론은 요한계시록 7장 4절의 14만 4천 명을 오해한 것일 뿐 아니라, 성경적인 종말사상에 근거한 것도 아니다. 성경은 하나님만이 그리스도의 재림 시기를 알 수 있다고 하였고, 천년

---

230 워치타워성서책자협회, 《여호와의증인: 하나님의 왕국 선포자》, p.133.

왕국의 백성은 부활에 참여한 죽었던 성도들과 그리스도의 재림 때에 살아 있는 성도들임을 명시하고 있다(살전 4:16-17, 고전 15:6).

이상에서 살펴본 여호와의증인의 종말론은 요한계시록에 대한 문자적 해석에 근거하고 있으며 전천년설적 구조를 지니고 있다. 그들은 그리스도가 재림한 이후 지상에 천년왕국이 건설된다고 믿고 있다. 그렇지만 그 내용 면에서 전천년설과 상당한 차이를 드러내고 있다.

첫째, 전천년설과 전적으로 다른 것은 그리스도의 가시적 재림을 부정하고 영적 재림을 주장하는 것, 성도들의 육체적 부활을 부정하고 영적 부활만을 주장하는 것, 구원으로 택함을 받은 사람의 수를 14만 4천 명으로 제한하는 것 등이다.

둘째, 전천년설과 일부 공유하고 있는 것은 그리스도의 재림을 공중 재림과 지상 재림으로 분명하게 구분하지 않거나 성도의 휴거를 주장하지 않는 것이다. 이는 역사주의적 전천년설과 유사한 반면, 세대주의적 전천년설과는 다른 것이다.

셋째, 전천년설의 견해를 절충한 것은 그리스도의 재림 이후 세상은 환란과 심판 시대로 전환된다고 하는 것과 성도들도 환란을 통과한다고 보는 것이다. 이는 성도들도 환란을 통과한다고 보는 역사주의적 전천년설과 그리스도의 공중 재림 이후 환란시대가 있게 된다는 세대주의적 전천년설을 절충한 것이다.

한편, 여호와의 왕국을 천상천국과 지상천국으로 구분하고 여호와의 증인 가운데 14만 4천 명만이 전자에 거주하고, 다른 양 무리에 속하는 사람들은 후자로 가게 된다는 것, 악인은 지옥 형벌을 받는 것이 아니라 소멸된다는 것 등은 기존의 어떤 천년왕국설에서도 그 근거를 찾을 수 없을 뿐만 아니라 성서적 근거도 없는 비성서적 주장이다.

결론

여호와의증인은 자신들이 기독교나 그 어떤 기성 종교로부터 파생되었다는 것을 부정하고 인류의 조상 아담의 생존 시부터 존재해 온 가장 오랜 역사를 지닌 종교운동이며 기독교와는 완전히 다른 별개의 종교라고 주장한다. 그렇지만 이에 대한 몇 가지 반론을 제기할 수 있다.

첫째, 여호와의증인은 아벨로부터 시작한 것이 아니라 19세기에 프로테스탄트 교회에 불만을 품은 러셀이 시작한 것이다.

둘째, 러셀은 장로교회와 회중교회에서 신앙생활을 했으며 그 자신 재림파 교리에 힘입었다는 것을 인정했다.

셋째, 여호와의증인은 성경을 경전으로 삼고 있으며, 하나님과 그리스도를 믿고 있다.

이런 논거에 비추어 보면, 기독교와 무관하다는 여호와의증인의 주장은 결코 그 정당성을 담보할 수 없는 것이며 자신들에 대한 이단 혐의를 벗어나기 위한 방편과 변명에 불과한 것이다.

이미 지적한 것과 같이, 여호와의증인은 교리적으로 기독교와 양립할 수 없으며 역사적으로 기독교 이단으로 규정받은 많은 요소를 포함하고 있다.

첫째, 성경 말씀의 변조다. 여호와의증인은 기존의 성경은 오류가 많다고 하여 성경을 독자적으로 번역하여 사용할 뿐만 아니라 성경 본래의 말씀을 교묘히 변조하거나 가감했으며, 성경을 자의적으로 해석하고 있다. 이는 성경의 권위를 훼손하는 것이며, 성경의 경고(벧후 1:20)를 무시하는 것이다.[231]

둘째, 삼위일체 하나님을 믿지 않고 있다. 여호와의증인은 삼위일체 교리를 이교에서 유래된 것이라 하여 거부하고 성부 하나님만 유일한 하나님으로 믿는 반면, 그리스도는 하나님의 피조물로, 그리고 성령은 하나님의 활동력으로 간주하고 있다. 또한 323년 니케아공의회에서 이단으로 정죄받은 아리우스를 자신들의 교리를 가르쳤던 교사로 추앙하고 그의 견해를 따르고 있는 것은 자신들이 반(反)삼위일체 이단임을 자인하는 것이다.

셋째, 그리스도의 양성의 교리를 부정하고 있다. 예수 그리스도는 완전한 하나님인 동시에, 완전한 인간이다. 신성과 인성을 아울러 가지신 분이 그리스도시다. 그럼에도 불구하고 여호와의증인은 그리스도를 인간이 되기 전에는 하나님의 피조물로, 인간이 된 이후에는 완전한 인간으로, 그리고 죽어 부활한 후에는 천사 가운데 하나로 간주하고 있다. 따라서 그리스도를 영적 존재나 완전한 인간으로 이해하고 있는 것이 여호와의증인의 그리스도론이다. 이는 성경의 증거와 어긋나는 것일 뿐 아니라 451년 칼케돈공의회가 정통 교리로 확립한 그리스도의 양성 교리를 정면으로 부인하는 것이다.

넷째, 영혼의 소멸과 지옥의 존재를 부정하는 것이다. 여호와의증인은 영혼의 불멸성과 육체적 죽음 후 영혼의 생존을 부인하고 악인의 영혼은 죽음과 동시에 소멸된다고 한다. 따라서 영원한 형벌의 장소로서 지옥의 존재를 부인하고 그것을 비성서적이고 비합리적일 뿐

---

231 이종성, "몰몬교와 여호와의증인교", p.145.

만 아니라 하나님의 사랑과 공의에 모순되는 것으로 간주한다. 하지만 이런 여호와의증인의 주장이 오히려 예수님의 교훈과 배치되는 비성서적 주장이다(마 25:41, 눅 16:19-31).

다섯째, 14만 4천 명만이 천국에 갈 수 있다. 여호와의증인은 그들 가운데서도 14만 4천 명만이 천상의 천국에 갈 수 있고, 나머지 여호와의증인들은 지상천국에 들어간다고 한다. 이렇듯 구원받을 수 있는 사람을 자신들의 종파의 특정 인원으로 제한하는 것은 그리스도의 구속사역을 극소화하는 것일 뿐만 아니라 교회의 존재 자체를 부정하는 것이다.

이외에도, 육체적 부활을 부정하고 1914년 10월 1일 그리스도의 비가시적인 재림을 주장하는 시한부 종말론 등은 이단적인 교리에 속하는 것이다. 따라서 여호와의증인은 현대 교회의 대표적 이단 종파인 동시에, 이단의 전형을 보여 주는 집단이라 해도 과언이 아니다.

3부 한국 교회와 이단 논쟁

13장

문선명과
통일교

서론

한국 개신교회는 120년 남짓한 역사에도 불구하고, 적지 않은 이단 사이비들이 일어나 교회를 혼란시키고 성도들을 미혹하고 있다. 그 중 가장 주목할 만한 집단은 통일교라 해도 과언이 아닐 것이다. 통일교는 종교 영역을 포함해 다방면에 걸쳐 우리 사회에 영향을 미치고 있으며 해외로 그 세력을 확장하여 세계적인 신흥 종교로 발돋움하고 있다. 또한 그것에서 파생된 여러 이단 사이비 집단들이 하나의 계열을 이루고 있다.

신구교를 막론하고, 한국 교회는 통일교를 기독교가 아닌, 이단 사이비 집단으로 취급하고 있다. 특히 개신교는 1971년 대한예수교장로회 통합측이 통일교를 사이비 집단으로 규정한 이래, 장로교 합동, 고신, 개혁 합신 측 등이 이를 뒤따랐으며, 기독교 대한장로회, 성결교회, 그리스도의 교회 등도 같은 입장을 취하고 있다.

통일교 창시자 문선명이 자신의 후계자로 지목한 7남 문형진은 언론 인터뷰를 통해 통일교는 기독교가 아니라고 선언한 바 있다. 이는 이단 시비로부터 벗어나려는 일종의 자구책인 것 같다. 통일교가 1997년 공식 명칭을 세계기독교신령협회에서 세계평화통일가정연합으로 변경하고 공식 명칭에서 기독교란 단어를 삭제한 것도 이와 무관하지 않을 것이다.

통일교는 2012년 문선명이 사망한 이후, 후계자 문제로 왕자의 난과 어미와 자식들 간의 권력쟁투 등 심각한 내홍을 겪고 있다. 현재 문선명의 부인 한학자는 통일교 총재직을 맡아 실권을 장악하고 문선명 후계자로서 위상을 구축하는 한편, 후계자로 유력시되던 문형진 세계 회장을 직무 정지하여 축출하고 5녀 문선진을 그 후임으로 임명했다. 이에 대응하여 문형진은 자신이 문선명의 진정한 후계자라고 주장하며 현재의 통일교 교권 세력을 이단이라고 비판하고 있다. 기독교가 이단 종파로 규정한 통일교가 그 자체 내에서 이단 논쟁을 벌이고 있는 것은 코믹(comic)한 현상이 아닐 수 없다.

이 논의는 통일교의 《원리강론》과 문선명의 설교집 《기독교의 새로운 미래》에 근거하여 통일교가 무엇을 믿고 주장하는지를 교리적인 면에서 검토하려는 것이다. 그렇지만 문선명의 주장이나 통일교 교리 전체를 논의의 대상으로 삼으려는 것은 아니고 기독교와 통일교가 가장 첨예하게 대립하고 있는 문제, 즉 예수 그리스도와 그의 사역 문제에 논의를 집중하려 한다. 이는 곧 문선명의 정체성과 통일교의 존재 목적에 관한 논의이기도 하다.

문선명은 자신이 예수 그리스도가 완성하지 못한 인간의 육적 구원을 성취하기 위해 왔다고 주장했으며, 통일교는 참 부모인 문선명의 영도 아래 지상 천국을 건설하는 것이 목적이라고 한다. 그렇다면 통일교는 예수 그리스도를 어떻게 이해하고 있으며, 그의 구속 사업을 왜 실패로 평가하고, 어떤 근거로 문선명을 재림의 예수로 신봉하고 있는 것인가? 이를 해명하는 것이 기독교와 통일교의 결정적 차이점을 밝히고 통일교의 이단성을 논증하는 길이 될 것이다.

이 과제를 위해 문선명의 생애와 통일교의 태동을 약술함으로써 통일교가 어떻게 발생했는지를 파악하고 통일교의 존립 근거와 전제가 되는 그리스도의 실패 문제와 통일교 신앙의 핵심 요소인 문선명의 재림주 문제를 논의하려고 한다. 아울러 기독교적 반론을 통해 통일교의 문제점을 제시하고 그 이단성을 지적하려고 한다.

1. 문선명과 통일교의 태동

a. 문선명의 생애

문선명은 1920년 1월 6일(음력) 평북 정주에서 농부의 아들로 태어났으며, 본명은 용명이다. 그의 부모는 본래 기독교 신앙을 가졌던 것은 아니며, 비극적인 가정사로 인해 무속신앙에서 기독교로 개종했다. 문선명이 특별한 종교적 체험을 한 것은 보통학교 4학년 때였다고 한다. 1935년 4월 17일 부활절 아침 그는 기도 중에 예수님을 만났으며, 예수님은 그에게 인류 구원 사업 완성의 사명을 주었다는 것이다. 그는 그가 아니면 감당할 사람이 없다는 예수님의 거듭된 당부에 그

것을 수락했으며, 이를 하늘의 대명을 받은 것으로 여겼다.[1]

문선명은 서당에서 학업을 시작하여 수년간 한학을 공부한 후 오산보통학교와 정주보통학교에 진학했다. 19세 때 서울로 올라온 문선명은 흑석동에 위치한 경성상공실무학교 전기과에 진학하여 공부하는 한편, 학교 근처 명수대교회에 다니며 주일학교 교사로 봉사했다. 그 교회는 신비주의 부흥사 이용도 목사파의 예수교에 속한 교회였다.[2] 그 후 그는 신비주의적 체험을 열망하여 교회를 북아현동에 있는 오순절교회로 옮겼다.

1941년 중학과정을 마친 문선명은 일본 도쿄로 유학을 떠나 와세다대학 부속 고등공업학교 전기공학과에 입학하여 1943년에 졸업했다. 졸업 후 일본에서 돌아온 문선명은 1945년 4월 28일 최선길과 결혼하여 슬하에 아들 하나를 두었으나 그의 종교 활동을 탐탁찮게 여기고 열정적으로 동참하지 않는다는 이유로 1957년에 이혼했다. 그 후 1960년 3월 1일 당시 성정여고 재학 중이던 한학자와 결혼했으며, 통일교는 이들의 결혼을 '어린 양의 혼인잔치'라고 하며, 문선명의 부인을 '우주의 어머니' 또는 '참 어머니'라고 부른다. 문선명는 도합 17명의 자녀를 두었다.[3]

한편, 문선명은 1946년 김백문의 경기도 파주 이스라엘 수도원에서 6개월 동안 《기독교의 근본원리》, 《성신신학》 등을 배웠다. 그 후 평양에 광해교회를 세우고 김백문으로부터 배운 원리를 토대로 신비

---

1 세계기독교통일신령협회, 《통일교회사》 상권 (서울: 성화사, 1978), p.20.

2 이용도파의 예수교회는 감리교로부터 이단으로 규정받은 신비주의적 종파였다.

3 노길명 · 이제민, 《통일교 그 실상과 오해》 (서울: 한국천주교중앙협의회, 1991), p.14.

주의 운동을 일으켰다. 문선명은 공산 치하 북한에서 사회문란 혐의로 두 차례 구속되었으며, 1949년 5년형을 선고받아 한국전쟁 때도 수감 중에 있었다. 1950년 10월 북진한 국군이 흥남형무소를 접수하여 죄수들을 석방했을 때, 그도 그들 속에 포함되어 월남 대열에 합류했으며 부산으로 피난 가 포교 활동을 시작했다. 부산 생활을 청산하고 서울로 올라온 문선명은 1954년 5월 성동구 무학동에서 '세계기독교통일신령협회'라는 이름으로 통일교를 공식 창설했다.

문선명의 활동은 종교 영역에만 머물지 않았다. 1950년대 군납사업으로 상당한 부를 축적했고, 1960년대에는 리틀엔젤스 무용단 창단과 그 활동을 통일교 홍보에 적극 활용했다. 1970년대에는 일화인삼차, 예화공기총 등의 브랜드로 기업가로서 수완을 발휘했으며, 1980년대는 세계일보를 창간하고 선문대학교를 설립하기도 했다. 이외에도 문선명은 학술, 문화, 과학기술 그리고 승공 및 남북통일 운동 등 다방면에 걸쳐 활동했다.

문선명은 한국에서 통일교 교주와 기업가로서 소기의 성과를 거둔 후, 포교를 위해 1972년 미국으로 이민을 떠났다. 다시 영구 귀국하기까지 대부분을 미국에 체류하며 선교활동을 지휘했으나, 1984년 7월 탈세 문제로 미국 법원으로부터 유죄 판결을 받고 13개월 동안 코네티컷 댄버리교도소에서 복역하기도 했다. 통일교는 문선명이 일제 치하, 북한 공산 치하, 자유당 정권 치하, 그리고 미국 댄버리형무소 등에서 도합 6번이나 투옥되었다는 것을 시인하면서도, 그것을 윤리 문제나 탈세와 같은 불법 행위 때문이 아니라 "진리를 밝히고 정의를

실천하다가" 투옥된 것이라고 주장한다.[4]

한편, 문선명은 2012년 급성 폐렴으로 92세를 일기로 세상을 떠났다.

b. 통일교의 태동

통일교는 문선명을 현대의 하나님의 예언자라고 강조하고 있으며, 문선명 역시 그것을 적극 주장했다. "나는 새로운 것을 계시하기 위해 왔습니다. 하나님의 계시를 여러분과 함께 나누기를 원합니다."[5] 또한 통일교는 문선명이 인간과 우주의 근본 문제를 해결하기 위해 하나님으로부터 보냄을 받았으며 사탄과 싸워 승리했다고 주장하기도 한다.

> 하나님은 이미 이 땅 위에 인생과 우주의 근본적인 문제를 해결하게 하시기 위하여 한 분을 보내셨으니, 그분이 바로 문선명이시다…. 선생은 혈혈단신으로 영계와 육계의 억만 사탄과 싸워 승리하신 것이다. 그리하여 예수님을 비롯하여 낙원의 수많은 성현들과 자유로이 접촉하시며 은밀히 하나님과 영교하는 가운데 모든 천륜의 비밀을 밝혀 내신 것이다.[6]

---

4 문선명 선생 고희기념 실행위원회가 1990년 2월 1일자로 '남북통일을 대비하는 국민사상 교육이 필요합니다'라는 제목으로 중앙 일간지에 게재한 광고문을 통해 이를 공개적으로 주장했다.

5 Mun Sun Myung, *The New Future of Christianity* (Washington: Unification Church International, 1974), pp.6, 69,

6 세계기독교통일신령협회,《원리강론》(서울: 성화사, 1966), p.17.

이런 자의식을 가진 문선명이 '세계기독교통일신령협회'를 공식 명칭으로 하여 통일교를 창설한 것은 1954년 5월 1일이었다. 그 명칭은 "역사 이래 모든 주의나 사상은 물론 종교까지도 하나의 길로 완전히 통일"시키려는 의도를 나타낸 것이다.[7]

문선명의 통일교 창립을 도운 결정적 조력자는 유효원이었다. 문선명과 동향인으로 경성제대 의학부를 중퇴한 그는 1953년 부산에서 문선명의 포교 활동에 합세했으며, 문선명 일파의 주장을 체계화하고 교리화하는 데 크게 기여했다.

통일교가 한국 교회와 사회로부터 주목을 받게 된 것은 1955년에 일어난 소위 '연대 사건'과 '이대 사건'부터였다. 연세대학교 교수 한 명과 이화여자대학교 교수 다섯 명, 그리고 수십 명의 학생들이 통일교와 관련된 것으로 드러나 면직 또는 퇴학당했으며, 문선명도 구속을 면치 못했다.[8]

통일교는 1957년에 《원리강론》을 완성하여 교리적인 체계를 갖추었으며, 1958년에는 해외 선교를 시작했다. 특히 문선명은 1972년 포교를 위해 미국으로 이민을 떠나 선교 활동을 지휘했다.

한편, 통일교는 포교 활동을 다양하게 전개하여 그 세력을 전 세계로 확장시키고 있다. 특히 대학가에 침투하여 원리연구회, 국제기독학생회 등의 동아리를 통해 젊은 학생들을 맹렬히 포섭하고 있다. 교육기관으로는 선문대학교를 비롯해 청심신학대학원대학교, 청심국제학교 등이 있으며, 미국에는 1975년부터 뉴욕 시 교외 태리타운에 통

---

7   Ibid., p.12.

8   박영관, 《이단종파비판》 (서울: 예수교문서선교회, 1976), p. 37.

일교신학교를 운영하고 있다. 1982년 워싱턴 타임스(Washington Times)를 인수했으며, 1989년 한국에 세계일보를 창간하는 등 언론, 출판, 문화 사업에도 힘을 쏟고 있다.

통일교는 1997년 공식 명칭을 세계기독교신령협회에서 세계평화통일가정연합으로 변경했으며, 2012년 세계 194개국에 선교사를 파견하여 종교, 정치, 경제, 언론, 출판, 교육, 문화, 학술 등의 분야에서 다양한 활동을 하고 있고 전 세계 신도 수는 300여 만 명이라고 한다.

c. 원리강론

통일교가 신앙과 생활의 규범으로 삼고 있는 경전은《원리강론》이다. 그것은 문선명의 주장과 가르침을 그의 추종자들이 수록한 것이지만, 실질적인 저자는 문선명이나 다름없다.《원리강론》은 본래 1957년에 완성한《원리해설》을 보완하여 1966년부터 출판하기 시작했다. 전편과 후편으로 구성되었으며, 전편이 통일교의 기본 교리를 해설한 것이라면, 후편은 인류 역사와 하나님의 섭리, 그리고 인간의 책임 문제를 다루고 있다. 특히 전편은 창조 원리와 타락론, 인류 역사의 종말, 메시아의 강림과 재림, 부활 및 예정, 그리스도 등에 대한 논의를 주 내용으로 하고 있다.《원리강론》은 매우 논리적이고 분석적으로 구성되었으나 난해한 용어와 다수의 한자를 사용하고 있어 이해하기 쉬운 내용은 결코 아니다.

통일교는 "신구약 성서를 경전으로 삼는다"고 신조를 통해 고백하고 있지만, 그보다 더 큰 권위를 부여하고 있는 것은《원리강론》이다. 이는 신구약 성경과《원리강론》에 대한 그들의 이해를 통해서도 드러나고 있다. 통일교는 성경과 《원리강론》의 가치와 중요성을 인류의 역사 발전 과정 3단계에 비추어 대비하고 있다. 소생기는 하나님이 유대교를 통해 섭리하신 구약시대를 말하며, 이 시대 하나님의 계시를 기록한 것이 구약성경이고, 장성기는 하나님이 기독교를 통해 섭리하신 신약시대를 말하며, 이 시대 하나님의 계시를 기록한 것이 신약성경이다. 완성기는 하나님이 통일교를 통해 섭리하시는 성약시대로 1993년부터 시작되었으며, 이 시대를 위한 하나님의 계시를 기록한 것이 문선명의 《원리강론》이다. 뿐만 아니라 통일교가 성경은 "낡은 등잔불 또는 촛불"과 같다면, 《원리강론》은 "햇빛"과 같다고 비유한 것이나, 성경은 지난 시대 하나님의 계시인 반면, 《원리강론》은 현 시대 하나님의 계시이며 현대인에게 가장 알맞은 말씀이라고 주장하는 것이나, 성경은 "진리 자체가 아니라 그 진리를 가르쳐 주는 하나의 교과서"인 반면, 《원리강론》은 새 진리라고 주장하는 것 등은 성경보다도 《원리강론》에 가치와 권위가 더 있음을 말하는 것이다.[9]

문선명에 따르면, 성경의 내용은 상징과 비유로 기록된 수수께끼 같은 것이다. 그것을 문자적으로 해석하면 안 되고 '원리'로 풀어야 한다. '원리'란 하나님이 문선명에게 새롭게 계시한 가르침을 말한다. 그것은 그가 20여 년간 기도생활을 통해 하나님과 교통하는 가운데 찾아낸 것이다.[10] 따라서 통일교는 문선명을 "하나님의 전 섭리 목적과 인류의 과거와 현재, 미래와 복음서에 기록되지 아니한 자세한 예수의

9 《원리강론》, pp.9-10, 140-144; 《원리해설》, pp.5 ff, 93-94.

10 Mun Sun Myung, *The New Future of Christianity*, p.86; 《원리강론》, p.16; 김영운, "통일교의 주장(1)", 〈월간 기독교계〉 제1권 1호(1957.8.1.), pp.109-118; 탁명환, 《통일교의 실상과 그 허상》 상권(서울: 국제종교문제연구소, 1979), p.183.

생애를 철저히 아는 유일한 사람"으로 신봉하고 있으며,《원리강론》을 성경을 새롭게 해석한 것이라고 한다.

《원리강론》의 핵심은 창조의 원리와 복귀의 원리다. 하나님은 처음 사람 아담과 하와가 인류의 참 부모가 되고, 그들의 자녀가 선의 자녀가 되어 지상천국을 이루게 하려고 천지만물과 인간을 창조했다. 또한 하나님은 타락으로 인해 사탄의 지배 아래 있는 인간을 "하나님의 창조 목적을 완성케 하기 위하여 그들을 창조 본연의 인간으로 복귀하여 나가게 하신다."[11] 통일교에 따르면, 하나님은 타락한 인류를 위한 탕감의 조건을 위해 예수님의 십자가 죽음을 묵인했으나 예수님은 영적 구원만을 완성하고 원죄로부터 육신을 구원하는 데는 실패했다. 그 때문에 하나님은 탕감 복귀 원리의 완성과 성취를 위해 그리스도의 재림을 약속한 것이며, 참 부모로 오시는 재림주는 인간을 복귀시키는 일을 성취한다는 것이다.

《원리강론》의 특징은 섹스 모티브를 기본적인 관점으로 하고 있다는 것이다. 모든 존재를 "양성과 음성의 이성성상의 상대적 관계에 의해 존재"하는 것으로 본 것이나 하나님을 "양성과 음성의 이성성상의 중화적 주체"로 정의하는 것, 인간과 천사의 타락을 성적인 불륜 관계로 보는 것, 예수님을 남성으로, 그리고 성령을 여성으로 간주하는 것, 사탄의 피로부터 깨끗함을 받기 위해서는 예수와 육체적 관계를 맺어 새로운 피를 받아야 한다는 피 가름의 교리 등이 이를 말해 주고 있다.[12]

---

11 《원리강론》, p.234.

12 《원리강론》, pp.22-25.

비판가들은《원리강론》을 문선명의 독창적인 작품이 아니라 김백문의 저서를 표절한 것으로 이해하고 있다. 왜냐하면《원리강론》의 내용이 김백문의 저서《성서신학》,《기독교 근본원리》등의 내용과 흡사하기 때문이다. 표절 시비는 논란이 되는 문제라고 하더라도, 문선명이 신비주의자 김백문, 황국기 등으로부터 영향을 받았다는 것은 부정하기 어려울 것 같다.[13]

2. 실패자 그리스도

통일교의 기본적인 관점은 모든 것을 음양이나 섹스 모티브에 의해 이해하는 것이며, 그 절정을 이루는 것이 그리스도를 인류 구속 사업의 실패자로 규정하는 것이다. 이는 하나님의 창조, 인간의 타락, 예수 그리스도와 그의 사역에 대한 통일교의 주장을 개괄해 보면, 확연하게 드러나는 것이다. 따라서 기독교와 통일교를 가르는 결정적 분기점, 즉 그리스도를 인류 구속사역의 실패자로 간주하는 문제를 논의하기에 앞서, 인간의 타락과 구원에 대한 통일교의 주장을 살펴보는 것이 필요하다.

a. 인간의 타락과 탕감 복귀

통일교는 하나님이 세계를 창조하신 목적은 모든 피조물이 "선의 대상인 천국을 이루는 것", 즉 하나님이 그의 피조물이 선의 대상이 되는 것을 보고 기뻐하기 위한 것이라고 주장한다. 특히 아담과 하와가

---

13 노길명 · 이제민,《통일교 그 실상과 오해》, pp.28-29.

인류의 참 부모가 되고, 그들의 자녀가 선의 자녀가 되어 지상천국을 이루는 것이 하나님의 창조 이상이라는 것이다.[14]

한편, 통일교는 인간의 타락을 '섹스 모티브'에 의해 설명하고 있다. 타락을 인간과 하나님의 수수의 관계가 끊어져 일체가 되지 못하는 반면, "사탄과 수수의 관계를 맺어 그와 일체를 이루게 된 것"으로 정의하고 이를 영적 타락과 육적 타락으로 구분하고 있다.[15] 영적 타락은 천사와 하와의 혈연관계에서, 그리고 육적 타락은 아담과 하와의 혈연관계에서 비롯되었다는 것이다. 통일교의 해석에 따르면, 인간의 타락에 관한 창세기 본문에서 뱀은 천사장 루시엘, 즉 사탄을, 그리고 선악과는 하와를 가리킨다. 루시엘은 하나님이 인간을 창조하고 그들을 천사들보다 더 사랑하는 것을 질투하여 하와를 유혹하여 그와 행음함으로 그 불만을 표출했다. 아담과 하와가 무화과나무 잎으로 하체를 가린 것은 그들이 하체로 부끄러운 일을 했다는 증거였다.

이렇듯 하와가 선악과를 따먹은 것은 천사와 성적인 관계를 비유한 것이며 인간의 영적 타락을 가리킨다. 한편, 하와는 루시엘과 불륜관계를 맺은 후, 아담을 유혹하여 성적인 관계를 맺었다. 그것이 곧 육적인 타락이다. 그 결과 천사장 루시엘은 사탄이 되었고, 하와가 사탄으로부터 받았던 모든 요소가 그 후손에게 유전되었다. 모든 인류는 그 속에 사탄의 피가 흐르는 악의 자녀가 되었으며 사탄의 속박 아래 놓이게 되었다는 것이다.[16]

---

14 《원리강론》, pp.42-43, 112-113, 227.

15 《원리해설》, p.31.

16 《원리강론》, pp.68-87.

문선명이 그의 고희 축하 행사에서 행한 인사말도 이런 통일교의
해석을 확인하고 있다.

> 인간은 종적 참사랑의 부모인 하나님과 횡적 참사랑의 부모인
> 아담과 하와로부터 사랑과 선한 혈통을 이어받은 참 생명체입
> 니다⋯ 타락이란 인간 조상이 하나님의 종적 참사랑 아래 횡적
> 으로 참사랑을 완결 짓지 못하고 천사장의 침범을 받아 거짓 횡
> 적 사랑을 이룬 것입니다. 이 타락의 결과로⋯ 악마는 ⋯ 개인에
> 서부터 세계에 이르기까지 인간을 부당하게 관장해 오고 있습니
> 다.[17]

이렇듯 통일교는 인간의 타락을 하나님의 창조 목적 성취의 실패
로, 즉 처음 아담과 하와가 행음으로 인해 그들의 후손들이 악의 자녀
가 되어 지상천국을 이루지 못하게 된 것으로 해석한다. 그리고 타락
한 인간을 하나님이 창조한 본래 상태로 복귀시키는 것을 하나님의
구원으로, 그리고 원 상태로 복귀한 인간이 하나님의 창조 목적을 완
성하도록 하는 것을 하나님의 섭리라고 주장하고 이를 탕감 복귀라고
한다. 인간이 타락하게 된 과정을 역순서로 다시 밟아, 참 부모가 악의
자녀들을 선의 자녀들로 다시 낳아 지상천국을 이루는 것이다. 따라서
지상천국의 성취는 하나님의 구원 섭리의 궁극적 목적이자 탕감 복귀
의 제1차적인 목적이다. 하나님은 이를 위해 예수님과 성령을 후아담

---

17 문선명 선생 고희기념 행사실행위원회는 '통일된 세계와 인류 평화는 하나님의 뜻입니다'라
는 제목으로 문선명의 인사말 전문을 1990년 2월 1일자로 중앙 일간지에 광고문으로 게재했다.

과 후하와로 세워 인류의 참 부모가 되게 하고 타락한 인간을 중생케 하고자 했다는 것이다.[18]

b. 예수 그리스도

문선명은 자신의 교설의 출처가 예수 그리스도의 계시라고 강변하며 그리스도의 권위를 빌려 그 정당성을 입증하려 했다. "나는 영의 세계에서 예수 그리스도와 대화하였고 또한 세례 요한과도 대화하였다. 이것이 내 교리의 근거다."[19] 통일교 역시 "하나님의 독생자이신 예수님을 인간의 구주인 동시에 복귀된 선의 조상으로 믿는다"고 신조로 고백하고 있다.[20]

《원리강론》은 예수님의 독특성을 인정하고 있다. 예수님을 "하나님과 완전한 수수(授受)의 관계를 맺어 일체를 이룬 오직 한 분의 독생자"라고 한 것이나 하나님의 "창조 목적을 완성한 인간", 원죄가 없고 사탄이 침범할 수 있는 조건이 전혀 없는 분, 하나님의 뜻과 심정을 완전히 아시는 분, 참 부모 등으로 묘사한 것이 이를 말해 준다.[21]

그렇지만 통일교는 예수님을 "창조 목적을 완성한 인간" 이상으로는 생각하지 않는다. 문선명은 예수가 자신보다 못한 것으로 말하기도 했다. "예수나 공자처럼 과거에 살았던 어떤 사람도 자신을 능가하지

---

18 《원리강론》, pp.13, 231-240.

19 Mun Sun Myung, *The New Future of Christianity*, p.101.

20 탁명환,《통일교의 실상과 그 허상》, p.90.

21 《원리강론》, pp.31, 225-26.

못한다."[22] 예수의 가치가 아무리 크다 하더라도 어디까지나 인간이며, 하나님 자신은 아니라는 것이다. 단지 하나님과 완전한 수수(授受)의 관계를 맺어 하나님과 일체를 이루고 있기 때문에, 그의 신성을 보아 하나님 또는 제2의 하나님이라고 하는 것이지, 하나님 자신은 아니라는 것이다.[23]

통일교는 예수님의 출생, 죽음, 부활에 대해서도 기독교 전통 교리와 다른 해석을 하고 있다. 그리스도의 성육신을 하나님이 인간이 되신 것으로 받아들이지 않고, "예수님이 말씀의 실체로서 도성인신(道成人身)하신 것"을 의미한다고 했다. 또한 그가 성령을 통해 잉태되어 동정녀 마리아에게 태어난 것으로 가르치지도 않는다. 반면, 예수님을 후아담 그리고 성령을 후하와, 또는 예수님을 영적 참 아버지, 그리고 성령을 영적 참 어머니라 하여 양자를 부부관계로 해설하고 있다.[24] 심지어 김영운의 《통일신학》은 예수 그리스도를 "제사장 스가랴와 마리아 사이에서 태어난 사생아"로 간주했다.[25]

통일교는 예수님의 십가가 죽음이 그의 본래적 사명도 아니고 하나님의 뜻도 아니라고 주장하고 있으나 이에 대해서는 그의 속죄사역을 다룰 다음 항목에서 논의하려고 한다.

한편, 통일교는 죽음과 부활에 대해서도 기독교와 전혀 다른 견해를 가지고 있다. 통일교에 따르면, 인간의 죽음은 아담의 타락 결과로

---

22 조시 맥도웰·돈 스튜어트, 《이단종파》, 이호열 역 (서울: 기독지혜사, 1987), p.158.

23 《원리강론》, pp.220-223.

24 《원리강론》, pp.228-230.

25 김영운, 《통일신학》, 김항제 역 (서울: 성화사, 1981), p.234.

온 것이 아니라 자연적인 것이다. 노쇠하면, 인간을 구성하고 있는 두 요소 가운데 육신은 흙으로 돌아가는 반면, 영인체는 무형 세계로 가 영원히 살도록 창조되었다. 육신은 사멸적인 것인 반면, 영인체는 불 멸적인 것이다. 따라서 한번 흙으로 분해된 육신은 다시 원상태로 부 활할 수 없으며, 한번 영적 세계에 살게 된 영인체는 다시 육신을 입 을 필요가 없다. 그러므로 인간의 부활은 죽은 사람이 다시 살아나는 것을 의미하는 것이 아니라 "죽음 즉 사탄의 주관권"으로부터 "하나님 의 직접 주관권 내로 복귀되어 나아가는 과정적 현상"을 의미하는 것 이다. 다른 말로 하면, "아담으로 말미암아 사탄의 혈통을 이어받게 된 것이 사망"이라면, "그리스도로 말미암아 하늘의 혈통으로 돌아가는 것이 부활"이다.[26] 따라서 그리스도 역시 죽었다가 그의 육신이 다시 살아난 것이 아니고, 그의 영인체(靈人體)가 무형 세계인 그의 나라로 간 것이라는 것이다.

이렇듯 통일교는 그리스도에 관한 초자연적 요소, 즉 성육신, 동정 녀 탄생, 육체적 부활을 부정하고 그를 위대한 인간 이상으로 생각하 고 있지 않다.

c. 구속사역의 실패자 그리스도

그리스도는 실패자라는 신념이 통일교 태동의 전제 조건이자 문 선명에 대한 숭앙의 출발점이다. 그렇다면 통일교는 왜 그리스도를 구 속사역의 실패자로 보는 것인가?

통일교에 따르면, 예수 그리스도는 아담과 하와가 성취하지 못한

---

26 《원리강론》, pp.177-182.

하나님의 창조 이상, 즉 인류의 참 부모가 되고 그들의 자녀가 선의 자녀가 되어 지상천국을 건설하는 것을 성취하기 위해 이 땅에 오셨다. 예수님은 참 아버지로, 그리고 성령은 참 어머니로 온 것이다. 따라서 우리가 성령의 감동으로 예수님을 구주로 믿게 되면, 영적 참 부모의 사랑을 받게 되고 그 사랑으로 말미암아 주입된 새 생명을 통해 새로운 영적 자아로 다시 태어나게 된다.

이것이 영적 중생이요 구원이다. 그렇지만 아직도 우리 속에는 원죄가 남아 있기 때문에, 육적인 구원을 성취한 것은 아니다. 참 부모로서 예수님과 성령은 그들의 인류 구원의 사명 가운데 단지 일부만을 수행한 것이다.[27]

그렇다면 통일교는 왜 예수님이 단지 인간의 영적 타락 문제만 해결하고 육적 타락 문제는 해결하지 못했다고 보는 것인가, 왜 인간의 영적 구원은 성취했지만, 육적 구원에는 실패했다고 하는 것인가? 한마디로, 그것은 십자가 죽음 때문이라는 것이다. 이스라엘 백성들이 예수님을 십자가에 달려 죽도록 내어 줌에 따라, 그의 육신은 사탄의 침범을 받아 살해되었을 뿐만 아니라, 그를 믿어 그와 한 몸을 이룬 신자들의 육신도 사탄의 침범을 당하게 되었다. 따라서 육신을 통해 유전되고 있는 사탄의 피, 즉 원죄는 인간에게 그대로 남아 있다. 예수님은 결혼하여 참 어머니와 더불어 원죄가 없는 선한 자녀를 낳아 인류의 참 부모가 되는 것이 그의 사명 가운데 하나였지만, 십자가의 죽음으로 인해 그것을 수행하지 못했다.[28] 그는 아담의 자리는 회복했지만

27 《원리강론》, pp.230- 231.

28 《원리강론》, p.156.

하와의 자리는 회복하지 못했고, 인간의 영적 구원은 성취했으나 육적인 타락 문제는 해결하지 못했다는 것이다.

통일교는 그리스도의 죽음은 그의 본래 사명도 아니고 하나님의 뜻도 아니었다고 주장한다. "우리는 예수님께서 십자가의 죽음의 길을 가시기 위하여 오신 것이 아니었다는 것을 알아야 한다.[29]" 그렇다면 그는 왜 십자가 위에서 죽은 것인가? 문선명은 세 가지 이유를 들었다.

첫째, 예수가 하나님의 아들인지를 모른 이스라엘 백성들의 무지 때문이다. 이스라엘 백성은 구약성경을 문자적으로 해석한 나머지 예수가 하나님의 아들인지를 몰랐다.

둘째, 세례 요한의 사명 완수 실패 때문이다. 그는 예수의 선구자로서 사명을 감당하지 못했기 때문에, 이스라엘 백성들이 예수를 거부하고 십자가에 죽게 했던 것이다.

셋째, 메시아가 하늘 구름 타고 오리라는 기대(단 7:13)와 어긋났기 때문이다. 이스라엘 백성들은 인자가 하늘 구름을 타고 오리라 기대했지만, 예수는 그렇게 오지 않았다.[30]

한편, 문선명에 따르면, 하나님은 그리스도의 십자가 죽음이 그의 본래 계획은 아니었지만, 사탄에게 지불된 속상금으로서 그것을 허락했다. 왜냐하면 인간이 마귀의 속박에서 벗어나기 위해서는 배상금을 마귀에게 지불해야 하기 때문이다. 따라서 그리스도는 인간을 사탄의

---

29 《원리강론》, p.151.

30 Mun Sun Myung, *The New Future of Christianity*, pp.94-95.

속박으로부터 벗어나게 하는 영적 구원을 성취했다.[31]

이렇듯 문선명이나 통일교는 예수 그리스도의 속죄사역에 대해 제한적인 평가를 했다. 그는 인류 구속사역은 완성하지 못하고 그 일부만 성취했다는 것이다. 인간의 영적 타락과 육적 타락 가운데 전자만 해결하여 인간의 영적 구원은 이룩했지만, 그의 죽음으로 인해 인간의 육적 타락 문제를 해결하지 못하여 육적 구원에는 실패했다는 것이다. 따라서 그리스도가 이룩한 구원은 온전한 구원이 아니라 절반의 구원에 그친 것이며, 그 때문에 하나님은 인간 구원의 완성을 위해 그의 재림을 약속했다는 것이다. [32]

d. 기독교적 반론

예수 그리스도와 그의 사역에 대한 문선명과 통일교의 이해는 기독교의 근본적인 교훈과 전적으로 배치된다. 기독교적 관점에서 그들의 문제점을 몇 가지로 지적할 수 있다.

첫째, 그리스도의 양성의 교리를 부정하고 있다. 기독교 신앙은 예수님이 가장 특별한 사람이나 탁월한 사람이라는 데 있는 것이 아니라 사람으로 오신 하나님이라는 사실에 있다.[33] 예수 그리스도는 완전한 하나님이며 완전한 인간이라는 양성의 교리는 교회가 오랜 논쟁과 많은 희생을 치른 끝에 451년 칼케돈공의회를 통해 정통 교리로 정립

---

31 Mun Sun Myung, *The New Future of Christianity*, p.87-109; 박기민,《한국신흥종교연구》(서울: 혜림사, 1985), p.387.

32 Mun Sun Myung, *The New Future of Christianity*, pp.123-124;《원리강론》, pp.72ff, 157.

33 Millard J. Erickson, *Christian Theology*, vol. 2(Grand Rapids: Baker Book House, 1986), p.683.

한 소중한 결실이다. 교회는 그리스도의 두 본성 가운데 어느 하나만을 인정하고 다른 하나를 부정하는 자들을 이단으로 단호히 정죄했다. 문선명이나 통일교가 그리스도는 하나님의 "창조 목적을 완성한 하나의 인간"이기는 하지만 하나님 자신은 아니라고 주장한 것은 그리스도의 신성을 부인하고 인성만을 주장하여 이단으로 정죄받은 고대 교회의 에비온주의나 역동적 군주론의 전철을 따르고 있는 것이다.

둘째, 그리스도의 전능성을 부정하는 반면, 문선명의 우월성을 강조하고 있다. 통일교는 그리스도에 관한 초자연적 요소, 즉 그리스도의 성육신, 동정녀 탄생, 육체적 부활 등을 부정하고 단지 그를 하나님의 창조 이상을 완성한 인간으로만 이해한다. 뿐만 아니라 문선명은 자신은 예수가 알 수 없었던 것을 안다고 말하며, 예수나 공자도 자신을 능가하지 못한다고 주장하기도 했다. 이는 예수 그리스도만이 하나님에 대한 유일한 계시자라고 명시한 성경의 증거(요 1:18, 14:6)를 정면으로 부정하는 것이며 자신이 적그리스도라는 것을 자인하는 것이다.

셋째, 그리스도의 십자가를 무력화하고 있다. 그리스도의 십자가 고난은 복음의 중심이고 기독교의 핵심 진리다. 성경은 그것이 하나님의 예정(사 53:4-10)이며 뜻(마 16:21, 막 8:31, 눅 9:22, 요 3:14)이라는 것을 분명히 하고 있다. 그럼에도 불구하고, 문선명과 통일교가 그리스도의 십자가 죽음은 그의 본래적 사명도 하나님의 뜻도 아니라고 주장할 뿐만 아니라 그것을 그의 실패의 상징으로 간주하는 것은 기독교의 가장 핵심적인 진리를 부정하는 것이요, 그리스도의 십자가 구속사역을 무력화하는 것이다.

넷째, 그리스도를 인류 구속사역의 실패자로 규정하고 있다. 성경은 예수 그리스도가 완전한 구원자임을 증거하고 있다. "그가 거룩하게 된 자들을 한 번의 제사로 영원히 온전하게 하셨느니라"(히 10:14). 그리스도는 인간의 영육을 다 구원하셨기에 우리 몸은 하나님과 성령의 전인 동시에(고전 3:16-17, 6:19), 그것을 하나님께 거룩한 산제사로 드리는 것이다(롬 12:1). 또한 성경이 처음 아담이나 두 번째 아담 되신 예수 그리스도를 언급할 때, 그것은 단지 남성의 대표만을 가리킨 것이 아니라 인간 전체를 가리킨 것이다(롬 5:12, 18). 그럼에도 불구하고, 문선명과 통일교가 예수 그리스도는 아담의 자리, 남성만을 회복시켰으며 영적인 구원은 성취했으나 하와의 자리를 회복시키지 못했고 육체적 구원은 성취시키지 못했다고 주장하는 것은 성경의 교훈과 일치하지 않을 뿐만 아니라 이단적 주장이다. 왜냐하면 그리스도를 인류 구속사역의 실패자로 규정하는 것은 기독교 신앙을 부정하는 것이나 다름없기 때문이다.

3. 문선명과 재림주

a. 문선명과 재림주

문선명은 자신이 재림 예수라고 공언하거나 단언하지는 않았지만, 은연중에 그것을 암시했다. 자신에 대한 그의 인식이 이를 말해 주고 있다. 문선명은 자신을 예수가 못다 한 사명을 완수할 인물, 또는 "하나님의 전 섭리 목적과 인류의 과거, 현재 및 미래와 복음서에 기록되지 아니한 내용까지도 철저히 아는 유일한 사람"이라고 주장했으며,

하나님은 그에게 이전에 결코 준 일이 없고 예수님도 알 수 없었던 하늘의 메시지를 주셨다고 했다.[34] 또한 자신을 참 아버지로, 부인 한학자를 참 어머니로, 그리고 그들 부부를 참 부모라고 주장했다. 이런 인식은 자신을 재림주로 암시하거나 자신을 신격화한 것으로 볼 수 있다. 또한 대부분의 통일교도들은 문선명을 메시아 또는 재림주로 믿고 있다. 이는 그들이 문선명 부부를 '참 부모'로 숭앙하거나 '참 부모'의 이름으로 기도하는 것에서도 드러난다.[35]

통일교의 재림론은 문선명을 재림주로 합리화하고 있다. 첫째, 초림주와 재림주를 이원화하고 있다. 통일교는 첫 번째 아담과 두 번째 아담인 예수 그리스도가 별개의 인물인 것처럼, 두 번째 아담 그리스도와 세 번째 아담인 재림의 주를 완전히 별개의 인물로 간주하고 있다. 하나님은 두 번째 아담인 그리스도가 인간의 영적 구원은 성취했으나 육적 구원은 성취하지 못했기 때문에, 인간의 영육 구원을 완성하여 그 본연의 상태로 복귀하도록 하기 위해 세 번째 아담, 즉 재림의 주를 약속했다는 것이다. 이렇듯 통일교가 그리스도와 문선명을 대비하여 그리스도를 구속사역의 실패자로 취급한 반면, 문선명은 그를 능가하는 인물, 즉 예수도 알 수 없었던 하늘의 메시지를 알며 예수가 완성하지 못한 구원의 사명을 완수할 수 있는 인물로 믿고 있다.[36] 이는 결국 문선명이 재림주라는 암시인 것이다.

둘째, 예수님의 재림은 지상 탄생으로 이루어진다. 통일교에 따르

---

34   Mun Sun Myung, *The New Future of Christianity*, p.5,

35   박영관, 《이단종파비판》 (서울: 예수교문서선교회, 1977), p.43..

36   《원리강론》, pp.220-228.

면, 예수님이 재림하시는 목적은 초림 때 미완성으로 남겨 둔 인간의 육적 구원을 완성하는 것, "전 인류의 참 부모"가 되고 지상천국을 완성하여 왕이 되는 것이다. 재림주가 결혼하여 선의 자녀를 낳는 참 부모가 되기 위해서는 초림 때와 같이 육신을 입고 지상에서 탄생해야 한다는 것이다.[37] 그렇지만 성경은 그리스도가 구름을 타고 하늘로부터 재림한다고 명시하고 있으며(마 24:30, 막 13:26), 누구나 볼 수 있게 하늘로부터 인간의 몸으로 다시 오실 것을 강조(행 1:11, 계1:7)하고 있다. 문선명과 통일교는 이런 성경의 증거를 부정하고 "하나님은 하늘 구름을 태워서 그의 아들을 보내지 않을 것이다"고 주장했다. 그리고 구름 타고 올 줄 알았던 엘리야가 세례 요한으로 출현했다는 것을 그 근거로 제시했다. "엘리야가 공중 재림하리라 유대인은 믿었으나 세례 요한으로 지상 재림했고, 예수의 초림 때도 구름 타고 오시리라 믿었으나 지상으로 오시었다." "재림 예수를 각인이 볼 수 있도록 육신을 쓰고 오신다."[38] 이렇듯 그리스도가 하늘의 구름을 타고 온다는 것을 비유로 간주하여 "예비된 사람들, 하나님의 백성들, 즉 중생한 자들"의 무리 가운데 온다는 것으로 해석한다.[39] 재림주는 하나님의 창조 목적을 완성한 인간으로서, 인류를 중생해 줄 참 부모로 오시기 때문에 사람으로 오시지 않으면 안 된다. 통일교는 그를 문선명이라고 믿는 것이다.

　　셋째, 재림 장소는 동방의 나라 한국이다. 통일교는 예수가 동방의

37 《원리강론》, pp.520, 530-531.

38 《원리강론》, pp.518-520, Mun Sun Myung, *The New Future of Christianity*, p.122.

39 Mun Sun Myung, *The New Future of Christianity*, pp.117, 122.

나라 한국에서 재림한다고 믿는다. 그 근거로 제시하고 있는 것이 두 가지다. 하나는 "다른 천사가 살아 계신 하나님의 인을 가지고 해 돋는 데로부터 올라와서"라는 요한계시록의 구절(계 7:2)이다. 통일교는 "해 돋는 곳으로"를 동쪽이 아닌 동방으로, 동방을 근동지방이 아닌 동양으로, 그리고 동양의 여러 나라 가운데 한국으로 해석한다.[40] 다른 하나는 정감록과 민간신앙이다. "하나님은 아직 한국 안에 기독교가 들어오기 전에 장차 메시아가 한국으로 재림하실 것을 정감록에 가르쳐 주셨다."[41] 정감록의 메시아 사상, 각 종교의 도주(道主)들의 예언과 영통인들의 신령한 역사 등이 한국이 재림 장소인 증거라는 것이다. 이렇듯 그리스도의 재림 장소를 한국으로 지목하는 것은 한국에서 태어난 문선명이 재림주라는 것을 암시하기 위함이다.

넷째, 재림주는 참 부모로 오시며 하나님의 창조 본연의 인간으로 복귀를 성취한다. 통일교는 지상천국의 건설을 최종 목표로 삼고 있으며 그 단계적인 실현을 강조한다. 개성 완성, 가정 완성, 주관 완성이 그것이다. 개성 완성은 인간이 하나님의 뜻을 알고 그것에 따라 생활하는 것이다. 가정 완성은 그런 사람이 선의 자녀를 번식하여 죄 없는 가정을 만들어 우주의 부모인 재림주 내외를 중심한 하나의 대가족을 건설하는 것이다. 주관 완성은 과학과 경제 발전에 근거하여 지상에 안락한 생활환경을 조성하는 것이다. 이것은 하나님의 삼대 축복이자 인간 창조의 목적이다.[42] 특히 재림주는 육신을 가진 여성을 아내로

40 《원리강론》, pp.539-540.

41 《원리강론》, p.547.

42 《원리강론》, pp.44-46, 128-136.

맞아들여 가정을 이루고 전 인류의 '참 부모'가 되어 그를 중심으로 인류 세계는 재림하는 대가족사회가 된다는 것이다. 통일교가 문선명 부부를 참 부모로 숭앙하는 것이나 공식 명칭을 세계평화통일가정연합으로 변경하여 인류 대가족사회 건설을 주창하고 있는 것은 문선명과 그의 활동이 재림주의 사명을 감당하는 것임을 시사하는 것이라고 할 수 있다.

b 기독교적 반론

문선명과 통일교의 재림론은 성경 그리고 기독교 교리와 일치하지 않는 문제점을 지니고 있다.

첫째, 초림 예수와 재림 예수를 이원화하거나 별개의 인물로 간주하는 것은 양자가 별개의 인물이 아니라 완전히 동일 인물이라는 성서의 교훈과 일치하지 않는다. 또한 양자를 별개의 인물로 간주하는 것은 예수 그리스도 이외의 또 다른 구원자가 있다는 의미이므로, 예수 그리스도 외에는 구원자가 없다고 명시한 성경을 부정하는 것이다 (행 4:12). 따라서 통일교가 주장하는 세 번째 아담이나 "다른 메시아는 비성경적 인물이며 불필요한 존재다."[43] 예수 그리스도의 신성을 부정하고 단지 인간에 불과한 것으로 격하하는 반면, 문선명을 재림주로 신격화하며 격상시키는 것은 적그리스도의 전형이다.

둘째, 성경은 엘리야가 구름 타고 온다고 말한 바 없다. 문선명과 통일교는 재림주는 사람의 몸으로 태어난다고 주장하며, 구름 타고 올 줄 알았던 엘리야가 세례 요한으로 출현했다는 것을 그 근거로 제

---

43 맥도웰, 《이단종파》, p.164.

시했다. 그렇지만 성경은 예수님이 재림 시 구름 타고 온다는 것을 명시하고 있는 반면(막 13:26, 계 1:7), 엘리야가 구름 타고 온다고 말한 바는 없다. 그럼에도 불구하고 문선명과 통일교가 구름 타고 온다고 한 엘리야가 사람으로 태어난 것같이, 구름 타고 온다고 한 재림의 그리스도는 사람으로 태어난다고 주장하는 것은 전혀 성서적 근거가 없는 것이고 성경을 왜곡한 것이다. 또한 구름 타고 온다고 한 엘리야가 사람으로 태어났다는 주장이 거짓된 것이기 때문에, 그것에 근거하여 재림의 예수도 구름 타고 오지 않고 사람의 몸으로 태어난다고 주장하는 것 역시 거짓된 것이다.

셋째, 그리스도의 한국 재림은 임의적 성서 해석의 결과다. 문선명과 통일교는 "해 돋는 곳"을 한국으로 해석하여 한국이 메시아의 출생지라고 주장한다. 그렇지만 해 돋는 곳이 꼭 한국이어야 하는지 그 근거가 명확하지 않다. 오히려 그런 논리라면, 한국의 동쪽에 위치한 일본이 더 적절할 것이다.[44] 한국을 재림주의 출생지로 간주하는 것은 성경적이거나 논리적인 근거에 의한 것이 아니라 그들의 신앙에 따른 임의적인 해석이다.

정리하면, 통일교는 1960년 이후 재림주가 이미 육신을 입고 한국에서 재림했다고 한다. 이는 문선명이 재림주라는 것을 합리화하기 위한 시도이며 그 근거로 인용한 성경구절도 자의적인 해석에 불과한 것이다.

---

44 실제로 동양선교회 및 일본성결교회 창립자 가운데 한 사람인 나카다 주지는 성경에 나오는 해 돋는 나라를 모두 일본에 적용했다. 나카무라 사토시, 《일본 기독교 선교의 역사》, 박창수 역(서울: 홍성사, 2016), p. 243.

결론

통일교는 창립부터 현재에 이르기까지 숱한 논란과 물의를 일으키며 세계적인 신흥 종파로 성장해 왔다. 이 논의는 그런 통일교를 기독교 교리적인 면, 특히 그리스도를 구속사역의 실패자로 간주한 반면, 문선명을 재림주로 암시하는 문제를 집중적으로 검토했다. 왜냐하면 그것이 문선명이나 통일교 교리의 핵심이며, 그것으로부터 인간의 타락, 그리스도와 그 사역에 대한 이해, 구원론, 재림주 문제 등이 파생되기 때문이다.

하나님도 남성과 여성, 즉 '이성성상'(二性性相)의 중화적인 주체로 보는 것이나[45] 삼위일체 하나님을 부정하는 것 등을 비롯하여 여기서 논의하지 않은 것을 제외하고, 지금까지 논의한 것에 근거하더라도, 통일교의 이단성은 명백히 드러나고 있다.

첫째, 통일교는 성경보다도 《원리강론》에 더 큰 권위를 부여하고 있다. 자신들만이 하나님의 새로운 계시를 가지고 있다고 주장하며 성경보다 그것에 더 큰 권위를 부여하는 것이 이단의 전형적인 특징 가운데 하나다. 통일교도 예외가 아니다. 문선명은 자신이 복음서에 기록되지 아니한 내용까지도 철저히 아는 유일한 사람이며, 하나님은 자신에게 예수 그리스도도 알 수 없는 하늘의 메시지를 주신다고 주장하고, 성경은 지난 시대 하나님의 계시인 반면, 《원리강론》은 현 시대 하나님의 계시이며, 성경은 "낡은 등잔불 또는 촛불"과 같다면, 《원리강론》은 "햇빛"과 같다고 했다. 이렇듯 문선명과 통일교는 성경보다도 《원리강론》에 더 가치와 권위를 부여하는 것이 명백하다.

---

45 《원리강론》, pp.27 ff.

둘째, 통일교는 예수 그리스도를 인간 이상으로 생각하지 않는다. 예수는 하나님이 아니라 하나님의 피조물에 불과하다는 것이다. 심지어 《통일신학》은 예수 그리스도를 "제사장 스가랴와 마리아 사이에서 태어난 사생아"로 설명한다.[46] 이렇듯 그리스도의 신성과 인성 가운데 신성을 부인하고 인성만 인정하는 것은 고대 교회가 이단으로 정죄한 에비온주의나 역동적 군주론과 다를 바 없으며, 그리스도를 사생아로 취급하는 것은 고대 이교 철학자 셀수스(Celsus)가 주장한 유대교적 시각, 즉 그리스도를 마리아와 로마 군인 사이의 사생아로 본 것과 유사하다.[47]

셋째, 통일교는 그리스도를 인류 구속 사업의 실패자로 취급하고 있다. 왜냐하면 인간의 육적 구원은 성취하지 못했기 때문이다. 뿐만 아니라 그리스도의 십자가 죽음은 그의 본래적 사명도 하나님의 뜻도 아니라고 주장하고 있다. 이렇듯 십자가 죽음을 통해 인간의 육체와 영의 구원을 모두 완성하신 유일한 구세주 예수 그리스도의 완전한 구원사역을 부정하고 그를 실패자로 간주하는 것은 그리스도의 복음과 기독교의 핵심 진리를 부정하는 것이며, 통일교가 기독교와 결코 양립하거나 공존할 수 없는 집단임을 자인한 것이나 다를 바 없다.

넷째, 통일교의 핵심 주장인 소위 탕감 복귀 원리나 피 가름의 교리는 성경의 교훈이 아니라 기독교 교리와 무교신앙을 혼합한 토착화의 산물이다.[48] 한국 교회 사가들은 그것이 통일교의 독창적인 것이 아

46 김영운, 《통일신학》, p.234

47 Friedrich Schleiermacher, *Life of Jesus* (Philadelphia: Fortress Press, 1975), p.60.

48 이동주, "통일교와 애천교회", 《한국기독교와 사이비이단운동》 (서울: 숭실대학교출판부,

니라 김백문이 체계화한 이론을 도입한 것으로 평가하고 있다.

다섯째, 통일교는 문선명을 재림주로 암시하고 있다. 문선명은 자신을 예수가 못다 한 사명을 완수할 세 번째 아담, 복음서에 기록되지도 않았을 뿐만 아니라 예수도 알 수 없었던 하늘의 메시지를 철저히 아는 유일한 사람이라고 주장했으며, 통일교도들은 문선명 부부를 참부모라고 주장하며 참 부모의 이름으로 기도하는 등 그를 메시아 또는 재림주로 믿고 있다. 이렇듯 초림 예수와 재림주를 별개의 인물로 간주하는 것은 예수 그리스도 이외의 또 다른 구원자가 있다는 것이며, 사도 바울이 경계한 다른 복음이며, 적그리스도의 전형이다.

여섯째, 통일교는 재림주가 육체의 구원을 완성하기 위해 육신을 입고 지상, 즉 한국에서 태어나야 한다고 한다. 이는 문선명이 재림주라는 것을 합리화하기 위해 성경을 자의적으로 해석한 것에 불과한 비성서적 주장이며, 거짓 선지자의 증거다.

요약하면, 우리가 논의의 주제로 삼은 것은 예수 그리스도를 인류 구속 사업의 실패자로 간주하는 반면, 문선명을 세 번째 아담 또는 재림주로 암시하거나 믿고 있는 통일교의 핵심 교리다. 전자가 통일교 존립의 전제가 되는 주장이라면, 후자는 통일교 신앙의 핵심 요소다. 다른 것은 논외로 하고, 이 한 가지 주장만 보더라도, 그들의 이단성은 명백히 드러나고 있다. 통일교는 문선명교는 될지언정 기독교는 전혀 아니며, 이단 종파라기보다 오히려 다른 복음을 전하는 적그리스도 또는 적그리스도의 무리로 규정해야 할 것이다.

1995), pp.67-69.

14장

박태선과
전도관

서론

박태선의 전도관은 한때 문선명의 통일교와 쌍벽을 이루며 교회와 성도를 미혹했던 또 다른 한국 토종 이단 종파다. 이 두 종파는 여러 면에서 공통점을 지니고 있다. 전적으로 교주의 카리스마에 의존하여 성장했다는 것, 기독교에 뿌리를 두고 있지만 이제는 기독교와 완전히 결별하고 독자적인 길로 가고 있다는 것, 교주 사후 쇠퇴의 길로 들어섰다는 것 등이다. 특히 그들의 교주가 목회자 출신이 아니고, 사업 수완이 탁월한 평신도 출신이었다는 것은 그들이 종교 영역을 넘어 경제 분야에서도 큰 두각을 나타낸 중요한 요인이 되었다.

전도관은 천부교로 개명한 이후, 그리고 교주 박태선의 사망 이후, 그 교세가 급격히 위축되어 이제는 미미한 존재가 되어 버렸다. 그렇지만 박태선과 그의 전도관은 박태선 계열 이단을 형성할 만큼 한국 기독교 이단 및 사이비 종파 발생에 큰 영향을 미쳤다. 조희성의 영생교, 구인회의 천국복음전도회, 유재열의 장막성전, 노광공의 동방교, 이영수의 에덴성회, 김계화의 할렐루야기도원, 이만희의 신천지예수교증거장막 등 박태선의 전도관 계열로 분류되는 집단이 이를 말해 주고 있다.

전도관은 한마디로 박태선을 천부, 즉 하나님으로 믿는 종파다. 전도관 교리의 중심 주제는 박태선이 누구냐 하는 것이며, 그 핵심은 박태선이 인류의 구원자라는 것이다. 따라서 전도관이 어떤 집단인지를 알 수 있는 지름길은 박태선이 어떤 인물인지를 살펴보는 것이다. 이는 두 측면으로 접근할 수 있을 것이다. 하나는 그의 생애를 통해 그가 어떤 사람인가를 파악하는 것이고, 다른 하나는 박태선이 자신을 누구라고 했으며 그 신도들은 그를 누구로 믿고 있는지를 주목하는 것이다.

필자는 박태선이 누구냐 하는 문제를 중심으로 그가 왜 이단으로 취급되는가를 살펴보려고 한다. 1~2장은 박태선의 삶에 대한 조명을 통해, 그리고 3장은 박태선 자신의 주장에 대한 분석을 통해 그가 어떤 사람인지를 파악하는 것이다. 그것은 박태선에 관한 두 종류의 선행 연구 자료를 활용했다. 하나는 박태선에 우호적인 전도관 내부 자료다. 서만원의《박태선 장로님께서는 천상천하의 하나님이시다》와 김성여의《박태선 장로의 이적과 신비경험》이 이에 속한다. 전자는 박태선의 설교, 일부 성경 구절 및 남사고의《격암유록》등에 근거하여 박태선이 하나님임을 변증한 것이라면, 후자는 박태선의 이적 활동과 더불어 그의 삶을 기술한 것이다. 다른 하나는 박태선에 비판적인 전도관 외부 자료다. 박기민의《한국신흥종교연구》와 박영관의《이단종파비판》등이 이에 속한다.

_____ ## 1. 기독교 장로 박태선

박태선은 정통 기독교의 장로 출신이다. 그렇다면 장로로 교회에 충성하던 그가 어찌하여 자신을 하나님으로 신격화하기에 이르렀으며, 끝내는 기독교와 결별하고 천부교라는 새로운 종파를 만든 것인가? 이에 대한 대답을 찾을 위해서는 그의 생애를 살펴보는 것이 필요하다. 그가 기독교에 입문하자마자 이단이 된 것이 아니기 때문이다. 75년에 걸친 박태선의 생애는 정통 교회 장로로서의 생애와 이단 종파의 교주로서의 생애, 두 부분으로 나눌 수 있다. 전자가 그의 생애 전반부라면(1915-1955), 후자는 그의 생애 후반부(1955-1990)에 해당한다. 이 둘을 나누는 분기점은 1955년 3월에 개최된 그의 남산 집회였다.

박태선은 1915년 평안북도 영변군 구장면에서 출생하여 불우한 어린 시절을 보냈다. 그의 아버지는 주색잡기에 빠져 가족을 전혀 돌보지 않았고, 그로 인해 마음고생이 극심했던 어머니는 그가 9세 때 세상을 떠났다. 아버지도 어머니를 이어 세상을 떠나면서 박태선은 어린 나이에 고아가 되었다.

박태선은 고향에서 보통학교를 마친 후, 1935년경 일본으로 건너가 도쿄에서 고학으로 공업학교에 다녔으며 그곳에서 소규모 군수품 공장을 운영하기도 했다. 1939년 귀국해서도 서울 아현동에서 정밀기계 부품 제작 공장을 경영했으며, 1950년 그의 공장의 직공은 340명에 달했다고 한다.[49]

박태선은 소년 시절 고향 인근 덕천장로교회 주일학교에 다니며 신앙생활을 시작했다. 일본에서 돌아온 후에는 김치선 목사가 목회하

_____
49   김성여, 《박태선 장로의 이적과 신비경험》 (서울: 한국예수교전도관부흥협회, 1955), p.60.

던 남대문장로교회에 출석했으며 집사의 직책을 받았다. 특히 1948년 성결교회 부흥사 이성봉 목사의 남대문교회 집회에 참석하여 큰 감명을 받고 자신의 죄를 철저히 회개했으며 성령의 은사를 체험했다고 한다. 박태선 자신의 고백에 따르면, 그것은 신앙생활을 시작한 지 21년 만에 처음으로 접한 은혜의 체험이었다.[50] 그 후 그는 새벽기도회에 열심히 참석하는 한편, 전도와 교회 봉사에도 열정적으로 헌신했다.

1950년 한국전쟁이 일어났을 때, 박태선은 피난을 가지 못하고 서울 자택 구들장 밑에 구멍을 파고 20여 일을 숨어 지냈으며 생수 마시는 체험을 했다고 한다. 그는 그 생수가 요한복음 4장에 언급된 생수라고 주장했다(요 4:5-11).[51] 그 후 피난을 가던 중 평택에서 비행기 폭격을 당했지만 기적적으로 살아남았다. 그는 피난 생활 동안 그의 피가 소변으로 다 빠지는 대신, 그리스도의 보혈로 채워지는 소위 영체교환을 체험했다고 주장했다.[52]

전쟁이 끝난 후, 서울로 돌아온 박태선은 창동장로교회에 출석하며 교회를 열심히 섬겼으며, 1954년 12월 장로로 피택받았다. 신유의 은사를 받은 후, 그는 집에 기도실을 마련하고 병자를 대상으로 신유 사역을 펼쳤다. 용문산 기도원의 나운몽 장로와도 친밀하게 교류하며 그와 함께 순회집회를 인도하기도 했다. 그가 교회 강단에서 직접 설교를 하기 시작한 것은 1955년 1월 성동구 왕십리 무학교회 집회에서였다. 그는 이를 계기로 전국적으로 집회를 인도하는 부흥사가 되었

---

50 Ibid., pp.33-34.

51 Ibid., pp.62-64.

52 Ibid., pp.88-89.

다.[53]

　이렇듯 박태선은 1955년 초에 이르기까지, 즉 장로로 임직된 직후까지 가난과 역경에도 굴하지 않고 치열하게 살았으며 역동적인 신앙생활을 한 것 같다. 공업학교를 나온 전력을 살려 일찍이 공장을 운영하며 가난을 극복하는 한편, 소년 시절부터 의지하던 하나님에 대한 열정도 컸다. 그가 흔히 '박태선 장로'로 불리는 것도 젊은 날 그의 이같은 경력에 기인한 것이다.

　박태선의 신앙생활 전반부를 정리하면, 그는 열정적인 신비 또는 은사파 장로였다고 할 수 있다. 그렇지만 요한복음에 언급된 생수를 마셨다든가 그리스도의 보혈을 받아 피가 바뀌는 신비 체험을 했다든가 하는 것은 후일 그가 정통 교회 장로에서 이단의 교주로 변질되는 중요한 요인으로 작용했다.

2. 전도관 교주 박태선

　박태선의 신앙에서 일대 전환점이 된 것은 1955년 박태선의 남산 집회였다. 남산 집회는 서울 남산공원에 대형 천막을 가설하고 3월 26일부터 4월 5일까지 10일간 계속된 대규모 집회였다. 남산 집회에 수많은 청중이 운집하고 엄청난 액수의 헌금이 모였던 반면, 박태선이 당시 교회와 목사를 '마귀새끼'로 비난한 것이 교계에 적지 않은 파문을 일으켰다. 그 후 박태선은 칼빈의 예정 교리를 부정하고 자신이 속한 장로교회를 탈퇴한다고 선언하는 한편, 7월에는 그의 추종자들과 더

53　Ibid., p.48.

불어 전도관 태동의 모체인 '한국예수교부흥협회'라는 단체를 조직했다.[54] 또한 그는 1955년 12월 개관한 용산구 원효로 3가의 중앙 전도관을 비롯하여 전국 각지에 전도관을 세워 집회 활동의 거점으로 삼았다. 이렇듯 남산 집회는 박태선이 정통 교회를 이탈하여 다른 길로 접어드는 분기점이 되었다.

한편, 박태선의 부흥 집회는 이적과 신유 현상으로 대중의 관심과 선풍적인 호응을 불러일으켰던 반면, 그가 '향기', '이슬 같은 성령'으로 자처한다는 등의 소문과 함께 그에 대한 추문도 끊이지 않았다.[55] 박태선의 집회와 그와 관련된 소문을 예의 주시하던 한국기독교연합회(KNCC)는 그에 대해 단호한 조치를 취했다. 1955년 7월 박태선의 전도관 운동을 사이비 종교라는 성명서를 발표한 것이다. 또한 1956년 2월 대한예수교장로회 경기노회는 박태선을 이단으로 규정했으며, 6월에는 전주 지역 장로교, 성결교, 감리교 일동 명의로 박태선 집단의 내막을 사회와 교회에 폭로하는 성명서가 발표되었고, 9월에 열린 예수교장로회 41회 총회 역시 그를 이단으로 정죄했다. 그러나 박태선의 폭주는 멈추지 않았다. 1957년 그는 요한계시록에 근거하여 자신을 하늘의 권세를 받은 참 감람나무, 또는 '동방의 의인'이라고 선언하고 기독교를 마귀 소굴이라고 비판했다.[56]

이렇듯 박태선은 교회의 존재를 부정하고 오직 전도관만이 유일한

---

54 박기민,《한국신흥종교연구》(서울: 혜림사, 1985), p.331.

55 박태선과 관련된 추문으로는 교리적인 문제 외에도, 섹스 안찰, 혼음 사건, 세금 포탈, 동아일보 습격 등이 거론되고 있다. 최삼경, "대성교회, 천부교, 밤빌리아 추수꾼",《한국기독교와 사이비 이단운동》, 한국기독교문화연구소 (서울: 숭실대학교출판부, 1995), p.229.

56 박영관,《이단종파비판》(서울: 예수교문서선교회, 1977), p.139.

구원의 방주라고 주장하며 1957년 경기도 소사에 신앙촌을 건설하여 전국에서 선별한 열성적인 신도들을 입주시켰다. 전도관은 물론, 학교, 주택, 공장, 상점 등의 시설을 두루 갖춘 일종의 신앙 공동체였다. 신앙촌 건설 이후 전국적으로 많은 신도들이 전도관으로 몰려들었다.

1958년 박태선은 현재 시흥시에 위치한 소래산에 예수가 재림한다고 하는가 하면, 자신이 한강물을 향해 기도하면 물이 휘발유로 변한다고 주장했다.[57] 1960년에는 기사에 불만을 품은 전도관 신도들이 동아일보사를 점거하고 윤전기를 파괴하기도 했다.

1959년 박태선은 '한국예수교부흥협회'를 '한국예수교전도관부흥협회'로 변경했다. 박태선 집단을 흔히 전도관이라고 하는 것은 여기서 기인한다. 박태선은 1962년에는 경기도 덕소에 제2신앙촌을, 그리고 1971년에는 경남 기장에 제3의 신앙촌을 세웠다. 제1신앙촌이 주거와 교육 위주였다면, 제2신앙촌은 공업단지 중심이었고, 제3신앙촌은 수출 공업단지였다. 이 기간이 전도관의 성장세가 그 절정에 달한 시기였다.

박태선은 종교 활동 못지않게 기업 활동에도 열성적이었다. 신앙촌에 공장을 건설하고 '시온'이란 상표로 각종 생활필수품을 생산했다. 질 좋은 품질로 일반 대중들로부터도 상당한 인기를 끌었다. 박태선은 덕소의 제2신앙촌에는 한일물산주식회사와 시온식품주식회사를, 그리고 기장의 제3신앙촌에는 섬유제품을 생산하는 시온합섬주식회사를 설립하여 종교 활동과 경제 활동을 병행했다.[58] 그 외 전도관에

---

57 Ibid.

58 박기민,《한국신흥종교연구》, p.332.

속한 기업체로는 오리엔스금속, 시온철강, 한일영농 등이 있었다.

박태선은 폭행, 횡령, 사회질서 문란, 선거법 위반 등의 혐의로 1958년과 1961년 투옥되어 감옥 생활을 하기도 했다. 1975년에는 그의 아들이 외환관리법 위반 등의 혐의로 구속되어 사회적 지탄을 받았다.[59]

박태선은 1980년대 들어 과격하고 파격적인 주장을 서슴지 않았다. 하나님은 철장 속에 갇혀 있어서 새 하나님이 출현해야 한다거나 예수를 "개자식" 또는 "개자손", "대마귀요 틀림없는 가짜", "99% 이상의 죄 덩어리" 등으로 폄하하고, 기독교의 성경을 "99%가 거짓말", "음란경" 등으로 혹평한 것이다. 반면, 박태선은 자신을 육신을 입고 이 땅에 온 "새 하나님", "천상천하의 하나님", "창조주", "이슬 같은 성령"과 "생명 물을 주는 분" 등으로 신격화하고 1980년 8월에는 그의 종파 공식 명칭도 '한국예수교전도관부흥협회'에서 '한국천부교전도관부흥협회'로 변경했다.[60] 공식 명칭에서 '예수교'란 단어를 삭제하고 '천부교'라고 한 것은 단순히 교단 명칭의 변경이 아니라 신앙 대상의 변경이었다. 더 이상 예수를 믿는 기독교가 아니라 천부 박태선을 믿는 별개의 종교임을 선언한 것이다. 전도관 건물의 십자가 탑을 비둘기 형상으로 교체한 것도 이를 상징적으로 암시한다.

박태선이 과격한 입장을 취하며 기독교와 결별한 것은 전도관 쇠퇴의 전조였다. 그로 인해 전도관이 분열되고 이탈자들이 속출했다. 전

---

59 박영관, 《이단종파비판》, p.140.

60 김종일, 《한국기독교와 신흥종교》 (서울: 한국종교연구소, 1981), p.368; 최삼경, "대성교회, 천부교, 밤빌리아 추수꾼", 《한국기독교와 사이비이단운동》, p 229; 서만원, 《박태선 장로님께서는 천상천하의 하나님이시다》 (서울: 미래문화사, 1987), pp.36, 42, 44, 46.

도관 기업들은 그의 아들들에게 상속되었으나 경제 환경 변화와 경영 능력 부족으로 몰락에 이르게 되었다. 특히 박태선이 1990년 2월 7일 경남 기장의 제3신앙촌 자택에서 노환으로 별세한 것이 결정적 타격이었다. 한때 신도 수가 100만 명을 육박하던 교세는 고작 2천 명에 불과할 정도로 급격히 감소하여 현재는 천부교란 이름으로 간신히 명맥을 유지하고 있을 뿐이다.

3. 천상천하의 하나님

전도관은 교주 박태선을 중심으로 형성된 신앙 집단이다. 전도관 교리의 핵심은 박태선이 누구냐에 관한 것이다. 그렇다면 박태선은 자신을 누구라고 주장했으며, 그 신도들은 그를 누구로 믿고 추종하고 있는가? 박태선에 대한 명칭과 그의 권세를 중심으로 이에 대해 논의하려고 한다.

a. 감람나무

박태선은 자신을 신격화한 끝에 1980년부터는 그가 '새 하나님'이라고 선언했으며, 전도관의 공식 명칭도 천부교로 개칭했다. 서만원은《박태선 장로님께서는 천상천하의 하나님이시다》에서 박태선을 언급할 때마다 수없이 반복적으로 '천상천하의 하나님'이라고 칭하고 있다. 이는 단지 그의 개인적인 견해를 나타낸 것이라기보다 전도관 신도들의 공통적인 신념을 대변한 것이라고 할 수 있다.

전도관 신도들이 박태선을 하나님과 동일시한 것은 박태선 자신으로부터 비롯된 것이었다. 그가 1957년부터 하늘의 권세를 부여받았다고 주장하며 자신을 신격화하기 시작했던 것이다. 이후 그 도를 더하더니 끝내는 하나님으로 자처하기에 이르렀다. 박태선은 자신의 신격화를 두 측면으로 진행했다. 하나는 메시아와 재림주에 관한 성경 본문을, 특히 재림주를 가리키는 여러 명칭을 그 자신에게 적용한 것이다. 감람나무, 영모(靈母), "이기는 자"(계 2:17, 26-27), "동방의 한 의인", "백마 탄 자"(계 19:11-16), "구원자" 등이다. 다른 하나는 자신이 소유한 신적 능력을 과시하는 것이다. 이슬 성신, 향기, 안찰 등이다.

박태선에 대한 여러 명칭 가운데 대표적인 것은 감람나무라고 할 수 있다. 박태선이 자신을 가리켜 감람나무라고 부르기 시작한 것은 1957년 6월부터였다. 이는 "두 감람나무"를 언급한 스가랴 4장 11-12절과 요한계시록 11장 4절로부터 유래한 것이다. 전통 교회가 "두 감람나무"를 역사적으로는 대제사장 여호수아와 총독 스룹바벨을 가리키는 것으로, "복음을 전하는 하나님의 교회"를 상징하는 것으로 해석하는 것과 달리, 박태선은 그 본문을 자신에게 적용하여 자신의 존재를 예시한 것이라고 주장했다. 그 자신이 그 감람나무라는 것을 입증하기 위해 성서적 근거로 제시한 것이 이사야서 41장이었다. 특히 그중에서도 "누가 동방에서 사람을 일깨워서 공의로 그를 불러 자기 발 앞에 이르게 하였느냐"(2절), "내가 한 사람을 일으켜 북방에서 오게 하며 내 이름을 부르는 자를 해 돋는 곳에서 오게 하였나니"(25절)와 같은 구절이다. 박태선에 따르면, 이 본문은 교회의 전통적인 해석처럼 고레스 왕이나 장차 오실 그리스도를 가리키는 것이 아니라 "하나님께서 말세에 크게 쓰시기 위하여 예비해 놓았던 사람"을 가리키는 것이다 또한 "동

방"이나 "해 돋는 곳"은 한국을 지칭하는 것이고, "북방에서 오게" 한다
는 것은 한국의 북쪽에서 남쪽으로 오는 것을 말하는 것이다. 이러한
해석에 근거하여 박태선은 이사야서 41장이 예고하고 있는 '동방의
의인'은 북한에서 태어나 남한으로 내려온 사람이라고 주장했다.[61] 이
러한 자의적 성경 해석에 근거하여 박태선은 자신이 그 '동방의 의인'
라고 주장했다.

박태선은 사도 요한이 그의 계시록에서 "또 내가 하늘이 열린 것
을 보니 보라 백마와 그것을 탄 자가 있으니…"(계 19:11-21)라고 한 것
이나 "이기는 자와 끝까지 내 일을 지키는 그에게 만국을 다스리는 권
세를 주리니 그가 철장을 가지고 그들을 다스려 질그릇 깨뜨리는 것
과 같이 하리라"(계 2:26-27)라고 진술한 본문에 대해서도 교회의 전통
적인 해석을 거부하고 이를 자의적으로 해석하여 자신에게 적용시키
고 있다. 즉 "백마 탄 자"나 "이기는 자"는 재림주 그리스도를 가리키는
것이 아니라 감람나무, 즉 자기를 가리키는 것이며, 천년왕국의 왕도
그리스도가 아니라 자신이라는 것이다.[62]

그렇다면 박태선이 이해한 감람나무 같은 사람은 어떤 사람인가?
그는 죄와 상관이 없을 뿐만 아니라 다른 사람을 의인으로 만드는 사
람, 죽지 않고 영원히 살 뿐만 아니라 사람을 죽지 않게 하는 능력을
가진 사람이다.

---

61 《박태선설교집》, pp.59-66, 박기민,《한국신흥종교연구》, p.337 재인용; 박영관,《이단종파비
판》, pp.147-151.

62 《박태선설교집》, p.87, 박기민,《한국신흥종교연구》, p.333 재인용.

의로워진다는 것은 죄와 상관없이 된다는 뜻이며, 죄와 상관없는 정도의 사람이 되는 것은 죽음에서 놓여나는, 말하자면 죽음과는 상관이 없는 정도가 되어 영원히 살 수 있는 자격을 이룬 사람을 말하는 것이다. 이 같은 전무후무한 엄청난 일을 해내는 분을 감람나무와 같은 사람이라고 한다… 감람나무의 사명은 오직 의인을 만드는 일이라고 요약하여 정의되어야 할 것이다.[63]

박태선은 감람나무는 예언, 인침, 심판을 그의 사명으로 하고 있다고 주장하면서 자신이 예언자임을 내세우고 자신은 "신비 중에 신비만을 말하는 존재"라고 자처했다.[64]

한편, 박태선이 감람나무로 자처한 것은 자신이 곧 성령이라는 주장과 다를 바 없다. 전술한 바와 같이, 그는 한국전쟁 당시 평택에서 피난 생활을 하며 그리스도의 보혈을 마시고 피가 완전히 바뀌는 체험을 했다고 한다. 그 보혈은 보혜사 성령을 가리키는 것이며, 그의 피가 완전히 바뀌었다는 것은 그가 성령화되었다는 것이다. 박태선 자신의 주장이나 전도관의 신조와 그 신도들의 신앙 양태가 그것을 증거하고 있다. 박태선에 따르면, 감람나무를 통해 성령을 받을 수 있다. "이슬과 같은 은혜는 나를 통하여 내리기 시작한 것이다… 이 은혜를 내리는 자는 감람나무인 것이다. 감람나무와 같은 상징의 인물이다."[65]

---

63 〈신앙신보〉, (1982년 7월 28일자), 박기민,《한국신흥종교연구》, p.334 재인용.

64 〈신앙신보〉, (1982년 11월 26일자), 1983년 1월 24일자, 박기민,《한국신흥종교연구》, p.342 재인용.

65 〈신앙신보〉, (1982년 1월 3일자), 박기민,《한국신흥종교연구》, p.340 재인용.

전도관 신조에 따르면, "감람나무는 예수가 부활 승천한 후에 보내시겠다는 보혜사 성령이다." "감람나무를 통하여 완전한 성령을 받아야 구원을 받고 천당 가고 영원불멸할 수 있고 부활도 할 수 있다."[66] 한편, 전도관 신도들은 감람나무를 보혜사 성령으로 믿고 있다. 그들은 기도할 때도 감람나무 이름으로 기도하고 '성령이 오셨네' 찬송가 가사도 '감람나무가 오셨네'로 바꿔 부른다.[67]

박태선은 감람나무로 자처했을 뿐만 아니라 자신이 그리스도보다 우월하다는 것을 암시했다. "나는 길만 인도하는 사람이 아니다. 바른 길을 가는 방법까지 알아 가지고 안내만 하는 것이 아니고 구원을 주어 영생까지 하게 하는 사람이다." 박태선은 자신을 가리켜 구원을 주는 사람이라고 칭한 것이다.[68]

요약하면, 박태선은 메시아나 재림주에 관한 성경 본문을 자신에게 적용했으며 성경이 언급하고 있는 "감람나무", "이기는 자", "동방의 한 의인"으로 자처했다. 박태선이 이런 명칭을 자신에게 부여한 것은 자신이 인류의 구원자임을 천명하려는 의도였다. 타락한 인간이 "동방의 의인", "이긴 자", "감람나무"를 통해 구원을 얻는다는 것과 박태선 자신이 바로 그 동방의 의인이요, 감람나무요 이긴 자라고 하는 것은 자신이 곧 구원자라는 것이다.

---

66 한국예수교전도관 부흥협회, 헌장(1960년 8월 2일) 신조 4-7장; 탁명환,《한국의 신흥종교》1권 (서울: 성청사, 1975), p.115.

67 김광명,《전도관의 교리와 교풍, 사회악과 사교운동》(서울: 기문사, 1957), pp.129-130.

68 〈신앙신보〉, (1982년 1월 18일자 설교), 박기민,《한국신흥종교연구》, p.355 재인용

b. 이슬 같은 은혜

박태선은 구약성서나 신약성서의 메시아 혹은 재림주에 관한 예언이 자신을 통해 성취되었다고 주장하며 신적 명칭을 자신에게 부여함으로써 자신을 신격화하고 이 세상을 구원할 자로 자처했다. 그뿐만 아니라 자신이 하늘의 권세를 부여받았다고 주장함으로써 이를 입증하려고 했다. 그 대표적인 것이 이슬 같은 은혜와 생수이며, 이에 근거하여 그가 시행한 것이 안찰이었다. 박태선은 자신이 이슬 같은 하나님의 은사를 받아 그것을 사람들에게 나누어 줄 수 있다고 했다.

> 우주적인 대사건의 중대한 사명을 위하여 동방의 한 사람, 즉 두 감람나무에게 묵시 2장 17절에 감추었던 만나를 주게 되었는데, 이 감추었던 만나는 그를 통하여 즉 받은 자를 통하여 땅 위에 나타나게 되었는데, 이 감추었던 만나는 이슬 같은 것인데 하나님의 특수한 은사로 주게 되어 있는 것이다.[69]

또한 박태선은 전도관의 기관지 〈신앙신보〉에 게재된 설교문을 통해 자신에게서 이슬 같은 은혜가 내린다는 직설적인 언어를 사용했다.

> 이슬 같은 은혜는 나를 통하여 내리기 시작한 것이다… 이 은혜를 내리는 자는 감람나무인 것이다. 감람나무와 같은 상징의 인물인 것이다. 이 은혜가 내려지면 종말인 것이다.[70]

---

69 Ibid, p.98, 박기민,《한국신흥종교연구》, p.346 재인용.

70 〈신앙신보〉, (1982년 1월 3일자), 박기민,《한국신흥종교연구》, p.340 재인용.

c. 생수

박태선이 그의 신적 권위를 나타내는 동시에, 그의 사역의 중요한 도구로 활용했던 것이 생수다. 생수란 박태선이 기도로 축복한 물을 가리킨다. 이 생수의 성서적 근거는 요한복음 4장에서 언급된 생수다. 예수님이 사마리아 수가 성 우물가에서 만난 여인에게 주시겠다 하신 생수를 말한다(요 4:1-26). 박태선은 자신이 그 생수를 준다는 것이다.

박태선이 주는 생수에는 세 종류가 있었다. 첫째는 그가 손이나 발을 씻은 물이고 그를 따르는 사람에게 주는 것이다. 둘째는 그가 세수한 물이고 중환자나 가정용으로 주는 것이다. 셋째는 그가 손을 담그며 기도한 물이고 전도관 신도 누구에게나 주는 것이다.[71]

박태선은 그의 생수가 다방면에서 효능을 보인다고 주장했다. 병을 치료하고 노화를 방지하며 늙은 몸을 젊은 몸으로 바꿀 뿐만 아니라, 죄를 씻어 내고 죽을 몸을 생명으로 인도하여 영원히 살게 된다는 것이다.[72]

전도관을 유지시켜 주는 또 하나의 동력이 이 생수 교리였다. 많은 사람들이 이것에 미혹되어 그가 주는 생수를 받아 마시기 위해 전도관을 찾았던 것이다.

d. 안찰

박태선이 생수와 함께 그의 사역에서 중요한 도구로 사용하는 동시에 강조한 것은 안찰이다. 안찰은 죄를 지적하고 사하여 주는 것으

---

71 김경래, 《사회악과 사교운동》 (서울: 기문사, 1957), p.83.

72 〈신앙신보〉 (1983년 3월 7일자), 박기민, 《한국신흥종교연구》, p.348 재인용.

로 주로 사람의 배에다 그것을 시행했다. 죄가 배에 모여 있다고 보았기 때문이다.[73] 박태선은 죄로부터 기인한 병은 안찰로 치료된다고 주장하며 그 효력을 강조했다. "설교 10시간 듣는 것보다 안찰 한 번 받는 것이 귀하다."[74] 따라서 설교 활동 못지않게 안찰 시행에 중점을 두었다.

결론

박태선은 정통 장로교회 장로로 출발했으나, 신앙이 변질되더니 마침내 한국 기독교 토종 이단의 교주가 되었다. 초기의 박태선은 열정적인 신앙생활을 통해 각종 은사와 신비를 체험하고 기도로 병자를 고치는 등 능력 있는 정통 교회 장로였다.

박태선이 정통 기독교 신앙에서 일탈하기 시작한 분기점은 1955년 그의 남산 집회였으며, 그의 이단성이 극단적으로 표출된 것은 1980년이다. 1980년 박태선은 자신이 새 하나님이라고 선언하고 예수를 "개자식" 혹은 "대마귀"로 간주하거나 성경의 진리성을 전적으로 부정했다. 그러더니 그의 종파 명칭을 천부교로 변경했다. 박태선은 이처럼 정통 교회의 장로로 출발하여 이단 종파의 교주를 거쳐 기독교와 완전히 결별한 것이다.

그렇다면, 박태선이 정통 교회 장로에서 이단이 된 요인은 무엇이며, 그의 이단성은 무엇인가? 윤리적인 면은 논외로 하고 교리적인 면만을 지적하더라도, 그에게서 중대한 오류와 결함을 발견할 수 있다.

---

73 최삼경, "대성교회, 천부교, 밤빌리아 추수꾼", 《한국기독교와 사이비이단운동》, p.242.

74 〈신앙신보〉 (1982년 1월 18일자 설교), 박기민, 《한국신흥종교연구》, p.351 재인용.

첫째, 환상과 신비에 대한 과도한 의존과 강조다. 박태선은 신비주의 또는 은사주의 계열의 이단이다. 그가 피난 중에 생수를 마시고 그리스도의 보혈로 피가 바뀌는 환상 체험을 했다는 것이 후일 그의 신앙생활에 치명적인 독이 된 것이다.

둘째, 영적 교만이다. 박태선은 신유의 은사를 받아 병자를 고치는 등 그의 사역을 통해 이적이 나타난 것을 계기로 그의 능력을 과신하여 그로부터 향기가 난다거나 그의 몸을 씻은 물을 마시면 이적이 나타난다고 과장했다.

셋째, 신격화다. 박태선은 자신을 신격화하고 종국에는 하나님의 자리까지 넘보아 새 하나님으로 자처하거나 자신을 보혜사 성령 또는 인류의 구원자라고 선언했다.

넷째, 성경의 임의적 해석과 적용이다. 박태선은 재림의 그리스도를 가리키는 성경 본문이나 명칭을 자신에게 적용하여 자신의 주장을 입증하려 했다. 그렇지만 그것은 단지 성경에 대한 자의적인 해석과 성경적인 칭호의 도용에 불과했다.

박태선과 그의 전도관의 이단성은 그들의 몰락을 통해 선명하게 드러나고 있다. 100만 명에 이르던 교세가 박태선 사후 수천여 명에 불과할 정도로 급감한 것은 그의 허구성을 반증하는 것이다. 그것은 성경적이고 교리적인 신앙이 아니라 특정 개인의 카리스마에 의존하는 신앙 집단의 종국이 어떻게 된다는 것을 교훈하고 있다.

그렇지만 박태선의 영향력이 완전히 소멸한 것은 아니다. 최근 한국 교회에 큰 물의를 일으키고 있는 이만희의 신천지예수교증거장막에 이르기까지 박태선 계열의 이단을 형성할 만큼 이단 및 사이비 종파 발생에 큰 영향을 미치고 있기 때문이다. 따라서 그와 같은 이단의 발호를 막고 그 미혹을 뿌리칠 수 있기 위해서는 성경 말씀에 대한 정확한 이해와 교리적인 신앙을 겸비해야 할 것이다.

15장

김기동의 귀신론과 무속신앙

서론

한국인의 의식과 행동에 큰 영향을 미치고 있는 민간신앙은 무속신앙 또는 무교(Shamanism)다. 이는 "신령과의 접촉을 통해 복을 빌고 재앙을 물리침으로써 인간의 소원을 성취할 수 있다고 믿는 주술적인 종교 현상"[75]이다.

기독교가 한국에 전래되었을 때, 많은 사람들이 기독교의 하나님과 영적 세계를 쉽게 이해하고 이질감 없이 받아들였던 데에는 무속신앙의 영향도 전적으로 배제할 수 없을 것이다. 무속신앙은 하느님을 최고의 신으로 믿는다. 물론 이 하느님은 기독교의 하나님과 같이 인격적인 신도 절대적인 존재도 아니다. 그럼에도 불구하고, 무속신앙의 하느님 개념에 익숙한 한국인들은 외관상으로 유사한 기독교의 하나

---

[75] 한국기독교문화연구소 편, "무속신앙의 윤리문제",《한국 교회와 신학의 과제》(서울: 연세대학교출판부, 1985), p.218.

님에 친근감을 가질 수 있었다.

또한 무속신앙은 한국 기독교인의 신앙 형태와 양식에도 영향을 미쳤다. 무속신앙을 가졌던 사람들이나 그런 토양에서 성장했던 사람들이 기독교로 개종함에 따라 일종의 혼합 현상이 일어났다. 그들 중 일부는 기존의 무속신앙을 포기하지 않은 채 기독교를 수용했던 까닭이다. 현실주의적 기복신앙이나 개인 위주의 즉흥적인 신앙, 입신, 진동, 투시 등 개인적인 신비 체험을 지나치게 강조하는 광신주의 현상, 질병에 걸리는 것을 신의 소행으로 간주하거나 병 고치는 것을 기독교의 주된 임무로 생각하는 것 등이 그런 사례에 속한다. 특히 귀신과 질병에 대한 무속신앙적 이해가 그러하며, 이를 대변하는 대표적인 인물이 성락침례교회의 김기동 목사다.[76]

김기동의 마귀론과 귀신을 쫓아내는 현상은 그가 1978년 설립한 베뢰아아카데미를 통해 확산되었으며 1980년대 들어 하나의 흐름을 형성했다. 그렇지만 장로교(합동, 통합, 고신, 합신), 감리교, 성결교, 침례교 등 대부분의 한국 프로테스탄트 교회 총회는 베뢰아 계열 집단을 이단이나 경계 대상으로 규정했다.

그렇다면 한국 교회는 왜 김기동과 베뢰아 계열을 사이비 이단으로 규정한 것인가? 그들의 창조론, 계시론, 음부론 등 여러 가지 교리가 이단 혐의를 받고 있지만, 그 가운데서도 특히 김기동의 마귀론이 기독교 전통적인 교훈과 다르다는 지적을 받고 있다. 그럼에도 그 차

---

76 김영한 교수는 한국 교회의 유형을 분류하면서 김기동의 성락침례교회를 신령주의 교회로 규정하고 "성서적 기독교의 입장보다는 오히려 동양적인 주술신앙의 이원론에 근거한 혼합주의"로 간주했다. 김영한, "한국 교회 이대로 좋은가?"《성경과 신학》제7권 (서울: 기독교교문사, 1889), pp.384-386.

이를 분별하지 못하고 김기동의 견해를 성경적인 것으로 오해하고 있는 사람도 없지 않다. 이러한 오해와 미혹을 방지하기 위해서는 그의 귀신 개념에 대한 정확한 이해가 필요하다.

필자는 베뢰아 계열에 속하는 김기동, 이초석, 한만영, 이명범 등의 관계를 규명하고 김기동의 귀신론, 특히 귀신의 본질과 사역에 대한 견해를 무속신앙과 전통 기독교의 입장과 비교하여 그 유사성과 차이점을 밝히려고 한다.[77]

1. 김기동과 베뢰아 계열

김기동은 1938년 충남 서산에서 태어나 감리교회에서 신앙생활을 시작했다. 그는 명지대학교, 대한신학교, 총회신학교 등에서 공부했으며 1966년 국제독립교회 하나님의성회에서 목사 안수를 받았다. 1969년 서울 신남동에서 교회를 개척한 후 신길동으로 옮긴 것이 지금의 성락침례교회다. 그렇지만 그 교회는 1973년에 이르러서야 한국침례회연맹으로부터 침례교로 정식 인준을 받았다. 김기동의 이름이 한국 사회에 알려지기 시작한 것은 그가 귀신은 불신자의 사후 존재이며 모든 질병의 원인이라는 마귀론을 주장하며 공개적으로 직접 귀신을 쫓아내면서부터였다. 또한 1973년 초부터 자신의 신앙과 신학을 토요성경공부 모임을 통해 정기적으로 가르쳤으며, 그것이 1978년 설

---

77 김기동의 귀신론을 연구한 것으로는 강성진의 연세대교육대학원 석사학위 논문 "사귀 현상에 관한 실험적 연구"(1979), 신태웅, 강춘오 등이 월간 〈현대목회〉에 실었던 글들을 모아 출판한 《한국의 귀신, 성서의 귀신》(1986), 월간 〈현대종교〉에 연재되었던 홍성철의 "베뢰아 귀신론에 대한 성경적 비판"(1989~1990) 등이 있다.

립된 베뢰아아카데미의 모태였다. 김기동은 2년 과정의 베뢰아아카데미를 통해 자신의 입장을 공개적으로 가르쳤으며, 1980년대 들어서는 도서출판 베뢰아를 통해 이에 관한 많은 책을 출판했다.

김기동과 성락침례교회는 1987년 소속 교단이던 기독교한국침례회총회에서 이단 시비가 제기되자 교단 탈퇴를 선언하고 추종 세력을 규합하여 '기독교남침례회'라는 독립 교단을 만드는 한편, 서울침례신학교를 운영하기 시작했다. 그는《마귀론》세 권과《성서적 신학적 현상적 마귀론》을 저술했으며, 1988년까지 약 40만 명의 귀신을 쫓아 냈다고 주장할 정도로 이 분야에서 독보적인 위치를 차지하고 있다.[78] 성락침례교회는 김기동의 귀신 쫓는 치유 활동에 힘입어 약 14만 명이 넘는 교세를 유지하고 있으며 한국에서는 침례교회 중 가장 큰 교회로, 그리고 전 세계적으로는 20대 교회 안에 들 만큼 성장을 거듭했다.[79]

한편, 1980년대 들어 성락침례교회, 베뢰아아카데미 혹은 부흥회를 통해 김기동의 주장을 배우고 이를 추종하는 자들이 하나의 흐름을 형성했다. 김기동의 성락침례교회를 비롯하여, 한만영의 부활의교회, 이초석의 한국예루살렘교회(현 예수중심교회), 이명범의 레마선교회 등이 그것이다.

한만영은 서울대학교 국악과 교수 출신으로 국립국악원장을 역임하는 한편,《국악개론》,《한국 불교음악 연구》,《동양 음악》등의 저술 활동으로 국악계에 널리 알려진 인물이다. 동시에, 그는 '귀신론의 거

---

78 김기동,《성서적 신학적 현상적 마귀론》(서울: 베뢰아, 1988), p.1.

79 도한호, "베뢰아 마귀론 비판", 〈목회와 신학〉 통권 16(1990년 10월), p.79.

두' 혹은 '귀신 잘 쫓는 장로'로도 유명했다. 그의 귀신론은 김기동의 귀신론에 힘입은 바 컸다. 그가 1980년 5월 제1기생으로 베뢰아아카데미를 수료한 것이나 오랫동안 김기동과 함께 활동한 것이 이를 말해 준다. 베뢰아아카데미에서 김기동은 본 연구과 학생들을, 그리고 한만영은 일반 연구과 학생들을 가르쳤다.[80] 그 후 한만영은 독립하여 그레이스아카데미를 설립, 운영했으며 부활의교회 담임목사로 활동했다. 그레이스아카데미는 베뢰아아카데미와 쌍벽을 이루며 수천 명의 수료자를 배출했으며, 그의 대표적인 제자는 이초석과 이태화다.[81]

한국예루살렘교회 이초석은 한만영의 그레이스아카데미 8기 출신이다. 대한예수교장로회 정통신학교를 졸업하고 1984년 대한예수교장로회 S측 총회로부터 목사 안수를 받았다. 그가 1984년에 개척한 예루살렘교회는 교인 수 1만여 명이 넘는 대형 교회로 급성장했다. 그는 '땅끝예수전도단'을 조직하여 자신의 활동 전위대로 활용하고 있으며, 튼튼한 재력을 바탕으로 인복유치원, 인복여자실업학교 등 교육 사업과 전남 장성에 위치한 시온산기도원을 운영하고 있다. 이초석은 1987년 김기동의 귀신론을 추종한다는 이유로 소속 교단으로부터 이단으로 정죄받고 축출되었다.[82] 그의 《내 백성이 지식이 없어 망한다》는 귀신론이 주 내용을 이루고 있다. 그는 독자들이 귀신을 쫓고 승리

---

80 1980년 5월 발행된 〈베뢰아 소식〉에는 한만영, 이명범을 포함하여 38명의 베뢰아아카데미 제1기 졸업생 명단과 김기동과 한만영으로 이루어진 교수진 명단이 실려 있다.

81 한만영이 교계로부터 상대적으로 덜 비판받은 것은 그가 현직 서울대학교 교수라는 것과 귀신론을 김기동에 비해 온건하게 가르치고 있다는 것 때문이다. 그러나 그의 귀신론은 김기동의 귀신론과 크게 다를 바 없다.

82 이초석은 대한예수교장로회(그리스도 측)라는 교단을 설립, 총회장으로 활동하고 있다.

하는 삶을 살도록 하려는 의도에서 자신의 경험을 토대로 이 책을 기록했다고 밝히고 있다.[83]

마산 산혜원 부활의교회 이태화는 한만영의 그레이스아카데미 5기 출신이다 그는 1980년 총신대학을 졸업하고 부활의교회를 설립하여 담임 전도사로 활동했다. 1983년 그가 속한 대한예수교장로회(합동측)는 베뢰아의 귀신론을 추종한다 하여 그를 제명, 출교시켰다. 그러자 이태화는 대한예수교장로회(합동정통측)에 가입해 목사 안수를 받았다. 그렇지만 합동정통총회 역시 그의 귀신론을 문제시하여 제명하려 하자, 1987년 이태화는 그 교단을 탈퇴했다. 그는 《조직신학》을 저술하고 G.M.A.(Gospel Missionary Alliance)신학교를 세워 운영하고 있다. 1992년 대한예수교장로회(합동측) 경남노회가 그를 영입하자, 마산시 기독교연합회를 중심으로 이에 대한 강력한 반대와 비판이 일어나기도 했다.

레마선교회 이명범은 연세대 도서관학과와 이화여대대학원 기독교학과를 나온 인텔리 여성이다. 그는 1980년 5월 베뢰아아카데미를 제1기생으로 수료하고 다음 해인 1981년 레마선교회를 창설, 성경을 가르치기 시작했다. 레마선교회는 깨닫게 되는 체험, 즉 레마를 체험하는 것이 신앙의 정수라고 주장한다. 그에 따르면, 로고스는 객관적인 하나님의 말씀을 말한다. 로고스의 말씀이 내게 들어와 나를 감동시키고 살아 역사하는 말씀으로 체험될 때, 그것을 레마라고 한다는 것이다.[84] 레마선교회는 1983년에 중급 성경공부반을, 1988년에 레마 엘리트 성경공부반을 개설하고 선교회 명칭도 '레마복음선교회'로 바

83 이초석,《내 백성이 지식이 없어 망한다》(서울: 에스더, 1988), pp.53-54.
84 이명범,《성서에서의 언어》(서울: 레마출판사, 1990), pp.186-7.

꾸었다. 이명범은 트레스디아스, 비더뉴바, 렘과 같은 다양한 성경공부 프로그램을 도입하여 조직을 강화하고 레마아카데미와 예일신학대학원대학교를 운영하고 있다.[85]

대한예수교장로회(통합측) 제77회 총회는 이명범을 이단으로 규정했다. 그가 김기동과 같이 축사 행위를 할 뿐만 아니라 그의 사상과 별차이가 없는 극단적인 신비주의 형태의 이단이라는 이유 때문이었다. 그러나 이명범 자신은 이를 부정하고, 오히려 김기동의 귀신론이 비성서적이라고 확신했기 때문에 성락침례교회를 떠난 것이라고 주장했다.[86]

이명범이 김기동의 베뢰아 사상과 전혀 관계가 없다고 주장하는 것은 타당하지 않은 것 같다. 그는 베뢰아아카데미 1기 출신이며 성락침례교회에서 신앙생활을 한 적도 있는 데다, 베뢰아아카데미에서 직접 성경을 가르치기도 했다. 그리고 레마선교회 창립 초기에는 주로 베뢰아아카데미의 성경공부 테이프를 보급시켰다. 이런 외형적인 면뿐만 아니라, 그의 가르침이나 저술은 그가 김기동과 밀접한 관계에 있다는 것을 증거하고 있다. 성부, 성자, 성령의 이름이 예수라는 것과 삼위일체 하나님은 예수라는 하나님 따로, 여호와라는 하나님 따로 있는 것이 아니라는 주장 등이 그 대표적인 예다.[87] 따라서 이명범이 김

---

85 트레디아스는 본래 로마 가톨릭 교회에서 시작되어 개신교에 도입되었다. 1972년 뉴욕 집회를 계기로 초교파적 평신도 영성 운동으로 널리 펴져 가기 시작했다. 1984년 이명범이 이것을 한국에 처음으로 도입했다.

86 "레마선교회를 진단한다", 〈현대종교〉(1992년 6월), pp.115-116.

87 이명범,《믿음 생활을 위한 출발》(서울: 나침반, 1988), p.209. 이는 김기동, 이초석, 이태화의 장과 동일하다; 이초석,《길을 찾아라 첩경은 있다》(인천: 에스더, 1988), pp.23-25; 이태화,《조직신학》3권(은혜사, 1985), p.125.

기동이나 한만영의 영향을 전혀 받지 않았다는 주장은 설득력이 없는 것 같다. 오히려 그가 김기동의 주장 가운데 귀신론같이 논란이 되는 것을 공개적으로 주장하지는 않았다고 보는 것이 더 적절할 것이다.

이렇듯 김기동, 한만영, 이초석, 이태화, 이명범은 직간접적으로 서로 밀접하게 관련되어 있으며 한국 교회 내에 신비주의적 또는 신령주의적인 흐름을 형성하고 있다.

2. 마귀와 귀신

김기동와 베뢰아 계열은 삼위일체론, 기독론, 인간론, 창조론 등과 같은 중요한 교리에서 전통적인 기독교와 입장을 달리하는 것으로 지적받고 있다. 특히 그들의 마귀와 귀신론이 무속신앙과 기독교 신앙의 혼합의 산물이 아니냐는 의심을 받고 있다.

a. 김기동 계열

김기동은 그가 한국 무속신앙의 귀신론과 성경의 귀신론을 혼합하여 독자적인 해석을 한다는 혐의를 부정하고 오히려 자신의 견해가 성서적이라고 주장한다. 그는 마귀가 본래 천사였으나 타락하여 마귀 또는 사탄이 되었다는 기독교 전통의 입장을 인정하면서도, 마귀와 사탄이란 명칭을 구분하여 사용한다.[88] 사탄은 "우주를 창조하기 전 하나님을 반역하고 대적할 때"의 명칭인 반면, 마귀는 우주 창조 이후 인간

---

[88] 김기동,《마귀론》상 (서울: 베뢰아, 1985), pp.27, 37ff.

을 대적할 때의 명칭이라는 것이다.[89]

한편, 김기동은 귀신 역시 타락한 천사라는 기독교 전통적인 입장을 받아들이지 않고 독자적인 천사론을 전개하고 있다. 천사를 세 종류, 즉 불변적인 천사, 가변적인 천사, 타락한 천사로 구분한다. 불변적인 천사는 천사장 미가엘과 가브리엘을 말하며, 가변적인 천사는 옳은 일을 하고 있으나 불의한 천사로 변할 수 있는 것을 말하며, 미혹의 영이 여기에 속한다. 타락한 천사는 마귀와 함께 타락한 천사의 무리, 곧 적그리스도의 영을 말한다. 그들은 사람들을 적그리스도로 만드는 일을 한다.[90] 따라서 타락한 천사는 귀신이 아니라 적그리스도의 영이라는 것이다.

김기동은 귀신의 정체를 불신자의 사후 존재라고 주장한다. 이것이 그의 귀신론의 핵심이다. 그는 성서적 측면과 실험적 측면에서 이를 논증하려고 했다. 그가 제시한 성서적 증거는 세 가지다.

첫째, 점과 귀신에 관한 증거다. 그는 사도행전에 나오는 점치는 귀신(16:16)을 이사야 8장 19절의 "산 자를 위하여 죽은 자에게 구하겠느냐"는 구절에 근거하여 죽은 자로 해석했다.

둘째, 제사와 귀신에 대한 증거다. 그는 이방인의 제사는 귀신에게 하는 것이라는 바울의 증거(고전 10:20-22)와 시편의 "죽은 자에게 제사한 음식"(106:28-29)이라는 구절에 근거하여, 이방인의 제사를 받는 자를 귀신 곧 죽은 자라고 주장했다.

셋째, 복음서에 나타난 증거다. 그는 헤롯 왕이나 유대인들이 예

---

89 김기동,《마귀론》중 (서울: 베뢰아, 1985), p.23.

90 김기동,《마귀론》상, pp.127 ff.

수를 죽은 세례 요한 또는 엘리야가 살아난 것으로 말한 것(마 16:13-14, 막 6:14-16)을 죽은 자가 산 사람에게 들어올 수 있다는 것, 즉 불신자의 사후 영혼이 귀신이라는 주장의 근거로 삼았다.[91]

김기동이 보다 역점을 둔 것은 실험적 증거였다. 귀신 들린 자 8000명을 조사한 결과 7995명이 죽은 불신자의 영혼이었다는 것이다. 그는 귀신이 불신자의 사후 존재라는 증거로 귀신이 죽은 불신자의 이름을 가지고 있다는 것, 그의 생전 주소를 정확하게 알고 있다는 것, 믿는 사람과 믿지 않는 사람의 사후 구별이 뚜렷하다는 것, 모두가 불신자의 사후 존재라는 것을 고백한다는 것 등 30여 가지를 제시했다.[92] 그에게 있어서 귀신은 육체를 가지지 않은 사람인 것이다.

김기동은 귀신은 영적 존재이나 수명이 제한된 존재라고 주장한다. 어떤 사람이 제명대로 살지 못하고 죽었을 때, 그 사후 존재는 귀신이 되어 본래의 수명이 차기까지 활동한다. 그 후에는 무저갱에 들어가 활동을 그친다는 것이다.[93]

김기동은 귀신의 활동 범위 역시 제한적이라고 주장한다. 귀신이 활동하는 처소는 주로 자기 집안 식구들이다. 즉 귀신과 귀신 들린 자는 대부분 가족, 친척, 친지의 관계에 있다는 것이다.[94]

김기동은 음부를 이 세상으로 해석하고 귀신이 떠돌아다니는 장

---

91 Ibid., pp.140-145.

92 김기동, 《성서적 신학적 현상적 마귀론》, pp.216-218; 김기동, 《마귀론》 하(서울: 도서출판 베뢰아, 1986), pp.146-150.

93 김기동, 《마귀론》 상, p.187; 《마귀론》 중, pp.57 ff.

94 김기동, 《마귀론》 하, pp.177-179.

소라고 주장한다.[95] 음부를 마귀가 존재하는 곳과 아직 마귀의 권세가 있는 곳으로 정의하고, 공중과 세상, 무저갱과 지옥이 모두 음부라고 주장한다. 그의 강조점은 이 세상이 음부라는 데 있다. 그가 음부를 세상으로 해석한 것은 불신자의 사후 영혼이 귀신이 되어 이 세상을 떠돌아다닌다는 주장을 합리화하려는 시도라고 할 수 있다.

한편, 이초석의 귀신론은 김기동의 귀신론의 복사판이라 해도 과언이 아니다. 마귀는 타락한 천사이지만, 귀신은 불신자의 사후 존재라는 것,[96] 귀신은 영적 존재이기는 하나 수명, 처소, 활동 영역, 지식 등에서 제한이 있는 존재라는 것,[97] 음부를 이 세상으로 해석하는 것[98] 등이 김기동의 주장과 다를 바 없는 것이다.

b. 한국 무속신앙

무속신앙은 정확한 기원과 역사적 발전 과정을 파악하기 어려울 정도로 방대한 종교 현상으로 아프리카와 유럽을 제외한 거의 전 세계에 퍼져 있다. 그것은 무당을 중심으로 일어나는 원시적 자연종교 현상으로 영매, 주술적 치료, 예언, 점복, 강신술, 노래, 춤 등을 그 기능으로 한다. 학자들은 시베리아의 퉁그스족에서 그 전형을 찾으며 한국의 것을 그에 가장 가까운 것으로 간주한다.

한국 무속신앙은 민간신앙의 핵심을 이루고 있으며 선사시대부터

---

95 Ibid., p.36.

96 이초석,《내 백성이 지식이 없어 망한다》, p.34.

97 Ibid., p.36.

98 이초석,《길을 찾아라 첩경은 있다》, p.55.

한민족의 정신생활을 지배해 온 한국에서 가장 오래된 종교다. 불교와 유교 같은 외래 종교가 전래된 후에도 소멸되지 않았던 것은 그것을 배척하지 않고 오히려 저항 없이 받아들이는 한편, 그것을 표면에 내세우고 자기는 내면으로 숨어 버리거나 그 저변에 서식하여 민간신앙의 형태로 존속했기 때문이다. 예를 들어 고려시대의 팔관회는 외형은 불교 법회였으나 내용은 전통적인 무속신앙이었다. 이렇듯 무속신앙은 한국의 종교적 바탕을 이루면서 외래 종교를 토착화시켰으며 오늘날도 여러 종교의 내면에 스며들어 융합 작용을 하고 있고, 우리 민중의 각계각층에 깊숙이 스며들어 기복 종교로서 영향력을 행사하고 있다.[99] 운명신앙, 요행주의, 귀신신앙, 주술신앙 등을 조장하는 것이 그것이다.

한국 무속신앙의 가장 큰 특징은 현세주의다. 타계와 내세가 아닌 현실과 현세가 신앙과 삶의 중심이 된다.[100] 현세의 삶을 가치의 기준으로 삼고 복을 빌고 재앙을 쫓아내는 기복과 양재(禳災)를 그 근본 목적으로 한다.

무속신앙의 중심을 이루는 것은 무당이다. 무당은 영계와 인간 사이를 중재하는 사람이다. 무당에는 신이 내림으로 무당이 된 강신무, 부모로부터 물려받아 무당이 된 세습무, 무당 일을 배워 무당이 된 학습무, 세 종류가 있다. 무당의 기능은 기복, 양재, 점복 및 오락이다. 기복은 사제적인 기능으로 신령에게 제사하고 복을 비는 것이다. 양재는

99 문상희, "샤머니즘이 현대 한국 종교에 미치는 영향",《샤머니즘의 현대적 의미》(익산: 원광대학교출판국, 1973), p.115; 유동식,《한국 무교의 역사와 구조》(서울: 연세대학교출판부, 1975), pp.129, 141-142.

100 Ibid., p.328.

무의(巫醫)적 기능으로 악령을 쫓아냄으로 병을 고치고 재앙을 물리치는 것이다. 점복은 예언적 기능으로 길흉을 점치는 것이다. 오락은 한국 무당 특유의 기능으로 가무를 통해 신령과 인간을 즐겁게 하는 것이다.

무속신앙은 모든 물체에 정령이 있다고 믿는 애니미즘에 기초하고 있다. 따라서 이 세상은 신령들과 혼귀들로 가득 차 있다고 주장한다.[101] 이 신령들이 한국 무속의 신앙 대상이다. 신령들은 천신, 지신, 인신, 잡귀 등으로 분류된다. 천신(天神)은 곧 하느님이다. 전체를 지배하는 최고의 신이며 우주와 운명의 창조자요 주재자다. 산에 강림하여 은거하는 이는 하느님의 아들인 산신(山神)이다. 사람이 죽으면 그 영혼은 선령이나 악령이 되며, 이것이 인신(人神)이다. 선령을 신명(神明)이라 하고 악령을 귀신이라 한다.[102]

선령은 현세에서 자녀를 두고 장수하다 수가 다하여 한 없이 자택에서 자연스럽게 죽은 사람의 영혼을 말한다. 반면 악령, 곧 귀신은 수를 다하지 못하고 요절, 횡사, 객사한 사람, 악행을 하거나 억울하게 죽어 원한을 품은 사람의 영혼은 말한다.[103] 악령은 저승으로 가지 못하고 이승에서 방황하며 원한이 풀릴 때까지 인간을 괴롭힌다. 가축도 오래 기르면 악귀가 되어 주인을 해친다. 이러한 귀신은 형체는 없으나 사람이 하는 일은 무엇이나 할 수 있으며 어느 곳이든 들어갈 수 있다. 뿐만 아니라 초인적인 행위도 할 수 있다. 그러나 귀신은 영속의

---

101 Ibid.

102 한국기독교문화연구소, 《한국 교회와 신학의 과제》 (서울: 연세대학교출판부, 1985), p.248.

103 최길성, 《한국 무속의 연구》 (서울: 아세아문화사, 1978), p.248.

존재가 아닌 일시적 존재다. 일정 기간이 지나면 없어져 버린다.[104]

무속신앙에서 선령과 악령 간에 구획은 분명하지 않다. 따라서 죽은 사람의 영혼을 통칭하여 귀신이라고 한다. 귀신은 인간의 대접에 따라 복을 베풀기도 하고 재앙을 내리기도 한다. 귀신이 인간의 길흉을 좌우하는 것이다.

c. 전통 기독교

기독교 전통적인 견해는 마귀를 타락한 천사의 우두머리로 간주하는 것이다. 성경은 하나님을 대적하고 인간을 유혹하는 악한 영적 존재의 우두머리를 마귀, 또는 사탄이라 불렀다. 그것은 대적자, 비방자, 유혹자를 의미한다.[105] 그러나 마귀나 귀신론은 기독교에서 인기 있는 주제는 아니었다. 학문적으로 연구된 적이 거의 없다 해도 과언이 아닐 정도로 이 문제를 체계적으로 취급하지 않았다.

구약성경은 마귀의 존재를 인정하고 있지만, 그 기원과 정체에 대해서는 거의 침묵하고 있다. 단지 세 곳만이 마귀에 대해 직접 언급하고 있을 뿐이다(대상 21:1, 욥 1-2장, 슥 3:1-2).[106] 구약성경에서 마귀와 귀신의 기원과 관련된 것으로 보이는 본문은 하나님의 아들들과 사람의 딸들의 성적인 타락 사건을 다루고 있는 창세기(6:1-4)와, 두로 왕과 바벨론 왕의 몰락 사건을 다루고 있는 에스겔서(28:12-19), 이사야서(14:4-

---

104 신태웅 · 강춘오 편,《한국의 귀신, 성서의 귀신》(서울: 풀빛목회, 1986), p.26.

105 Millard J. Erickson, *Christian Theology*, vol. I (Grand Rapids: Baker Book House, 1983), p.448.

106 시편 109:6은 "대적으로"(개역한글) 표현하고 있으나, 난외주에는 "(사탄) 송사하는 자"로 언급하고 있다.

21)다.

창세기 6장에서 마귀의 기원을 찾는 일부 학자들은 "하나님의 아들들"을 천사들로 해석하여 천상의 천사들과 인간의 딸들의 성적인 결합의 결과로 마귀와 귀신이 생겨났다고 주장한다. 이것은 외경인 에녹서 15장에 근거한 유대교적 해석이다.[107] 그러나 복음주의 주석자들은 "하나님의 아들들"을 천상의 존재가 아닌 셋 계통의 아들들로, "사람의 딸들"을 가인 계통의 딸들로 해석한다. 이 해석은 고대의 크리소스톰, 알렉산드리아의 시릴, 데오도레와 같은 교부들과 현대의 메튜 헨리, 스코필드 같은 주석자들의 지지를 받는다. 따라서 창세기 6장은 마귀의 기원에 대해 언급한 것이 아니라는 것이다.[108]

전통적인 기독교는 천사의 타락에서 마귀와 귀신의 기원을 찾고 있다. 이사야 14장과 에스겔 28장에서 언급하고 있는 교만으로 인한 바벨론 왕과 두로 왕의 파멸을 천사의 타락으로 해석하는 것이다. 교만하여 하나님의 보좌에 오르려다 하나님으로부터 쫓겨난 천사가 마귀다. 천사가 타락하여 마귀가 된 것이다.[109]

이렇듯 구약성경에는 마귀나 귀신의 존재를 타락한 천사들로 해석할 수 있는 간접적인 표현과 암시만 있다면, 신약성경에는 마귀에 대한 직접적인 언급이 있다. 특히 "하나님이 범죄한 천사들을 용서하

---

107 메릴 F. 엉거, 《성서의 마귀론》, 정학봉 역(서울: 요단출판사, 1980), pp.80ff.

108 배종수, "신약성서의 마귀에 관한 연구", 《신학과 선교》, 제18집(부천: 서울신학대학교 출판부, 1994), pp.140-141.

109 마귀 및 귀신의 기원에 대한 이 두 견해 이외에도, 아담 창조 이전에 거주했던 인간들이 노아 홍수 때 죽어 귀신이 되었다는 견해와 아담 이전에 땅에 살던 인간들로 천사의 반란에 가담하여 그 벌로 육체가 해체된 영이 귀신이라는 견해가 있다. 엉거, 《성서의 마귀론》, pp.74-102.

지 아니하시고 지옥에 던져 어두운 구덩이에 두어 심판 때까지 지키게 하셨으며"라는 말씀(벤후 2:4)이나 "자기 지위를 지키지 아니하고 자기 처소를 떠난 천사들을 큰 날의 심판까지 영원한 결박으로 흑암에 가두셨으며"라는 말씀(유 1:6)은 타락한 천사가 마귀라는 전통적인 해석에 성서적 근거를 제시해 준다. 마귀와 귀신들은 하나님이 창조한 천사들로 본래 선했으나 범죄하여 악하게 되었다. 그렇지만 그 범죄가 언제 일어났는지는 알지 못한다.[110]

또한 타락한 천사의 수가 전체 삼분의 일이나 된다고 한 말씀(계 12:4)이나 "큰 용이 내쫓기니 옛 뱀 곧 마귀라고도 하고 사탄"이라고도 하는 자이며 "그의 사자들도" 저와 함께 내어 쫓겼다는 말씀(계 12:9)은 타락한 천사의 우두머리가 마귀 또는 사탄이며 그 휘하에 있는 악한 천사들이 귀신들이라는 사실을 구체적으로 명시한 것이다.[111]

신약성경은 마귀와 귀신 또는 악령들 사이의 계급적 차이는 인정하지만, 존재론적 차이는 인정하지 않았다. 그들은 본질과 본성에 있어서 동질성을 지니고 있다. 마귀는 귀신들의 우두머리이며, 귀신들은 그 부하다.

> 사탄도 귀신들 중의 하나라고 여기는 것은 누가복음 10장 17절에서 제자들에게 복종한 마귀들을 18절에서 주께서 하늘로서 번개처럼 떨어지는 그 사탄을 보았다고 말씀하셨기 때문이다. 누가복음 13장 11절의 언약의 영을 16절에서 예수는 '그 사탄'으

---

110 Erickson, *Christian Theology*, vol. I, pp.447-448.

111 이외에도 마 12:24, 막 5:9, 엡 6:12 등을 참조할 것.

로 지칭하여 그 사탄과 그 언약의 영과 동질성임을 암시하고 있
다. 주께서 '마귀와 그 사자들을 위하여 예비된 영영한 불에 들
어가라'(마 25:41)고 한 저주에, 자기가 지상에서 내쫓은 악령과
귀신들(사실 악의 영들이라고도 하는 귀신들)을 포함시키지 않았다면,
이상한 것이다. 포함시켰다면 동질성을 도외시할 수 없다.[112]

　사도시대나 교부시대는 이러한 성경의 견해를 받아들였으며 이
문제에 중요성을 부여하지 않았다.[113] 반면 중세시대는 신플라톤 철학
의 신비주의의 영향으로 이 문제에 큰 관심을 보였으며, 마귀는 하나
님의 피조물이며 하나님의 대적이 될 만한 존재가 아니라고 했다. 종
교개혁자들은 천사 중 일부가 타락하여 마귀와 귀신이 되었다는 견해
를 이의 없이 받아들였다. 근대와 현대 신학계는 칼 바르트 등 몇몇 학
자들을 제외하고는 마귀 문제에 거의 관심을 두지 않았다. 바르트는
천사가 타락하여 마귀가 되었다는 전통적인 견해를 거부하고 색다른
해석을 했다. 마귀는 결코 천사가 아니라는 것이다. 천사는 죄를 지을
수 없기 때문이다. 마귀는 하나님이 창조한 피조물이 아니라 무(無)에
서 온 것이다. 그 기원과 본질은 무, 즉 카오스에 있다. 마귀나 악은 창

112　배종수, "신약성서의 마귀에 관한 연구", pp.160-162.

113　Jeffrey B. Russell, *Satan: The Early Christian Tradition* (Ithaca: Cornell University Press, 1981). 이
그나티우스, 바나바의 편지, 헤르마스의 목자, 타티안, 가이사랴의 유세비우스 등 대부분의 교부들
이 귀신을 타락한 천사로 보았다. 따라서 초대 교회 당시 요세푸스나 필로를 비롯하여 거의 모든
초기 기독교 저자들이 불신자의 사후 영혼설을 지지했다는 김기동 계열의 서울침례교신학교 교수
이자 성락침례교회 목사 한상식의 주장은 타당하지 않다. 특히 요세푸스나 필로는 기독교 교부들
이 아니라 유대교 저자들이었다. 그들은 헬라화된 유대인들로 죽은 자의 영혼을 귀신으로 보는 헬
라사상을 받아들인 것이다. 한상식, "베뢰아의 귀신론", 〈목회와 신학〉 16권(1990년 10월호), p.75
참조할 것.

조주와 피조물이 아닌 제3의 방식, 즉 무적(無的)으로 존재한다는 것이다.[114] 바르트의 견해는 악을 존재의 결여로 보는 플라톤 사상을 반영한 것으로 이해할 수 있다.

한국 교회는 전통적인 마귀론을 그대로 받아들이지만, 마귀에 대한 다른 이해도 없지 않았다. 인간의 타락을 하와와 사탄의 불륜 관계로 해석하는 통일교의 문선명과 귀신을 불신자의 사후 존재로 보는 성락침례교회의 김기동 목사가 그 대표적인 사례다. 전자가 음양사상에 근거한 것이라면, 후자는 무속신앙에 근거한 것이다. 따라서 일종의 토착화 시도라고 할 수 있을 것이다.

한편, 신구약성경은 죽은 자의 영혼이 거하는 곳을 음부라고 했다. 구약성경은 이를 히브리어로 스올(Sheol)로 표현했고, 신약성경은 헬라어로 하데스(Hades)라 했다. 유대교와 기독교 모두 죽은 영혼은 그 생전의 행위에 따라 다른 곳으로 간다고 믿었다. 예수님의 비유에서 나타나듯이, 부자와 나사로가 간 곳이 서로 다르다(눅 16:22-25). 특히 욥기 7장 9-10절에 따르면, 음부에 내려가는 자는 다시 이 세상으로 올라오지도 자기 집으로 돌아가지도 못한다.

d. 비교

마귀와 귀신에 대한 김기동과 무속신앙 그리고 전통 기독교의 견해를 비교해 보면, 김기동의 귀신론은 기독교 전통적인 견해가 아니라 기독교 신앙과 무속신앙의 혼합이라는 것이 드러난다. 그는 마귀의 기원에 대해서는 기독교의 천사 타락설을, 그리고 귀신의 기원에 대해서

---

114 Karl Barth, *Church Dogmatics*, vol. III, 3(Edinburgh: T. &. T. Clark, 1960), p.289.

는 제명대로 살지 못한 원혼이라는 무속신앙의 귀신론을 받아들인 것이다.

첫째, 김기동의 귀신론은 귀신들의 주장에 기초한 것이다. 그가 제시한 성서적 증거들은 불신자의 사후 존재가 귀신이라는 것을 증명하지 않는다. 예를 들어, 그는 사무엘상 28장에서 신접한 여인이 불러 올린 혼을 사무엘이 아닌, 다른 사람의 사후 존재라고 주장했으나, 성경은 그 혼이 분명 사무엘이라고 명시하고 있다(28:15-16). 따라서 그는 성경을 임의적으로 해석했을 뿐이다. 오히려 그가 의존하고 있는 것은 귀신 들린 자 8000명을 조사한 실험적 증거다. 그는 성경이 아니라 귀신들의 증언에 의해 귀신을 불신자의 사후 존재로 간주했다.

둘째, 귀신은 불신자의 사후 영혼이라는 주장은 무속신앙에 근거한 것이다. 김기동 계열은 불신자의 사후 영혼설의 근거 중 하나로 그것이 문화사적으로 세계 각국에 퍼져 있다는 것을 들고 있다.[115] 이것은 그들의 귀신론이 민간신앙의 영향을 받고 있다는 것을 반증하는 것이다.

셋째, 귀신을 불신자의 사후 존재라고 보는 것은 하나님의 창조 질서에도 맞지 않는다. 창세기 1장에 따르면, 여호와 하나님은 우주 만물을 창조하시되 그 종류대로 창조하셨다. 창세기 저자는 하나님이 각기 종류대로 창조하셨다는 것을 10여 차례 반복, 강조하고 있다(창 1:11, 12, 21, 24, 25). 귀신과 사람은 종류가 다르며, 귀신과 마귀는 동질성을 지닌 같은 종류다. 따라서 귀신과 불신자의 사후 존재를 동일시

---

[115] 한상식은 불신자의 사후 영혼설이 동서고금을 통해 문화사적으로 세계 각국에 퍼져 있는 현상이라는 것을 베뢰아 귀신론 변호의 근거로 삼고 있다. 한상식, "베뢰아의 귀신론", p.75.

하는 것은 비성서적이다. 귀신은 마귀와 함께 타락한 천사들이라고 보는 기독교 전통적인 입장이 성경의 교훈에 더 잘 부합하는 것이다(마 25:41, 벧후 2:4, 유 1:6).

넷째, 김기동은 귀신의 수명과 활동 범위가 제한적이라고 주장한다. 귀신은 제명대로 살지 못하고 죽은 사람의 사후 존재이며 본래의 수명까지 주로 자기 집안 식구들을 대상으로 활동한다고 한다. 반면, 성경은 사탄과 그 세력들인 귀신들이 세상 끝 날까지 활동하다 최후 심판 시 무저갱에 갇힌다고 말하고 있다(마 25:41, 계 20:1-3, 7-10). 따라서 그의 주장은 귀신에게 수명이 있다고 보는 무속신앙과 동일하다.

다섯째, 음부는 죽은 영혼이 가는 곳이지 살아 있는 사람이 생활하는 곳이 아니다. 예수님은 거지 나사로와 부자의 비유를 통해 불신자의 사후 존재는 음부에 있다는 것과 이 세상을 배회하거나 이 세상으로 올라오는 것은 불가능하다는 것을 교훈하셨다(눅 16:19-31). 이는 욥의 증거에 의해서도 입증된다(욥 7:9-10). 따라서 세상을 음부로 간주하는 김기동 계열의 주장은 불신자의 사후 존재가 귀신이 되어 세상을 떠돌아다닌다는 것을 합리화하기 위한 것이다.

3. 질병과 치유

김기동과 베뢰아 계열의 또 다른 특징인 동시에 논란이 되는 것은 모든 질병의 원인을 귀신으로 보는 것과 병 고치는 것을 귀신 쫓는 것으로 해석하는 것이다. 따라서 질병과 치유에 관한 그들의 주장을 무속신앙과 기독교 신앙의 입장을 비교함으로써 그 출처를 밝히려고 한다.

a. 김기동과 베뢰아 계열

김기동은 귀신이 하는 일을 다섯 가지로 분류한다. 귀신은 모든 병, 사고, 중독, 범죄, 자살의 원인으로 작용한다.[116] 특히 그는 질병을 생물학적인 것으로 취급하지 않고 영적인 것으로 취급하여 그 원인을 귀신이라고 주장한다. 병에 걸리는 것은 귀신이 사람 몸에 침입하는 것이다. 따라서 병든 원인이 사람에게 있는 것이 아니라, 귀신에게 있다는 것이다. 귀신은 각색 병든 영들이다. 어떤 사람이 벙어리 되고 귀 먹는 것은 그런 귀신이 그 사람 안에 들어 있기 때문이다.[117] 김기동은 유전병, 계속적인 우환, 고혈압과 저혈압, 심지어 차멀미나 배멀미도 귀신이 들렸기 때문에 일어나는 것으로 본다.[118]

강성진의 조사에 따르면, 김기동이 쫓아낸 귀신 78건 중, 구체적인 사람의 이름이 40%, 무당귀신이 13.3%, 거지귀신이 20%, 과부귀신, 오빠귀신 등 기타 귀신이 26%였다. 이들 귀신은 모두 원한을 품고 죽은 사람들의 사후 존재라는 것이다.[119]

김기동은 병 고치는 것과 귀신 내쫓는 것을 동일시했다. 약은 병을 고치지 못하고 오히려 병을 첨가할 뿐이다. 따라서 귀신을 내쫓아 병을 고치는 것을 자신과 성락침례교회의 특징으로 삼고 있다. 이러한 그의 입장은 예수님께서 공생애 시작부터 귀신을 쫓았으며, 귀신 추방

---

116 김기동,《마귀론》하, pp.170-174.

117 Ibid., p.187.

118 Ibid., pp.213-214.

119 강성진, "축사 현상에 관한 실험적 연구 - 김기동 목사의 축사 활동을 중심으로", 연세대학교 교육대학권 석사학위 논문(1979) 부록 참조.

이 예수님의 주된 사역 가운데 하나였다는 신념에 근거한 것이다. 따라서 그는 귀신을 추방하는 것이 하나님의 뜻이요 명령인 동시에 기독교인의 사명이라 믿고 있다.[120]

김기동의 귀신 쫓는 방법은 대화법이다. 그의 축사의 기본 과정은 세 단계로 분류된다. 첫째는 귀신과의 만남이다. 둘째는 귀신과의 대화다. 네가 누구며 어떻게 그리고 왜 이 사람에게 들어왔는가, 이 사람에게 무슨 일을 했는가, 이 사람 안에 거주하면서 만족하는가 등의 대화를 통해 귀신 스스로 정체를 밝히게 하는 것이다. 마지막 단계는 귀신들을 책망하여 그 사람으로부터 떠나도록 명령하는 것이다. 귀신은 자신의 정체를 숨기는 것이 무기이기 때문에 정체가 밝혀지면, 꾸짖음과 호통이 무서워서 나간다는 것이다.[121]

한편, 김기동은 귀신 추방 방법을 다룰 때 가능한 한 귀신 들린 사람에게 물리적인 힘을 가하지 말고 "내가 예수의 이름으로 명하노니 나가라"고 명령하라고 한다.[122] 그러나 《마귀론》 하권에 기록된 축사 사례 68가지를 검토해 보면, 귀신들은 그의 "가!" 또는 "나가!"라는 호통소리에 나갔다.[123] 그는 '귀신의 고찰'이란 글에서 귀신 추방 방법에 적대법, 복종법, 구타법, 경압법 등이 있다는 것을 인정하고 있다.

이초석 역시 귀신을 모든 병의 원인으로 취급하는 점에서 김기동과 다를 바 없다. 그는 예수께서 귀신을 쫓아내어 모든 병을 고쳤다는

---

120 김기동,《성서적 신학적 현상적 마귀론》, p.284; 한상식, "베뢰아의 귀신론", p.78.

121 김기동,《마귀론》 하, pp.214-222.

122 Ibid., p.217.

123 Ibid., pp.307-335.

이유를 들어 귀신 이외의 다른 어떤 원인으로 병이 일어날 가능성을 부정했다. 그는 예수의 근본적 사명과 공생애 동안의 주요 사역을 귀신 쫓는 것으로 보았다. 따라서 귀신 추방이 기독교인의 사명이자 그리스도의 명령이라는 것을 강조했다.[124]

b. 한국 무속신앙

한국의 무속신앙에 따르면, 인간의 생사화복과 흥망성쇠가 신령들의 작용에 달려 있다. 질병은 귀신의 인체 침입에 의해 일어나는 것으로 간주된다. 억울하게 죽은 사람의 혼인 잡귀들이 사람의 몸에 들어가 화풀이하는 탓으로 병이 생긴다는 것이다. 즉 질병은 악령의 탈이나 조령(祖靈)의 벌이다. 예를 들어, 마마는 호귀(胡鬼), 안질은 맹인귀(盲人鬼), 정신병은 정귀(精鬼)의 탈이다.[125] 질병을 혼령 침입으로 보는 것은 한국 무속 종교에서 가장 중요한 질병관이다.[126]

무속신앙은 네 가지 방법으로 병을 치료한다. 손 비빔, 푸닥거리, 살풀이, 굿이다. 손 비빔은 가난한 자나 가벼운 환자에 흔히 사용되는 방법으로 무당이 여러 신들에게 병을 낫게 해달라고 비는 것이다. 푸닥거리 역시 손 비빔과 비슷한 치병 방법이다. 살풀이는 급성질환을 치료할 때 사용되는 방법이다. 살은 급병을 일으키는 악령을 뜻한

124 이초석, 《내 백성이 지식이 없어 망한다》, pp.19, 42.

125 한국기독교문화연구소, 《한국 교회와 신학의 과제》, p.230.

126 김광일, 《한국전통문화의 정신분석: 신화, 무속, 그리고 종교체험》 (서울: 시인사, 1984), p.329.

다.[127] 굿은 재앙을 제거하고 복을 비는 무속의 의식이다. 그것은 인간의 운명을 조정하는 신령과의 교섭 행위다. 죽은 사람의 혼을 불러내어 원한을 풀어 주고 저승으로 옮겨 가게 하는 사령제의 대표적인 것으로 진오기굿 또는 씻김굿이 있다.

무속신앙이 귀신을 퇴치하는 대표적인 방법은 복종법과 대적법이다. 복종법은 귀신을 달래거나 무엇을 바쳐 귀신의 재화로부터 벗어나는 것이라면, 대적법은 귀신에 정면으로 대항하여 그것을 물리치는 것이다. 대적법으로는 구타법과 경압법 등이 있다. 구타법은 환자의 몸에 폭력을 가하거나 고통을 주는 것이다. 예를 들어, 환자를 온돌방에 가두어 놓고 2, 3일간 연속 송경을 한 뒤 뽕나무 가지나 복숭아나무 가지로 때리면, 귀신이 그것을 참다못해 나간다고 한다. 그리고 경압법은 소리를 질러 귀신을 놀라게 하고 위협함으로 환자로부터 떨어져 나가게 하는 것이다.

c. 전통 기독교

질병에 대한 구약성경의 일반적 견해는 병은 죄에 대한 벌로서 하나님이 보낸다는 것이었다.

> 너희가 너희 하나님 나 여호와의 말을 들어 순종하고 내가 보기에 의를 행하며 내 계명에 귀를 기울이며 내 모든 규례를 지키면 내가 애굽 사람에게 내린 모든 질병 중 하나도 너희에게 내리지 아니하리니 나는 너희를 치료하는 여호와임이라(출 15:26).

---

127 Ibid., pp.155-156.

사람의 육체적 건강은 하나님과의 관계와 밀접하게 결합되어 있었다. 하나님의 법에 복종하면 건강할 것이나, 하나님의 법에 불복종하면 건강이 좋지 못할 것이다. 구약성서는 질병을 죄에 대한 징벌이나 하나님의 진노의 표시로 간주하는 것이 일반적 견해였다. 욥기에서 보듯이(욥 2:6-7), 질병이 마귀나 귀신으로부터 올 수 있지만, 그것이 질병의 유일한 원인은 아니다. 그 외에도 질시(욥 5:2)나 자연적인 요인(창 27:1, 48:1) 등으로 인해 질병이 생길 수도 있기 때문이다.

신약시대에도 죄와 질병이 밀접하게 관련되어 있다는 구약시대의 개념이 조금 수정되었지만 아직도 일반적이었다. 예수는 이런 일반적인 개념에 반대했다. 누가복음 13장 1-5절에는 이 문제와 관련된 두 사건이 기록되어 있다. 빌라도가 예루살렘에서 여러 명의 갈릴리인들을 살해하여 희생제물로 드린 것과 실로암에서 망대가 무너져 18명의 유대인이 죽은 이야기다.[128] 예수는 이 두 이야기에 대해 비슷한 질문을 하셨다. "너희는 이 갈릴리 사람들이 이같이 해 받으므로 다른 모든 갈릴리 사람보다 죄가 더 있는 줄 아느냐"(눅 13:2). 예수는 "아니오"라고 했다.

신약성경 역시 귀신으로 인해 병에 걸릴 수 있음을 말하고 있다. 예를 들어, 예수께서 귀신 들려 벙어리 된 자로부터 귀신을 쫓아냄으로 말하게 하신 것(마 9:32-34, 막 9:17-27)이나 귀신 들려 눈멀고 벙어리 된 자를 고치신 것(마 12:22), 일곱 귀신 들린 막달라 마리아를 고치신 것(눅 8:2) 등이 그것이다. 그러나 문제는 모든 질병의 원인이 귀신이냐 하는 것이다.

---

128 Ibid., "Luke," by S. MacLean Gilmour.

고대 헬라 세계와 유대 공동체 내에는 귀신들에 의해 병이 일어난다고 믿는 집단이 있었다. 그중 하나가 에세네파다. 그들은 병은 귀신들로부터, 치유는 천사들로부터 온다고 믿었다.[129] 그러나 신약성경 저자들은 모든 병의 원인을 귀신 들림에 돌리지 않았다. 성경은 질병이 마귀나 귀신뿐만 아니라 죄(마 9:1-8), 불경건한 생활(고전 11:27-30), 과로나 부주의(빌 2:25-30), 하나님의 영광을 위한 것(요 11:4) 등으로부터 올 수 있음을 말하고 있다.

한편, 예수는 두 가지 형태의 치유를 구별했다. 귀신을 쫓아내는 것과 병을 낫게 하는 것이 그것이다(마 10:8, 막 1:34, 눅 13:32). 마태복음 17장 15-18절에서 예수는 간질하는 자로부터 귀신을 쫓아냈으나, 마태복음 4장 24절에서는 간질하는 자와 귀신 들린 자가 구별되고 있다. 마가복음에 기록된 첫 번째 신유는 더러운 귀신을 쫓아낸 것(1:24)이었으나, 두 번째는 귀신 들림과 전혀 관계가 없는 것이었다. 바로 베드로의 장모를 고친 사건이다(1:31).

사복음서에 기록된 치유 사례 가운데 귀신 또는 더러운 영에 대해 언급하지 않은 곳이 수없이 많다. 마태복음의 경우, 백부장의 하인(8:5-13), 열두 해를 혈루병 앓은 여인(9:19-20), 두 맹인(9:27-30), 손 마른 사람(12:9-14), 예수의 옷가를 만진 자(14:35-36) 등의 병을 고친 것이 그러하다.

한편, 바울은 질병과 치유에 대해 또 다른 견해를 제시하고 있다. 그는 "육체의 가시"로 그것을 부르고 있다(고후 12:7). 그것은 안질일 수 있으나(갈 4:15, 6:11) 확실하지는 않다. 바울은 그의 병을 귀신 들림이

---

129 Ibid., p.107.

아니라 연약으로 말하고 있다(고후 12:7, 9, 10).[130]

d. 비교

질병과 치유에 대한 김기동 계열과, 무속신앙 그리고 전통 기독교의 견해를 비교한 바에 의하면, 김기동의 견해는 무속신앙의 영향을 강하게 받고 있음을 부정할 수 없다.

첫째, 김기동과 베뢰아 계열은 모든 병을 귀신의 인체 침입으로 간주한다. 성경 역시 귀신에 의해 병이 일어날 수 있음을 말하고 있으나 모든 병이 그렇다고는 결코 보지 않았다. 이것은 예수께서 귀신 쫓는 것과 병 고치는 것을 구별한 것에 의해서도 입증된다. 따라서 김기동 계열의 질병관은 성서에 기초한 것이 아니라 질병을 혼령의 인체 침입으로 보는 무속신앙에 기초한 것이다. 따라서 모든 병을 귀신의 능력에 돌리는 것은 잘못이며 비성서적이다.

둘째, 김기동의 축사 방법은 기독교 신앙과 무속신앙의 혼합이다. 김기동의 귀신 쫓는 방법은 대화법이다. 그는 귀신과 대화를 통해 귀신 스스로 정체를 밝히게 한다. 귀신은 자신의 정체가 밝혀지면, 꾸짖음과 호통에 무서워서 나간다. 김기동은 귀신들을 책망할 때, 자주 단순히 나가라고 말한다. 드물게 그는 "예수의 이름으로 나가라"고 말한다. 그의《마귀론》하권 부록에 기록된 축사 사례를 검토해 보면, 귀신들은 김기동의 "가!" 또는 "나가!"라는 호통 소리에 나갔다. 이러한 김기동의 방법은 지나치게 기계적이다. 성령의 능력이 악한 영을 내쫓기 위하여 기계적인 힘같이 사용되고 있다. 그리고 한국 무속신앙의 대표

---

130 Klaus Seybold and Ulrich Mueller, *Sickness and Healing* (Nashville: Abingdon, 1981), p.173.

적인 축사 방법인 대적법과 복종법과 유사하다.

반면, 예수님은 말씀으로 명하여 귀신을 쫓아냈다. 그의 권위와 능력에 귀신이 복종한 것이다. 그의 제자들은 예수의 이름과 성령의 능력을 통해 귀신을 쫓아냈다. 서광선 교수가 지적한 바와 같이, 김기동의 귀신론과 질병관은 무속적인 축사 현상이나 무속적인 정령주의(animism)에 그 무의식적인 근거를 두고 있다.[131] 그의 축사 방법은 여러 가지 면에서 전통적 무속신앙과 유사하다.

결론

김기동과 베뢰아 계열의 귀신론과 질병관은 한국 무속신앙에 기초하고 있을 뿐만 아니라 별로 다를 것이 없다. 귀신을 불신자의 사후 존재로 보거나 모든 병의 원인으로 간주하는 것, 귀신에게도 수명이 있다는 것이 그 대표적인 예다.[132]

귀신을 불신자의 사후 영혼으로 간주하는 것은 임의적인 성경 해석과 주관적인 경험으로부터 나온 것이다. 성경 해석의 원리와 토대 중의 하나가 사도적인 전통, 즉 성경 해석의 역사다. 귀신을 타락한 천사로 보는 것은 사도적 전통에 의해 증거된 해석이다. 김기동은 전통보다는 무속신앙과 주관적 체험을 토대로 귀신을 불신자의 사후 존재라고 주장했다.

성경은 질병이 여러 가지 원인에 의해 일어난다고 증거하고 있다. 따라서 질병은 자연적인 인과율에 의한 것이지, 마귀나 귀신 때문이

---

131   서광선, "성령운동과 부흥운동의 신학적 이해",《한국의 귀신, 성서의 귀신》, p.183.

132   김광일,《한국전통문화의 정신분석》, p.333.

아니라고 보는 것이나 모든 질병의 원인이 마귀 또는 귀신이라고 보는 극단적인 견해는 모두 성경적인 것이 아니다.

김기동은 귀신 쫓는 것을 그리스도의 근본적인 사명으로 보았다. 그는 하나님의 승리는 강조했으나 하나님의 정의는 강조하지 않았다. 하나님은 정의에는 관심이 없고 원수에 대한 승리에만 관심이 있는 것으로 나타난다. 따라서 그는 그리스도의 구속사역과 목적을 단지 사탄의 세력에 대한 승리로 제한하는 경향이 있다. 이것은 이 세계와 역사의 진행 과정을 하나님과 마귀 세력 간의 대결장으로 이해하는 이원론적 세계관으로부터 나온 것이다.

이러한 문제점에도 불구하고, 김기동과 베뢰아 계열의 귀신론은 한국인의 의식 속에 잠재해 있는 전통적인 귀신관과 조화되기 때문에 그의 추종자들은 그것을 거부하지 않고 오히려 받아들이고 있다. 그렇지만 그의 귀신론은 교리적인 면이나 신학적인 면에서, 그리고 기독교인의 신앙생활 면에서 많은 문제를 일으킬 수 있다. 지나친 신비주의와 현세적이며 물질적인 축복을 강조하는 기복주의적인 신앙을 심화시킬 수 있는 것이다. 또한 기독교인들을 정령 신앙자로 만들 우려가 있다. 왜냐하면 김기동의 치병 방식은 많은 사람들로 하여금 모든 질병을 즉각적으로 고치는 위대한 샤머니즘적 영으로 예수 그리스도를 간주하게 하며, 귀신의 능력에 대한 점증적인 두려움을 가지게 하기 때문이다.[133]

한국 교회는 무속신앙의 영향을 경계해야 한다. 무속신앙은 외래

133 Han So Hee, "Healing in the Korean Worldview: Its Influences upon the Korean Christian Churches," Unpublished Doctor of Missiology dissertation, Fuller Theological Seminary(1991), p.173.

종교를 받아들여 표면에 내세우고 자신은 내면에서 그것을 융합하여 결국은 무속신앙화한다. 한국 교회는 기나긴 역사 변천에도 소멸되지 않고 지금까지 존속해 온 무속신앙의 저력을 과소평가해서는 결코 안 될 것이다. 겉은 기독교인이나 속은 무속신앙인, 기독교인의 옷을 입은 무속신앙인, 지나치게 현실주의적 기복신앙을 강조하는 무속신앙의 영향을 경계해야 할 것이다.

16장

이장림과
시한부 종말론

서론

한국 교회는 시한부 종말론이란 극단적인 종말론으로 인해 많은 폐해와 혼란을 겪었다. 전국에 걸쳐 40여 개에 달하는 시한부 종말론을 주장하는 단체들이 '예수재림준비위원회'를 구성하고 대규모 집회와 가두선전을 했으며, 1992년 10월 28일 24시에 예수님이 재림한다고 하여 일부 학생들이 등교를 거부하고, 임산부가 낙태수술을 받고, 사이비 교주가 거액의 금품을 사취하여 사회 문제까지 되었다. 한 20대 주부는 시한부 종말론에 심취하여 가정마저 팽개침으로 이를 비관한 남편이 극약을 마시고 목숨을 끊었다. 그 주부는 산속에 있는 종말론자들의 기도원에 모든 재산을 헌납하고 그들과 집단생활을 해온 것으로 밝혀졌다.

종말론이 무엇이기에 청소년들이 학업을 포기하고 가출하며 직업을 가진 멀쩡한 사람들이 직장을 이탈하고 주부들이 가정 파괴의 위험을 무릅쓴 채 이것에 몰두하는가? 시한부 종말론은 한국 특유의 현상도, 일시적인 현상도 아니다. 이것은 기독교 2천 년 역사상 세계적으로 되풀이되고 있는 일이다.

시한부 종말론의 역사는 성서시대까지 거슬러 올라갈 수 있다. 바울이 데살로니가 교인들에게 "형제들아 우리가 너희에게 구하는 것은 우리 주 예수 그리스도의 강림하심과 우리가 그 앞에 모임에 관하여 영으로나 또는 말로나 또는 우리에게서 받았다 하는 편지로나 주의 날이 이르렀다고 해서 쉽게 마음이 흔들리거나 두려워하거나 하지 말아야 한다는 것이라"(살후 2:1-2)고 교훈한 것은 사도시대에도 그리스도의 재림 시기와 관련해 미혹하는 자와 그것에 현혹되는 자가 없지 않았음을 시사한다.

시한부 종말론의 원조로 간주되는 2세기 중엽 몬타누스부터 현대의 안식교에 이르기까지 예수의 재림 일자를 예고했던 사람들이 적지 않았다. 중세 피오레의 요하킴(Joachim de Floris, 1145-1202)은 1260년 예수의 재림과 함께 성령의 시대가 시작된다고 주장했다.[134] 종교개혁시대의 급진적 개혁주의자 토머스 뮌처는 기존 교회나 사회는 다 부패했고 타락했기 때문에 하나님이 자기를 보내서 불경건한 자들을 몰아내고 신정국가를 건설하도록 했다면서 무력을 사용하여 폭동을 일으켰다. 뿐만 아니라 복음의 참 선포자로 자처하며 낡은 세상은 끝나고 새 세상이 시작되었다고 일대 종말운동을 주창했다.

미국 침례교 목사 출신으로 '안식교'를 창시한 밀러(William Miler, 1782-

---

134 요하킴은 인류의 전 역사를 삼위일체론적으로 구분하여 제1기는 창조 때부터 시작되는 성부의 시대로, 제2기는 세상을 구원하는 사건으로부터 시작되는 성자의 시대로, 제3기는 1260년부터 시작되는 성령의 시대라고 함으로써 1260년을 현세의 종말로 보았다. 그러나 1260년이 되어도 종말이 오지 않자, 교회는 이미 사망한 그를 이단으로 정죄하고 처단했다.

1849)는 1843년 3월 21일과 1844년 3월 21일 사이에 예수가 재림하여 지상을 불로 씻어 버림으로써 하나님의 나라가 건설될 것을 확신하고 전국을 순회하며 전도한 결과 많은 추종자를 확보하였으나 1844년 3월 21일이 되어도 예수가 재림하지 않자 그 해 10월 22일로 날짜를 수정했다. 그렇지만 그때에도 예수가 나타나지 않자, 그의 추종자들이 모교회로 돌아가거나 신앙생활을 중단했다. 안식교 이탈자 바부어(N.H. Barbour)는 인류 역사를 6천 년으로 보고 아담의 창조 때부터 6천 년이 되는 1863년에 예수가 재림한다고 주장했다. 이외에도 그 이름을 거명하기조차 힘들 정도로 많은 유명 또는 무명의 사람들이 종말의 시기나 예수의 재림 날짜를 예고했으나 하나같이 빗나가 실패로 끝났다.[135]

한국에서는 '용화교'의 서백일이 1964년 12월 30일을, '동방교'의 노광공은 1965년 8월 15일을, '팔영산기도원'의 전병도는 1972년 8월 25일을, '천국복음전도회'의 구인회는 1973년 11월 10일을 각각 세상의 마지막 날로 예고했다. 이렇게 시작된 한국의 시한부 종말론은 한때 250여 개의 단체와 약 2만 명의 신도를 확보했으며, 그 대표적인 것이 '다미선교회'(이장림), '디베랴선교회'(하방익), '성화선교교회'(권미나), '지구촌선교회'(임원순), '영생교승리제단'(조희성) 등이다.

필자는 기독교 역사상 최초로 이단적 종말론을 제시한 2세기 중엽의 몬타누스주의와 19세기 미국의 시한부 종말론자 밀러의 종말론을 분석하여 이장림의 견해와 비교함으로써 그들의 공통점과 차이점을 밝히려 한다.

---

135 예를 들어, 윌리엄 휴스턴은 1736년 10월 12일, 어빙은 1825년 7월 17일, 벵겔은 1837년, 사무엘 스노우는 1844년 10월 22일, 벤델은 1873년, 박스터는 1917년 9월 17일이 재림 날짜라고 주장했다.

1. 몬타누스주의

몬타누스주의는 2세기 중엽 교회에서 일어난 반동적 개혁운동이었다. 초대 교회는 세상의 종말이 임박한 것으로 생각했다. 그러나 그리스도의 재림이 지연되자 실망하는 사람들이 생겨나고 윤리 생활이 해이해지며 종말에 대한 기대감이 사라지게 되었다. 정통적 기독교인들 중에도 많은 사람들이 천년 왕국에 대해 관심을 갖지 않았다. 당시 교회 지도자들은 법과 질서를 만들어 이들을 지도하려 했기 때문에, 교회는 외형적 질서와 규정적 발전을 지나치게 강조하게 되었다. 이러한 교회의 제도화와 세속화에 반발하여 그것을 개혁하려고 소아시아를 중심으로 일어난 것이 몬타누스주의(Montanism)였다.

이 운동을 주도한 몬타누스는 이교의 제사(祭司)였으나 155년경 세례를 받고 기독교로 개종했다. 그 후 성령을 받았다고 선언하고 방언과 예언을 시작했다.[136] 여기에 두 명의 여인, 프리스킬라(Priscilla)와 맥시밀라(Maximilla)가 합세하여 예언을 했다.

몬타누스와 두 동료는 자신들은 보혜사 성령의 도구이며 특별하면서도 최종적인 계시를 받았다고 주장했다. 그리고 이 새 계시와 함께 새 시대가 시작된다는 것, 계시의 시대는 자신들에게서 끝나고 곧바로 그리스도가 재림하며 이 세상의 종말이 도래한다는 것, 천년왕국이 프리기아의 페푸자(Pepuza)에 건설된다는 것 등을 예언했다.[137] 따라

---

136 몬타누스는 요한복음 14장에 약속된 보혜사 성령이 자기에게 나타났으며, 따라서 특별한 형식의 예언을 말할 수 있다고 주장했다. J. L. 니이브, 《기독교교리사》, 서남동 역(서울: 대한기독교서회, 1970), p.107.

137 맥시밀라는 "나 이후로는 더 이상 예언은 없고 예언의 성취만이 있을 것이다"라고 말했다. Reinhold Seeberg, *Textbook of the History of Doctrines*(Grand Rapids: Baker Book House, 1964), p.105.

서 많은 몬타누스주의자들이 새로운 교리를 전파하는 자들을 지원하기 위해 재물을 거두고 페푸자에 모여 금욕과 고행 생활을 하며 최후의 날을 맞기 위한 준비를 했다.

몬타누스는 새 계시가 신약성경의 내용과 모순되지 않을 뿐 아니라 윤리적인 면과 종말론적 주장에서 오히려 신약성경을 능가한다고 주장했다. 따라서 그는 임박한 종말론에 근거하여 신약성경보다 더 엄격한 윤리와 계율을 가르쳤다. 그리고 당시 교회가 죄인을 쉽게 용서하며 세속 사회의 요구에 점진적으로 동화되어 가는 것을 반대했다. 따라서 세례받은 후에 지은 죄는 전혀 용서하지 않았다. 순교는 추구되어서는 안 되고 오히려 신앙을 부정하지 않고 피할 수만 있다면 피하라는 교회의 가르침과 달리, 철저한 순교 정신을 강조했다. 과부와 홀아비의 재혼을 금했으며, 결혼을 악한 것으로 보지는 않았으나 좋은 것으로 보지도 않았다.

몬타누스와 그 추종자들은 그들만이 참된 기독교인이며 성도의 모임이라고 주장하고 새로운 계시를 도구로 교회를 조직하여 소아시아, 로마, 북아프리카에 세력을 확대해 갔는데, 소아시아 감독들은 교회가 텅 비었다고 보고할 정도였다.[138] 대부분의 교회에 아직도 살아 있던 임박한 그리스도의 재림에 대한 기대가 이 운동이 그렇게 급속하고도 광범위하게 확산된 이유였다. 그리하여 당대의 가장 뛰어난 라틴 신학자 터툴리안의 지지까지 얻게 되었다.

이와 같이 몬타누스주의는 2세기 중엽에 급격히 식어진 초대 교회의 종말론적 신앙을 보존하려던 반동적 개혁운동이었으며 교회의

---

138 E. G. 제이, 《교회론의 역사》 (서울: 대한기독교서회, 1986), p.69.

세속화에 대한 항거였다. 초기 몬타누스주의의 교리는 정통적이었으며 윤리는 훌륭했다. 그들은 교회의 교리를 의식적으로 반대하지 않았다. 임박한 재림에 대한 기대, 철저한 금욕주의, 방언과 성령으로부터 직접적인 계시, 즉 성령론, 윤리학과 종말론의 종합이 그 주요한 특징이었으며, 이는 초기 기독교의 기본 요소이기도 했다. 따라서 이 운동에 저항해 교회가 싸우기는 쉽지 않았다. 그러나 그리스도의 재림이 예언대로 이루어지지 않고 자칭 최후의 예언자라고 주장한 맥시밀라가 죽자 그 세력이 약화되었다.

교회가 몬타누스주의를 반대하고 이를 이단으로 규정한 것은 두 가지 면에서였다. 실제적인 면에서, 몬타누스주의자들은 그들만이 참된 기독교인이며 성도들의 모임이라고 주장함으로써 여러 이단을 막는 데 꼭 필요한 교회의 구조를 약화시켰다. 신학적인 면에서, 성경보다 더 권위 있는 새 계시를 받았다는 몬타누스주의자들의 주장이 그리스도 안에서 주어진 계시는 종료되었다는 전통적인 교리, 즉 계시의 종국성에 대한 신앙을 부정했다.[139]

몬타누스주의를 교회로부터 제거한 결과 정경이 확정되어 그 권위가 강화되고 새로운 계시의 가능성이 배제되었다. 그러나 한편으로 종말사상이 완화되고 그에 따라 신자들의 윤리 생활이 해이해지는 현상이 나타나게 되었다. 그 후 몬타누스주의적 경향은 교회 역사의 진행 과정을 통해 종교개혁 시대의 광신주의자들과 현대의 재림론자들에게서 다시 발견된다.

---

139 후스토 L. 곤잘레스, 《기독교 사상사》 III, 이형기·차종순 역 (서울: 대한예수교장로회 총회 출판국, 1988), p.178.

한편, 몬타누스주의가 교회에 단지 부정적 영향만 미친 것은 아니었다. 교회의 정경화 작업을 촉진하여 교회가 인정하고 수용하는 하나의 성경, 즉 정경의 출현에 중요한 공헌을 했다.[140]

2. 밀러의 종말운동

1830-1840년대의 미국은 정치, 사회적으로 불안했다. 노예제를 둘러싸고 남북전쟁이 일어났고, 교회들 역시 이 문제와 더불어 내부의 여러 가지 갈등으로 분열되었다. 민주주의와 개인주의적 사고가 이 시대를 지배했고 경제생활에도 급속한 변화가 일어났다. 이상한 종파와 새로운 사상운동 및 개혁운동이 여기저기서 일어났다. 불안정한 시기에 비정상적인 종교운동이 일어나는 것은 미국도 마찬가지였다. 창시자들의 이름만 해도 한 페이지가 넘을 정도로 많은 운동이 일어났다.[141]

특히 18세기에 미국 교회에서 일어난 대각성운동과 함께 여러 종류의 천년왕국운동이 19세기 말까지 계속되었다. 그중 하나가 밀러(William Miller, 1782-1849)와 그 추종자들의 종말운동이다. 밀러는 1782년 미국 동북부의 매사추세츠 주 피츠필드(Pittsfield)에서 태어났다. 그는 농부였으나 지방 경찰과 집행관 같은 직책도 역임했다. 1812년 전쟁 때는 보병대장으로 복무하기도 했다. 그 후 침례교를 통해 신앙생활을

---

140 J. N. D. 켈리,《고대기독교교리사》, 김광식 역 (서울: 한국기독교문학연구소출판부, 1980), p.72.

141 윌리엄 W. 스위이트,《미국교회사》, 김기달 역 (서울: 대한기독교서회, 1978), pp.324-325, 343.

하게 되었으며 독학으로 성경을 공부하기 시작했다. 특히 그는 다니엘서와 계시록을 비롯한 예언서에 관심을 가지고 쿠르덴(Cruden)의 성구사전을 중심으로 연구했다.

밀러는 13년 동안 침례교에서 평신도로 신앙생활을 하다 50세 때인 1831년부터 세상의 종말이 임박했다고 주장하기 시작했다. 1834년부터는 농사일을 그만두고 여러 지방을 순회하며 설교하는 일에 전념했다. 종말에 관한 그의 설교 운동은 많은 목사들이 가담하게 됨에 따라 강력한 신앙운동으로 확산되었다. 그 운동의 주요한 도구가 된 것이 〈사조〉(Signs of the Time), 〈한밤의 소리〉(Midnight Cry), 〈재림문서〉(Second Adventure Library) 등 재림에 관한 잡지였다. 밀러 운동의 추종자는 그 전성기에 5만에서 10만 명에 달한 것으로 추산된다.

한편, 당시 미국의 재림교회 안에서는 다니엘서 8장 14절에 나타난 성소에 대한 해석 문제로 논쟁이 일고 있었다. 성소가 하늘의 성소를 의미하느냐 아니면 지상의 성소를 의미하느냐 하는 것이었다. 이에 대해 밀러는 다니엘서의 성소는 천년왕국을 의미하며, 그것은 1843년 3월 21일과 1844년 3월 21일 사이에 예수가 재림하여 지상을 불로 씻어 버림으로써 세워지리라고 확신했다. 이는 다니엘서 8장 14절에 있는 "이천삼백 주야"와 9장 24절에 있는 "일흔 이레"라는 기한에 근거한 것이었다. 그는 하루를 1년으로 쳐서 그들을 2300년과 490년으로 각각 계산하고 다니엘이 예언한 해를 주전 457년으로 해석했다. 여기에 예수가 죽은 해를 490년의 마지막 해로 간주하여 490년에서 예수의 나이 33년을 빼면 1843년이 나온다는 것이다.[142]

---

142 간략히 계산하면, 70X7=490. 2300-490=1810. 1810+33=1843. 이종성, 《종말론》 1 (서울:

밀러는 예수의 재림 일자를 분명하게 제시하고 기성 교회로부터 나오라고 설교했기 때문에, 많은 추종자들이 그들이 속했던 교회를 탈퇴하고 재림만을 기다리게 되었다. 점포를 폐쇄하고 농작물이나 가축을 버리며 직장을 그만두는 등 생업을 포기하는 한편, 소유물을 가난한 자들에게 나누어 주었다. 1843년 3월 21일 아침, 많은 사람들이 넓은 들판으로 나가거나 혹은 언덕에 올라 재림을 기다렸다. 그러나 예수는 나타나지 않았다. 밀러는 1년을 연기했으나 결과는 마찬가지였다. 그의 추종자 중 일부는 다시 계산하여 1844년 10월 22일로 날짜를 수정했으나 예수는 끝내 나타나지 않았다.

밀러는 자신의 과오를 인정했으나 그리스도의 임박한 재림을 포기하지는 않았다. 실망한 자들은 모교회로 돌아가거나 신앙을 포기했으며, 일부 추종자들은 다시 결합하여 새로운 교파를 형성했다. '재림기독교회'(Advent Christian Church)와 흔히 안식교로 알려진 '제칠일재림성도들'(Seventh Day Adventists) 그리고 '하나님의 교회'(Church of God) 등이 그것이다.[143] 안식교가 공식적으로 설립된 것은 1863년이었으며, 특히 엘렌 화이트(Ellen Gould White, 1827-1915) 부인의 활약이 두드러졌다. 또한 밀러가 일으킨 재림운동은 안식교 이탈자 바부어(N.H. Barbour)를 통해 '여호와의증인' 창설자 러셀(Charles Taze Russell, 1852-1916)에게 큰 영향을 미쳤다. 바부어는 인류 역사를 6천 년으로 보고 아담의 창조 때부터 6천 년이 되는 1863년에 예수가 재림한다고 주장했다. 러셀은 그리스도가 1784년에 비밀리에 재림했다는 것과 1914년에 여호와의

대한기독교출판사, 1990), p.343를 참조할 것.

143 스위트,《미국교회사》, p.350.

왕국이 시작될 것이라고 주장했다.

이상에서 살펴본 밀러의 종말운동은 미국 교회 안에서 일어난 가장 강력한 종말운동으로 전천년왕국설에 근거한 것이 그 특징이다. 세상의 종말이 오기 전에 그리스도가 재림하여 지상에서 천 년 동안 성도들과 함께 왕노릇할 것이라는 신앙이 그 핵심을 이루고 있다. 이것은 당시 교회와 교인의 지나친 현세 지향주의와 현 역사 인정주의에 대한 강력한 반동이었다.[144]

밀러의 종말론은 예수의 재림 날짜를 잘못 예언한 대표적인 예다. 밀러의 과오는 성경 해석의 오류로부터 시작되었다. 정규적인 교육이나 체계적인 신학 훈련의 경험이 전혀 없었던 그는 성경 해석의 원리를 무시하고 임의로 성경을 해석했다. 특히 다니엘서와 요한계시록에 기록된 숫자를 인간의 생각에 따라 마음대로 해석하거나 합리적으로 계산한 것이 교회와 사회에 큰 혼란을 가져왔다. 예수의 재림과 세상의 종말은 하나님의 섭리의 비밀에 속하는 것으로 하나님만이 아시는 일임을 성경이 명시하고 있음에도 불구하고(마 24:36, 42-43, 50, 25:13, 행 1:7, 살전 5:1-2), 그것을 인위적으로 계산하여 예언했던 것이다.

_____ 3. 이장림의 다미선교회

1948년 경남 진주 태생인 이장림은 감리교신학대학과 오순절, 성결교 계통에서 신학 공부를 한 후, 목사 안수를 받고 10년 이상 생명

---

144 이종성,《종말론》1, p.349.

의말씀사에서 성경과 신학서적 번역 일에 종사했다.[145] 그는 성경주석 과《휴거》등 여러 권의 책을 번역했으며《다가올 미래를 대비하라》, 《하늘문이 열린다》등을 저술했다. 출판사를 퇴직한 후, 그는 '다미선 교회'를 조직했다. 이는 '다가올 미래를 대비하는 선교회'의 약칭이다. 이장림은 그 선교회의 사명을 "영계를 출입하는 40여 명의 아이들과 미래의 사역을 키우고 훈련시켜 그들을 선교 현장으로 내보내는 것" 이라고 주장했다.[146] 전술한 두 권 이외에도 그는 '다가오는 미래' 시리 즈로《경고의 나팔》,《1992년의 열풍》을 출판했다. 이 책들은 불과 몇 년 사이에 거듭 판을 찍어 낼 정도로 독자들의 호기심을 자극했다. 이 는 종말에 관한 세상의 관심이 어느 정도인가를 입증해 주는 한 현상 이라 하겠다.

이장림의 책들은 직통 계시에 대한 기록을 근간으로 하고 있는 것 이 특징이다.《다가올 미래를 대비하라》는 끊임없이 하늘의 메시지를 받고 있다는 '진군(김현진)'의 계시에 대한 기록이다. 진군은 1992년 5월 9일 북한에 가서 복음을 전하다가 8월 26일에 순교할 것이라는 메시지 를 받았으며, '세상의 땅 끝' 북한에 복음이 전해지고 순교가 있은 후 그 리스도가 공중 재림하는 환상을 보았다. 이장림은 이에 근거하여 1992-1993년경 성도의 휴거가 있을 것으로 전망했다.[147]

《하늘문이 열린다》는 영계를 보는 어린아이들이 받은 급전을 알리

---

145 이는 이장림 자신의 소개에 따른 것이다. 그가 한 번도 학교를 제대로 나와 본 적이 없다고 말한 것으로 보아 신학대학을 정식으로 졸업한 것 같지는 않다. 이장림,《하늘문이 열린다》(서울: 그루터기, 1988), p.235.

146 이장림,《다가올 미래를 대비하라》(서울: 다미선교회출판부, 1988), p.7.

147 Ibid., pp.13, 27-28, 31, 247.

기 위해 기록한 것이다.[148] 숭인동 아이, 셀라단(5중창단) 아이들이 그들이다. 셀라단 아이들은 7년 대환난 전에 휴거하지 못하고 전 3년 반 동안선교의 사명을 감당하다 휴거하는 데 비해, 숭인동 아이는 후 3년 반까지 남았다가 휴거한다. 따라서 이장림은 《다가올 미래를 대비하라》에서는 환난 전에 성도가 모두 휴거된다는 환난기 전설을 취했던 데 반해, 《하늘문이 열린다》에서는 환난기 중간설과 환난기 마감 직전설로수정했다. 그것은 아이들이 받은 계시 때문이었다.[149]

《경고의 나팔》은 곧 하늘 문이 닫히고 환난이 다가온다고 본 이장림이 성도의 휴거와 인류 멸망의 때를 대비하도록 경고하기 위해쓴 책이다. 이장림은 예수님도 자신의 재림 때를 모른다고 하신 것(마 24:36)을 문자적으로 이해하면 삼위일체를 부정하는 이단이 된다고 보았다.[150] 따라서 예수님은 그때를 알 뿐만 아니라 인간도 점진적인 계시에 의해 그때를 정확히 알 수 있다고 주장했다.[151] 그는 38건의 계시사례에 근거하여 예수님의 재림과 성도의 휴거가 우리 시대, 정확히말하면, 1992-1993년에 있을 것이라고 주장했다.[152]

한편, 《1992년의 열풍》에서 이장림은 재림과 종말의 시기를 확정할 수 있으며 1992년 10월이 그때임을 분명히 했다.[153] 그 근거로는 다

---

148 이장림, 《하늘문이 열린다》, p.6.

149 Ibid., pp.22-24.

150 이장림, 《경고의 나팔》 (서울: 광천, 1990), p.64.

151 Ibid., p.66.

152 Ibid., pp.70-86.

153 이장림, 《1992년의 열풍》 (서울: 광천, 1991), pp.52-59.

음과 같은 것들이 제시되었다. 성경은 천국 복음이 온 세상에 증거되
어야 끝이 온다고 하였는데(마 24:14), 공산권에 선교가 가능하게 되었
고, 특히 북한에 복음의 문이 1992년에 열린다. 무화과나무의 비유(마
24:32-35)에서 '잎이 돋을 때'는 1948년 이스라엘의 국가적 회복을 가
리키는 것이며, "이 세대가 지나가기 전에 이 일이 다 일어나리라"에서
'이 세대'는 1948년으로부터 한 세대가(51년) 되는 1999년으로 산출하
여 그때를 종말의 해로 간주한 것이다.[154]

　이장림의 주장의 핵심은 1992년 10월 28일에 예수의 공중 재림과
성도의 휴거, 1999년 10월에 예수의 지상 재림과 세상의 종말 그리고
천년왕국이 이루어진다는 것이다. 이를 근거로 그는 다미선교회를 만
들고 서울을 비롯하여 전국 주요 도시에 17개의 지부를 설립하여 재
림 집회를 열었다.

　이장림의 종말론의 특징은 몇 가지로 요약할 수 있다.

　첫째, 그것은 세대주의적 전천년설을 기본 골격으로 한다. 세대주
의적 전천년설에 따르면, 마지막 때에 세계적인 7년 대환난이 있고,
그 직전에 그리스도의 공중 재림이 있다. 죽은 성도가 부활하여 살아
있는 성도들과 함께 공중으로 휴거하여 그리스도를 영접하며 대환난
을 피하게 된다. 7년 대환난 후, 그리스도가 성도들과 함께 지상에 재
림하셔서 천년왕국을 건설하고 왕노릇 하신다. 천년왕국이 끝나면 악
인들이 부활하여 최후 심판을 받아 지옥으로 가고, 성도들은 신천 신
지(천국)로 들어간다.

　둘째, 이장림의 종말론은 신비 체험가들의 환상과 계시에 근거한

154　Ibid., pp.74-79.

다. 그는 노스트라다무스(1503-1566), 에드가 케이시(1877-1945) 등 일반 예언가의 예언과 몇몇 아이들이 받았다는 직통 계시에 성경 이상의 권위를 두었다.[155] 따라서 예수의 공중 재림과 성도의 휴거가 1992년 10월에 있을 것이라는 주장 역시 신비와 계시 체험으로부터 이끌어낸 결론이었다.[156] 그가 쓴 책들의 주된 내용과 자료는 이러한 체험들에 대한 기록으로 이루어졌으며 이를 합리화하기 위해 성경 말씀을 자의적으로 해석하여 짜 맞추고 있다.

셋째, 이장림의 종말론은 인류 역사 6천 년설을 전제로 한다. 그는 천지창조 6일을 6천 년으로, 안식하신 하루를 천년왕국으로 해석했다. 그리고 6천 년 역사를 다시 2천 년씩 세 시대로 나누었다. 선민과 이방인의 구별이 없었던 시대, 선민의 시대 그리고 이방인의 시대가 그것이다. 그는 현재의 이방인의 시대 2천 년이 끝나는 것과 동시에 천년간의 신정 왕국이 시작된다고 했다. 이에 근거하여 그는 1999년에 아마겟돈 전쟁, 1992년에 성도의 휴거, 그리고 그 사이 7년 동안에는 대환난이 있을 것으로 계산했다.[157]

넷째, 이장림은 모든 성도가 1992년 10월에 휴거되는 것은 아니라고 주장했다. 휴거되는 사람과 휴거 이후에도 남아서 복음을 전하는 사람이 있다고 했다. 이때 1992년 휴거설을 믿는 자만이 휴거되며 이를 믿지 않는 자는 성령훼방죄를 범한 자로 휴거될 수 없다고 주장했

---

155 이장림, 《다가올 미래를 대비하라》, pp.41-43.

156 이장림, 《1992년의 열풍》, pp.41-51.

157 Ibid., pp.26-27, 77.

다.[158]

이상에서 살펴본 이장림의 저서와 종말론에는 비성서적이며 비기독교적인 요소와 오류가 많이 발견된다. 그중 대표적인 몇 가지를 지적하면 다음과 같다

첫째, 이장림은 규범적인 계시의 종국성을 부정하고 계속성을 주장한다. 하나님의 계시는 정경의 완성과 함께 종료되었다는 것이 사도시대 이후 기독교의 일관된 신앙이다. 그러나 이장림은 진군, 권미나, 셀라단 아이들, 숭인동 아이들 등을 통해 하나님의 계시가 아직도 계속된다고 확신할 뿐만 아니라, 새로운 계시를 성경보다 더 권위 있는 것으로 간주한다. 특히 그가 주장하는 재림과 휴거 날짜는 성경이 아닌, 주로 아이들이 받았다는 새 계시에 근거한 것이다. 또한 "성경을 하나님보다 우위에 놓아서는 안 된다"[159], "성경을 하나님보다 절대시해서는 안 된다"는 그의 논리는 일견 그럴듯한 주장 같아 보이나, 그 속에는 새로운 계시의 가능성과 우월성을 합리화하려는 시도가 숨어 있다. 성경은 그것에 어떤 것이든 가감하는 것을 엄히 경고하고 있기 때문에 이장림의 주장은 성경 말씀에 정면으로 배치된다.

"내가 이 두루마리의 예언의 말씀을 듣는 모든 사람에게 증언하노니 만일 누구든지 이것들 외에 더하면 하나님이 이 두루마리에 기록된 재앙들을 그에게 더하실 것이요 만일 누구든지 이 두루마리의 예

---

158 Ibid., pp.230. 이장림은 "1992년 휴거설을 믿지 않고는 재림 준비가 불가능하다. 이미 마귀에게 속고 있기 때문이다"라고 주장했다. 다미선교회와 관련된 것으로 알려진 부산의 박중규 목사는 "92년 10월이 정확한 하나님의 계시라면 그것을 믿지 않는 자는 성령을 훼방하는 자로 휴거받을 수 없는 것은 자명한 사실이다"라고 말했다(교회복음신문, 1991년 4월 29일(월)자 참조).

159 Ibid., pp.54-56.

언의 말씀에서 제하여 버리면 하나님이 이 두루마리에 기록된 생명나무와 및 거룩한 성에 참여함을 제하여 버리시리라"(계 22:18-19).

둘째, 이장림은 예수의 재림 시기를 정확히 알 수 있다고 주장했던 반면, 성경은 "그날과 그때는 아무도 모르나니 하늘의 천사들도, 아들도 모르고 오직 아버지만 아시느니라"(마 24:36)고 했다. 이장림은 이 말씀을 문자적으로 이해하면 삼위일체를 부정하는 이단이 된다는 이유로 그것에 대해 억지 해석을 했다.[160] 그러나 성경은 그 징조는 알 수 있으나 정확한 때와 시기는 알 수 없음을 분명히 하고 있다(마 24:29-31, 25:13, 막 13:7-10, 21-27, 35-37, 살전 5:3). 따라서 재림 시기를 정확히 알 수 있다는 이장림의 주장은 성서적 근거가 없을 뿐만 아니라 성경 말씀에 정면 배치된다.

셋째, 이장림은 마태복음 24장에 나오는 무화과나무를 오늘의 이스라엘로, 그리고 무화과나무 잎이 돋을 때를 이스라엘의 국가적 독립이 이루어진 1948년으로 해석하여 재림 날짜를 산출했다. 그러나 성경은 이 무화과나무가 문자적 이스라엘이 아닌 영적 이스라엘을 의미함을 분명히 하고 있다. "이스라엘에게서 난 그들이 다 이스라엘이 아니요 또한 아브라함의 씨가 다 그의 자녀가 아니라 오직 이삭으로부터 난 자라야 네 씨라 불리리라 하셨으니 곧 육신의 자녀가 하나님의 자녀가 아니요 오직 약속의 자녀가 씨로 여기심을 받느니라"(롬 9:6-8). 이장림은 상징적으로 사용된 문자나 숫자를 인간의 욕구에 맞추어 해석하고 계산한 것이다.[161]

---

160 이장림,《경고의 나팔》, pp.64-65.

161 이종성,《종말론》1, p.347

결론

몬타누스주의, 밀러의 종말운동 그리고 이장림의 다미선교회를 중심으로 시한부 종말론의 실상을 살펴보았다. 이들은 시간상으로 2세기, 19세기 그리고 20세기 말이라는 큰 간격이 있고 공간상으로 소아시아, 미국 그리고 한국이라는 큰 차이가 있음에도 중요한 유사점과 공통점을 지니고 있다.

첫째, 발생 배경이 유사하다. 사회는 불안정하고 교회는 세속화, 형식화되어 종말신앙이 식어졌을 때, 이와 같은 현실 도피적인 종말론이 나타났다. 몬타누스주의는 2세기 중엽 급격히 식어진 종말론적 신앙을 보존하려던 반동적 개혁운동이었으며 교회의 세속화에 대한 항거였다. 밀러의 종말운동은 1830-1840년대 정치, 사회적으로 불안정한 시기의 미국에서 일어난 교회의 현세 지향주의와 현 역사 인정주의에 대한 강한 반동이었다. 이장림을 비롯한 한국의 시한부 종말론역시 급격한 사회 변동과 불안정한 사회 구조를 배경으로 기존 교회가 현실에 안주하는 반면, 종말론적 신앙을 강조하지 않을 때 일어났다.[162]

둘째, 계시의 종국성을 부정하고 새로운 계시를 강조한다. 몬타누스는 신약성경을 능가하는 새로운 계시를 받았다고 주장했으며, 밀러는 성구 사전에만 의존하여 성경을 임의로 해석했다. 이장림은 신비적 환상과 계시 체험에 근거하여 성경에도 없는 재림과 휴거 날짜를 제시했다. 따라서 이들은 성경보다 새 계시에 더 의존했다. 성경을 성경으로 해석하여 전통의 원리에 의해 점검해야 함에도 불구하고, 이들은

---

162 강선희, "성실한 현실에서 키워야 할 종말 신앙", 〈목회와 신학〉 (1990년 4월호), pp.77-78.

성경을 자의적으로 해석하거나 짜 맞추기식으로 연결하여 자신들의 주장을 합리화하는 데 이용하고 있다.

셋째, 자기 집단만 구원을 얻는다는 집단적 이기주의 경향이 있다. 몬타누스주의자들은 그들만이 참된 기독교인이며 성도의 모임이라고 주장했으며, 밀러는 기성 교회를 탈퇴하라고 설교했다. 그리고 이장림은 1992년 휴거설을 믿는 자만이 휴거된다고 주장했다.

넷째, 예수의 재림 때를 예고한다. 성경은 그날과 그 시는 아버지 하나님 이외에는 알 수 없다고 분명히 말하고 있으나 이단적 종말론자들은 그때를 알 수 있다고 한다. 몬타누스는 자신의 세대 내에 페푸자 언덕에 그리스도가 재림한다고 했으며, 밀러는 1843년 3월 21일로 예고했다 빗나가자 그것을 몇 차례 수정하기까지 했다. 이장림은 만일을 가정하는 것도 거부할 정도로 1992년 10월이 틀림없다고 확신했다. 그러나 최초의 이단적 종말론, 몬타누스주의의 운명이 모든 이단적 종말론의 공통적 운명이 되었다. 재림의 날짜를 예고한 사람은 많았으나 모두 실패하고 말았다.

시한부 종말론에 대한 대책은 수사당국의 단속이나 종교법의 제정, 폐해 사례의 폭로 등과 같은 방법보다 더 근원적인 곳에서 모색되어야 할 것이다. 극단적인 종말론의 발생 요인과 그 특색을 분석하여 그에 대한 대안을 마련하는 것이 최선의 치유책이라고 생각한다. 그것은 교회만의 책임도, 국가나 사회만의 책임도 아니라 우리 모두가 책임의식을 가져야 할 문제다. 병든 사회가 곧 병든 신앙을 만들기 때문이다.

한국의 시한부 종말론 역시 급격한 사회 변동과 불안정한 사회가 만들어 낸 산물임을 부정하기 어렵다. 현실에 적응하지 못하고 좌절과 실의에 빠진 사람들이 현실을 극복하려 하기보다 종말론을 피난처로 삼아 현실을 도피하고 내세를 지향하는, 일종의 병리 현상인 것이다. 따라서 한국 사회에 만연된 퇴폐 풍조와 도덕적 타락, 부의 편중과 물질만능주의, 정치 경제적인 불안정이 극단적 종말론을 양성시킨 토양과 온실이다. 건전한 상식이 통하는 사회를 이룩하는 것이 이런 현상에 대한 근원적인 치유책이다.

종말론에 쉽게 미혹되는 사람들은 대부분 기성 종교의 교인들로서 실직자이거나 사업에 실패한 자, 가정생활에 문제가 있는 주부, 입시에 대한 강박관념이 있는 청소년, 천대와 냉대 속에 사는 노인 등 소외 계층이다. 사회에서 상처받은 이들이 교회에서도 안식을 찾지 못할때, 극단적인 종말론에 빠지게 된다. 따라서 이들에 대한 특별한 목회 프로그램 개발도 시급하다.

한편, 이단적 종말론은 기독교인들이 어떤 종말론적 신앙의 자세를 가져야 하는지를 역설적으로 시사한다.

첫째, 사회가 불안하고 교회가 세속화되며 종말신앙이 약화될 때마다 이단적 종말론이 일어난다. 따라서 한국 교회는 물량주의, 대형교회주의 등 양적 성장과 현세 지향적 축복신앙을 강조하면서, 혹시 복음의 순수성이 상실되지는 않았는지를 점검해야 할 것이다.

둘째, 이단들이 예고한 휴거의 날이나 종말의 시기가 지나가는 것이 역설적으로 이에 대한 최선의 대책이 될 것이다. 그날이 지나가면, 그것이 거짓 예언이었음이 판명되기 때문이다. 그러나 극단적인 종말론으로 인해 혼란이 왔다 해서 종말론적 신앙을 외면해서는 안 된다.

종말은 분명히 있으나 그 시기를 모를 뿐이다. 성경은 삶의 현장에서 종말을 맞이할 것임을 교훈하고 있다(눅 17:34-35). 웨슬리는 "주님의 일을 하던 바로 그 삶의 현장에서 주님을 만나자"고 역설했다. 신자의 바른 태도는 언제라도 종말을 맞을 수 있도록 항상 깨어 있는 것이다.

셋째, 교회는 신자들에게 항상 올바른 성서관과 종말론을 가르쳐야 한다. 이단들은 성경보다 새 계시와 신비 체험에 더 권위를 부여한다. 이런 것에 미혹되지 않기 위해서는 그리고 거짓 예언과 잘못된 성경 해석을 분별할 수 있기 위해서는 성서가 최종 계시이며 최고의 규범과 권위라는 신앙과 성서적 종말론에 대한 바른 지식이 필수적이다. 또한 현세에 안주하여 종말을 부정하거나 종말에 무관심한 현상과 현실 도피적으로 임박한 종말을 지나치게 강조하는 현상, 이 양 극단을 피하며 성경적인 종말신앙을 가지기 위해서는 종말에 대한 바른 이해가 필요하다. 현재의 불안과 미래의 불확실성을 단순히 내세로 도피하는 것으로 해결하기보다 기독교적 신앙으로 대처하고 극복하는 적극적인 자세가 요구된다.

넷째, 올바른 성경 해석법에 대해 철저히 교육해야 한다. 이단 종파는 성경을 편협하게 해석하거나 짜 맞추기식으로 해석하여 정통적인 기독교 신앙을 변형시키거나 왜곡시킨다. 밀러나 이장림에서 보듯, 그것은 체계적인 신학 교육과 훈련 없이 성경을 자의적으로 해석한 결과다.

다섯째, 지나친 신비주의와 체험주의를 경계해야 한다. 체험적인 신앙은 필요하나 성경에 근거한 체험이라야 한다. 성경을 능가하거나 역사를 외면하는 신비 체험은 위험할 뿐만 아니라 공허하다. 환상이나 직통 계시를 좇다 성경을 버리는 어리석음을 범해서는 안 된다.

마지막으로, 성서적인 종말론을 확립해야 한다. 기독교 교리의 발전사는 이단들과의 논쟁사라 불러도 과언이 아닐 만큼, 많은 이단들의 도전을 받아 왔다. 그러나 교회는 그것을 계기로 교리를 정립했다. 한국 교회는 시한부 종말론의 도전을 성서적 종말론 확립과 종말론적 신앙의 부흥을 위한 적절한 계기로 삼아야 할 것이다.

17장

이윤호와
가계치유론

서론

저주는 성경과 기독교 교훈에서 중요한 개념임에도 불구하고, 신학적으로 인기 있는 주제는 아니었다. 성경이 저주와 그 결과에 대해 자주 언급하고 있음에도 불구하고, 저주에 관한 전문적인 문헌이 많지 않다는 것이 이를 말해 준다. 저주가 깊이 있는 논의의 주제가 되지 못한 것은 그것이 지닌 부정적 성격 때문일 것이다.

메릴린 히키(Marilyn Hickey)의《가계에 흐르는 저주를 끊어야 산다》가 베스트셀러가 되면서 독자들에게 저주에 대한 관심을 불러일으켰다. 목사 부인이기도 한 히키는 '메릴린 히키 미니스트리'(Marilyn Hickey Ministries)의 창립자로 방송, 저술, 출판 그리고 선교 활동을 통해 치유 사역을 전개하고 있다. 그는《가계에 흐르는 저주를 끊어야 산다》에서 조상의 죄에 대한 저주가 후손들에게 계승된다는 것을 성경과 신앙 체험을 통해 증거하려고 했다. 또한 저주를 적극적으로 해석하고 질병

이나 가난, 농산물의 흉작 등 모든 불행의 원인을 가계에 흐르는 저주에서 찾았다.[163]

한편, 히키의 책 후속편과 같은 것이 이윤호의《가계에 흐르는 저주를 이렇게 끊어라》다. 이윤호는 미국 풀러신학교에서 교회성장학으로 박사학위를 취득하고, 인도네시아에서 선교사로 사역한 침례교 목사다. 그는 '교회개발원'을 창립하여, 치유와 영적 전쟁 사역에 관한 세미나를 주로 인도하고 있다. 그의《가계에 흐르는 저주를 이렇게 끊어라》는 소위 가계치유론의 문제점을 해명하고 그 약점을 보완하는 한편, 가계의 저주를 끊는 방법을 구체적으로 제시한 것이 특징이다. 특히 9장에서 히키의 저서를 통해 일어난 신학적 문제점을 해명하여 가계 치유에 대한 비판과 반대를 해소하고자 했다. 그렇지만 그것이 큰 효과를 거두고 있는지는 의문이다. 왜냐하면 후자가 전자보다 더 많은 논란을 일으키고, 비판을 받고 있기 때문이다. 그는 가계 치유를 구체화하는 과정에서 히키가 멈춘 곳에서 멈추지 않고 더 밀고 나갔다. 예를 들어, 히키는 저주를 끊는 효과적인 방법 중 하나로 회개를 강조하고 있으나, 조상의 죄를 회개해야 한다고까지 주장하지는 않았다. 반면, 이윤호 목사는 "조상들의 죄를 다니엘과 느헤미야처럼 회개해야 한다"고 했다.[164] 또한 그는 신자도 가계의 저주 아래 있다는 것을 설명하면서, 영은 자유함을 받았지만, 혼과 육은 저주 아래 있다고 주

---

163 메릴린 히키,《가계에 흐르는 저주를 끊어야 산다》(서울: 베다니출판사, 1997), pp.101 ff.

164 이윤호,《가계에 흐르는 저주를 이렇게 끊어라》(서울: 베다니출판사, 1999), pp.164-166. 부록으로 첨부된 가계 치유 기도문은 조상의 죄에 대한 회개를 분명히 하고 있다. "예수 그리스도의 이름으로 나와 조상이 맹세한 모든 죄를 회개합니다." "하나님 아버지, 당신 앞에서 나의 조상의 모든 죄를 고백합니다." pp.214-216.

장했다. 그 외에도 그는 가계 저주가 유전인자를 통해 전달되며, 축귀 사역으로 그것을 끊어야 한다고 했다.[165]

가계저주론은 한국 교회에 죄와 저주 문제에 대한 새로운 관심을 불러일으키고 있지만, 동시에 여러 면에서 논란의 대상이 되고 있다. 죄는 개인적인 것인가, 아니면 사회와 연대하는 것인가, 조상의 죄에 대한 벌과 저주가 자손에게 계승되는가, 아니면 계승되지 않는가, 계승된다면, 그것은 무엇에 의해 제거될 수 있는가 등이 쟁점이 되고 있다. 또한 그것은 성경 해석상의 논쟁과 더불어 이단 시비를 일으키고 있다. 대한예수교장로교회(합신, 2001), 대한기독교성결교회(2001), 대한예수교장로교회(통합, 2006) 등이 이윤호의 가계저주론을 경계 대상으로 주의를 환기시키고 있는 것이 이를 말해 주고 있다.

가계저주론에 대한 신학적 논란은 크게 두 가지로 요약할 수 있다. 가계저주론의 전제에 관한 것과 가계치유의 방법에 관한 것이다. 즉 조상의 죄에 대한 벌이 후손에게 전달되는가와 어떻게 가계에 흐르는 저주를 끊을 것인가의 문제다. 또한 가계저주론의 전제는 다시 두 문제로 세분할 수 있다. 조상의 죄가 후손에게 전달되는가 하는 것과 신자도 저주 아래 있는가 하는 것이다.

필자는 이윤호의 주장을 중심으로 가계저주론의 두 전제를 신학적으로 조명하려고 한다.

---

165 Ibid., pp.113-114, 130-131, 183-186.

1. 조상에 대한 저주가 후손에게 전달되는가

가계치유론의 첫 번째 전제는 조상의 죄에 대한 저주가 후손에게 전달된다는 것이다. 히키나 이윤호는 이를 분명히 하고 있다. 히키에 따르면, 가계를 통해 내려온 저주가 고통과 질병의 원인이다.

> 우리를 괴롭히고 우리를 병들게 하는 이런 것들은 실제로는 가계를 통해 내려온 저주들, 혹은 조상으로부터 물려받은 저주들로서 우리의 조상 때부터 시작된 문제들이 오늘 우리에게 전해져 내려온 것들이다… 그런 저주들이 … 우리의 후손들에게까지 전해져 내려갈 수 있다.[166]

이윤호 역시 조상의 죄와 저주가 후손에게 대물림된다고 주장하며, 그 통로로 유전인자, 부모 모방, 추수 법칙, 악한 영, 혼의 결속을 들고 있다.[167]

그렇다면 성경과 기독교 신학은 벌과 저주의 전가에 대해 무엇이라 가르치고 있는가?

a. 보편적 저주

성경은 벌과 저주를 악행자나 불신자에 대한 하나님의 진노로 간주하고 있다. 진노는 죄에 대한 하나님의 직접적인 반응이며 공의의 표현이다. 구약성경의 일관된 교훈은 하나님의 진노가 언제나 죄에 대

---

166   히키,《가계에 흐르는 저주를 끊어야 산다》, p.53.

167   이윤호,《가계에 흐르는 저주를 이렇게 끊어라》, pp.107ff.

해 내려지고 있다는 개념과 재앙은 죄의 불가피한 결과라는 사실이다.[168] 바울 역시 로마서에서 하나님의 진노를 죄를 심판하시는 하나님의 결연한 표현으로 설명하고 있다(롬 1:18).

하나님의 저주에는 보편적인 것과 개별적인 것이 있다. 보편적 저주는 저주가 아담의 타락 이후 인간의 공통적 분깃이 된 것을 가리킨다. 하나님은 뱀, 여자, 남자를 비롯하여 인간 타락에 직접적으로 연루된 당사자 모두에게 징벌을 내렸으며, 뱀과 땅을 저주하셨다(창 3:14, 17). 이것은 인간의 첫 범죄에 대한 하나님의 노여움과 진노를 나타낸 것이다. 모든 인간은 아담의 죄로 인해 죄의 상태로 태어나게 되었으며, 본성상 하나님의 진노와 저주 아래 놓이게 되었다(롬 5:16-18). 설사 도덕적인 사람이라 할지라도 그 예외가 아니다.

원죄 교리는 죄책이 전가될 수 있다는 것을 가르치고 있다. 성경 말씀에 따르면, 전 인류는 처음 사람 아담의 범죄에 관련되어 있다(롬 5:12-19). 그것이 곧 원죄다. 원죄는 모든 사람 안에 있는 도덕적 결함과 부패성이요, 악으로 향하는 경향성을 말한다. 죄책은 하나님의 법을 어겼기에 저주를 받아 마땅한 상태요, 형벌을 받아야 할 상태를 의미한다.[169] 이 세상에서 출생한 사람은 아담의 죄와의 연관성 때문에, 모두 저주 아래 있고 하나님의 진노와 처벌을 받아야 할 상태에 있다는 것이다.

아담의 죄책과 저주에 대한 전 인류의 연관성을 가리키는 전문적

---

168 레온 모리스, 《속죄의 의미와 중요성》, 홍용표 역 (서울: 생명의말씀사, 1990), pp.165-168. 구약성서는 하나님의 진노를 나타내기 위하여 20여 개의 단어를 580회 이상 사용하고 있다.

169 앤서니 A. 후크마, 《개혁주의 인간론》 (서울: 기독교문서선교회, 1990), p.249.

인 용어가 '전가'다. 그렇다면 어떻게 아담의 죄성과 죄책이 우리에게 전해졌는가? 기독교 신학은 그것을 직접 전가와 간접 전가, 두 형식으로 설명하고 있다.

직접 전가는 아담의 죄에 인류 전체가 책임이 있다는 것을 말한다. 아담의 죄와 죄책은 그 어떤 것에 의해 우리에게 중개되는 것이 아니라 즉각적이고 직접적으로 우리에게 전해졌다는 것이다. 아담은 모든 인류의 머리인 동시에 대표자였다. 범죄한 아담은 우리 모두의 대표자로서 죄를 범한 것이다. 따라서 아담의 죄는 또한 우리의 죄였다. 우리는 그의 죄책에 연루되었으며, 죄로부터 나온 저주와 관련되었다. 하나님과 우리의 대표인 아담 사이에 일종의 언약이 있었으며, 그로 인해 아담의 행위가 우리를 속박한 것이다. 헤르만 바빙크, 존 머레이, 루이스 벌코프 등 개혁주의 신학자들이 직접 전가설을 지지했다.[170]

직접 전가설의 가장 큰 문제점은 자신의 죄가 아닌, 다른 사람의 죄에 대한 공동의 책임을 강조하는 것이다. 그것은 죄를 범하지 않은 자를 죄 있는 자로 선언하고 있다. 이런 난점을 피하기 위해 나온 것이 간접 전가설이다.

간접 전가설은 아담의 죄책이 즉각적 또는 직접적이 아닌, 어떤 다른 것의 중개에 의해 전달된다는 이론이다. 즉 아담의 죄책이 부모로부터 자식에게 전해진다는 것이다. 현대적 형태의 간접 전가설을 처음 주장한 사람은 프랑스의 플라세(De La Place, 1596-1655)였으나, 하이델베르크 신앙고백에서도 그런 입장을 발견할 수 있다. "아담과 하와의 타락과 불순종으로 인하여 우리의 본성은 너무도 부패되었다. 우리

---

170 Ibid., p.269.

모든 사람은 죄 가운데서 잉태되고 분만된다." 또한 어거스틴은 아담의 부패성은 부모를 통해 생리적으로 유전된다고 보았다. 우리는 타락 상태로 태어나므로 역시 죄 있는 자로 간주된다는 것이다.[171] 시편 기자 역시 인간이 "죄악 중에서 출생하였음이여 어머니가 죄 중에서 나를 잉태하였나이다"고 증거하고 있다(51:5). 간접 전가설은 프랑스, 영국, 스위스, 미국 등지에서 많은 호응을 받고 있다.

조상의 죄에 대한 벌이 자손에게 전가될 수 있다는 견해가 직면하는 가장 큰 문제점은 하나님이 죄 없는 사람에게 다른 사람의 죄책을 전가시킨다는 인상을 주는 것이다. 이 견해에 반론을 제기하는 학자들은 인간은 다른 사람이 행한 일에 대해 직접적 책임을 질 수 없다고 주장한다. 따라서 하나님의 진노 혹은 저주의 개념에 이의를 제기하거나 저주의 전승을 부정하는 학자들도 없지 않다. 이들은 보편적인 저주와 개별적인 저주의 전승 모두를 부정하는 입장과 보편적인 저주의 전승은 인정하지만, 개별적인 저주의 전승은 부정하는 입장으로 나뉜다. 즉 원죄를 부정하는 입장과 원죄는 인정하지만, 개별적인 죄책의 전가는 부정하는 입장이다.

원죄 교리를 부정하는 사람들은 죄책이나 오염의 전가 자체가 불가능하다고 주장하는 반면, 죄의 개인적 책임을 강조한다. 4세기 영국 수도사 펠라기우스에 따르면, 아담과 그 후손들의 죄 사이에는 필연적 연관성이 없다. 아담은 선악의 중립 상태로 창조되었으며, 그 후손도 그 같은 상태로 태어난다. 원죄란 존재하지 않으며, 아담으로부터 어떤 죄책이나 오염도 전가되지 않는다. 펠라기우스는 죄의 보편성

---

171 김균진,《기독교 조직신학》II (서울: 연세대학교출판부, 1987), p.117에서 재인용.

을 모방으로 설명했다.[172] 아담은 후손들에게 나쁜 모범을 보였다. 인간은 부모, 형제, 자매, 아내 혹은 남편, 친구, 동료의 나쁜 예를 모방한다. 이것이 죄가 한 세대에서 다음 세대로, 한 사람으로부터 다른 사람으로 전가되는 방법이라는 것이다.

고대의 펠라기우스주의자들과 반(半)펠라기우스주의자들, 그리고 19세기 자유주의 신학자들 역시 원죄설을 비판하거나 수정했다. 왜냐하면 하나님의 진노 개념이 하나님의 성품과 맞지 않다고 생각했기 때문이다. 슐라이에르마허는 "인간이 그리스도 안에서 하나님의 사랑의 대상이 된다는 것은 인정하였으나 미움의 대상이 된다는 것은 부정했다." 알브레히트 리츨은 하나님의 진노 개념은 "아무런 종교적 가치도 없고 신학적으로 쓸데없는 개념"이라고 주장했다.[173] 따라서 일부 학자들은 하나님의 진노 개념을 구약성경에서 제외해야 한다고 생각했다. 가톨릭 신학자 해그(Herbert Hagg)는 《성경에 원죄가 있는가》에서 전통적 원죄 개념을 비성서적인 것으로 취급했다. "아담의 후손들이 조상의 죄 때문에 자동적으로 죄인이 되었으며, 그들이 이 세상에 태어날 때 이미 죄인이었다는 생각은 성경에 맞지 않는다."[174] 어느 누구도 죄인으로 이 세상에 들어오지 않으며, 하나님의 원수나 하나님의 진노의 자녀로 태어나지 않는다. 사람은 오직 자신의 개인적 행위를 통해서만 죄인이 된다는 것이다.

---

172 앤서니 후크마, 《개혁주의 인간론》, p.260.

173 김광식, 《조직신학》 I(서울: 대한기독교서회, 1988), pp.383-384.

174 후크마, 《개혁주의 인간론》, p.246, 재인용.

b. 개별적 저주

한편, 개별적 저주는 우리 자신의 개인적인 범죄로 인한 저주를 말한다. 까닭 없이 임하는 저주는 없으며, 다 이유가 있다(잠 26:2, 신 27:15-26). 죄가 바로 그 이유다. 성경은 우리가 죄를 짓는 순간 율법의 저주 아래 있게 된다는 것, 율법의 위반자는 저주 아래 있다는 것을 명시하고 있다. "무릇 율법 행위에 속한 자들은 저주 아래에 있나니 기록된 바 누구든지 율법 책에 기록된 대로 모든 일을 항상 행하지 아니하는 자는 저주 아래에 있는 자라 하였음이라"(갈 3:10).

그렇다면 원죄가 아닌, 일반적인 죄의 경우에도, 하나님은 조상의 죄를 후손에게 갚으시는가? 이것은 죄에 대한 책임 문제와 밀접한 관계가 있다. 죄를 개인적인 것으로 간주하거나 개인의 책임을 강조하면, 저주의 전승에 대해 부정적일 수밖에 없다. 반면, 죄의 사회성과 연대성을 강조하면, 저주의 전승에 대해 긍정적일 수 있다.

성경은 이에 대해 긍정적 대답과 부정적 대답 모두를 포함하고 있다. 하나님께서 조상의 죄를 후손에게 갚으신다는 것에 대한 성경의 대표적 증거는 출애굽기 20장 5-6절이다. "나 네 하나님 여호와는 질투하는 하나님인즉 나를 미워하는 자의 죄를 갚되 아버지로부터 아들에게로 삼사 대까지 이르게 하거니와 나를 사랑하고 내 계명을 지키는 자에게는 천 대까지 은혜를 베푸느니라."

반면 하나님은 죄 없는 사람에게 죄책을 전가하지 않는다는 것에 대한 성경의 대표적 증거는 신명기 24장 16절, 에스겔 18장 20절이다. "아버지는 그 자식들로 말미암아 죽임을 당하지 않을 것이요 자식들은 그 아버지로 말미암아 죽임을 당하지 않을 것이니 각 사람은 자

기 죄로 말미암아 죽임을 당할 것이니라"(신 24:16). "범죄하는 그 영혼
은 죽을지라 아들은 아버지의 죄악을 담당하지 아니할 것이요 아버지
는 아들의 죄악을 담당하지 아니하리니 의인의 공의도 자기에게로 돌
아가고 악인의 악도 자기에게로 돌아가리라"(겔 18:20).

이렇듯 성경이 서로 모순되는 것 같아 보이는 본문들을 제시함에
따라, 성경 해석자들 역시 이 문제에 대해 상반된 입장을 보이고 있다.
부모의 죄에 대한 벌과 저주가 자식에게 전가될 수 있다는 견해와 부
모의 죄에 대해 자식은 어떤 책임도 지지 않는다는 견해다.

개별적 저주의 전승은 죄의 연대성에 근거한다. 성경은 집단 연대
책임을 강조한다. 개인이 전체 집단으로, 또는 전체 집단이 그 대표를
통해 개인으로 이해되고 있다. 인간은 개인적으로 죄가 없더라도, 한
공동체의 일원이기에 책임을 져야 할 때도 있다. 특히 구약성경은 개
인의 행위를 흔히 독립적 행위가 아닌, 집단의 행위로 취급했다. 아간
이 스스로 범죄했다 고백했음에도, 성경은 그것을 이스라엘의 범죄로
취급했다(수 7:11, 20). 따라서 한 사람 또는 몇 사람 때문에 전체 집단이
고통을 당하는 경우도 많았다.[175]

구약성경은 개별적 저주의 전승을 널리 증거하고 있다. "이 모
든 저주가 너와 네 자손에게 영원히 있어서 표징과 훈계가 되리라"(신
28:46). 특히 사무엘서는 세 가문, 즉 엘리, 사울, 다윗의 가계에 내려진

---

[175] 아간의 범죄로 그 자신은 물론 전 가족이 죽임을 당했으며, 이스라엘 군대는 아이 성 전투
에서 패배하고 다수의 사상자를 내는 민족적 수치를 당했다(수 7장). 고라, 다단, 아비람의 아내와
자손들(민 16:1-33)과 기브온 족속과의 조약을 어긴 사울 때문에 전 민족이(삼하 21:1-14) 연대
적으로 벌을 받았다. 출애굽 시 아말렉이 이스라엘에 대적한 일에 대해 몇 백 년이 지난 사울 시대
에 그 후손이 보응을 받았다(삼상 15:2). 아합이 나봇을 죽이고 포도원을 강탈한 죄로 그의 가문에
하나님의 심판이 선고되었다(왕상 21:23-24).

여호와의 저주와 그 결과를 기록하고 있다.[176]

현대의 일부 복음주의 신학자들은 원죄를 인정하면서도 죄를 사적인 것으로 간주하고 그것을 개인의 행위에 국한시키려는 경향이 있다. 그들은 개인적 죄를 관심의 대상으로 삼고, 모든 사람은 자기 자신의 죄에 대해서만 책임이 있다는 신념에 근거하여 개인적 죄의 자각과 회개를 강조한다. 반면, 조상의 죄에 대한 자손의 연대적 책임을 부정한다. 따라서 조상의 죄로 가계에 저주가 전승될 수 있다고 믿지 않는다. 이런 반론은 "아버지는 그 자식들로 말미암아 죽임을 당하지 않을 것이요 자식들은 그 아버지로 말미암아 죽임을 당하지 않을 것이니 각 사람은 자기 죄로 말미암아 죽임을 당할 것이니라"(신 24:16, 렘 31:29-30, 겔 18:20)는 구절을 성서적 근거로 삼고 있다.

현대인은 개인주의적 성향이 강하며, 개인의 자유와 책임을 존중해야 한다고 생각한다. 따라서 "자신이 저지르지 않은 죄로 인해 벌을 받는다는 생각 때문에 원죄설을 배격하기 쉽다."[177] 그럼에도 원죄 교리를 포기할 수 없는 것은 성경이 아담의 죄와 그 후손들의 죄 사이의 실제적 연관성을 분명히 가르치고 있기 때문이다(롬 5:12-21).

---

176 엘리 가문에 내려진 여호와의 저주(삼상 2:27-36)는 그의 가문에는 늙은이가 없을 것이라는 것과 새로운 제사장 가문이 세워지고 엘리 가문은 쇠퇴하게 될 것이라는 내용이다. 사울이 하나님께 받은 저주는 두 가지였다. 버림을 받는다는 것과 왕이 되지 못한다는 것이다(삼상 15:23). 이 저주들은 사울의 일생에서뿐만 아니라 그가 죽은 후 그 자녀와 손자들에게도 그대로 이루어졌다. 다윗의 생애는 축복과 저주의 이중주였다. 그 분수령이 다윗-밧세바 사건이다. 선지자 나단은 밧세바를 범하고 우리아를 살해한 다윗에게 여호와의 저주를 선언했다(삼하 12:10-11). 칼이 다윗의 집에서 영영히 떠나지 않을 것이며 재앙이 일어난다는 것 등이다.

177 김광식, 《조직신학》 I, p.382.

c. 요약

이상의 논의를 정리하면, 성경에는 조상의 죄에 대한 벌이 자손에게 전가된다는 것과 전가되지 않는다는 것, 집단주의와 개인주의적 요소가 모두 존재한다. 그들 중 어느 하나만을 주장하거나 양자택일적인 것으로 취급하는 것은 극단적인 견해다. 전자를 지나치게 강조하면 숙명론에 빠지게 되고, 후자를 지나치게 강조하게 되면 원죄 교리가 위협받게 된다.

죄는 개인적인 것이지만, 그것은 또한 삶의 공동적이고 집단적 구조에서 활동하는 사회적 측면을 지니고 있다. 인간은 사회적 존재로 이웃과의 연대 속에서 살아간다. 설사 내가 죄를 짓지 않았다 할지라도, 나의 실존이 연루되어 있다는 점에서 죄에 대한 연대적 책임을 피할 수 없는 경우가 있다.[178] 부모와 자식, 조상과 후손 사이의 관계도 그렇다. 부모나 조상의 죄에 대한 형벌과 저주가 자식이나 후손에게 미칠 수 있다. 조상의 죄로 어떤 사람의 가계에 저주가 계속될 수 있다. '좋은 나무가 좋은 열매를 맺고, 나쁜 나무가 나쁜 열매를 맺는다'(마 7:16, 눅 6:43-45). 또한 좋은 열매를 맺는 것은 나무의 본성이나 질에만 달려 있는 것이 아니다. 날씨나 기온, 토양과 같은 주변 환경이 큰 영향을 미친다.

조상의 죄에 대한 벌과 저주가 후손에게 전달될 수 있다고 주장하는 것은 성경이나 신학적인 근거가 전혀 없다고 도외시하기는 어려울 것이다. 왜냐하면 그것을 증거하는 구약성경 본문과 신학자들의 해석이 있기 때문이다. 따라서 가계저주론은 벌과 저주가 전가된다는 주장

---

178 Ibid.

보다 오히려 그 극단성에 문제가 있다고 할 것이다. 조상의 죄와 벌이 후손에게 전달된다는 것을 지나치게 강조하여, 신자도 가계 저주 아래 있다고 주장하는 것이 문제라고 할 수 있다.

2. 신자도 가계 저주 아래 있는가

조상의 죄에 대한 벌과 저주가 후손에게 전가될 수 있다는 주장은 신학적으로 어느 정도 논증할 수 있다. 그렇다면 가계저주론의 또 다른 전제인 신자도 가계 저주 아래 있다는 주장은 어떠한가? 이윤호의 주장과 그리스도인의 자유 개념을 비교하여 이를 신학적으로 검증하려고 한다.

a. 가계저주론

이윤호는 원죄 개념에 근거하여 그의 가계저주론을 주장하고 있다. 그는 전통 교회가 원죄를 피상적으로 이해한다고 비판하고 그것을 "삶에 실제적 영향을 주는 보이지 않는 힘, 혹은 영향력"으로 정의했다. "아담의 죄와 저주는 모든 인류에게 미치게 되었다." "모든 인간은 아담의 죄로 인해 죄의 상태로 태어나게 되었으며, 본질상 하나님의 진노와 저주 아래 놓이게 되었다." "인류의 조상 아담과 하와의 죄는 유전적 뿌리가 되어 우리의 본성 안에 엔그램(engram)되었다." "아담과 하와가 행한 모든 죄 및 그 결과들 때문에 우리의 본성 속에 죄의 속성 및 이로 인한 상처가 깊숙이 자리 잡게 되었다."[179] 이렇듯 이윤

---

179 이윤호, 《가계에 흐르는 저주를 이렇게 끊어라》, p.78.

호가 원죄를 삶에 실제적 영향을 주는 힘으로 정의한 것은 가계 저주를 원죄로 이해했기 때문이다.

이윤호는 조상의 죄와 저주가 유전인자를 통해 부모로부터 자식에게 전달된다고 생각했다. 모든 인간은 "아담으로부터 죄의 사슬을 유전받았다." "조상으로부터 유전된 죄의 뿌리를 확실하게 끊지 않는 한, 유전적 죄는 가계를 타고 계속 내려간다."[180] 그는 아담의 죄가 임신과 분만을 통해 후손에게 계속 유전된다고 보는 간접 전가설에 유전인자를 통해 전해진다는 주장을 첨부한 것이다.

이윤호는 신자도 모든 저주에서 해방된 것은 아니라고 주장한다. 예수를 믿고 구원받았다 해도, 모든 저주에서 해방된 것은 아니라는 것이다. 저주가 복으로 자동적으로 바뀌는 것은 아니다. 왜냐하면 가계 저주 문제를 해결하지 않으면 여전히 저주 아래 있기 때문이다. 그는 많은 신자들이 저주 아래 있는 것을 목격했다고 말한다. 따라서 그는 신자들이 구원을 통해 조상의 죄의 영향으로부터 벗어났다는 것을 착각으로, 그리고 사탄의 기만으로 취급했다.[181]

한편, 이윤호는 신자는 원죄와 율법의 저주로부터 이미 해방되었다는 성경의 증거(고후 5:17, 갈 3:13-14)를 인지하고 있다. 따라서 그는 자신의 주장과 성경의 증거 사이의 모순을 해소하기 위하여 두 가지 시도를 했다.

첫째, 인간 구성 요소에 대한 3분설을 수용하여 저주로부터의 해방을 재해석한 것이다. 이윤호는 인간은 영과 혼과 육체, 3가지 요소

---

180 Ibid., pp.57, 79.

181 Ibid., pp.63, 71, 151.

로 구성되어 있다는 3분설에 근거하여 신자가 조상의 죄나 율법의 저주로부터 벗어났는가에 대해 설명했다. 그에 따르면, 영은 가계 저주로부터 자유함을 받은 반면, 혼과 육은 아직도 저주 아래 있으며, 저주로부터 구원과 해방이 필요하다.[182]

둘째, 신자의 위치 또는 신분과 상태를 구분하는 것이다. 신자는 예수 그리스도와 연합을 통해 조상의 죄와 저주의 세력으로부터 위치적/신분적으로 자유함을 받았지만, 상태적으로는 부정적 영향을 계속적으로 받고 있다. 이윤호는 영의 구원을 칭의로, 그리고 혼과 육의 구원을 성화로 이해했다. 따라서 신자의 칭의는 성화와 영화를 위한 위치/신분을 획득한 것이며, 아직 저주로부터 자유로운 상태에 도달한 것은 아니라고 주장한다. 신자의 삶과 원리는 그리스도 안에서 이미 획득한 위치/신분을 근거로 상태를 추구하는 것이다.[183] 이윤호에 따르면, 혼과 육까지 구원을 얻기 위하여 가계 점검표를 사용하여 조상들의 죄를 알아내어 그 저주를 풀어야 한다.[184]

이윤호의 주장을 요약하면, 조상의 죄와 벌이 후손에게 전해질 수 있다는 그의 주장은 죄의 연대성이나 사회성보다는 원죄 개념에 근거하고 있다. 또한 그리스도의 십자가 구속사역 이후에도 원죄와 그 결과적 저주가 신자들에게 영향력을 미치고 있다는 것이다.

---

182 예수를 믿는 성도라 할지라도, 그들이 예수를 믿기 전에 악한 영들은 이미 침입하였고, 예수를 믿었다 해서 악한 영들이 도망가지 않는다. 거주 장소를 영에서 혼과 육체로 이동한 것에 불과하다(Ibid., p.183).

183 Ibid., pp.77, 130-133.

184 Ibid., pp.149ff.

b. 그리스도인의 자유

이윤호의 가계저주론이 신학적으로 타당한가를 검토하기 위해서는 원죄, 인간의 구조, 그리스도인의 자유, 칭의와 성화와 관련된 몇 가지 문제들에 대한 복음주의 교회의 가르침을 살펴보는 것이 필요하다.

첫째, 우리는 원죄에 대해 책임이 있는가? 원죄 또는 유전 죄는 모든 사람 안에 있는 도덕적 결함과 부패성이요, 악으로 향하는 경향성을 말한다. 그것은 예수 믿고 중생하기 이전의 인간의 자연 상태를 가리킨다. 인류는 직접적이든 간접적이든 아담의 죄, 즉 원죄의 영향 아래 놓여 있다. 그렇다면 원죄에 대한 책임은 어떠한가? 웨슬리주의 신학에 따르면, "인간은 자기가 타고난 부패성에 관해서 책임이 없다. 따라서 부패성에는 양심의 가책이나 잘못했다는 느낌이 붙어 있지 않다. 사람이 세상에 올 때 타고난 죄에 대해서는 책망받을 것이 없다. 그가 유죄하게 되는 것은 속죄 보혈로 준비해 놓으신 구제책을 거부할 때만 있는 일이다."[185]

둘째, 영, 혼, 육이 명확하게 구분되는가? 인간의 구조에 대해 두 대표적 견해가 있다. 2분설과 3분설이다. 전자는 인간을 육체와 영혼, 두 요소로 구성되어 있다고 보는 반면, 후자는 육체, 혼, 영의 세 요소로 구성되어 있다고 보는 것이다. 이 두 견해 모두 성서적 근거를 가지고 있기 때문에, 어느 하나가 절대적으로 옳다고 말하기는 어렵다. 한 인격체로서 인간은 이 구성 요소들이 밀접하게 연결된 통일체다. 인간의 영적 요소와 육체적 요소를 구별하는 명확한 경계선을 정하는 것

---

[185] H. O. 와일리·P.T. 컬벗슨,《기독교 신학개론》(서울: 생명줄, 1985), p.199.

은 불가능하다.[186] 따라서 인간의 죄성과 부패성은 양 요소 모두를 포함하고 있다. 인간의 타락은 전인적(全人的)인 것이며, 어느 한 요소의 타락이 아니다. 성화 역시 전인적인 것이며, 인간 본성의 어느 한 요소에 국한되는 것이 아니다.[187]

셋째, 그리스도인은 아직도 죄와 율법의 저주 아래 있는가? 갈라디아서는 흔히 그리스도인의 '자유의 대헌장'으로 불리며 루터의 종교개혁에 원동력이 되었다. 특히 5장에서 바울은 그리스도인의 자유를 갈파하고 있다. 하나님은 인간을 자유인으로 창조했으나, 인간은 아담의 타락으로 자유를 상실했다. 죄와 죽음이 모든 인간 위에 왕노릇하게 되고, 인간은 그 지배 아래 종노릇하게 되었다(롬 5:12-14). 아담의 범죄로 그의 전 후손에 전가된 보편적 저주의 끈과 고리는 예수 그리스도를 통해서만 절단될 수 있다. 그리스도께서 우리를 위하여 저주를 받은 바 되사 율법의 저주에서 우리를 속량하셨다(갈 3:13). 그리스도의 구속사역은 속박으로부터 자유와 해방을 의미한다(갈 4:4-5). 우리는 그리스도의 피로 말미암아 하나님의 진노로부터 구원을 얻었다(롬 5:9). 그는 십자가에 돌아가심으로, 그의 피로 속상금을 지불하고 우리를 죄와 사망의 법에서 해방시켜 자유롭게 했다(막 10:45, 롬 8:2, 벧전 1:18-19, 히 9:12). 인간의 자유는 행위로부터 오는 것이 아니라 그리스도의 복음으로부터 온다. 우리는 그리스도를 믿을 때, 자유인으로 다시 태어난다. "그리스도께서 우리를 자유롭게 하려고 자유를 주셨으

---

186 Ibid., pp.199-200.

187 Millard J. Erickson, *Christian Theology*, vol. 2(Grand Rapids: Baker Book House, 1984), pp.538-539.

니"(갈 5:1). 인간은 그리스도의 은혜로 생명 안에서 왕노릇하게 된다(롬 5:17). "그러므로 이제 그리스도 예수 안에 있는 자에게는 결코 정죄함이 없나니 이는 그리스도 예수 안에 있는 생명의 성령의 법이 죄와 사망의 법에서 너를 해방하였음이라"(롬 8:1-2).

그리스도인은 더 이상 죄와 사탄의 노예가 아니며 인간의 종교와 율법의 굴레에 얽매일 필요가 없다. 우리는 율법에서 저주를 발견하는 반면, 복음 속에서 축복을 발견한다. 구원은 그리스도를 통해 하나님과 인간의 관계가 회복되고 죄로 향하던 인간의 마음과 삶의 방향이 의로 향하는 변화를 말한다. 구원은 회심과 중생으로 시작하여 성화를 거쳐 영화로 종결된다. 에릭슨의《기독교 신학》에 근거하여 이를 좀 더 논의해 보자.[188]

회심은 죄로부터 그리스도에게로 방향을 전환하는 것이다. 따라서 회심은 신자의 생애에 있어 옛 사람과 새 사람을 구획 짓는 분기점이다. 회심에는 두 요소가 있다. 회개와 신앙이다. 회개는 불신자가 죄로부터 돌아서는 것이요, 신앙은 그리스도에게로 나가는 것이다. 회개는 자신이 지은 죄를 통회하고 돌아설 결심을 하는 것이라면, 신앙은 그리스도의 약속과 사역을 붙잡는 것이며 하나님의 은혜를 받는 매개물이다. 회개와 신앙은 동일한 사건의 두 국면이다. 이 둘은 서로 구별되지만 분리될 수 없다. 그중 어느 것도 다른 하나 없이는 불완전하다. 신앙이 구원의 조건이라면, 회개는 신앙의 조건이다. 회개와 신앙

---

188 회심과 중생의 순서 문제에 대해 알미니우스주의자들과 칼빈주의자들은 서로 입장을 달리한다. 전자는 회심이 먼저라고 하는 데 비해, 후자는 중생이 먼저라고 한다. 전자에 따르면, 사람이 회개하고 믿으면 하나님께서 구원하시고 변화시키신다. 후자에 따르면, 모든 사람이 전적 부패의 상황에 있다면, 먼저 중생하지 않는 한 누구도 회심하지 못한다. Millard J. Erickson, *Christian Theology*, vol. 3(Grand Rapids: Baker Book House, 1985), pp.932 ff.

은 구원의 상태로 들어가는 출입구다. 회심이란 하나님의 역사하심에 대한 인간의 반응으로 일어나는 것이지만, 회개와 신앙은 실상 인간의 영혼 위에 성령의 역사로 이루어지는 하나님의 선물이다.

중생은 인간의 자연적 성향들의 근본적 변화를 말한다. 인간은 죄와 타락으로 본성이 부패되고 도덕적 성품이 오염되었다. 이런 사람의 마음속에 성령에 의해 이루어지는 도덕적, 영적 변화가 중생이다. 육적 마음을 정복하고 영을 따라 살 수 있는 새 생명과 능력이 부여되는 것, 즉 그리스도 안에서 새로운 피조물이 되는 것이다(고후 5:17). 중생은 하나님의 형상이 회복되고 죄의 세력이 제거되는 것이지만, 그러나 육신의 연약성이 철저히 제거되고 죄성이 완전히 소멸되는 것은 아니다.

중생은 회심의 또 다른 국면이다. 이 둘은 시간적으로 동시에 일어난다. 보는 관점에 따라 신자가 체험하는 근본적 변화가 회심과 중생으로 구별된다. 인간의 관점으로 본 것이 회심이라면, 하나님의 관점으로 본 것이 중생이다.

한편, 구원받은 신자는 심령 상태가 변할 뿐 아니라, 하나님과의 관계가 변한다. 하나님과의 관계가 새롭게 정립되는 것이다. 칭의와 양자가 그것이다. 칭의란 죄인을 하나님 앞에서 의롭다고 선언하시는 하나님의 사법적, 선언적 행위다(행 13:38-39, 롬 3:24-26). 또한 그것은 죄책으로부터 용서받고 하나님의 사랑을 받는 의의 상태로 회복되는 것을 의미한다. 중생이 죄의 세력을 제거시키는 것이라면, 칭의는 죄책을 제거하는 것이다. 따라서 칭의는 하나님의 행위인 동시에, 인간의 상태를 나타낸다. 그것은 하나님과 적대 관계로부터 하나님이 열납하는 관계로 변하는 것을 말한다. 칭의의 유일한 조건은 믿음이다. 우리는 오직 믿음에 의해서만 의롭다 함을 받는다. 칭의는 기독교 신학의 근본 교리요, 교회의 존폐를 결정하는 조항이다.

양자는 하나님의 심판을 받아야 할 위치로부터 하나님께 용납되고 그의 사랑을 받는 자녀의 위치로 신분이 변하는 것을 말한다. 양자 됨은 신분과 상태 변화 모두를 포함한다. 그것은 신자에게 하나님의 가족으로서의 법적 신분을 부여하는 하나님의 선언적 행위다. 동시에 신자는 아들 됨의 특권을 누리게 되며 하나님을 사랑하는 아버지로 신뢰하게 된다(요 15:14-15, 갈 3:26, 4:7).

회심, 중생, 칭의, 양자는 구원의 시작을 나타내며, 별개의 사건이 아니라 동시에 일어나는 한 사건의 다른 측면을 말한다. 따라서 그들을 시간적 순서로 구분할 수 없으며, 단지 논리적 순서로만 구분할 수 있다. 중생과 칭의는 신자의 영적 삶의 시작에 불과하다. 신자는 칭의와 중생을 통해 법적 지위와 신분이 변하고 죄의 세력이 제거되어 새로운 피조물이 된다. 그러나 인간 본성이 완전히 변하는 것은 아니다. 죄성이 완전히 근절되지 않고 아직도 남아 있다. 중생한 사람은 모든 죄로부터 해방된 것이 아니며, 그의 마음속에는 은혜와 죄가 공존하고 있다. 사도 바울이 "육체의 소욕은 성령을 거스르고 성령은 육체를 거스르나니 이 둘이 서로 대적함으로 너희가 원하는 것을 하지 못하게 하려 함이니라"(갈 5:17)고 말한 것이 이를 말해 준다. 따라서 신자는 중생 후에도 하나님의 자녀라는 법적 신분에 일치하는 수준까지 도덕적, 영적 상태가 성장해야 한다. 신자의 삶은 구원받은 후 정지 상태에 있는 것이 아니라 성장과 진보 과정에 있다. 이 과정이 곧 성화다. 성화란 신자를 거룩하게 만드시는 하나님의 계속적 역사를 말한다. 인간의 부패와 타락성이 제거되고 하나님의 형상이 회복되어 하나님의 사랑으로 충만하게 된다. 그것은 도덕적 정결과 영적 성숙을 뜻한다. 그리스도인의 신분에 일치하는 삶을 살아가는 것이다. 죄의 세력으로부터 해방되며, 그리스도를 닮고 성령의 지배를 받는 것이다. 그것은 그리스도 중심의 삶에 의해서만 유지된다. 중생이 회개와 신앙을 통한 불신자의 순간적 체험이라면, 성화는 죄성으로부터 씻김을 받는, 그 완성을 위해 전 생애가 요구되는 과정적 사건이다.

c. 비교

이윤호의 가계저주론과 에릭슨이 제시한 그리스도인의 자유에 대한 복음주의적 교훈을 비교하면, 몇 가지 차이점을 발견하게 된다.

첫째, 원죄에 대한 책임 문제다. 이윤호는 원죄를 "삶에 실제적 영향을 주는 보이지 않는 힘, 혹은 영향력"으로 정의하고, 조상으로부터 유전되는 죄의 뿌리를 확실하게 끊지 않는 한, 유전 죄의 저주가 가계를 통해 계속 전달된다고 주장한다. 따라서 원죄와 유전 죄에 대한 후손의 책임을 강조한다. 반면, 복음주의 신학 가운데 웨슬리주의는 원죄에 대한 신자의 책임을 부정한다. 신자는 유전적 부패성에 대해 양심의 가책이나 죄책감을 가질 필요가 없다는 것이다. 왜냐하면 선행적 은총, 즉 그리스도의 속죄사역으로 원죄의 법적 결과를 무효화시켰기 때문이다. 따라서 그리스도의 속죄사역을 불신하거나 거부할 때 책임을 지게 된다. 한편, 칼빈주의는 모든 인간이 아담의 죄에 대해 책임이 있다는 것을 인정한다.[189]

---

[189] Erickson, *Christian Theology*, vol. 2, pp.633-636.

둘째, 신자와 저주의 관계 문제다. 이윤호는 신자도 죄와 율법의 모든 저주에서 해방된 것은 아니라고 주장한다. 왜냐하면 예수를 믿고 구원받았다 해도 가계의 저주 문제를 해결하지 않으면, 여전히 저주 아래 있기 때문이다. 반면 복음주의 신학은 그리스도인은 더 이상 죄와 사탄의 노예가 아니며 자유인이라는 것과 그리스도의 은총으로 율법의 저주로부터 자유롭다는 것을 강조한다.

셋째, 인간의 구성 요소가 독립적으로 분리될 수 있는가 하는 문제다. 이윤호는 신자의 영은 구원받고 저주로부터 해방되었다 해도, 혼과 육은 저주 아래 있으며 구원이 필요하다고 주장한다. 따라서 그는 영과 혼과 육이 독립적인 것으로, 구분 가능한 것으로 이해하는 것 같다. 반면, 복음주의 신학은 인간의 본성이 여러 요소로 구성되어 있다 해도, 그들을 구분할 수 있는 명확한 경계선이 없으며, 그들은 서로 밀접하게 연결되어 있는 하나의 통일체라고 이해한다.

넷째, 칭의와 성화의 개념 문제다. 이윤호는 칭의를 영의 구원으로, 그리고 성화를 혼과 육의 구원으로 이해한다. 신자는 칭의를 통해 조상의 죄와 저주의 세력으로부터 위치적/신분적 자유함을 받았으나 상태적으로는 자유함을 받은 것이 아니라고 주장한다. 반면, 복음주의 신학은 중생과 칭의를 신자의 지위와 신분의 변화뿐만 아니라 상태의 변화를 의미하는 것으로 이해한다. 신자는 중생과 칭의를 통해 죄의 종노릇에서 하나님의 자녀로 신분과 지위가 변하는 동시에, 죄책으로부터 용서받고 하나님의 사랑을 받게 되는 의의 상태로 회복된다. 한편, 성화는 중생으로부터 시작된 신자의 영적 성장이 이루어지는 과정을 설명한다.

결론

이윤호의 가계저주론은 조상의 죄에 대한 벌과 저주가 후손에게 전달된다는 것과 신자도 저주 아래 있다는 것을 전제로 한다. 이중에서 조상의 죄와 벌이 후손에게 전해질 수 있다는 것은 어느 정도 신학적 근거를 찾을 수 있을 것이다. 원죄 교리와 죄의 연대성 개념이 그것이다. 전자가 간접적 증거라면, 후자는 직접적 증거라고 할 수 있다.

그렇지만 가계저주론의 또 다른 전제인 신자도 저주 아래 있다는 주장은 신학적으로 정당화될 수 없는 것 같다. 이윤호의 가계저주론은 전통 교회 입장과 여러 가지로 일치하지 않는다. 그것은 이윤호가 가계저주론의 근거를 원죄에서 찾는 데 그 근본 원인이 있다. 그는 보편적 저주와 개별적 저주를 구별하여 논하지 않고, 오히려 가계 저주라는 개별적 저주의 전승 문제를 보편적 저주인 원죄에서 근거를 찾고 있다. 그로 인해 여러 가지 신학적 문제와 논란을 일으키게 된 것이다. 유전인자를 통한 전달이나, 신자도 저주 아래 있다는 것, 영과 육의 구원을 이분법적으로 분리한 것, 칭의와 성화 개념상의 오해가 그것이다.

신자도 가계 저주 아래 있다는 이윤호의 주장은 성경에서 그 직접적 증거를 찾을 수 없다. 이윤호 자신도 그것을 인정하고 있다.[190] 뿐만 아니라 가계저주론은 성경의 증거와 일치하지 않는다. "그리스도께서 우리를 위하여 저주를 받은 바 되사 율법의 저주에서 우리를 속량하셨으니…"(갈 3:13). 그리스도의 복음은 가계저주론을 무효로 만드는 것임에도 불구하고, 오히려 가계저주론이 복음의 능력을 무효로 만들고 있다. 따라서 가계저주론은 비성서적이라는 비판을 피하기 어려울 것

---

190 이윤호, 《가계에 흐르는 저주를 이렇게 끊어라》, p.136.

이다.

가계저주론은 벌과 저주가 전가된다는 주장보다 오히려 그 극단성에 문제가 있다. 조상의 죄와 벌이 후손에게 전달된다는 것을 지나치게 강조하여 신자도 가계 저주 아래 있다고 주장하는 것이 문제다. 그것은 가계 저주에 대한 구약성경 본문들을 신약성경, 즉 복음의 조명 아래 해석하지 않고, 오히려 신약성경의 복음을 구약 율법의 조명 아래 재해석한 결과라고 할 수 있을 것이다.

부록

1장

이초석과
예수중심교회

서론

신비주의적 열광주의와 기복주의적인 축복관의 영향 아래 불과 몇 년 만에 급성장한 교회 중 하나가 인천에 위치한 한국예루살렘교회다. 이초석 목사가 설립한 이 교회는 현재 '예수중심교회'로 불리고 있다.

이초석과 예수중심교회에 대해 대한예수교장로회 고신 측 총회와 통합 측 총회가 1991년 이단 사이비로 규정한 이래, 기독교성결교회 총회, 대한예수교장로회 합동 및 합신 측 총회가 같은 입장을 취했다.

그렇다면 이초석은 어떤 사람이며 무엇을 주장하기에 이렇듯 논란이 되거나 이단 사이비로 규정받고 있는 것인가?

이초석에 관해 발표된 자료들은 많지 않다. 월간 〈현대종교〉에 그에 대한 글이 두 번 실렸을 뿐이다. 1988년 8월호 특집 '슈퍼스타 펄시 콜레와 이초석·김모애·이장림' 그리고 1990년 10월호 독자논단, 박종일의 '한국예루살렘교회 이초석 목사의 이단성에 대한 소고'가 그것이다. 그 자신의 저술로는《길을 찾아라 첩경은 있다》와《내 백성이 지식이 없어 망한다》등이 있다.

필자는 이초석이 어떠한 사람인지를 살펴본 후, 그의 두 저서를 분석하여 그가 무엇을 주장하는지를 밝히려 한다.

1. 이초석 목사는 누구인가

이초석은 1951년 11월 21일 서울에서 출생했으며 본명이 춘석이다. 〈현대종교〉에 실린 그의 이력서에 따르면 1969년 선린상고를 졸업하고 1972년 고려대 경영학과를 졸업했다.[1] 그는 빌딩 임대업체인 대풍산업 대표이사를 하면서 많은 돈을 벌며 세상적인 향락을 좇는 생활을 하던 중 친구의 전도와 부인의 권유로 예수를 믿게 되었다. 그 후 신학교에 입학하여 1984년 2월 대한예수교장로회 정통신학교를 졸업했다.[2] 그리고 그 해 9월 경기도 광명시에 예루살렘교회를 개척하고 12월에 대한예수교장로회 S측 총회에서 목사 안수를 받았다.

이초석은 교회를 광명시에서 인천직할시 남구 숭의동에 있는 전도관 자리로 이전하고 한국예루살렘교회라고 불렀다. 이 교회는 창립 3년이 지난 1988년에 출석 인원 5천여 명, 6년째인 1991년에는 1만여 명으로 급성장했다. 또한 이초석은 1985년 초석예수전도단을 조직하

---

1 〈현대종교〉의 박형성 기자는 대학을 3년 만에 졸업할 수 없다는 것과 고려대 졸업생 명부에서 그의 이름을 확인할 수 없다는 이유를 들어 이초석의 고려대 졸업에 의문을 제기했다. 박형성, "슈퍼스타 펄시 콜레와 이초석·김모애·이장림," 〈현대종교〉 (1988년 8월호) 참조.

2 예장 J측 신학교가 아닌 S측 신학교라는 등 그의 신학교 졸업 문제도 논란이 되고 있다.

여 단장이 되었으며 현재는 이것을 땅끝예수전도단이라 부른다. 이 전도단은 문서전도를 하는 동시에 세계 31개국 5만여 명에게 매월 10만여 개의 설교 테이프를 보내고 있으며 이초석 목사를 강사로 잠실학생체육관과 올림픽역도경기장 등에서 집회를 개최한다.

이초석이 사람들의 주목을 받기 시작한 것은 1988년 펄시 콜레와의 연합집회와 1990년 2월의 서울대전도집회를 통해서였다. 펄시 콜레는 5일 반 동안 천국을 보고 왔다고 주장하며 그것을 기록한《내가 본 천국》과《100가지 천국 비밀》이란 책을 출판하고 간증집회를 통해 그것을 증거하는 세계적으로 널리 알려진 신비주의자다. 그는 저서와 간증집회를 통해 한국 교회에도 천국과 종말에 대한 관심과 더불어 물의를 일으킨 인물이다. 이초석은 그를 한국에 초청하여 집회를 주최했으며 인천 집회에서는 단상에 오르자마자 쓰러진 펄시 콜레를 안수기도로 살려 냄으로써 죽은 자도 살려 낸다는 자신의 능력을 과시하기도 했다. 그는 펄시 콜레의 명성에 편승하여 한국 교계에 대한 자신의 영향력과 위치를 확고히 다지려 했으나 오히려 이 집회를 계기로 그의 신앙관이 이단적이라는 시비를 불러일으켰다.

한편, 이초석은 1990년 2월 17일자 〈동아일보〉 2면 하단에 서울전도대집회에 대한 이색 광고를 실어 자신의 이름을 널리 알렸다. 펄시 콜레와 연합집회하는 사진과 자신이 설교하는 사진을 싣고 잠실학생체육관에서 열리는 이 집회의 후원자가 예수 그리스도이며 주최자가 땅끝예수전도단이고 강사는 이초석 목사라고 광고한 것이다.

한편, 이초석은 튼튼한 재력을 바탕으로 인복유치원, 인복여자실업학교, 선교총회신학교 등 교육사업과 장성 예루살렘기도원을 운영

하고 있다. 뿐만 아니라 한국일보에 '길'이란 고정 칼럼을 확보하기도
했다.

이와 같이 이초석은 목회, 전도집회, 기도원과 학교 운영, 집필 등
다방면에 걸쳐 의욕적으로 활동하고 있다.

2. 무엇을 주장하는가

이초석은 《길을 찾아라 첩경은 있다》와 《내 백성이 지식이 없어
망한다》는 제목의 책을 저술했으며, 잡지 〈목회와 신학〉을 통해 그의
신앙 내용을 진술하기도 했다.[3] 이 두 저서와 그의 신앙 진술서에 근거
하여 그의 주장이 무엇인지를 살펴보자.

이초석은 자신의 신앙 진술서 곳곳에서 스스로 밝히고 있듯이, 목
사 안수 받은 교단으로부터 이단으로 정죄받고 쫓겨났으며 언론과 각
교단으로부터 수없이 정죄받는 등 문제의 인물로 취급받았다. 지금도
특히 인천 지역에서 그를 이단시하는 경향이 강하다. 그렇다면 왜 그
는 이단으로 정죄받아 왔으며, 1984년 12월에 그를 목사로 안수했던
대한예수교장로회 S측 총회는 무엇 때문에 불과 3년도 안 된 1987년
에 그를 제명해야 했는가?

이초석의 신앙 진술서를 분석해 보면, 몇몇 부정적인 요소들이 발
견된다. 첫째, 지나친 신비주의적인 요소다. 이초석은 "예수의 이름으
로 명령하면 오던 비를 멈출 수 있고 빌립 집사처럼 눈 깜짝할 사이에

---

3 이초석, 《길을 찾아라 첩경은 있다》, 《내 백성이 지식이 없어 망한다》(인천: 에스더, 1988); "한
국예루살렘교회와 나", 〈목회와 신학〉 (1991년 3월호), pp.49-52.

먼 곳으로 날아갈 수도 있다"고 한다.

둘째, 계시의 객관성을 무시하고 인간의 경험을 중시하는 극단적인 주관주의 요소다. 이초석은 "준 자와 받은 자만이 알 수 있고 부부간의 일은 부부만이 알 수 있듯이" 하나님의 기적이나 응답은 경험한 사람과 하나님만이 알 수 있다고 주장하고 있다.

셋째, 현재적 축복을 강조하는 기복주의적인 신앙 요소 등이 그것이다.

그렇지만 이러한 부정적인 면과 더불어 긍정적인 면도 없지 않다. "중심만은 하나님을 사랑하며 주님을 위해 죽도록 충성하고자 한 것을 주님은 알고 계시리라 믿는다." "지금까지 6년을 돌이켜 보면… 많은 실수도 했고 잘못 가르친 것도 많고, 인간의 수단과 방법으로 일해온 것도 수없이 많이 있다. 모두 회개하며 다시는 그런 일을 반복하지 않기를 간절한 마음으로 하나님께 기도드린다"는 것 등이다. 또한 그는 적극적인 신앙, 긍정적인 신앙을 강조하고 있다.

한편, 이초석은 "모든 사람은 오해할 권리가 있고 하나님의 사람은 해명이나 변명할 권리가 없다"는 등 모호한 논리로 자신을 합리화하고 있기도 하다.

이같이 그의 신앙 진술서는 부정적인 요소를 다수 포함하고 있으나, 그렇다고 해서 그것에 근거하여 그를 이단이라 평가하거나 전통적인 교회의 신앙관과 결정적으로 다르다고 말하기는 힘들다. 따라서 그의 저서《내 백성이 지식이 없어 망한다》와《길을 찾아라 첩경은 있다》를 분석하여 그의 주장을 좀 더 살펴보는 것이 필요하다.

이초석이 소속 교단으로부터 축출된 것은 성락침례교회 김기동 목사의 귀신론을 추종하기 때문이었다.[4] 그가 김기동의 귀신론을 수용하고 있다는 것은 실제 귀신 쫓는 전문가로서의 명성과 그의 저서에 의해서 입증된다. 특히《내 백성이 지식이 없어 망한다》는 자신의 경험을 토대로 귀신을 쫓고 승리하는 삶을 살도록 하고자 기록했다는 50여 쪽에 불과한 작은 책자이며 전적으로 그의 귀신론을 다루고 있다.

이 책은 3장으로 구성되어 있다. 제1장 '귀신은 꼭 쫓아야만 하는가'에서 이초석은 건강은 주님이 약속한 축복이라는 것과 예수는 모든 병을 귀신을 쫓아내어 고쳤다고 주장한다. 또한 예수는 제자들에게 귀신을 쫓아내어 병을 고칠 수 있는 권능을 주셨으며 "귀신을 쫓아내는 자는 하늘나라에 상급으로 그 이름이 기록된다"고 말한다. 따라서 "귀신을 쉬지 않고 쫓아내야 하며 끝까지 추방하여 병을 고쳐야 한다"는 것이다.[5] 이와 같이 이초석은 모든 병의 원인을 귀신으로 보고 있으며, 예수를 비롯한 제자들과 크리스천의 근본 사명이 귀신 쫓는 일임을 강조한다.

제2장 '악한 세 영적 존재'에서 이초석은 하나님이 만든 영적 존재는 천사와 사람이며 이들 중 타락한 영적 존재들이 마귀, 악령과 귀신이라고 주장한다. 천사장 루시퍼가 타락하여 마귀가 되었으며 그와 함께 타락한 천사들이 악령들로서 마귀의 참모 내지는 사자 역할을 한다. 귀신은 "불신자의 죽은 후의 영혼"으로 그 수명은 "인간으로 살아서 누릴 수 있는 수명"까지라고 주장한다.[6]

4 박형성, "슈퍼스타 펄시 콜레와 이초석·김모애·이장림," 〈현대종교〉.

5 이초석,《내 백성이 지식이 없어 망한다》, pp.19, 21-22.

6 Ibid., pp.34, 36.

제3장 '귀신 축사'에서는 병의 원인, 귀신의 속성, 귀신 쫓는 방법 등을 다루고 있다. 이초석은 모든 병이 귀신에 의해 생긴다고 보았다. 예수께서 귀신을 쫓아내어 모든 병을 고친 것이 이를 입증하기 때문이다. 귀신은 영적인 존재인 동시에 지·정·의를 가진 인격적 존재다. 귀신은 사람이었을 당시의 지식을 초월하지 못하며 흔히 친지에게 들어간다. 또한 감정이 있기 때문에 욕설이나 저주를 싫어한다. 따라서 "귀신이 나가는 속도는 귀신을 미워하고 저주하는 정도와 정비례한다"고 한다.[7]

한편 이초석은 음부를 이 땅으로 해석하며 특히 기복신앙을 강조한다.

> 복을 비는 신앙이 왜 문제가 있습니까. 복을 받지 않으려면 무엇하려고 절제해 가며 핍박받아 가며 이 길을 가야 합니까? 우리는 복을 받아야 합니다. 하늘나라에서는 물론이거니와 이 땅에서도 복을 받아야 합니다.[8]

《길을 찾아라 첩경은 있다》는 225쪽 분량의 책으로 '성경을 보는 안목', '성경이 말하는 세 가지 영적 존재', '율법과 복음' 등 11장으로 구성되어 있다. 이초석은 자신을 성공한 사람이라 자처하며 이 책에서 자신의 성공 비결을 밝히고 있다. 성공 비결은 주님의 길을 좇아가는 것이다. 이것이 첩경이요 성공의 길이라는 것이다.

---

7 Ibid., pp.42. 47.

8 Ibid., pp.13-14.

이 책은 다음과 같은 특이한 주장을 포함하고 있다. 첫째, 삼위일체 하나님의 공식 명칭은 예수이며, 그 근거는 요한복음 17장 11절이다. "내게 주신 아버지의 이름으로 그들을 보전하사 우리와 같이 그들도 하나가 되게 하옵소서."[9]

둘째, 아담이 하나님의 생명이라는 해석이다. 왜냐하면 아담이란 말이 어원학적으로 하나님의 피 혹은 하나님의 생명을 뜻하기 때문이다.[10]

셋째, 우주와 세상을 음부와 동일시하는 것이다. 현재 마귀가 있는 곳이 곧 이 세상이라는 것이다.[11]

넷째, 마귀는 죄의 근본 또는 원인자다. 인간은 마귀에게 속아서 범죄한 것이다. 따라서 아담의 죄는 원죄가 아니라 속은 죄이며, 인류 최초의 살인자 역시 가인이 아닌 마귀라는 것이다.

다섯째, 귀신을 추방하는 것이 예수의 근본적인 사역이었을 뿐만 아니라 예수는 자신을 좇으라고 명령했다.[12]

이상에서 이초석의 입장을 그의 두 책에 근거하여 객관적으로 제시하려고 했다. 그의 주장의 핵심 부분은 마귀론 또는 귀신론과 관련되어 있다는 것이 특징이라고 할 수 있다.

---

9 이초석, 《길을 찾아라 첩경은 있다》, pp.23-25.

10 Ibid., pp.31, 152-153.

11 Ibid., p.55.

12 Ibid., p.138.

3. 무엇이 문제인가

이초석은 김기동의 귀신론을 추종한다 하여 소속 교단으로부터 제명되었다. 가장 문제가 되는 그의 주장은 귀신론이다. 이초석의 귀신론은 김기동의 주장과 거의 동일하다.

첫째, 이초석은 천사가 타락하여 마귀가 되었다는 것을 인정했으나 귀신 역시 타락한 천사라는 기독교 전통의 입장을 부정했다. 귀신은 불신자의 사후 영혼이라는 것이다. 이러한 견해는 김기동의 입장과 동일한 것이다.[13] 귀신을 불신자의 사후 존재로 보는 것은 비성서적이며 무속신앙적인 것이다. 그것은 기독교 사상과 무속신앙을 혼합한 것이다. 마귀의 기원에 대해서는 기독교의 천사 타락설을 받아들인 반면, 귀신의 기원에 대해서는 제명대로 살지 못한 원혼이라는 무속 사상을 받아들인 것이다.

둘째, 이초석은 귀신을 영적 존재로 간주했으나, 수명, 처소, 활동 영역, 지식 등에서는 제한된 존재로 취급했다. 이 주장 역시 김기동의 견해와 동일하다.[14] 두 사람 모두 귀신은 영적 존재이나 수명이 있다고 하였다. 불신자가 제명대로 살지 못하고 죽었을 때, 그 사후 존재는 귀신이 되어 본래의 수명이 차기까지 활동하다 무저갱에 들어가 활동을 그친다는 것이다.

성경은 귀신이 수명이 있는 제한적 존재라는 것을 부정한다. 성경은 마귀와 귀신들이 세상 끝날까지 활동하다 최후 심판 때 무저갱에 갇힌다고 말씀하고 있다(마 25:41, 계 20:1-3, 7-10). 따라서 이초석과 김기

---

13 김기동,《성서적 신학적 현상적 마귀론》(서울: 베뢰아, 1988), pp.88, 167.

14 Ibid., pp.223-230.

동의 주장은 귀신에게 수명이 있다고 보는 무속 사상과 기독교 사상
을 혼합한 것이다.

셋째, 이초석은 귀신을 모든 병의 원인으로 취급했다. 그는 예수께
서 귀신을 쫓아내어 모든 병을 고쳤다는 이유를 들어 귀신 이외 다른
어떤 원인으로부터 병이 일어날 가능성을 부정했다. 김기동 역시 모든
질병의 원인을 귀신이라고 주장한다. 따라서 병에 걸리는 것은 귀신
이 사람 몸에 침입하는 것이며, 병 고치는 것은 귀신을 쫓아내는 것이
다.[15]

성경 역시 귀신으로 인해 병에 걸릴 수 있음을 말한다(마 9:31-34,
12:22, 막 9:17-27, 눅 8:2). 그러나 성경은 마귀나 귀신 이외에도 죄, 불경건
한 생활, 과로, 부주의, 하나님의 영광을 위한 것 등의 이유로 병이 올
수 있음을 말하고 있다(창 12:17, 마 9:1-8, 빌 2:25-30, 고전 11:27-30, 요 11:4).
따라서 이초석과 김기동의 주장은 성경에 근거한 것이 아니라 모든 질
병을 귀신의 인체 침입으로 간주하는 무속신앙에 기초한 것이다.

넷째, 이초석은 예수의 근본적인 사명과 공생애 동안의 주요 사역
이 귀신 쫓는 것이었다고 주장한다. 뿐만 아니라 귀신을 쫓아야 하는
것이 기독교인의 사명이자 그리스도의 명령이라고 한다. 김기동의 견
해도 마찬가지다. 성락침례교회의 목사로서 김기동의 마귀론을 변호
하는 글 '베뢰아의 마귀론'을 쓴 한상식도 이를 분명히 인정하고 있다.
"귀신 추방 곧 축사는 하나님의 뜻이요 예수의 주된 사역 가운데 하나
이며, 믿는 자에게 남겨진 주님의 명령이요 부탁이다."[16]

---

15 Ibid., p.133.

16 한상식, "베뢰아의 마귀론", 〈목회와 신학〉(1990년 10월호), p.70.

예수의 전 사역을 귀신을 쫓아내고 마귀를 대적하는 것으로 해석하는 것은 성경의 교훈에 일치하지 않는다. 축사는 예수의 사역의 일부일 뿐이지 전부나 중심적인 일은 아니다. 그러한 주장은 세계적인 창조나 역사의 발전을 하나님과 인간의 관계가 아닌 하나님과 사탄의 관계로 이해하는 이원론적 세계관에 근거한 것이다. 뿐만 아니라 예수 그리스도의 십자가 부활과 구속사건을 믿음으로 획득되는 의인의 복음을 귀신 쫓아냄과 병 고치는 복음으로 변질시키는 것이다.[17]

다섯째, 이초석은 음부를 이 세상으로 해석하고 귀신이 떠돌아다니는 장소라고 주장한다. 이 주장 역시 김기동의 입장과 동일하다. "어떤 사람은 죽은 불신자들은 지옥에 갔다고 말하지만 아직 지옥에 간 사람은 없습니다. 예수께서 재림하여 세상을 형벌하기까지는 아무도 지옥에 갈 수 없습니다. 그러면 불신자가 죽으면 어디로 가는 것입니까? … 사망과 음부가 바로 세상 안에 있고 또 그리스도의 구속이 세상 안에서 이루어진 것입니다."[18]

이초석과 김기동이 음부를 세상으로 해석하는 것은 불신자의 사후 영혼이 귀신이 되어 이 세상을 떠돌아다닌다는 주장을 합리화하려는 시도로 이해된다. 예수님은 부자와 거지 나사로의 비유를 통해 불신자가 죽으면 그 사람의 영혼은 곧 음부에 가는 것임을 보여 주셨다 (눅 16:22-23). 따라서 불신자의 사후 영혼이 귀신이 되고, 귀신의 활동 무대가 이 세상이라고 주장하기 위해서는 음부가 곧 이 세상이라고

---

17 김영한, "한국 교회 이대로 좋은가?,"《성경과 신학》제7권 (서울: 기독교교문사, 1989), p.305.

18 김기동,《성서적 신학적 현상적 마귀론》, pp.40-41.

해석해야 되는 것이다. 그러나 성경은 이 세상이 곧 음부라는 견해를 부정하고 있다. 전술한 예수님의 비유에서 보듯이 죽은 부자의 영혼이 간 곳과 나사로의 영혼이 간 곳이 다르다. 또한 음부는 죽은 사람의 영혼이 가는 곳이지 살아 있는 사람이 활동하는 이 세상은 아니다. 따라서 음부를 이 세상으로 보는 것은 비성서적이다. 이는 무속신앙의 귀신론과 성경의 음부 개념을 혼합시킨 것이라고 하겠다.

이상에서 이초석의 특이한 주장 중에서 귀신론을 선택하여 김기동의 견해와 비교했다. 이초석과 김기동의 견해는 거의 동일하다고 볼 수 있으며, 성경에 근거한 것이 아니라 한국 무속신앙에 근거한 것이라고 이해된다.

결론

이초석 목사는 김기동 목사의 성락침례교회와 조용기 목사의 여의도순복음교회를 모델로 삼아 불과 수년 만에 예수중심교회를 급성장시킨 인물이다. 그의 신앙 노선은 신비주의적 열광주의에 기초하고 있으며 귀신 축출, 긍정적인 사고, 기복주의적 축복관을 강조하는 것이 특징이다.

반면, 이초석은 지나친 신비주의적 경향과 계시의 객관성을 무시하고 인간의 경험을 중시하는 극단적인 주관주의 요소와 현세적이며 물질적인 축복을 강조하는 기복주의적인 신앙관으로 인해 적지 않은 논란과 물의를 일으켜 왔다. 그의 신앙과 주장은 여러 가지 면에서 기독교의 전통적인 견해와 입장을 달리한다. 하나님의 공식 명칭을 예수로, 아담을 하나님의 생명으로, 음부를 이 세상으로 그리고 마귀를 원죄로 해석하는 것이 대표적인 예다. 특히 문제가 되는 것이 귀신론이다. 그의 귀신론은 김기동의 귀신론과 거의 동일하다. 그것은 성경적인 것이 아니라, 성경과 한국 무속신앙이 혼합된 것이다. 귀신의 존재를 타락한 천사가 아닌 불신자의 사후 존재로 보는 것이나 모든 병의 원인을 귀신으로 간주하는 것, 귀신에게도 수명이 있다는 것이 그것이다. 이러한 이초석의 귀신론은 그리스도의 근본적인 사명을 귀신 쫓는 것으로 해석하는 데 그 극에 달하며 성경적인 신앙과 전통적인 교리로부터 결정적으로 벗어나고 있다.

• 이 글의 출처: "이초석 목사, 무엇이 문제인가," 〈목회와 신학〉, 1991년 3월호.

2장

이명범과
레마선교회

서론

이명범은 1992년 대한예수교장로회(통합) 제77회 총회에서 이단
으로 규정되었다. 그를 이단으로 정죄한 근거는 김기동과 같은 축사
행위를 한다는 것과 극단적 신비주의를 주장한다는 것이었다. 1992년
대한예수교장로회(고신) 제42회 총회 역시 레마선교회(이명범)와 트레
스디아스 등 2개 집단을 불건전한 단체와 기독교회의 이단으로 규정
하고 산하 교회와 교역자들에게 그들과의 관계를 금지했다.

그럼에도 이명범은 현재 정규 신학대학원대학교를 운영하고 있으
며, 지방 국립대 총장 출신의 인사가 그 학교 총장을 맡고 있고, 이명
범을 이단으로 규정했던 교단의 신학교에서 대학원장을 역임했던 모
교수가 정년퇴직 후 그 학교의 교수로 활동하고 있다.

그렇다면 1990년대 이명범과 레마선교회와 관련하여 논란이 되
었던 문제는 무엇이었으며, 10여 년이 지난 지금도(2001년) 이명범은

여전히 그런 문제점을 지니고 있는 것인가? 레마선교회란 어떤 단체이며, 트레디아스와 김기동 목사의 관계는 어떤 것인가?

_____ ## 1. 이명범과 레마선교회

한국 교회에서 흔히 이단 혐의를 받는 자들의 대부분이 미천한 학력을 소지하고 있는 것이 특징인 데 비해, 레마선교회의 이명범은 명문 대학과 대학원 출신의 인텔리 여성이라 할 수 있다. 그는 1938년생으로 연세대와 이화여대대학원을 나왔으며, 명지대, 중앙대 등 여러 대학과 신학교에서 강의를 하기도 했다. 또한 최근에는 미국 모신학교에서 명예신학박사 학위를 받았다는 것을 선전하고 있는 형편이다.

이명범은 성락침례교회 김기동 목사가 운영하는 베뢰아아카데미 1기 출신이며, 한때 그 교회에 출석하기도 했다.[19] 이것이 김기동 목사가 그의 신앙 형성에 적지 않은 영향을 미쳤을 것이라고 보는 이유이며 그를 김기동의 아류로 분류하는 배경이다.

이명범은 각종 성경공부와 기도 모임, 선교를 위해 1980년 레마성서연구원을, 그리고 1981년 레마선교회를 창설하여 트레스디아스, 렘(REM, Rhema Evangelical Mission), 비다 누에바(Vida Nueva) 등 다양한 성경공부 프로그램을 도입, 운영하고 있다. 1988년 레마선교회는 명칭을 '레마복음선교회'로 바꿨다. 레마성서연구원은 렘 위켄드(REM Weekend)와 자매 프로그램인 비다 누에바(Vida Nueva)를 개최하고 있다. 렘은 이명

_____

19 이선, "레마선교회를 진단한다", 〈현대종교〉 (1992년 6월호), pp.115-116. 이명범은 〈현대종교〉 기자와의 인터뷰에서 성락침례교회를 2년 정도 다녔다고 스스로 밝혔다.

범이 다른 기관에서 사용하고 있는 여러 프로그램과 자신의 집회 경험을 참조하여 만든 것으로 15개의 메시지, 기도, 찬양 등으로 이루어진 프로그램이며 현재까지(2001년) 130회 이상 개최되었다. 비다 누에바는 대학생과 청년들을 위한 프로그램이며, 현재까지 40회 이상 개최되었다.

이명범은 하나님의 말씀을 로고스와 레마로 구분하고, 이중에서 레마를 강조한다. 그 단적인 증거가 그의 성서연구원이나 선교회의 명칭에 레마라는 말이 사용되고 있는 것이다. 로고스는 객관적인 하나님의 말씀을 의미한다면, 레마는 깨달은 말씀을 의미한다. 로고스의 말씀이 내게 들어와 나를 감동시키고 살아 역사하는 말씀으로 체험될 때, 그것을 레마라고 한다는 것이다.[20] 이명범은 깨닫게 되는 체험, 즉 레마를 체험하는 것이 신앙의 정수라고 주장한다.

현재 이명범은 레마성서연구원 대표, 경기도 기흥에 위치한 예일신학대학원대학교를 운영하고 있는 학교법인 레마학원 이사장, 1999년 5월에 개척한 예일교회 담임목사직을 맡고 있다.

2. 이명범과 김기동의 귀신론

이명범의 레마복음선교회는 성경, 인류, 성부, 성자, 성령 등 10개 항목으로 이루어진 신앙 진술서를 가지고 있다. 이 진술서에 따르면, "신구약성경은 영감으로 씌어진 하나님의 말씀이며, 구원과 실천, 교육 및 학문의 유일하고 무오한 규칙"이다. 인간은 하나님의 형상으로

---

20 이명범,《성서에서의 언어》(서울: 레마출판사, 1990), pp.186-7.

창조되었지만 아담 안에서 범죄하고 죄성 가운데 태어나 죽게 된다. 인간은 하나님의 아들 예수 그리스도의 구속적 죽음을 통해서만 하나님의 자녀가 되고 영생을 누리게 된다… 아버지와 아들과 성령은 본질, 영광, 능력 및 권위에서는 한 하나님이다. 삼위 하나님은 한 실체의 세 양태가 아니라 활동에 있어서 구별되는 세 인격체다."

레마복음선교회가 공개적으로 제시하고 있는 신앙 진술서의 내용은 교리적으로 특별히 문제될 게 없어 보인다. 그렇다면 어떤 근거에서 이명범과 레마선교회를 이단시하거나 이단으로 규정한 것인가?

대한예수교장로회(통합) 총회가 발표한 사이비 이단 연구 보고서에 따르면, 이명범의 문제점은 개인적인 것과 교리적인 것으로 구분된다. 개인적 문제로 지적된 것은 그가 렘이라는 프로그램을 만들어 많은 물의를 일으키고 있다는 것, 김기동의 베뢰아아카데미를 졸업하고 베뢰아 사상을 추종하면서도 그것을 부정하는 것, 평신도이면서도 안수한다는 것, 그리고 도덕적인 문제 등이다.

한편, 교리적 문제로 지적된 것은 삼위일체론, 창조론, 인간론, 성서론이다. 삼위일체 하나님에 대한 이명범의 설명은 양태론적이다. 이명범은 하나님의 이름이 곧 예수라고 주장한다.

"예수라고 하는 이름이 하나님의 이름이며 인간을 구원하려 할 때 하나님께 붙여진 이름이 예수인 것입니다."[21] 그는 삼위 하나님의 이름이 예수이며, 삼위 하나님은 예수라는 하나님 따로, 여호와라는 하나님 따로, 성령이라는 하나님이 따로 있는 것이 아니라고 한다. 뿐만 아니라 이명범은 성부를 하나님의 본질로, 성자를 하나님의 본체로,

---

21   이명범,《믿음생활을 위한 출발》(서울: 나침반사, 1988), p.209.

그리고 성령을 하나님의 본영이라고 주장한다. 이것은 이명범의 독창적 견해가 아니라 김기동이 이미 주장한 것이다.

3. 이명범과 트레스디아스

'트레스디아스' 하면 레마선교회와 이명범이 연상될 만큼 트레스디아스와 레마선교회는 밀접한 관계에 있다. 그럼에도 그들은 동일한 것이 아니라 별개의 것이다. 이명범이 도입하여 이용한 영성훈련 프로그램이 '트레스디아스'(Tres Dias)다. 그것은 이명범이 독창적으로 개발한 것이 아니라 미국을 비롯하여 서구에서 이미 사용되던 평신도 신앙운동을 이명범이 한국에 처음으로 도입한 것이다.

트레스디아스운동은 로마 가톨릭 교회의 꾸르실료(Currssillo) 운동에 그 기원을 두고 있다. 꾸르실료는 크리스천 주말 단기 수련회를 뜻하는 것으로 1949년 스페인에서 '성 야고보의 무덤' 안내자를 양성하기 위해 개발된 프로그램이다. 1966년 교황이 그것을 가톨릭을 부흥시킬 수 있는 아주 좋은 프로그램이라고 격찬한 후, 꾸르실료 운동은 전 세계 천주교회로 널리 확산되었다.

꾸르실료 운동은 1971년 미국 개신교에 소개되면서 초교파운동으로 발전되었으며, 3일을 의미하는 트레스디아스(Tres Dias)로 명칭이 바뀌게 되었다. 트레스디아스란 3박 4일 동안의 단기 수련회를 통한 심령의 변화를 강조하는 명칭이라고 할 수 있다. 트레스디아스는 미국 뉴욕에 본부가 있으며, 전 세계 여러 곳에 그 지부가 있다.

트레스디아스의 목적은 크게 두 가지로 요약된다. 내면생활의 갱신과 이웃을 섬기는 훈련이다. 그리스도인으로 하여금 그리스도와 보다 친밀하게 하고, 은혜를 통해 하나님의 사랑을 체험하는 것과 교회 지도자로서 자질과 사명을 각성하고 세상에 파송된 자로서 삶을 살게 하는 것이다. 이 목적을 위해 만들어진 영성훈련의 방법과 신앙생활 프로그램이 트레스디아스다.

트레스디아스는 두 통로를 통해 한국 교회에 소개되었다. 레마선교회의 이명범과 미국 로스앤젤레스 은혜교회의 김광신 목사다. 이명범은 미국 뉴욕의 미드허드슨 T.D.와 미국 8군 영어 T.D.에 참석한 후, 그것을 자신이 운영하는 선교회 프로그램에 도입한 것이 한국 트레스디아스다. 여기서 갈라져 나온 것이 서울 T.D.로, 그것은 부산, 대구 등으로 확산되었다. 한편 김광신 목사와 금호제일감리교회 장광영 목사로부터 시작된 것이 골든(Golden) T.D.다. 이명범과 김광신에 의해 한국 교회에 소개된 T.D.는 레인보우(부산 감립산기도원), 한사랑(김한식), 청주, 여의도(여의도침례교회) 등 현재(1995년) 15개 이상 운영되고 있다. 그러나 이들 가운데 이명범의 한국 T.D.와 서울, 부산, 대구 T.D. 등은 본부로부터 인가된 것인 반면, 다른 것은 대부분 인가받지 않은 것이다.[22]

결론

트레스디아스는 한국 교회에서 상반된 평가를 받고 있다. 일부에서는 그것을 성서적이고 복음적인 영성훈련 프로그램으로 평가하기

---

22 한국 내 T.D.들은 선교 단체가 주관하는 것, 독립지국에 의해 운영되는 것, 교회 목회자가 목회 프로그램으로 변형하여 인도하는 것 그리고 T.D.라는 명칭을 사용하지 않고 제자훈련이나 영성훈련으로 활용하는 것으로 분류할 수 있다. 양봉식, "트레스디아스 대점검: 전 교회적 성격 규정 없이 확산 일로에 선 영성운동", 〈교회와 신앙〉 (1995년 6월호) 참조.

도 한다.[23] 그러나 대부분은 그 문제점을 지적하며, 주의와 경계를 요하고 있다. 트레스디아스의 문제점으로 지적되는 것은 몇 가지로 정리된다.[24]

첫째, 로마 가톨릭 교회적 요소를 지니고 있다. 그것은 상징적이며 시각적인 것을 훈련 도구로 사용한다. 미술이나 조각작품 또는 형상을 보고 만져서 느끼고 깨닫고 다짐하게 한다. 그것은 인위적 방법을 통해 감성을 자극하여 영적 각성과 변화를 유도하는 것이다.

둘째, 훈련 과정이 비공개적이며, 한국인의 전통적 정서와 문화에 맞지 않는 것이 있다. 그것은 3일간 72시간에 걸쳐 평신도의 인도 아래, 5번 묵상과 15번의 대화로 진행된다. 그러나 훈련 효과의 지속을 위해 프로그램의 진행 방법과 내용은 철저히 비밀로 한다. 우애와 친밀감의 표시로 남녀 간에 서로 포용하는 아브라조(Abrazo)는 아직 한국인의 정서에 어울리지 않을 뿐만 아니라 이성 간의 문제를 일으킬 소지가 있다.

셋째, 교회 분열과 교인 간의 갈등을 조장할 우려가 있다. 트레스디아스에 참석한 사람들이 그들만의 별도 집회를 갖거나 교회 내 파당을 형성하고 회비를 납부하는 것, 재충전을 목적으로 월 1회 지속적으로 다시 모이는 것 등은 교회 내 신자들 사이에 갈등과 알력, 심지어 교회 분열의 요인이 될 수 있다.

---

23 예를 들어, 한소망교회 목사요 〈교회와 신앙〉 편집위원이기도 한 류영모 목사는 트레스디아스를 "하나님을 찬양하고 묵상과 기도와 성례전, 그리고 섬김의 훈련을 구체화한 프로그램이요, 이 찬양의 삶과 섬김의 삶을 주어진 환경 속에서 지속케 하고자 하는 하나의 노력"이라고 평하고 있다. 류영모, "뜨레스디아스와 한국 교회 영성훈련의 과제", 〈교회와 신앙〉 (1995년 6월호) 참조.

24 이선, "레마선교회를 진단한다", 〈현대종교〉 pp.68-72; 대한예수교장로회(통합) 사이비이단 대책위원회가 제80회 총회(1995)에 제출한 연구보고서, 〈교회와 신앙〉 (1995년 12월호) 참조.

이렇듯 트레스디아스의 문제점으로 지적된 것은 교리적인 것이라기보다 교회론적이며 목회적인 차원의 것으로 이해된다. 왜냐하면 트레스디아스는 신학이나 교리가 아니라 신앙훈련이기 때문이다. 그 외에도 트레스디아스가 한국 교회에 부정적 인상을 준 것은 그것을 처음으로 한국에 소개하거나 보급한 사람들의 문제성 때문이었다. 그들은 이단으로 규정되었거나 그런 혐의를 받은 인물들이다. 트레스디아스는 누구에 의해 어떻게 운영되느냐에 따라 결과와 평가가 달라진다. 그 목적이 교인의 영성훈련이냐, 아니면 개인이나 단체의 이익을 위한 것이냐가 중요하다. 문제가 있거나 불건전한 것으로 취급되는 단체와 인물들이 자신들의 세력 확장의 수단으로 그것을 이용함에 따라 트레스디아스에 대해 이단 시비가 일어난 것이라 할 수 있다.

한편, 이명범의 한국 트레스디아스는 1992년 12월 말로 국제본부로부터 그 인가가 취소되었다. 그가 본부 지침서에 따르지 않고 독자적으로 운영하거나 변칙적으로 운영했을 뿐만 아니라 김기동의 베뢰아론을 도입했기 때문이다. 따라서 이명범은 최근 트레스디아스란 이름 대신, 렘 위켄드란 이름으로 3박 4일간의 수련회 프로그램을 진행하고 있는 실정이다. 따라서 이명범에 대한 트레스디아스 인가 취소는 그와 김기동의 밀접한 관계를 확인해 주는 증거가 될 수 있다.

• 이 글의 출처: 이단사이비대책위원회, "이명범과 레마선교회," 《구원은 있는가》 2 (서울: 기독교대한성결교회 출판부), 2001.

3장

이재록과
만민중앙교회

_____ **서론**

1999년 5월 11일 이재록의 만민중앙교회 신도 수백 명이 MBC TV
특집 프로그램인 〈PD수첩〉의 '이단파문! 이재록 목사-목자님, 우리 목
자님!' 제작에 불만을 품고 방송사를 점령하고 방송이 시작된 지 7분
만에 방송을 중단시키는 초유의 사태가 벌어졌다. 민간인이 국가 주요
기관인 방송사를 점령하고 정규 방송을 중단한 것은 한국 언론과 방송
사상 처음 있는 일이었다.

이 사건은 한국 국민들을 경악시켰을 뿐만 아니라 사이비 이단 집
단의 실상을 알게 하는 새로운 계기가 되었다. 만민중앙교회의 실태
가 언론 보도를 통해 적나라하게 노출된 것이다. 그러나 한편으로 그
사건은 일반 대중들에게 교회에 대한 부정적인 이미지를 심어 주기도
했다. 이에 따라 한국 교회는 한동안 불신자 전도에 큰 어려움을 겪었
다. 특히 성결교회들은 만민중앙성결교회와 명칭이 유사한 이유로 더

큰 피해를 입었다. 많은 사람들이 이재록의 만민중앙성결교회가 성결교단에 속한 교회이거나, 아니면 어떤 연관성을 가진 것으로 오해했기 때문이다.

이재록은 '우리 목자님'으로 불리며, 수만 명 이상 모이는 만민교회 신도들로부터 신적인 추앙을 받고 있다. 그가 해외로 출국이라도 할라치면 수십 명의 경호원들이 그를 호위하고, 똑같은 제복을 입은 젊은 여성들이 그와 동행하며, 환송하러 나온 많은 신도들이 물결치듯 그를 따른다.[25] 또한 그는 소경을 눈뜨게 하고, 앉은뱅이를 일어나게 하는 능력을 가진 목사로 소문나 있다. 반면, 그를 둘러싸고 끊임없이 이단 시비가 제기되고 있으며, 도박 문제, 사생활 문제, 지나친 헌금 강조와 대출 보증 문제 등으로 사회에 물의를 일으키고 있다.

이재록과 만민중앙교회는 1999년 한국기독교총연합회와 그 산하에 있는 이단사이비대책위원회로부터 극단적 신비주의 형태의 이단으로 규정되었다. 뿐만 아니라 그가 본래 속했던 교단으로부터 1990년에 이미 파직되었다.[26]

그렇다면 이재록의 실체는 무엇이며, 이재록을 둘러싼 이단 파문의 진상은 무엇인가?

---

25 이것은 필자가 2001년 6월 25일 이재록이 케냐로 출국하기 위해 인천국제공항에 나타났을 때의 광경을 직접 목격한 것이다.

26 이외에도 이재록은 기독교이단사이비 연구대책위원회(회장 원세호 목사)에 의해서도 1999년 1월 이단으로 규정되었으며, 〈현대종교〉, 〈교회와 신앙〉, 〈교회와 이단〉 등의 월간지도 그의 이단성을 지적했다.

_____ 1. 이재록은 누구인가

이재록 목사는 1943년 전남 무안에서 3남 3녀의 막내로 태어나 고등학교까지는 평범한 생활을 했다. 그러나 결혼 후, 7년 동안 위궤양, 노이로제, 축농증 등 각종 질병에 시달리고, 술과 담배에 중독되고, 부인은 가출하는 등 고통의 시절을 보냈다. 그러던 어느 날 그는 현신애 제단에서 안수기도를 받고 모든 질병에서 치유되었다. 그 후 목사가 되기로 결심했다고 한다.

그는 1979년 37세에 성결신학교에 입학하여 신학을 공부하고 목회자의 길로 들어섰다.[27] 그는 신학생 시절에도 지나친 신비주의적 성향 때문에 동료 학생들로부터 이단 혐의를 받았다고 한다.

이재록은 1982년 신학교 재학 중 서울 구로구 구로동 구로공단 지역에 만민중앙교회를 개척했으며, 만민중앙교회는 창립 20년이 된 지금(2001년) 30여 개의 지교회와 6만여 명의 신도를 지닌 대형교회로 성장했다.

이재록은 1990년 5월 이단 혐의로 소속 교단인 예수교대한성결교회 총회로부터 목사 파직을 당했으며, 그가 반성하지 않자 제명되었다. 제명된 후, 그는 예수교대한연합성결교회라는 새로운 교단을 만들어 자신이 직접 총회장에 취임했으며, 이어 연합성결교신학교를 세웠다.

이재록은 해마다 5월이면 서울 시내 곳곳의 육교 난간에 2주 연속 특별대성회를 알리는 현수막을 내걸고 집회를 한다. 따라서 그는 한국기독교계뿐만 아니라 일반 사회에서도 널리 알려진 인물이 되었다.

---

27 이재록이 다녔던 성결신학교는 대한예수교성결교회(혁신 측)가 운영하던 무인가 학교였으며, 그 교단이 대한예수교성결교회(성결대 측)와 통합함에 따라 폐쇄되었다.

그는 현재 만민중앙교회 담임목사직 외에도 예수교대한연합성결교회 총회장, 연합성결신학교 이사장, 워싱턴 기독교복음방송국 이사장, 민족복음화신문 사장, 한국기독교복음주의총연맹 공동의장, 2002년 월드컵선교단 부총재, 민족복음화운동본부 상임회장, 기독교부흥선교협의회 상임회장 등 많은 직책을 맡고 있다. 그리고 국내 기독교, 극동, 아세아방송 등에서 수많은 설교를 했으며, 미국, 캐나다, 호주, 뉴질랜드 등지에서도 방송을 하고 있다. 또한 한국일보 외 국내외 10개 언론에 칼럼 내지는 설교문을 싣고 있다.

이렇듯 이재록이 끊임없이 제기되는 이단 시비에도 불구하고, 각종 방송에서 설교를 하고, 신문에 칼럼을 연재하며, 기독교 단체의 대표나 임원으로 활동하는 등 그의 영향력을 확대할 수 있었던 것은 기독교계 내부의 지원과 후원이 있었기 때문이다. 실제로 이재록의 이단 시비가 공론화되자, 어느 유력한 목사는 이재록과 관계를 끊겠다는 성명서를 지상에 발표하기도 했다.

____ 2. 무엇이 문제인가?

기독교 이단은 여러 유형으로 분류할 수 있다. 그중 하나가 극단적 신비주의 형태의 이단이다. 직통 계시와 신비 체험을 강조하고, 성경 말씀보다 신비 체험에 더 권위를 부여하는 것이 특징이다.

이재록은 극단적 신비주의에 속하는 직통 계시파로 분류된다. 그는 음주, 도박, 이성 문제 등 도덕적인 면에서도 문제가 많은 것으로 지적되고 있으나, 가장 문제가 되는 것은 직통 계시와 대언을 강조하는 극단적 신비주의와 그에 대한 신격화, 우상화 현상이다. 교리적으로 문제가 되는 것은 교회, 구원, 종말과 내세 등에 대한 그의 견해다. 특히 그가 강조하는 직통 계시와 대언은 그의 계시론에 문제가 있다는 것을 말해 준다. 그러나 그는 교리적인 면에서보다 오히려 신앙 양태에서 더 이단성과 사이비성을 지니고 있다고 할 수 있다.

이재록은 그의 주장을 체계화한 것이 없으며, 단지 설교나 간증을 통해 그의 체험을 증거하고 있다. 따라서 그의 설교에 나타난 문제점을 단편적으로 지적할 수밖에 없다.

a. 직통 계시와 대언

이재록은 직통 계시와 대언을 강조하며, 그것이 그의 만민중앙교회가 성장하게 된 주 요인이기도 하다. 이재록은 1983년 5월부터 계시를 받기 위한 작업을 시작했다고 한다. 주일예배를 마친 후에는 계시를 받기 위해 기도원으로 들어가 목요일까지 성경을 읽으며 기도했다. 그는 금식하고 철야하며 기도한 지 7년 만에 하나님의 응답을 받았다고 한다. 사도 요한이 밧모 섬에서 계시를 받은 것처럼 계시를 받았다는 것이다. 친히 하나님으로부터 성경 난해 구절에 대한 설명을 받았으며, 창세기, 출애굽기, 계시록을 비롯하여 성경 전체의 주요 부분에 대한 계시를 받았다. 특히 천국에 관한 계시는 대학 노트 100페이지가 넘는다고 한다. 그는 1982년 만민중앙교회 개척을 비롯해 그의 활동과 사역이 철저히 계시에 따른 것임을 강조한다.[28]

이재록은 하나님과 교통하므로 대신 말하게 하는 것을 대언이라

---

28 이재록,《죽음 앞에서 영생을 맛보며》(서울: 우림, 1981), pp.166. 194.

정의하고 그 성서적 근거로 에스겔서 37장 1-28절을 제시한다. 그는 40일 금식기도를 하면서 에스겔에게 대언을 주신 것같이 대언자를 달라고 기도했다고 한다. 그리고 기도 응답으로 하나님의 대언자 한정애 전도사를 얻었으며, 교회 개척을 시작했다고 한다. "나에게 만세 전에 택한 종이라는 인침을 주셨던 하나님은 한정애 전도사에게 대언의 말씀을 주시며 주의 종으로 부르셨다." 그는 자신이 설교하는 말씀은 대언을 통해 받은 것이라고 주장한다. 하나님은 한 전도사를 통해 말씀을 대언하시며, 그 대언을 통해 만민중앙교회가 발전하고 많은 역사와 기적이 일어났다는 것이다.[29]

이재록은 설교를 통해 신자들에게 영안이 열려야 한다는 것과 영안을 통해 선지자나 하나님을 볼 수 있어야 한다는 것을 강조한다. 그는 하나님이 만민중앙교회에 친히 내려올 것이라고 공언하고, 영안이 열려 하나님을 볼 수 있도록 기도하기도 했다. "영안아 활짝 열려라. 영안 활짝 열려라. 영안들아 활짝 열려라…." 영안이 열리면 만민중앙교회에 와 있는 천사들을 볼 수 있다고 주장하면서 천사의 모습이 카메라가 찍은 화면에 잡혔다고 주장한다. "선지자님들 우리 예배드릴 때 대거 오시니까요. 이런 분들이 오시고 우리 예배에 참석하시고 기도하십니다."[30]

또한 이재록은 자신이 안수기도한 비디오카메라에 선지자, 사도

---

29 Ibid., pp.140, 163.

30 만민중앙교회 예배 중 사회자가 "화면, 당회장 바로 윗편으로 보면 하얗게 나와 있는 부분이 있죠? 2층 발코니 쪽, 좌측에 천사가 날개를 펴고 지금 거기 있는 것을 볼 수 있습니다"라고 하자, 이재록은 "천사 보세요. 영안이 안 열리신 분들도 지금 보입니다. 영안이 안 열리신 분도 지금 볼 수 있어요"라고 말했다.

들, 예수님과 하나님의 모습이 잡혔다고 주장한다. 이재록은 교회 내 기둥에 나타난 인물이 예수님이라고 설명하면서 "제가 비디오하고 카메라에도 안수했는데 카메라에도 여러 모습들이 잘 잡혔는데요. 전에는 선명하게 금가루 뿌리는 것이 잡힌 것을 볼 수 있었죠."[31] "제가 오늘은 일찍 와서 카메라, 방송 장비, 또 위성을 통해 나가는 화상, 비디오카메라까지 전부 제가 안수를 했습니다… 안수할 때, 천사들이 와서 테이프를 천국 테이프로 갈아 버립니다. 그리고 렌즈 같은 것을 천국 것으로 갈고 또 점검하는 것을 볼 수 있었습니다. 그래서 영의 세계가 찍힐 수 있도록, 영의 세계가 담길 수 있도록 천사들께서 오시는 것을 볼 수 있었습니다."[32]

이재록은 하나님의 보좌가 만민중앙교회에 내려왔다고 주장한다. "하나님의 보좌가 내려오는 것을 볼 수 있도록 역사해 주셨고, 제가 금요철야 단에 오를 때, 단에 오르는데 주님의 제자들이 전부 다 서 계시다가 제가 올라올 때 인사하고 앉는 모습들을 여러분들이 보셨습니다… 너무나 감사한 것은 금요철야 때 십자가를 통해서 보좌가 내려왔잖습니까?"[33]

정통 교리에 따르면, 성서적 계시는 정경의 완성과 더불어 종료되고 계시에 대한 조명만 계속된다. 이재록이 직통 계시나 대언을 강조하는 것은 계시의 종국성을 부정하고 새로운 계시를 주장하는 것이나 다름없다. 또한 직통 계시, 대언, 환상, 체험, 그 무엇도 성경 이상의 권

31 1998년 7월 5일 만민중앙교회 주일 저녁 예배, 7월 10일 금요철야집회.

32 1998년 7월 17일 만민중앙교회 금요철야집회.

33 Ibid.

위를 가질 수 없다. 그럼에도 이재록은 성경 말씀보다 직통 계시나 대언에 더 권위를 두고 있으며, 신비 체험에 지나치게 의존하고 있을 뿐만 아니라 신자들을 그런 신앙의 양태로 유도하고 있다. 또한 천사나 구약 선지자, 하나님과 같은 영적 존재가 카메라에 잡혔다고 주장함으로써 사진 합성 또는 조작 시비를 일으켰다. 기독교 전체에 부정적 영향을 미치고 있는 것이다.[34]

b. 이재록의 신격화

하나님이나 가능한 일을 자신이 할 수 있다고 주장하거나 하나님보다 자신의 영광을 나타낸다면, 그것이 곧 신격화다. 또한 세상의 그 어떤 것을 하나님의 권위까지 올리는 것이 우상화다.

이재록은 자신을 하나님이라고 하거나 신격화한다는 것을 부정한다. 그러나 그가 하나님에게 속한 것이나 하나님만이 할 수 있는 일을 자신도 할 수 있다고 주장하는 것, 그리고 만민중앙교회 신자들이나 추종자들이 그를 도가 지나치게 추앙하는 것은 그의 대한 신격화의 증거가 된다.

이재록이 자신의 신격화 현상을 부정하는 것은 당연하다. 이단이 자신을 이단이라고 인정하는 경우는 없는 법이다. 기독교 목사로 자처하면서, 자신의 신격화를 공개적으로 말할 수 있는 사람은 아마도 없을 것이다. 곧 자신이 이단임을 인정하는 것이기 때문이다.

이재록의 신격화와 우상화 현상은 이재록 자신의 설교에서도 증

---

34 영상미디어 연구가들은 이재록이 제시하는 사진들은 속임수이며, 두 화면이 합성된 것이라고 지적하고 있다. 금가루라는 것도 사실은 종잇조각에 불과하다고 한다. 그런 현상은 카메라에 특수 렌즈를 부착하면 만들어 낼 수 있다고 한다.

거되고 있다. 그 대표적인 예를 몇 가지만 지적한다면 다음과 같다.

이재록은 1992년 8일 동안 부모로부터 받은 피, 자신의 몸속에 있는 모든 피를 다 쏟아 냈으며, 물을 마셔 죄성이 없는 새 피로 채워졌다고 주장한다. 그것은 물을 하나님의 말씀으로 해석하여, 자신의 피는 하나님의 말씀으로 만들어진 것이라는 주장에 근거한 것이다. 따라서 이재록은 자신의 피 안에는 죄성도 없고, 원죄와 자범죄도 없다고 주장한다.[35]

이재록은 죽음도 자신을 피해 갈 뿐만 아니라 자신은 하나님 보좌에 앉을 권세, 죽고 사는 권세가 있다고 주장한다. "나에게는 하나님 보좌에 앉을 권세와 죽고 사는 권세가 있다."

"'너는 그때 피 흘림으로 네게 원죄가 없어졌고, 그래서 너는 죽음이 너를 피해 가는 것이고, 악한 자가 너를 만지지 못한다'라고 말씀하셨어요."[36]

이재록은 자신이 아브라함, 선지자들, 제자들을 부르면, 사장이 전무를 부르면 오는 것처럼, 와서 자신에게 경배한다고 공개적으로 말하고 있다. "다니엘, 선지자, 아브라함… 우리는 직접 현실로 볼 수 있다, 이 말이에요. 왜? 그분들이 살아 계시니까, 천국에 계시니까 우리가 요청하면 아브라함, 선지자님! 요청하면 님자를 빼고도 요청하면 그냥 오신단 말예요."[37]

이재록은 자신과 하나님이 하나가 되었으며, 그 결과 자신이 해와

35　Ibid.

36　Ibid.

37　Ibid.

달과 별에 나타나며, 하나님 보좌에 있다고 주장한다. "너와 나는 하나이기 때문에 바로 해, 달 속에 빛 속에 넣어 세상에 공포하고 있노라." "왜 해 속에 제가 있나요, 왜 달 속에 제가 있나요?"[38]

이재록은 자신이 비와 같은 자연 현상을 중지하거나 병을 치료할 수 있는 초능력을 가지고 있다고 주장한다. 그가 가는 곳에는 비도 물러가고, 심지어 연탄가스도 물러가며, 그가 기도한 손수건만 만져도 병이 치료된다고 한다.[39]

이재록은 물 위로 걷는 것을 제외하고, 성경 66권의 모든 말씀을 다 이루었다고 주장한다. 예수님이 구약 율법을 완성하셨다면, 자신은 66권의 말씀을 이뤘다고 한다. "왜 하나님이 저를 그처럼 사랑하시는가… 또 해, 달 속에 저를 집어넣어 주셔서 하나님이 하나인 것을 세계에 선포하고 계시는가? 그 여러 가지 이유 중에 한 가지는 이 66권의 말씀을 이루었다는 것입니다."[40]

이재록은 자신을 신격화하지 않았다고 주장하나, 앞에서 지적한 그의 설교 내용은 오히려 그가 자신을 공공연히 신격화한다는 것을 증거하고 있다. 자신은 원죄와 자범죄가 없다는 것이나 죽음이 그를 피해 간다는 것, 성경 66권의 모든 말씀을 다 이루었다는 말 등은 이재록을 신격화하지 않고는 나올 수 없는 말들이다. 또한 만민중앙교회 신자들이 그의 사진을 집이나 사업장에 걸어놓거나 가슴에 품고 다니면서, 그것이 병마를 물리쳐 준다든가 또는 축복을 받게 한다는 식으

---

38 1998년 6월 28일 주일예배, 1998년 7월 5일 주일저녁예배, 1998년 7월 17일 금요철야집회.

39 1998년 6월 26일 저녁예배, 1998년 8월 9일 저녁예배.

40 1998년 6월 21, 28일 주일예배, 1998년 6월 26일 저녁예배.

로 그를 우상화하고 있다. 이재록이 신자들의 이런 행태를 막지 않고, 오히려 그에게 큰절을 하지 않는 신자들을 책망하는 것 등은 그의 신격화를 단적으로 드러내는 것이라 할 수 있다.[41]

또한 이재록이 부르면 아브라함이나 선지자들이 나타난다는 주장은 일종의 초혼사상에 속한다고 할 수 있으며, 성경은 이를 엄격히 금하고 있다(신 18:11). 그것은 무당이나 역술인이 하는 일이지 기독교 목사가 할 수 있는 것은 아니다.

c. 만민중앙교회의 특수화

이단들은 자기 집단만 구원을 얻는다고 주장하는 집단적 이기주의의 경향이 있다. 이재록은 만민중앙교회만이 구원이 있다고 직접적으로 말하지는 않는다. 그러나 하나님의 보좌가 만민중앙교회에 내려왔다든가, 하나님이 직접 만민중앙교회에 강림했다는 등의 주장은 그가 자신의 교회를 일반 다른 교회와 구별되는 특별한 교회로 간주하고 있다는 것을 말해 주며, 그 역시 집단 이기주의의 범주에 속하는 것으로 이해된다.

이재록이 만민중앙교회를 특수화하는 사례는 그의 설교와 발언 곳곳에서 발견된다. 1998년 7월 5일 주일 저녁예배에서 1998년 7월 3일에 만민중앙교회에 보좌가 내려왔으며, 만민중앙교회에 새 예루살렘 열쇠를 놓고 가셨다고 한 것, 1998년 7월 10일 금요철야집회에서 2천년 전 성경에 기록된 인물들이 다른 곳에서 나타나는 일이 없었던 반면, 만민중앙교회에는 2천 년 전 모습 그대로 재현된다고 한 것, 1998년

---

41 1998년 5월 15일 금요철야예배.

7월 17일 금요철야집회에서 만민중앙교회에서 예배드릴 때, 하늘에서도 천군 천사들이 똑같이 예배를 드린다고 한 것, 이재록의 요청과 기도로 하나님이 많은 선지자들을 대동하고, 천사장들의 호위 속에서 만민중앙교회에 오셨다는 것, 그때 만민중앙교회에 열린 천국 문이 예수님의 재림 때까지 계속 열려 있을 것 등이다

만민중앙교회의 특수화는 만민중앙교회 교인들은 이재록과 끈으로 연결되어 있어 천국의 최고 단계, 즉 새 예루살렘에 바로 들어간다는 주장에서 그 절정에 이른다. 이재록에 따르면, 천국은 5단계로 구성되어 있다. 1단계는 낙원으로, 상급과 행함이 없는 자가 들어가는 곳이다. 2단계는 1층 천으로, 썩지 않는 면류관을 받을 자가 가는 곳(고전 9:25-27)이다. 3단계는 2층 천으로 영광의 면류관을 받을 자가 가는 곳(벧전 5:4)이고, 4단계는 3층 천으로 생명의 면류관를 받을 자가 가는 곳(약 1:12, 계 2:10)이며, 마지막 5단계는 새 예루살렘으로 의의 면류관, 금면류관을 받을 자가 가는 곳(딤후 4:8, 계 4:4)이다. 이재록은 자신과 연결되어 있는 사람들은 바로 새 예루살렘에 들어가 살 수 있다고 주장한다.[42]

이러한 만민중앙교회 특수화는 이단, 사이비 집단에서 전형적으로 발견되는 자기 집단에만 구원이 있다고 보는 집단적 이기주의 현상과 유사하다. 특히 하나님이 만민중앙교회에 직접 오셨다는 주장이나 새 예루살렘 열쇠를 놓고 가셨다는 것, 이재록과 연결된 자가 새 예루살렘에 들어갈 수 있다는 것, 이재록이 심판 날에 주님 옆에서 성도들을 위해 직접 변호해 줄 것이라는 발언 등은 이재록의 신격화를 암

---

42 1998년 7월 17일 금요철야집회 2부: 하나님 임재 실황 중계.

시할 뿐만 아니라 신자들을 만민중앙교회에만 구원이 있는 것처럼 오도하게 만든다. 따라서 성경이 증거하는 교회의 보편성을 손상시킬 우려가 있다고 아니할 수 없다.

또한 천국을 5단계로 구획화하는 것은 성서적 교훈이 아니며, 이재록이 자신과 만민중앙교회를 특수화하기 위해 성경 말씀을 자의적으로 해석하여 만든 상상의 산물이다. 내세를 천국과 지옥 이외의 여러 곳으로 나누는 것은 중세 로마 가톨릭 교회에서나 있었던 것이요, 개신교에서는 찾아볼 수 없는 현상이다.

'낙원'은 이재록의 말처럼 상급이 없고 행함이 없는 사람들이 들어가는 천국의 1단계를 말하는 것이 아니다. 낙원은 천국 자체나 혹은 사후 성도들이 부활 때까지 머물게 되는 거처를 의미한다. 십자가에 달리신 예수님께서 오른편 강도에게 오늘 함께 낙원에 이를 것을 말하신 것이나(눅 23:43), 바울이 낙원과 천국을 동일시한 것(고후 12장), 그리고 낙원에도 생명나무가 있다고 한 것(계 2:7)과 같은 성경 말씀은 낙원이 천국의 1단계라는 이재록의 주장과 전혀 일치하지 않는다. 또한 "영광의 면류관"과 "생명의 면류관"과 같은 성경의 표현은 천국의 상급을 말하는 것이지(약 1:12, 벧전 5:4, 계 2:10), 천국의 단계나 계층을 말하는 것이 결코 아니다.

결론

지나친 신비주의와 체험주의를 경계해야 한다. 체험적인 신앙은 필요하나 성경에 근거한 체험이라야 한다. 성경 말씀보다 인간의 체험에 더 권위를 두거나 의존하게 되면, 우상화에 빠지게 된다. 성경을 능가하거나 역사를 외면하는 신비 체험은 위험할 뿐만 아니라 공허하다.

직통 계시와 대언을 강조하는 것은 극단적 신비주의자들의 공통된 특징이다. 이재록은 직통 계시나 대언을 성경 말씀과 동일시하거나 오히려 그것에 더 권위를 부여하고 있다. 이재록의 주장은 그의 신격화와 만민중앙교회 특수화로 연결된다는 것을 부정하기 어렵다.

이재록이 주장하는 신비 현상들이 실제 일어난 사실이라면, 그것은 지나친 신비주의요, 실제로 일어나지 않은 것이라면 속임수다. 성경은 사탄의 표적과 거짓 기적을 경계한다(살후 2:9).

이재록은 이미 1990년 5월 그가 속했던 교단으로부터 이단으로 규정되었다. 그것은 그의 지나친 신비주의 신앙 양태 때문이었다. 우리는 직통 계시와 대언을 강조하여 한 개인을 신격화하고 어느 한 교회를 특수화하는 현상을 철저히 경계해야 할 것이다.

• 이 글의 출처: 이단사이비대책위원회, "이재록과 만민중앙교회," 《구원은 있는가》 2 (서울: 기독교대한성결교회 출판부), 2001.

4장

신천지예수교
증거장막성전

서론

박태선의 전도관과 문선명의 통일교는 한국 토종 기독교 이단 종
파의 쌍벽을 이루며 수많은 이단 종파 태동에 큰 영향을 미쳤다. 흔히
신천지로 불리는 '신천지예수교 증거장막성전'도 전도관에 뿌리를 둔
집단 가운데 하나다.

한국 개신교 주요 교단은 신천지를 이단으로 규정하고, 기독교 언
론 매체는 '신천지 아웃' 캠페인을 벌리며, 교회나 신학교는 대부분 그
입구에 '신천지 추수꾼 출입금지' 경고문을 붙이고 있다.[43] 이는 교회
에 대한 신천지의 폐해가 어떠한지를 반증하는 것이기도 하다. 이만희
는 어떤 인물이고 신천지는 어떤 종파이기에, 한국 교회가 이렇듯 그
것을 경계하고 있는 것인가?

---

43 장로교회 총회, 즉 1995년 예장 통합, 2003년 예장 합신, 2005년 예장 고신, 2007년 예장 합
동, 그리고 2008년 예장 대신 총회가, 그리고 1999년 기독교 대한 성결교회 총회는 신천지를 이단
으로 규정했다.

이 물음에 답하려는 것이 이 연구의 목적이다. 따라서 주 관심은 신천지의 주장이나 성경 해석을 일일이 비판하거나 논박하는 데 있는 것이 아니라 신천지가 어떤 집단인지를 파악하려는 데 있다. 신천지의 형성 과정을 약술하고 그 핵심 개념을 중심으로 무엇을 주장하며 그 것을 어떻게 전파하는지를 탐색하여 기독교 전통 교리와 무엇이 다른 지를 비교하려고 한다.

1. 이만희와 신천지의 태동

신천지는 한국 토종 기독교 이단 종파가 낳은 또 다른 이단이다. 박태선의 전도관을 시작으로, 유재열의 장막성전과 백만봉의 재창조 교회를 거쳐 종파 창립에 이르는 교주 이만희의 신앙 편력이 이를 말 해주고 있다. 그렇다면, 이만희는 어떤 사람인가?

이만희는 1931년 9월 15일 경북 청도군 풍각면 현리에서 출생하 여 어려운 가정형편으로 정규교육을 거의 받지 못하다가 17세 때 서 울로 올라와 건축 일에 종사했다. 서울의 천막 교회에서 침례를 받았 으며 고향으로 내려간 후에는 장로교회에 출석했다.[44]

1957년 이만희는 신비 체험을 통해 부천 소사에 있는 "신앙촌으 로 가라"는 하나님의 계시를 받았다고 하며, 그 지시에 따라 박태선의 신앙촌에 들어가 근 10년 동안 신도 생활을 했다. 그가 전도관을 떠난 것은 유재열의 영향 때문이었다. 1967년 이만희는 장막성전 유재열의 설교에 감명을 받고 장막성전에 들어가 일곱 천사 가운데 하나로 활

44 한창덕, 《한 권으로 끝내는 신천지비판》 (서울: 새물결플러스, 2013), pp.89-90.

동했다. 그렇지만 유재열은 1969년 11월 1일 종말 예언 실패와 이성 및 재정문제 노출로 위기에 처하자, 장막성전을 제자 오평호에게 넘기고 미국으로 가버리고, 그의 다른 제자들도 이탈하여 각각 다른 장막성전을 열었다. 이만희는 유재열과 송사까지 벌렸지만, 결국 재산을 날리고 장막성전을 떠났다.[45]

1978년 이만희는 자칭 하나님이라고 주장하던 백만봉의 재창조 교회에 들어가 사도직을 맡았다. 1980년 3월 13일에 종말이 온다고 한 백만봉의 예언 역시 실패로 드러나자, 이에 실망한 이만희는 그를 떠났다. 1980년 이만희는 그의 집에 홍종효와 더불어 추종자들을 모았으며 1984년 '신천지예수교 증거장막성전'이란 이름으로 이를 공식화했다. 그들은 두 증인, 혹은 모세와 아론으로 자처하며 전자는 설교를, 후자는 사회를 맡아 집회를 인도했지만, 1987년 서로 자신이 재림 예수라고 주장하며 충돌하다 갈라섰다.[46]

1990년 신천지는 무료 성경신학원을 설립하여 3개월 과정 수강생을 모집하고 그들을 통해 전국적인 조직망을 만들었다. 2000년에는 근거지를 과천으로 옮겼으며, 전국에 12개 지파, 55개 지 교회, 266개 선교센터를 가지고 있다.《현대종교》에 따르면, 신도 수는 2017년 12월 말 기준 총 18만 6천여 명에 이르고 산하 기관으로 '시온기독교신학원', '기독문화센터', '주만나선교센터', '천지일보' 등을 운영하고 있다.[47]

45 현대종교 편집국,《신천지와 하나님의 교회 정체》(서울: 월간 현대종교 2007), p.12.

46 Ibid, p.13

47 2018년 신천지 교세현황,《현대종교》참조.

_____ **2. 무엇을 주장하는가**

신천지는 통일교 출신 김건남과 김병희가 쓴《신탄》을 한때 교리서로 사용했지만, 현재는 이만희의 요한계시록 해석에 근거한 교리를 신봉하고 있다. 이만희의 저술 대부분이 요한계시록에 관련된 것이 이를 말해주고 있다.[48]

이만희의 저술이나 신천지의 교리는 독창적인 것은 아니고 박태선의 전도관, 유재열의 장막성전, 백만봉의 재창조교회를 비롯하여 여러 종파의 주장을 혼합한 것 같다. 특히 그 골조는 유재열의 장막성전 것과 유사하다.[49]

신천지는 직통 계시를 강조하는 한편, 성경을 비유로 풀이하며 교주 이만희를 신격화하고, 그 신도 14만 4천 명이 차면 과천에서 시작되는 신천지에서 영생한다고 가르치고 있다.

a. 재림주, 보혜사 성령

이만희는 자신에 대해 무엇이라 말하며, 그 신도들은 그를 누구로 믿고 따르고 있는 것인가? 그는 '다른 보혜사', '이긴 자', '요한', '약속한 목자', '인 치는 천사', '두 증인' 등의 호칭을 자신에게 적용하고 하나님으로부터 심판과 구원의 권세를 부여받았다고 주장하는 방식으로 자신이 재림 예수임을 내비치고 있다.

첫째, 재림 예수다. 신천지는 초림 예수와 재림 예수를 구분하여

---

48 이만희의 저술로는《천국비밀-계시록의 진상》,《계시록의 실상》,《계시록의 완전해설》,《성도와 천국》,《영원한 복음 새 노래 새 계시록 완전해설》,《하늘에서 온 책의 비밀 계시록의 진상 2》 등이 있다.

49 한창덕,《한 권으로 끝내는 신천지비판》, pp.83-102.

그들을 별개의 인물로 간주하고, 재림주는 예수라는 이름이 아니라 다른 이름으로 온다고 한다. 여호와 하나님의 새 이름이 예수라면, 예수의 새 이름이 다른 보혜사라는 것이다.

> 초림 때에 하나님께서 영으로 예수님에게 오사 함께 역사하셨던 것같이 재림의 예수님도 하늘에서 육신으로 오시는 것이 아니라 신령체로 오사 이 땅에서 이긴 자를 택하여 영적 이스라엘(승리자)로 세우시고 그와 함께하여 하늘 영계에서 이룬 것같이 하나님의 나라와 백성을 창설하신다. 이기는 자는 하나님의 아들이 되고 하나님의 보좌에 예수님과 같이 앉아 이스라엘 12지파를 다스리게 된다.[50]

예수는 사람으로 오신 하나님이라는 기독교 정통 교리와 달리, 이만희는 성령이 인간 예수의 육체에 임한 것이며, 재림 예수도 그와 같다고 주장한다. 이는 육으로 온 재림 예수가 이만희라고 암시하는 동시에, 그를 예수 그리스도와 동격으로 대하는 것이다.

둘째, 보혜사 성령이다. 이만희는 성령과 보혜사 성령을 구분한다. 구약에서 성부가 선지자 요엘을 통해 오순절 성령을 약속했고, 신약에서는 성자가 사도들에게 보혜사 성령(요 14:16)을 약속했다. 이만희는 오순절에 강림한 성령은 전자이고 그 자신은 후자, 즉 예수가 약속한 '또 다른 보혜사'라고 주장한다. 다른 보혜사, 곧 진리의 영이 자신에게 강림하여 보혜사 성령이 되었으며, 성경의 모든 비밀은 그를 통

---

50 이만희, 《성도와 천국》(안양: 도서출판 신천지, 1995), p.217.

해야만 알 수 있다고 한다. 예수는 계시의 말씀을 그에게만 알려주었을 뿐만 아니라 그는 성령과 천사를 통해 요한계시록 예언 성취의 실상을 보고 들었기 때문이다. 따라서 그는 그것을 전하기 위해 하나님의 보냄을 받은 새로운 시대의 사명자요, 대언자로 자처한다.

> 다시 오시는 예수님은 구약의 여호와가 신약의 예수로 오신 것 같이 성령으로 육체 요한에 임하셨으니 이 요한이 예수님의 이름으로 온 다른 보혜사요 예수님의 새 이름으로 온 대언자다.[51]

셋째, 말세 구원자다. 이만희는 인류 역사를 육적 이스라엘, 영적 이스라엘, 새 이스라엘로 구분하고, 그 진행을 배도 멸망 구원의 순환 구조로 해석한다. 배도 멸망 구원은 "신구약 사건의 노정"이다.[52] 육적 이스라엘 시대는 하나님이 여호와로 나타난 구약시대를 말한다. 영적 이스라엘 시대는 성자 하나님이 예수로 나타난 신약시대를 말하며 예수의 초림에서 시작하여 1980년대 초에 이르는 시대다. 하나님은 시대별로 구원자를 보내주시며. 초림 예수는 그의 시대의 구원자요, 여러 구원자 가운데 하나다.[53] 1984년부터 시작된 새 이스라엘 시대는 성령 하나님이 보혜사로 나타난 재림 예수 시대를 말하며, 이 시대의 구원자는 이만희라고 한다. 요한계시록은 그를 통해 성취되며, 그를 믿고, 그에게 가야 구원 얻고 천국도 맞이할 수 있다. "성령이 육체에

---

51 이만희,《영원한 복음과 새 노래 계시록 완전 해설》(안양: 도서출판 신천지, 1986), pp.71-72.

52 이만희,《천국 비밀 계시》, p.14.

53 이만희,《영원한 복음과 새 노래 계시록 완전 해설》, p.39.

임하여 역사하는 이 놀라운 사건을 믿음으로 받아들이자. 초림 때와 같은 방법으로 한 육체에 그리스도의 성령이 임하신 후 그는 메시아로서 인류 구원의 사명을 수행한다." [54]

넷째, 이긴 자요 약속의 목자다. 이만희는 하나님과 예수로부터 세상을 심판하는 철장과 만국을 다스리는 이긴 자의 권세를 받았다고 주장한다. "예수님은 사단과 싸워 이기는 그에게 만국을 다스리는 철장과 새벽별을 준다고 하셨으니, 만국을 다스리는 철장은 감추인 진리의 말씀이요 새벽별은 새 하늘 새 예루살렘의 지도자(계 22:17)를 준다는 말이다." [55] "이기는 자는 하나님의 아들이 되고 하나님의 보좌에 예수님과 같이 앉아 이스라엘 12지파를 다스리게 된다." [56]

이렇듯 이만희는 자신을 재림 예수로 암시하거나 보혜사 성령으로 자처하며, 마지막 계시 시대의 구원자라고 자신을 신격화하고 있다.

b. 성경 암호를 푸는 짝짓기

신천지가 교주 이만희를 재림 예수 혹은 보혜사 성령이라고 주장하는 도구가 짝짓기 풀이다. 그것은 신천지 성경 해석 방법의 특징인 동시에, 이만희를 신격화하는 장치이기도 하다. 짝짓기 풀이는 성경의 단어와 문맥을 자르거나 덧붙이고 끼워 맞춰 그 주장을 정당화하는 것이다.

신천지에 따르면, 성경은 비유와 상징으로 이루어진 영적 의미를

---

54 이만희, 《천국비밀 계시록의 진상》(안양: 도서출판 신천지, 1985), p.355.

55 이만희, 《영원한 복음과 새 노래 계시록 완전 해설》, p.84.

56 이만희, 《성도와 천국》, p.217.

지닌 암호다. "성경의 말씀은 영적 말씀이요 육적 말씀이 아니다. 다만 육계를 빙자한 비유 비사인 상징의 말씀이다."[57] 특히 요한계시록은 "앞으로 일어날 일에 대하여 빙자와 비유와 비사로 기록"한 것이다. 이 비유를 깨닫지 못하면 "천국의 비밀을 알 수 없으며 하나님의 진정한 믿음의 자녀와 천국 백성은 될 수 없다."[58]

그렇다면, 성경의 비유를 어떻게 알 수 있는가? 신천지에 따르면, 그것은 문자적으로 이해해서는 안 되고 비유 풀이를 해야 한다. 비유 풀이 방법이 짝짓기다. 성경 본문의 단어나 문장을 분해한 후, 여호와의 책에는 제 짝이 없는 것이 없다는 말씀(사 34:16)에 근거하여 그 짝을 찾아 의미를 밝히는 것이다. 따라서 신천지는 짝짓기를 성경 암호를 푸는 열쇠로 간주한다.

그렇지만 누구나 짝짓기 풀이를 통해 성경의 비유를 알 수 있는 것은 아니다. 이만희는 "성경에 기록된 신의 뜻은 진리의 성령이나 신의 계시를 받은 자만"이 알 수 있다고 말하고 있지만,[59] 실상은 그 자신만이 성경의 비유를 알 수 있다는 것이나 다름이 없다. 그의 진술이 이를 뒷받침하고 있다. "예언은 여러 사람이 여러 시대에 걸쳐 기록할 수 있지만 예언서의 풀이는 한 사람만이 할 수 있다." 그의 책은 "오직 살아계신 주님의 성령과 천사들로부터 보고 듣고 지시에 따라 증거한 것"이다.[60]

---

57 이만희, 《영원한 복음과 새 노래 계시록 완전 해설》, p.19.

58 이만희, 《성도와 천국》, p.25.

59 이만희, 《성도와 천국》, p.12.

60 이만희, 《천국비밀 요한계시록의 실상》(과천: 도서출판 신천지, 2011), pp.3, 29.

c. 실상으로 나타난 계시

이만희는 계시를 환상 계시와 실상 계시, 즉 예언과 성취로 나누고, 사도 요한이 받아 기록한 요한계시록은 미래 될 일에 대한 예언이라면, 이만희가 받은 계시는 그 예언대로 이루어진 실상이라는 것이다. 따라서 신천지 교리의 전제와 토대와 같은 것이 실상론이다.

이만희는 성경의 예언은 배도, 멸망 및 구원을 내용으로 반드시 실상으로 나타나며 "실상으로 나타나기 전에는 우리에게 구원도 천국도 영생도 없다"고 말한다.[61] 구약의 예언은 예수를 통해 실상이 이루어졌고, 신약 요한계시록의 예언은 이기는 자를 통해 한국에서 실상(實狀)으로 이루어졌다. 구약성경이 예수님 한 분을 증거하는 것이라면, 신약성경은 니골라 당과 싸워 이기는 자 한 사람을 알리는 것이다. 유재열의 장막 성전 분열과 이만희의 신천지 출현이 그것이다. 하나님은 장막성전의 유재열에게 이만희의 길을 예비하라는 사명을 부여했지만, 그는 그것을 배반하고 장막성전을 오평호에게 넘겨주었다. 오평호는 장막성전을 망쳤으나, 하나님은 그것을 회복하고 요한계시록의 실상을 이루도록 구원자요, 이기는 자로 보혜사 성령 이만희를 세웠다. 따라서 신천지는 이만희를 구원자로 믿고 있다. 그는 유재열의 배도 이후, 이긴 자로 공중에 들려 올라가 천사가 주는 책을 받아먹은 후, 신천지예수교 증거장막성전을 세웠다는 것이다. "계시록 종말의 대언자도 하늘에 올라가서 보고 들은 것을 증거한다."[62] 이만희는 장막성전의 분열과 신천지의 등장을 요한계시록 예언의 실현 과정으로

---

61 이만희,《영원한 복음과 새 노래 계시록 완전 해설》, pp.7-8.

62 이만희,《하늘에서 온 책의 비밀 계시록의 진상 2》(안양 : 도서출판 신천지, 1988), p.37.

풀이했다.

배도 멸망 구원의 공식을 근간으로 하는 실상론은 요한계시록 예언이 이만희와 신천지를 통해 20세기 한국에서 성취되었다는 것을 입증하고 교주 이만희를 재림 예수로 신격화하며 신천지의 출현을 정당화하기 위해 고안해 낸 논리라고 할 수 있다.

d. 14만 4천 명만 가는 천국

신천지는 인류 역사를 육적 이스라엘, 영적 이스라엘, 새 이스라엘, 3시대로 구분하고, 예수가 다른 보혜사로 재림한 1984년 3월 14일을 기점으로 새 이스라엘이 시작되었다고 한다.[63] 그렇다면 새 이스라엘은 누구를 가리키는 것이며, 어떻게 새 이스라엘이 되는가? 신천지는 요한계시록이 언급하고 있는 14만 4천 명을 특히 강조하고 있다. 그것은 신천지에서 구원받을 수 있는 사람의 숫자인 동시에, 신천지가 지향하는 목표이기도 하다. 그렇다면, 신천지는 14만 4천 명에 대해 무엇이라고 하는 것인가?

첫째, 새 언약을 지키는 자다. 이만희에 따르면, 새 이스라엘 시대에 하나님의 자녀는 믿음으로만 되는 것이 아니라 행함으로 되는 것이다. "예수님을 믿는다고 해서 모두 하나님의 자녀가 되는 것이 아니라 예수님께서 세우신 새 언약을 지키는 자만 영적 새 이스라엘 열두 지파에 속하는 참 선민이 된다."[64] 신천지는 마태복음 24장과 요한계

---

63 이만희, 《천국비밀 계시록의 실상》(안양: 도서출판 신천지, 1993), p.18.

64 이만희, 《천국비밀 요한계시록의 실상》, p.137.

시록의 말씀을 새 언약이라고 한다.[65]

둘째, 새 언약의 말씀으로 인 받은 자다. 이만희는 자신을 하나님의 인을 치는 천사로 자처하며 그 인을 맞게 될 14만 4천 명이 새 이스라엘의 자녀요 제사장이라고 주장한다.[66]

해 돋는 곳에서 하나님의 인을 가지고 올라와서 12지파 14만 4천 명을 인 치신다. 해 돋는 곳은 지구의 동쪽을 말함이요, 하나님의 인은 성경 말씀을 말하는 것이요 12지파는 새로 창조되는 새 이스라엘을 말하는 것이다.[67]

인치는 일은 처음 하늘나라가 심판받아 없어진 다음에 인을 치기 시작하여 14만 4천 명을 인 치게 된다. 이들이 구원받을 하나님의 새 이스라엘 자녀이다.[68]

셋째, 순교자의 영을 덧입은 자다. 이만희에 따르면, 14만 4천 명은 주의 재림과 같은 방식으로 이루어진다. 예수의 영이 재림하여 이만희에게 임한 것같이, 12사도의 영이 재림하여 12지파장에게 임한다. 그리고 순교자의 영들은 재림하여 신천지 각 지파 1만 2천 명을 포함한 전체 14만 4천 명의 신도의 육체에 임한다. 이렇듯 신천지 신

65 이만희, 《하늘에서 온 책의 비밀 계시록의 진상 2》, p.522.

66 이만희, 《천국비밀 계시록의 실상》, p.108.

67 이만희, 《영원한 복음과 새 노래 계시록 완전 해설》, p.114.

68 Ibid., p.40.

도의 몸이 순교자의 영을 덧입는 것이 곧 죽은 자의 부활이다. 그들은 이 땅에 지상천국을 이루고 영원히 죽지 않게 된다.[69]

넷째, 신천지에서 죽지 않고 영생하는 자다. 신천지는 성경에 나오는 해 돋는 곳을 동방 한국으로, 그리고 에덴동산을 경기도 과천이라고 주장하며 천국은 과천에서 이루어진다고 주장한다. "이 역사는 지구 중 아시아, 아시아 중에서도 동방, 동방 중에서도 땅끝, 땅 모퉁이 한반도이며 한반도 중에서도 일곱 금 촛대가 있는 선천 세계(하늘나라)를 마치고 후천 세계(새 하늘 새 예루살렘)의 역사가 펼쳐지는 것"이다.[70]

_____ 3. 어떻게 전파하는가

신천지는 교회 내부로 침투하여 교인을 미혹하는 한편, '한국 기독교 총연합회'를 이단이라고 역공하는 대담한 행각을 펼치고 있다.[71] 그것은 인류 역사를 3시대로 구분하는 그들의 신념에서 비롯된 것이다.

신천지에 따르면, 구약시대는 씨가 뿌려질 것을 예언한 시대라면, 신약시대는 교회에 복음의 씨를 뿌린 시대다. 그리고 예수 재림 이후 전개되는 마지막 계시 시대는 씨를 뿌린 교회에서 알곡을 수확하는 시대다. 신천지는 교회를 그들이 추수해야 할 밭으로, 그리고 교인을 곡식으로 간주한다. 따라서 그들의 훈련된 전도 요원 추수꾼을 교회에

---

69 이만희, 《성도와 천국》, p.224.

70 이만희, 《영원한 복음 새 노래 계시록 완전해설》, pp.114, 227.

71 신천지 총회교육부, 《신천지 정통 교리와 부패한 한기총 이단교리》 (과천: 도서출판 신천지, 2016).

잠입시켜 수단 방법을 가리지 않는 소위 '모략'이라는 방법으로 교인을 신천지로 빼 내간다. 특히 소형 교회를 대상으로 신천지 신도를 동원하여 교회 성장을 가장하며 목회자와 교인 사이를 이간질시켜 목회자를 내쫓고 교회를 통째로 접수하기도 한다. 이것이 소위 '산 옮기기 전략'이다.

신천지의 포교 활동은 철저히 분업적이다. 포섭 대상의 신상 정보 파악, 신분 위장을 통한 접근, 성경에 대한 궁금증 유발과 성경공부 유도, 목회자와 교인 사이의 이간질 등을 분업화하여 교인들에게 접근한다. 이 과정은 몇 단계로 정리할 수 있다.

첫째 정보 수집이다. 인터뷰나 설문조사, 심리상담 유형 검사, 대학 동아리 등을 활용하여 포섭 대상에 대한 기본적인 개인 정보를 수집한다.

둘째, 섭외 활동이다. 수집된 개인 정보를 활용하여 맞춤 전략으로 자연스럽게 접근하여 신천지나 이만희 등을 전혀 언급하지 않으면서 인간적 신뢰 관계를 쌓는다.

셋째, 복음방 등록이다. 친밀한 관계가 이루어지면, 자연스럽게 복음방으로 인도한다. 복음방은 소그룹으로 1-3개월 동안 성경과 신천지 교리를 공부하는 곳이다.

넷째, 센터 소개다. 복음방을 통해 신천지의 기초 교육을 마치면, 6개월 과정으로 성경 공부하는 센터, 무료성경신학원으로 인도한다. 이 과정을 이수하면, 신천지의 정식 교인이 되는 것이다.

결론

신천지는 예수교라 자처하면서도 기독교 전통적인 교리와 전혀 다른 주장을 펼치고 있다. 신천지가 강조하는 주장 대부분은 기독교 전통적인 신앙과 궤를 달리하는, 이단적 요소를 포함하고 있다.

첫째, 아전인수격인 삼위일체 하나님 이해이다. 신천지는 하나님을 성령으로 간주하고, 그로부터 파생한 것이 성자와 보혜사 성령이라고 한다. 삼위일체 하나님은 하나님의 성령이 예수의 육체에 임하여 성자가 되고, 그 성령이 또한 이만희의 육체에 임하여 보혜사 성령이 된 것을 말한다.[72] 신천지는 그 근거를 이스라엘 민족의 족장 아브라함, 이삭 및 야곱의 혈연관계로부터 추론한다.

> 예수는 아버지의 이름으로 오셨고, 요한(보혜사)는 예수의 이름으로 오게 되는 것이다. 하나님=아브라함, 예수=이삭, 보혜사(요한)=야곱의 상징으로 오시니 오늘날 우리가 요한의 입장에서 오는 사명자를 만나야 한다.[73]

> 성령이신 성부(아브라함)는 성자 예수를 낳았고 성령이신 예수(이삭)는 성자 보혜사(야곱)를 낳으셨으니 이것이 삼위이다… 다시 말하면 구약 때는 아버지 하나님이요, 신약 때는 성자 예수님이요, 계시록에는 승리자 아들 보혜사이다.[74]

---

72 이만희,《천국비밀 계시록의 진상》, p.306.

73 이만희,《영원한 복음 새 노래 계시록 완전해설》, p.72.

74 이만희,《하늘에서 온 책의 비밀 계시록의 진상 2》, p.37.

이런 이만희의 주장은 한 분 성령 하나님이 구약시대에는 성령 성부로, 신약시대에는 성령 성자로, 그리고 재림 예수 시대에는 보혜사 성령으로 나타났다고 하는 양태론적 이해이며, 교주 이만희를 신적 존재로 격상시키려는 시도이다.

둘째, 유일한 중보자, 그리스도에 대한 부정이다. 하나님 아들 예수 그리스도는 인간이 되는 성육신을 통해 신성과 인성을 아울러 가진 존재이며 하나님과 인간 사이의 중보와 인간을 위한 구속 사역을 완성하신 유일한 구원자이다. 이만희가 예수님이 사람으로 오신 하나님이라는 사실을 부정하고 성령이 인간 예수의 육체에 임한 것이라고 주장한 것은 고대 교회가 이단으로 규정한 에비온주의나 역동적 군주론과 유사하다. 또한 이만희는 그리스도의 유일성을 부정하고 그를 단지 여러 구원자 가운데 하나로만 취급하고 있다. 왜냐하면 하나님이 시대마다 구원자를 보낸다고 주장하며, 초림 예수는 그 시대의 구원자에 불과한 것으로 간주하고 있기 때문이다.

셋째, 교주 이만희는 재림 예수다. 신천지는 초림 예수와 재림 예수를 구분하여 별개의 존재라고 주장하며 이만희를 보혜사 성령이요, 재림 예수로 믿고 있다. 따라서 신천지의 공식명칭 '신천지예수교 증거장막성전'에서 예수는 초림 예수가 아닌, 재림 예수 곧 소위 보혜사 성령 이만희를 가리키는 것이다. 따라서 신천지는 예수 그리스도를 믿는 기독교가 아니라 이만희를 구원자로 믿고 있는 집단에 불과하다.

넷째, 새 계시 문제이다. 이만희는 자신만이 예수로부터 계시를 받았으며 자신을 통해야만 성경의 모든 비밀을 알 수 있다고 주장한다. 따라서 자신이 실상 계시, 즉 예언대로 이루어진 것을 전하는 새로운 시대의 구원자라는 것이다. 이는 신약 정경의 완성과 더불어 하나님의 계시는 종료되고 그 계시에 대한 성령의 조명만이 계속된다는 기독교 정통 교리를 부정하는 반면, 이단 종파들의 전형적인 특징인 새로운 계시의 존재를 강조한 것이다.

다섯째, 교회 통일성의 파괴다. 신천지는 기존 교회 자체에는 구원이 없고, 그들이 추수해야 할 밭에 불과하다며 교인들을 미혹하는 한편, 신천지가 "새 예루살렘이요 인 맞은 자 14만 4천이 서게 될 시온산"이며 그들만이 구원을 얻어 영생한다고 주장한다.[75] 이는 고대 교회에서 일어난 몬타누스주의와 같이 교회의 통일성과 보편성을 파괴하는 주장이며, 교회가 묵과할 수 없는 이단적 행태다.

신천지는 전통 교회와 교인을 향해 대담하게 공격적으로 접근하고 있지만, 그 실상은 이단의 전형적인 특징을 명백하게 드러내고 있다. 따라서 교회는 신천지가 어떤 집단이며, 그 추수꾼이 어떻게 접근하는지를 교인들에게 정확히 알리는 한편, 성경에 대한 궁금증을 자극하는 그들의 전략에 대응하여 체계적인 성경 교육에 더욱 힘을 쏟아야 할 것이다. 특히 임의적인 해석으로 성도를 미혹하는 것에 대응하여, 한국 교회는 요한계시록에 대한 정통적인 해석을 정립하여 바른 이해를 도모해야 할 것이다.

---

75 이건남, 김병희, 《신탄-성경의 예언과 그 실상의 증거》 (안양: 도서출판 신천지, 1985), p.368.

5장

하나님의 교회
세계복음선교협회

서론

현대 들어 일부 진보적인 학자들은 전통 신학이 하나님을 단지 남성적인 형상만으로 이해한다고 비판하며 하나님을 남성과 여성 모두의 형상으로 진술하려고 한다. 주기도문을 '하늘에 계신 우리 아버지와 어머니여 이름이 거룩히 여김을 받으시오며'로 바꾸는 것도 그 가운데 하나다. 여성신학 급진파는 하나님을 남성적으로 이해하는 기독교를 포기하고 여신을 신앙의 대상으로 하는 새로운 형태의 종교를 주장하기도 한다.

이런 진보적인 신학보다 한 발 더 나가 하나님을 아버지 하나님과 어머니 하나님으로 이분화하는 도발이 한국 교회에서 일어났다. 하나님의 교회 세계복음선교협회의 행태가 그러하다.

2000년 한국 기독교 총연합회는 하나님의 교회 세계복음선교협회를 안식교 계열 이단으로 규정했으며, 2002년 예수교 장로회 통합

총회, 2003년 합신 총회, 2008년 합동 총회, 2009년 고신 총회와 기독교 대한 성결교회 총회 등이 그것을 각각 이단으로 규정했다.

하나님의 교회 세계복음선교협회는 신천지예수교 증거장막성전과 더불어 최근 한국 교회에 폐해를 끼치고 있는 대표적인 집단이다. 그렇다면, 그 교주 안상홍은 어떤 인물이며 무엇을 주장하는 까닭에 그와 그의 종파를 이단으로 규정하는 것인가?

1. 안상홍과 하나님의 교회 태동

안상홍의 생애에 관한 상세한 정보를 제공하는 문헌은 거의 찾아볼 수 없지만, 종파 홈페이지를 비롯하여 그에 관한 자료를 정리하면, 그는 1918년 1월 13일 전북 장수군 개남면 명덕리에서 출생하여 부산에서 성장했다. 1937년부터는 일본에 체류하다 1946년 귀국했다. 1947년에 흔히 안식교로 불리는 제7일안식일예수재림교에 입교하여 다음 해에 인천 낙섬에서 안식교 목사 이명덕을 통해 침례를 받았다. 1953년부터 하나님의 계시를 받았다고 주장하며 그리스도의 재림 시기와 절기 준수를 주장하는 안식교 내 '시기 파'에 동조하여 활동했다.

1962년 안식교가 안상홍의 시기 파 활동을 문제 삼아 그를 출교에 처하자, 그는 추종자 23명과 함께 안식교를 탈퇴했으며, 1964년 4월 28일 부산에서 현재의 하나님의 교회 세계복음선교협회의 모체, 하나님의 교회 예수 증인회를 창립했다. 그 후 포항, 풍기, 서울, 진도, 울산. 마산. 대구에 지회를 세워 교세를 확산시켰다.

안상홍은 부인 외에도 장길자를 비롯하여 소위 영적 부인이 있었다. 그는 이미 남편이 있는 여인을 '하나님의 신부'로 택하여 자신의 영적 부인으로 지명했다고 한다. 그렇지만, 그것이 공식적인 그의 후계자 지명인지는 논란이 되고 있다.[76]

1985년 2월 25일 안상홍은 슬하에 3명의 아들을 남기고 67세에 국수를 먹다 뇌졸중으로 급사했다. 그의 저서로는《천사 세계에서 온 손님들》,《하나님의 비밀과 생명수의 샘》,《새 생명과 신부, 여자 수건 문제 해석》,《선악과와 복음》,《성부-성자-성령 성삼위 일체 해설》,《모세의 율법과 그리스도의 율법》,《최후의 재앙과 하나님의 인》,《새 언약의 복음》등이 있다.

안상홍이 죽은 후, 하나님의 교회 예수증인회는 두 차례에 걸친 분열로 세 파로 나누어졌다. 1985년 하나님의 교회 예수증인회는 임시총회에서 본부 서울 이전과 안상홍의 영적 부인 문제 등에 대한 갈등으로 부산지부 측의 새언약유월절 하나님의 교회와 서울지부 측의 하나님의 교회 안상홍증인회로 갈라졌다. 전자는 영적 부인 장길자의 신격화를 비판하는 한편, 안상홍에 대해서도 선지자나 선생님으로 존경할 뿐이었다. 후자는 안상홍을 신격화하고 장길자를 하나님 어머니로 명명했으며, 그 후 교회 명칭도 하나님의 교회 세계복음선교협회로 변경했다. 한편, 절기 산출 방식 문제로 새언약유월절 하나님의 교회 내에서 또 한 차례 분열이 일어나 하나님의 교회 예수 증인회가 생겨났다. 이 세 분파 가운데 하나님의 교회 세계복음선교협회가 괄목할 만한 성장을 이루고 있는 반면에, 나머지 두 파의 교세는 미미한 실정이다.

---

76 현대종교,《하나님의 교회 정체》(서울: 현대종교, 2014), pp.12-13.

약칭하여 '하나님의 교회'로 불리는 하나님의 교회 세계복음선교협회는 김주철을 총회장, 그리고 장길자를 교주로 하고 있으며, 판교에 본부를 두고 있다. 산하 기관으로는 샛별 선교원, 총회신학원, 멜기세덱 출판사, 멜기세덱 성서교육원, 인터넷방송사 등을 운영하는 한편, 월간지인 〈십사만사천〉을 발간하고 있다. 하나님의 교회 측은 전세계 175개국에 7천여 교회, 2백 5십만 명의 신도를 가지고 있다고 주장하고 있으며, 한국에는 300여 교회와 수십만 명의 추종자가 있는 것으로 추정하고 있다.[77]

_____ **2. 아버지 하나님과 어머니 하나님**

하나님의 교회 포교원들은 흔히 "안식일은 무슨 요일인가", "성탄절은 12월 25일인가", "유월절을 지키고 있는가", "십자가를 어떻게 생각하는가", "하나님 어머니를 아는가" 등의 물음을 제기하며 접근하고 있다. 이는 정통 교회 가르침에 대한 비판과 자신들 교리의 특징을 암시하는 것이기도 하다. 하나님의 교회는 안상홍을 아버지 하나님, 재림 그리스도 또는 보혜사 성령으로 믿고 있다.

a. 아버지 하나님

안상홍은 생전에 자신이 하나님이라든가, 또는 재림 예수라고 명시적으로 주장하지 않았다. 그의 사망 직후 서울에서 열려 두 파로 갈라지게 된 임시총회가 그것을 정관에 넣어 명시한 것이다. 두 파 모두

---

77 하나님의 교회 세계복음선교협회 공식 홈페이지 www.watv.org 참조.

안상홍이 새 언약 유월절을 회복시켰다는 것에는 입장을 같이하지만, 새 언약 유월절 하나님 교회 측은 그를 선생님이나 선지자로 섬기는 데 반해, 하나님의 교회 세계복음선교협회 측은 그를 신격화하여 성령 하나님이나 재림 예수로 숭배하고 있다.

그렇다면, 하나님의 교회는 어떤 근거로 안상홍을 하나님으로 믿는 것인가?

첫째, 안상홍은 하나님의 새 이름이다. 이에 대한 성서적 근거로 내 세우고 있는 것은 요한 계시록 14장 1절이다. "그들의 이마에는 어린 양의 이름과 그 아버지의 이름을 쓴 것이 있더라… 많은 물소리와도 같고 큰 우렛소리와도 같은데 내가 들은 소리는 거문고 타는 자들이 그 거문고를 타는 것 같더라."(계 14:1). 이 구절에서 '많은 물소리'는 큰 물 홍(洪)을, 그리고 '거문고를 타는 것'은 거문고 소리 상(商)을 가리키는 것이고, 그것에 안식일을 지키라고 한 '안'을 붙이면 안상홍이 된다는 것이다. 이렇듯 성경 말씀에 대한 엉뚱한 해석에 근거하여 안상홍을 하나님의 새 이름이라고 한다.[78]

둘째, 안상홍은 마지막 엘리야다. 그 근거는 말라기 4장 5절이다. "보라 여호와의 크고 두려운 날이 이르기 전에 내가 선지자 엘리야를 너희에게 보내리니." 엘리야의 뜻은 하나님 여호와라는 것과 엘리야가 요단강 동편에 살았다는 것에 근거하여, 마지막 엘리야는 동방에서 태어나며, 동방 끝 한국의 불신자 가정에서 태어난 안상홍이 마지막 엘

78 김주철, 《아버지 하나님, 어머니 하나님》 (안양: 멜기세덱출판사, 2008), p.84; 하나님의 교회, 《빛을 발하라》 1권, p.8, 서춘웅, 《교회와 이단》 (서울: 도서출판 크리스찬서적, 2010), p.829 재인용.

리야요 육신을 입고 온 하나님, 즉 동방의 독수리라는 것이다.[79]

b. 재림 예수

하나님의 교회는 안상홍을 재림 예수로 믿고 있다. 그 홈페이지가 그것을 분명하게 천명하고 있다. "성경 예언에 따라 이 땅에 등장하신 재림 그리스도 안상홍 님께서 인류가 잃어버린 새 언약 유월절 진리를 회복해주셨고, 참 진리의 교회를 세워주신 것"이다.[80] 하나님의 교회는 그 근거로 몇 가지를 제시하고 있다.

첫째, "인자가 구름 타고"(눅 21:27) 온다는 말씀과 백마 타고 온다(계 19:11)는 말씀이다. 구름과 백마를 인간의 육체를 가리키는 것으로 해석하여, 재림 예수는 인간의 육신을 입고 암행어사로 잠시 와서 증거한 후 최후 마지막 심판 주로 강림한다는 것이다.[81]

둘째, 다윗의 위에 대한 예언 성취이다. 예수님은 "내 종 다윗이 영원히 왕이 되리라"(겔 37:25)는 예언에 따라 다윗의 위로 왔지만, 십자가 죽음으로 3년밖에 활동하지 못했다. 따라서 재림 예수가 다윗의 위 40년 가운데 나머지 37년을 채워야 구약 예언이 완전히 성취된다는 것이다.[82] 하나님의 교회는 이런 안상홍의 해석에 근거하여 안상홍을 재림 예수라고 주장한다. 왜냐하면 그가 1948년 침례 받은

---

79 안상홍, 《선악과와 복음》 (안양: 멜기세덱출판사, 2009), 한글-타갈로그어, p.74; 안상홍, 하나님의 비밀과 생명수의 샘》 (서울: 도서출판 멜기세덱출판사, 1990), 한영대조, pp.64-65.

80 www.watv.org 참조.

81 안상홍, 하나님의 비밀과 생명수의 샘》, pp. 3, 192-200, 215-219; 김주철, 《아버지 하나님, 어머니 하나님》, pp.50-51.

82 안상홍, 《선악과와 복음》, p. 55; 안상홍, 《하나님의 비밀과 생명수의 샘》, p.207.

후 1985년 사망할 때까지 37년간 활동한 것이 그 예언 성취이기 때문이다. "이 예언을 성취한 분이 안상홍 님입니다. 안상홍 님은 성경 예언을 따라 동방 땅끝 나라인 대한민국에 태어나 1948년 복음 생애를 시작해 1985년 올리우셨습니다."[83]

셋째, 유월절의 회복이다. 하나님의 교회에 따르면, 안상홍을 재림 예수님으로 믿는 가장 중요한 근거는 그가 인류를 영생과 구원의 길로 인도하는 예수 그리스도의 유월절 새 언약을 회복했기 때문이다.[84]

c. 보혜사 성령

하나님의 교회는 안상홍을 육신을 입고 온 보혜사 성령 하나님으로, 성령 시대 유일한 구원자로 믿고 있다. "이 시대는 성령 시대로, 성령 시대의 구원자는 성령 하나님이신 안상홍님과 성령의 신부이신 예루살렘 어머니이십니다."[85] 그뿐만 아니라 현재 성령 시대에는 성령 하나님 아버지 안상홍의 이름으로 기도해야 한다고 그의 이름으로 기도하고 있다.

하늘에 계신 안상홍님, 아버지께서 강림하실 날은 임박하였사오나 우리들은 아무 준비가 없사오니, 아버지여! 우리들을 불쌍히 여기시고 아버지의 성령으로 말미암아 우리를 거듭나게 하사 아버지의 강림하실 날에 부족함이 없이 영접하게 하여 주옵소서.

---

83 www.watv.org 소개 항목 진리 참조.

84 Ibid.; 김주철,《아버지 하나님, 어머니 하나님》, p.99.

85 김주철,《아버지 하나님, 어머니 하나님》, p.49.

아버지 안상홍님 이름으로 간구하옵니다. 아멘.[86]

　　하나님의 교회가 안상홍을 보혜사 성령이라고 믿는 것은 안상홍 자신에서 비롯된 것이다. 그는 마지막 때에 잃어버렸던 절기(새 언약)를 발견하여 회복하는 사람이 성령이고, 그 성령이 곧 육체로 오시는 예수라고 규정했다. 이 논리에 따르면, 안상홍이 성령이요 육체로 온 예수가 된다. 그가 새 언약의 진리를 발견하고 그것을 회복했기 때문이다.

d. 어머니 하나님

　　하나님의 교회는 그 홈페이지를 통해 "성경대로 아버지 하나님과 어머니 하나님"을 믿는 것을 그 정체성으로, "어머니 하나님을 믿는 신앙"을 그 핵심 특징으로 밝히는 한편, 하나님이 한 분이라고 믿는 유일신 신앙을 부정하고 복수의 하나님을 믿는 다신 신앙을 공개적으로 천명하고 있다. "많은 이들이 하나님은 '아버지 하나님' 한 분이라 믿고 있으나 하나님의 교회는 어머니 하나님도 믿고 있습니다." 또한 하나님의 교회 정관 역시 이를 명시하고 있다. "이 마지막 시대인 성령의 시대에는 성경의 증거대로 새 이름으로 이 땅에 오신 성령 하나님 안상홍 님과 성령 하나님의 신부되시는 어머니 하나님(장길자 님)을 믿음으로 구원을 받는다는 진리를 믿는다."[87] 하나님의 교회 총회장 김주철에 따르면, "남성적인 모습을 지니신 아버지 하나님과 여성

86　"우리가 원하는 기도",《새 노래》, 2장; 탁지일,《사료 한국의 신흥종교》(서울: 도서출판 현대종교, 2009), p.494.

87　www.watv.org 소개 항목, 진리 참조. 이는 하나님의 교회 정관 전문에 있는 것이기도 하다.

적인 모습의 어머니 하나님, 바로 이 부분에 대해 올바르게 이해될 때에, 우리는 성경 66권의 모든 생명의 원리와 지혜를 온전히 깨달을 수 있다."[88]

위와 같이 하나님의 교회가 하나님을 이분화 하여 복수의 하나님을 믿는 주 근거는 성경 말씀에 대한 문자적 이해다.

첫째, 히브리어 단어 엘로힘이다. 히브리어 성경이 하나님을 표기할 때 사용하는 단어 엘로힘은 복수 명사다. 따라서 그것은 단수의 하나님이 아니라 복수의 하나님을 가리키는 것이라고 한다. 즉 하나님 아버지와 하나님 어머니가 있다는 것이다.

"태초에 하나님이 천지를 창조하시니라"로 시작하는 성경 첫 구절부터 '하나님'은 히브리 원어 성경에 약 2500회나 '엘로힘'이라는 복수형으로 기록되고 있습니다. 천지를 창조한 신은 한 분 하나님이 아니라 '하나님들'인 것입니다. 하나님의 교회는 그 이유를 아버지 하나님과 어머니 하나님이 계시기 때문이라 믿습니다.[89]

둘째, '우리'라는 표현이다. 하나님은 인간 창조와 바벨탑 사건을 언급하면서 '우리'라고 하셨다. "하나님이 이르시되 우리의 형상을 따라 우리의 모양대로 우리가 사람을 만들고…."(창 1:26). "여호와께서 이르시되… 자, 우리가 내려가서 그들의 언어를 혼잡하여…."(창 11:7). 이 말씀에서 하나님이 말씀하신 '우리'라는 표현은 단수가 아닌 복수를

---

88 김주철,《하나님의 부르심을 입은 자들》(서울: 멜기세덱출판사, 2004), p. 193.

89 Ibid.

지칭하는 것이다.[90]

셋째, 하나님의 '형상'이다. 성경은 "하나님이 자기 형상, 곧 하나님의 형상대로 사람을 창조하시되 남자와 여자를 창조"하셨다고 증거하고 있다(창 1:27). 하나님의 교회는 이 말씀에 근거하여 하나님의 형상에는 남성적인 형상과 여성적인 형상이 존재한다고 주장한다. 따라서 하나님이 복수이고, 그의 형상이 남성적인 존재와 여성적인 존재를 가리킨다면, "남성적 형상의 하나님(아버지)뿐 아니라 여성적 형상의 하나님(어머니)도 있다는 결론"에 이르게 된다는 것이다.[91]

이렇듯 하나님의 교회는 "육체의 어머니와 더불어 영의 아버지가 있듯이"(히 12:9), 육체의 어머니와 더불어 영의 어머니가 있다고 주장한다. 이에 따라 교주 안상홍을 하나님 아버지로, 그리고 그의 영적 부인 장길자를 하나님 어머니로 숭배하고 있다.

한편, 하나님의 교회가 장길자를 하나님 어머니라고 하는 것은 안상홍의 유훈에 근거한 것이다. 안상홍은 생전에 장길자를 하나님의 신부로 지명해 놓았다고 하며, 하나님의 교회는 이 유훈에 따라 장길자를 신격화하고 있다.

첫째, 성경의 증거다. 하나님의 교회는 "오직 위에 있는 예루살렘은 자유자니 곧 우리 어머니라"(갈 4:26)에서 우리 어머니, "새 예루살렘이 하나님께로부터 하늘에서 내려오니"(계 21:2)에서 예루살렘, "내가 신부 곧 어린 양의 아내를 네게 보이리라"(계 21:9)에서 어린 양의 아내, 그리고 "성령과 신부가 말씀하시기를 오라 하시는도다"(계 22:17)에서

---

90   김주철,《하나님의 부르심을 입은 자들》, p.186.

91   www.watv.org 소개 항목 진리 참조; 김주철,《하나님의 부르심을 입은 자들》, p.186.

신부는 각각 장길자를 지칭하는 것이라고 해석한다. 이에 따라 장길자를 성령 안상홍의 아내로 숭배하고 있다.[92]

둘째, 생명수가 솟아오른다. 예루살렘인 장길자에게서 생수가 솟아나며 그에게 가면 생명수를 값없이 받아먹을 수 있다고 한다(슥 14:8, 계 22:17). 따라서 장길자에게만 생명이 있다고 한다.

> 성경의 마지막 페이지에는 인류에게 "오라… 생명수를 받으라"고 말씀하시는 성령과 신부가 등장합니다. 생명수를 줄 수 있는 존재는 하나님뿐이므로 여기서 성령은 아버지 하나님, 그와 함께 생명수를 주는 신부는 어머니 하나님을 가리킵니다.[93]

셋째, 천지 만물의 창조주다. 하나님의 교회는 안상홍과 장길자를 천지 만물을 창조한 전능하신 하나님으로 칭송하고 있다.[94]

이렇듯 하나님의 교회는 안상홍의 유훈과 자의적인 성경 해석에 근거하여 장길자를 신격화하고 어머니 하나님으로 섬기며, 안상홍이 심판 주로 공중 강림하여 신부 장길자와 혼인 잔치를 하게 된다고 한다.

3. 유월절과 안식일

그 홈페이지를 통해 유월절을 비롯해 3차의 7개 절기와 안식일 등

---

92 www.watv.org 소개 항목 진리 참조; 김주철, 《하나님의 부르심을 입은 자들》, pp.193-202.

93 www.watv.org 소개 항목 진리 참조.

94 김주철, 《새 노래집》 (안양: 안상홍 증인회 새노래편집위원회, 2000), 25장.

새 언약의 진리를 소중히 지킨다고 밝히고 있듯이, 하나님의 교회의 또 다른 특징은 절기 준수를 구원의 조건으로 삼는 것이다. 유월절, 무교절, 초실절(부활절), 칠칠절(오순절), 나팔절, 대속죄일 및 초막절을 지켜야 구원을 얻을 수 있다는 것이다. 그것은 예수님 자신도 지키신 새 언약의 절기다.[95] 특히 유월절 준수를 강조하여, 그것을 인류 역사 전체에 걸친 구원의 통로로 간주한다. 성부 시대는 여호와 하나님이 유월절을 제정하고 그 준수를 통해 이스라엘 백성을 구원했다. 성자 시대는 예수님이 유월절 어린양으로 와서 그 절기를 지킴으로써 구원의 길을 여는 한편, 성만찬으로 새 언약의 유월절을 제정했다. 옛 언약은 양을 잡아 유월절을 지키는 것이라면, 새 언약은 떡과 포도주로 지키는 것이다. 이 새 언약의 유월절을 지키는 사람은 영생을 얻는다. "유월절 어린 양의 살과 피를 먹고 마셔야" 앞으로 있을 무서운 "재앙을 받지 않게 될 것이다."[96]

안상홍에 따르면, 새 언약 유월절은 사도시대 이후 325년 니케아 공의회에 이르기까지 존속했으나 그 후 안전히 폐지되었다. 마지막 성령 시대는 약속된 성령, 곧 육체로 온 예수 가 유월절을 회복하여 구원을 완성한다는 것이다.[97]

안상홍은 성만찬이 유월절이 아니라 "닛산 월 14일 저녁, 곧 정월 14일 해진 후 밤"에 지키는 성만찬을 유월절로 규정했다. 이에 따라 다른 날에 지키는 성만찬의 떡은 '썩은 양식'인 반면에, 닛산월 14일

95 안상홍,《선악과와 복음》, p. 52; 안상홍,《하나님의 비밀과 생명수의 샘》, pp.43-46, 243.

96 Ibid., p.98

97 Ibid., p.84.

유월절에 행하는 성찬식의 떡만이 "영생에 들어가는 생명의 떡"이라고 했다.[98] 하나님의 교회는 안상홍이 그동안 지키지 않았던 유월절의 비밀을 깨닫고 그것을 회복하여 다시 지키게 한 하나님이며, 유월절을 지키지 않는 사람은 영생에 이를 수 없다고 한다.[99]

하나님의 교회가 유월절과 더불어 강조하는 것이 토요일을 안식일로 지키는 것이다. 이는 안상홍의 신앙적 뿌리 안식교의 영향에서 비롯된 것이다. 하나님의 교회는 예수님이 안식일을 지켰다(눅 4:16)는 기록과 "인자는 안식일의 주인"(마 12:8)이라는 말씀에 근거하여 안식일이 주일이고, 일요일은 태양신 숭배 일이며, 안식일을 지켜야 구원을 얻는다고 주장한다.[100]

이렇듯 하나님의 교회는 예수님과 같이 유월절을 비롯한 절기와 안식일을 지켜야 구원을 얻을 수 있다고 주장하는 반면, 예수님이 행하지 않는 것은 모두 다른 복음이라고 한다.[101]

4. 십자가 없는 교회

하나님의 교회의 또 다른 특징은 그 교회 건물 안과 밖, 어디도 십자가를 볼 수 없다는 것이다. 이런 외형적 특징은 "우상을 만들지 말

---

98 Ibid., pp.70, 86, 88.

99 안상홍,《하나님의 비밀과 생명수의 샘》, pp.217-219.

100 김주철,《내 양은 내 음성을 듣나니》(서울: 도서출판, 멜기세덱, 1998), 한영 대조판, pp.56, 193.

101 안상홍,《선악과와 복음》, p. 54; 김주철,《내 양은 내 음성을 듣나니》, p.55.

고… 어떤 형상도 만들지 말라"(출 20:4)는 말씀에 대한 문자적 이해에 근거하여 십자가를 우상시하는 데서 형성된 것이다.

하나님의 교회는 십자가 없는 외형적인 특징과 더불어, 그리스도의 구속 사역의 의미를 축소하고 있다. 그리스도와 그의 사역은 과거 역사이고, 안상홍과 그의 사역이 현재 역사라고 보는 것이다. 성만찬을 통해 인류 구원의 통로인 유월절 새 언약을 제정한 것이 그리스도라면, 현세대에 유월절을 회복한 것이 보혜사 성령인 안상홍이라는 것이다. 따라서 하나님의 교회는 그리스도의 십자가 죽음보다는 안상홍의 유월절 회복을 강조하고 있다. 그가 구원의 통로, 유월절을 재개통한 구원자라는 것이다.

이렇듯 하나님의 교회에는 십자가도 없을 뿐만 아니라 십자가를 강조하고 그것을 세우는 교회나 12월 25일을 성탄절로 지키는 교회는 이단이라고 비난한다.[102]

그 외에도, 하나님의 교회는 일반 교회의 찬송가를 개사한 '새 노래'를 사용하고 있으며 고린도전서 11장 2-15절을 문자적으로 이해하여 여성은 머리에 수건을 쓰고 예배를 드려야 하나님이 그것을 받으신다고 주장하거나 침례 받고 생명책(계 13:8)인 그들의 교적부에 등록한 사람, 안상홍의 인을 받은 14만 4천 명만이 구원받아 천국에 가게 된다고 가르친다. 또 한 1988년 안상홍의 부활을 비롯하여 1997년, 1999년 등 여러 번에 걸친 그들의 종말 예언이 모두 거짓으로 드러났음에도 불구하고, 그것을 계속 연기하며 시한부 종말을 강조하고 있다.

---

102   김주철, 《내 양은 내 음성을 듣나니》, pp.77-95.

결론

소위 '하나님의 교회'는 안상홍을 아버지 하나님과 재림주로, 그리고 장길자를 어머니 하나님으로 믿으며 유월절과 안식일 준수를 구원의 조건으로 삼고 있는 안식교 계열 신흥 종파다. 환경보호, 노인복지, 자원봉사, 구호 활동을 비롯하여 각종 사회봉사와 선행 등을 통해 대중의 호감을 일으키며 일반 교회와 차별화하는 동시에, 기존 교회 건물이나 대로변 빌딩을 인수하여 외적 성장을 홍보하고 있다.

하나님의 교회는 예배 시 여성의 수건 쓰기, 필수적인 침례, 안식일 강조와 같은 신앙 양태 상의 논란을 논외로 한다 하더라도, 교리적인 면에서 이단의 범주를 벗어날 수 없는 중대한 오류를 범하고 있다.

첫째, 다신론적인 신격화다. 하나님의 교회는 오직 한 분 하나님을 믿는 유일신 신앙을 부정하고 안상홍과 장길자를 신격화하여 전자를 아버지 하나님 또는 육신을 입고 온 하나님, 그리고 후자를 어머니 하나님 또는 하나님의 아내로 섬기는 다신 신앙을 강조하고 있다.

둘째, 양태론적 행태다. 하나님의 교회는 외형적으로는 삼위일체를 부정하지 않지만, "구약시대 성부 여호와 하나님이 신약시대에 아들(성자) 입장으로 오신 분이 예수님이며, 성경 예언대로 이 시대 재림한 예수 그리스도(성령)가 곧 안상홍"이라고 한다.[103] 이렇듯 하나님이 구약시대는 여호와라는 이름으로, 신약시대에는 예수로, 그리고 현세대에는 안상홍이라는 새 이름으로 나타났다고 주장하는 것은 인간 안상홍의 신격화인 동시에, 하나님이 여호와, 예수, 안상홍으로 이름과 모습을 달리해서 나타났다는 양태론이며, 결국 삼위일체 신앙을 부정

---

[103] www.watv.org 소개 항목 진리 참조.

하는 것이다.

셋째, 행위에 의한 구원이다. 안상홍은 예수님의 교훈도 중요하지만, 그가 행하신 규례는 '더욱 중요한 문제'요 '하나님께 충성하는 법도'로 간주했다.[104] 따라서 하나님의 교회는 각종 절기의 준수를 강조하고 특히 새 언약 유월절과 안식일을 지켜야 구원을 얻는다고 주장한다. 이는 오직 하나님의 은혜와 믿음으로 구원에 이를 수 있다는 복음의 진리를 부정하고 율법 준수를 구원의 조건으로 삼는 것이다.

넷째, 구속 사역의 한정이다. 하나님의 교회는 구약 성부 시대는 여호와 하나님이, 그리고 신약 성자 시대는 예수님이 유일한 구원자였다면, 현재 성령 시대는 보혜사 성령으로 온 안상홍이 유일한 구원자라고 한다. 이는 하나님의 영원성을 부정하고, 하나님과 예수님의 구원 활동을 시간에 제한받는 한시적인 것으로 취급하는 것이다. 또 한 구원 받는 사람의 수도 14만 4천 명으로 제한하고 있다.[105]

다섯째, 그리스도의 십자가에 대한 모독이다. 하나님의 교회는 십자가를 우상으로 간주하고 십자가를 세우는 교회를 이단으로 규정한다. 이와 달리, 정통 기독교는 그리스도의 십자가를 신앙의 중심과 신학의 근거로 삼고 있다. 종교개혁자 루터가 십자가를 신앙의 잣대로 간주한 것이 이를 말해준다. 모든 것을 시험하는 것이 그리스도의 십자가다. 십자가의 사람이 아니면, 그리스도의 사람도 아니다.[106] 이 기준으로 본다면, 그리스도의 구속 사역을 상징하는 십자가를 우상시하

---

104 안상홍, 《선악과와 복음》, p.50

105 안상홍, 《하나님의 비밀과 생명수의 샘》, pp.74-76.

106 목창균, 《현대 복음주의》(서울: 황금부엉이, 2005), pp.65-66.

는 사람은 안상홍의 사람은 될지언정, 그리스도의 사람은 결코 아니며, 그런 집단은 안상홍의 단체는 될지언정, 진정 하나님의 교회일 수는 없는 것이다.

하나님의 교회가 '성경대로' 믿는다는 것을 강조하고 있음에도 불구하고, 이단적 신앙에 이르게 된 것은 임의적인 성경 해석에서 비롯된 것이다. 하나님의 교회는 신천지예수교 장막성전과 마찬가지로 짝짓기 성경 해석을 하고 있다. 예를 들면, 구약성경에는 여호와 외에 구원자가 없다는 말씀(사 42:11, 45:21)과 신약성경에 예수님 외에는 구원자가 없다는 말씀(행 4:11-12)을 짝으로 삼아 "구약의 여호와는 신약의 예수님"이라고 하거나 "구약의 여호와의 안식일이 신약에서는 예수님의 안식일이 되었으니 구약의 여호와가 신약의 예수"라는 것이다.[107]

---

107 안상홍, 《하나님의 비밀과 생명수의 샘》, p. 13; 안상홍, 《성부 성자 성령 성삼위일체 해설》 (안양: 멜기세덱출판사, 1996), pp. 28-30.

참고 문헌

1장 이단이란 무엇인가

- David Christie-Murray, *A History of Heresy* (Oxford: Oxford University Press), 1976.

- Mircea Eliade(ed.), *The Encyclopedia of Religion* vol. 6 (New York: MacMillan Publishing Company), 1987.

- Walter Nigg, *The Heretics* (New York: Alfred A. Knopf, Inc.,), 1962.

- Friedrich Schleiermacher, *The Christian Faith* (Philadelphia: Fortress Press), 1976.

- Merrill C. Tenney(ed.), *The Zondervan Pictorial Encyclopedia of the Bible*, vol. 5 (Grand Rapids, Michigan: Zondervan Publishing House), 1980.

- 알리스터 맥그라스,《그들은 어떻게 이단이 되었는가》, 홍병룡 역 (서울: 포이에마), 2011.

- 조지 맥도웰 · 돈 스튜어트,《이단종파》, 이호열 역 (서울: 기독지혜사), 1987.

- 존 맥아더,《진리 전쟁》, 신성욱 역 (서울: 생명의말씀사), 2007.

- 해롤드 브라운,《교회사 안에 나타난 이단과 정통》, 라은성 역 (서울: 그리심), 2002.

- 데이비드 웰스,《신학 실종》, 김재영 역 (서울: 부흥과개혁사), 2008.

- 탁명환,《기독교이단연구》 (서울: 한국종교문제연구소), 1986.

1부: 고대 교회와 이단 논쟁

2장 신약성서와 도마복음

- Millard J. Erickson, *Christian Theology*, vol. 2 (Grand Rapids: Baker Book House), 1986.

- B. Gartner, *The Theology of the Gospel according to Thomas* (New York: Harper & Brothers), 1961.

- Charles W. Hedrick, and Robert Hodgson Jr.(ed.), *Nag Hammadi, Gnosticism, & Early Christianity* (Peabody: Hendrickson Publishers), 1986.

- Ireneus, *Against Heresies, Ⅲ, The Ante-Nicene Fathers*, vol. I (Grand Rapids: WM. B. Eerdmans Publishing Company), 1979,

- Helmut Koester, *Ancient Christian Gospels: Their History and Development* (London: SCM Press), 1990.

- Bentley Layton, *The Gnostic Scriptures* (New York: Doubleday & Company, Inc.), 1987.

- Sean Martin, *The Gnostics: The First Christian Heretics* (Herts: Pocket Essentials), 2006.

- Elaine Pagels, *Beyond Belief: The Secret Gospel of Thomas* (New York: Random House), 2003.

- _____ , *The Gnostic Gospels* (New York: Vintage Books), 1989.

- Birger A. Pearson, *Ancient Gnosticism: Tradition and Literature* (Minneapolis: Fotress Press), 2007.

- 오쇼 라즈니쉬,《도마복음강의》, 박노근 역 (서울: 예문), 1997.

- 김용옥,《도마복음서 연구》(서울: 대한기독교서회), 1983.

- 김용옥,《도올의 도마복음 이야기》1 (서울: 통나무), 2008.

- _____ ,《도올의 도마복음 한글역주》2-3 (서울: 통나무), 2010.

- 알리스터 맥그라스,《그들은 어떻게 이단이 되었는가》, 홍병룡 역 (서울: 포이에마), 2011.

- 최병수,《초대 교회와 도마복음》(서울: 아우름), 2013.

3장 기독교와 영지주의

- Walter Bauer, *Orthodoxy and Heresy in Earliest Christianity* (Philadelphia: Fortress Press), 1971.

- Rudolf Bultmann, *Theology of the New Testment*, vol. I (New York: Charles Scribner's Son), 1951.
- _____ , *Primitive Christianity in its Contemporary Setting* (New York: Meridian Books), 1956.

- Justo L. Gonzalez, *A History of Christian Thought*, vol. I (Nashville: Abingdon), 1981.

- Robert M. Grant, *Gnosticism* (New York : ANS Press), 1978.

- Adolph von Harnack, *History of Dogma*, vol. 1 (New York: Russell and Russell), 1958.

- Charles W. Hedrick and Robert Hodgson Jr.(ed.), *Nag Hammadi, Gnosticism, & Early Christianity* (Peabody: Hendrickson Publishers), 1986.

- Ireneus, *Against Heresies, The Ante-Nicene Fathers*, vol. I , III(Grand Rapids: WM. B. Eerdmans Publishing Company), 1979.

- Justin, *The First Apology*, and *The Second Apology, The Ante-Nicene Fathers*, vol. (Grand Rapids: WM. B. Eerdmans Publishing Company), 1979.

- J. N. D. Kelly, *Early Christian Doctrine* (New York: Harper & Row, Publishers), 1960

- Bentley Layton, *The Gnostic Scriptures* (New York: Doubleday & Company, Inc.), 1987.

- Sean Martin, *The Gnostics: The First Christian Heretics* (Herts: Pocket Essentials), 2006.

- Elaine Pagels, *The Gnostic Gospels* (New York: Vintage Books), 1989.

- James M. Robinson(ed.), *The Nag Hammadi Library in English* (Harper Collins), 1990.

- Kurt Rudolph, *Gnosis* (Edinburgh: T. & T. Clark Limited), 1983.

- Bertrand Russell, *History of Western Philosophy* (London: George Allen & Unwin Ltd.), 1969.

- McL R. Wilson, *Gnosis and the New Testament* (Oxford: Basil Blackwell), 1968.

- Paul Tillich, *A History of Christian Thought*, vol. 1 (New York: Harper & Row. Publishers), 1968.

- J. L. 니이브, 《기독교교리사》, 서남동 역 (서울: 대한기독교서회), 1970.

4장 사람으로 오신 하나님

- J. F. Bethune-Baker, *An Introduction to the Early History of Christian Doctrine* (London: Methuen & Co.), 1903.

- Millard J. Erickson, *Christian Theology*, vol. 2 (Grand Rapids: Baker Book House), 1986.

- Justo L. Gonzalez, *A History of Christian Thought*, vol. I (Nashville: Abingdon), 1981.

- Adolph von Harnack, *History of Dogma*, vol. 3 (New York: Russell and Russell), 1958.

- Ireneus, *Against Heresies*, III, *The Ante-Nicene Fathers*, vol. I (Grand Rapids: WM. B. Eerdmans Publishing Company), 1979.

- J. N. D. Kelly, *Early Christian Doctrine* (New York: Harper & Row, Publishers), 1960.

- 알리스터 맥그라스, 《그들은 어떻게 이단이 되었는가》, 홍병룡 역 (서울: 포이에마), 2011.

- 해롤드 브라운, 《교회사 안에 나타난 이단과 정통》, 라은성 역 (서울: 그리심), 2002.

5장 삼위일체 하나님

- Athanasius, *De Synodis*, 15, *The Nicene and Post Nicene Fathers*, vol. 4 (Grand Rapids: WN. B. Eerdmans Publishing Company), 1978.

- _____ , *Four Discourses Against the Arians, The Nicene and Post Nicene Fathers*, vol. 4.

- Louis Berkhof, *The History of Christian Doctrines* (Grand Rapids: Baker Book House), 1981.

- Justo L. Gonzalez, *A History of Christian Thought*, vol. I (Nashville: Abingdon), 1981.

- John H. Leith, *Creeds of the Churches* (Atlanta: John Konx Press), 1982.

- Reinhold Seeberg, *Textbook of the History of Doctrines*, vol. 1 (Grand Rapids: Baker Book House), 1964.

- J. N. D. 켈리, 《고대기독교교리사》, 김광식 역 (서울: 한국기독교문학연구소출판부), 1980.

- J. L. 니이브,《기독교교리사》, 서남동 역 (서울: 대한기독교서회), 1970.

- 한철하,《고대기독교사상》(서울: 대한기독교서회), 1982.

6장 새 계시와 시한부 종말

- Henry Chadwick, *The Early Church* (New York: Penguin Books Ltd.), 1980.

- David Christie-Murray, *A History of Heresy* (Oxford: Oxford University Press), 1976.

- Justo L. Gonzalez, *A History of Christian Thought,* vol. I (Nashville: Abingdon), 1981.

- Walter Nigg, *The Heretics* (New York: Alfred A. Knopf, Inc.), 1962.

- Reinhold Seeberg, *Textbook of the History of Doctrines*, vol. 1 (Grand Rapids: Baker Book House), 1964.

- J. L. 니이브,《기독교교리사》, 서남동 역 (서울: 대한기독교서회), 1970.

- 해롤드 브라운,《교회사 안에 나타난 이단과 정통》, 라은성 역 (서울: 그리심), 2002.

- E. G. 제이,《교회론의 역사》(서울: 대한기독교서회), 1986.

- J. N. D. 켈리,《고대기독교교리사》, 김광식 역 (서울: 한국기독교문학연구소출판부), 1980.

7장 하나님의 은총과 자유의지

- Augustine, *Confessions*, *The Nicene and Post-Nicene Fathers*, vol. I, Philip Schaff(ed.) (Grand Rapids: WM. B. Eerdmans Publishing Company), 1979.

- _____ , *On Free Choice of the Will* (Indianapolis: Bobbs-Merrill Company), 1979.

- _____ , *On the Grace of Christ and on Original Sin, The Nicene and Post-Nicene Fathers*, vol. V. (Grand Rapids: WM. B. Eerdmans Publishing Company), 1979.

- Roy W. Battenhouse(ed.), *A Companion to the Study of St. Augustine* (New York: Oxford University Press), 1955.

- David Christie-Murray, *A History of Heresy* (Oxford: Oxford University Press), 1976.

- Robert F. Evans, *Pelagius* (New York: The Seabury Press), 1968.

- Justo L. Gonzalez, *A History of Christian Thought*, vol. II (Nashville: Abingdon), 1971.

- J. N. D. Kelly, *Early Christian Doctrine* (New York: Harper & Row, Publishers), 1960.

- 알리스터 맥그라스,《그들은 어떻게 이단이 되었는가》, 홍병룡 역 (서울: 포이에마), 2011.

- 해롤드 브라운,《교회사 안에 나타난 이단과 정통》, 라은성 역 (서울: 그리심), 2002.

8장 동방 정교회와 로마 가톨릭 교회

- Harold O. J. Brown, *Heresies* (New York: Doubleday & Company, Inc.), 1984.

- Justo L. Gonzalez, *A History of Christian Thought*, vol. I-II (Nashville: Abingdon Press), 1971, 1981.

- J. N. D. Kelly, *Early Christian Doctrine* (New York: Harper & Row, Publishers), 1960.

- Jaroslav Perikan, *The Christian Tradition: A History of the Development of Doctrine 2* (Chicago: The University of Chicago Press), 1977.

- 강태용 편,《동방 정교회: 역사와 신학》 (서울: 익산), 1991.

- 빌헬름 니젤,《비교교회론》, 이종성 · 김항안 역 (서울: 대한기독교출판사), 1988.

- 디모데 웨어,《동방 정교회의 역사와 신학》, 이형기 역 (서울: 한국장로교출판사), 2008.

- 이형기,《세계교회사》 1 (서울: 장로교출판사), 2005.

- _____ ,《세계교회의 분열과 일치추구의 역사》 (서울: 장로회신학대학교 출판부), 1994.

- 메리 커닝엄,《비잔틴 제국의 신앙》, 이종인 역 (서울: 예경), 2006.

- 레이문트 콧체 · 베른트 묄러,《에큐메니칼교회사》 1,《고대 교회와 동방 교회》 이신건 역 (천안: 한국신학연구소), 1995.

9장   로마 가톨릭 교회와 프로테스탄트 교회

- Loraine Boettner, *Immortality* (Philadelphia: The Presbyterian and Reformed Publishing Co.), 1977.

- John Calvin, *Institutes of the Christian Religion* 1, John T. McNell (ed.) (Philadelphia: The Westminster Press).

- Millard J. Erickson, *Christian Theology*, vol. 3 (Grand Rapids: Baker Book House), 1985.

- Justo L. Gonzalez, *A History of Christian Thought*, vol. III (Nashville: Abingdon), 1980.

- Hugh T. Kerr Jr., *Compend of Luther's Theology* (Philadelphia: The Westminster Press), 1943.
- John H. Leith, *Creeds of the Churches* (Atlanta: John Konx Press), 1982.

- Martin Luther, *Commentary on the Epistle to the Romans* (Grand Rapids: Kregel Publication), 1979.

- _____ , *What Luther Says: An Anthology*, vol. II (St. Louis: Concordia), 1959.

- _____ , *Works of Martin Luther*, vol. I–II (Grand Rapid: Baker Book House), 1982.

- Alister McGrath, *Evangelicalism & the Future of Christianity* (Downers Grove: Inter Varsity Press), 1995.

- Ludwig Ott, *Fundamentals of Catholic Dogma* (St. Louis: B. Herder Book Company), 1954.

- Joseph Pohl, *The Sacraments: A Dogmatic Treatise*, vol. 2, Arthur Preuss(ed.) (St. Louis: B. Herder), 1942.

- 빌헬름 니젤, 《비교교회론》, 이종성 · 김항안 역 (서울: 대한기독교출판사회), 1988.

- 알리스터 맥그라스, 《그들은 어떻게 이단이 되었는가》, 홍병룡 역 (서울: 포이에마), 2011.

- 칼 하인츠 츠어 뮐렌, 《종교개혁과 반종교개혁》, 정병식 · 홍지훈 역 (서울: 대한기독교서회), 1967.

- 해롤드 브라운, 《교회사 안에 나타난 이단과 정통》, 라은성 역 (서울: 그리심), 2002.

- 이종성,《종말론》(서울: 대한기독교출판사), 1990.

- 오언 채드윅,《종교개혁사》, 서요한 역 (서울: 크리스챤다이제스트), 1999.

10장 칼빈주의와 알미니우스주의

- Arminius, *Works of James Arminius*, vol. I (Grand Rapids: Baker Book House), 1986.

- Louis Berkhof, *The History of Christian Doctrine* (Grand Rapids: Baker Book House), 1981.

- John Owen, *The Death of Death in the Death of Christ* (London: Banner of Truth), 1959.

- Gregory A. Boyd and Paul R. Eddy, *Across the Spectrum* (Grand Rapids: Baker Academic), 2009.

- A. Dakin, *Calvinism* (Philadelphia: The Westminster Press), 1940.

- Richard P. Heitzenrater, *Wesley and the People Called Methodists* (Nashville: Abingdon Press), 1995.

- Thomas A. Langford, *Practical Divinity: Theology in the Wesleyan Tradition* (Nashville: Abingdon Press), 1983.

- Albert C. Outler(ed.) *John Wesley* (New York: Oxford University Press), 1980.

- Lars Qualben, *A History of the Christian Church* (New York: Thomas Nelson), 1958.

- Don Thorsen, *An Exploration of Christian Theology* (Peabody, MA.: Hendrickson Publishers, Inc.), 2008.

- Samuel Wakefield, *Christian Theology* (Salem, OH: Schmul), 1985.

- John Wesley, *The Works of John Wesley*, Vol. X (Peabody, M A.: Hendrickson Publishers, Inc.), 1984.

- 후스토 곤잘레스,《기독교사상사》III, 이형기·차종순 역 (서울: 대한예수교장로회총회 출판국), 1988.

- 김명용,《현대의 도전과 오늘의 조직신학》(서울: 장로회신학대학출판부), 1997.

- 김재성,《개혁신학의 광맥》(서울: 이레서원), 2001.

- 알리스터 맥그라스,《그들은 어떻게 이단이 되었는가》, 홍병룡 역 (서울: 포이에마), 2011.
- 해롤드 브라운,《교회사 안에 나타난 이단과 정통》, 라은성 역 (서울: 그리심), 2002.
- 밀드레드 와인쿱,《칼빈주의와 웨슬레신학》, 한영래 역 (서울: 생명의말씀사), 1987.
- F. H. 클로스터,《칼빈의 예정론》, 신복윤 역 (서울: 성광문화사), 1987.
- 조시 맥도웰 · 돈 스튜어트,《이단종파》, 이호열 역 (서울: 기독지혜사, 1987).

11장 예수그리스도후기성도교회: 몰몬교

- Jacquet, *Yearbook of Canadian and American Churches*, 1988, *Yearbook of American and Canadian Churches*, 2001.

- David Christie-Murray, *A History of Heresy* (Oxford: Oxford University Press), 1976.

- Gordon B. Hinckley, *What of the Mormons?* (Salt Lake: The Church of Jesus Christ of Latter-day Saints), 1954.

- Justo L. Gonzalez, *A History of Christian Thought*, vol. I (Nashville: Abingdon), 1981.

- Joseph Smith Jr., *The Book of Mormon* (Salt Lake: The Church of Jesus Christ of Latter-day Saints), 1978.

- 조시 맥도웰 · 돈 스튜어트,《이단종파》, 이호열 역 (서울: 기독지혜사), 1987.

- 두란노, 〈목회와 신학〉 (1995년 9월호).

- 박영관,《이단종파비판》(서울: 예수교문서선교회), 1977.

- 한국기독교문화연구소 편,《한국기독교와 사이비이단운동》(서울: 숭실대학교출판부), 1995.

- 조셉 스미스,《교리와 성약》,《값진 진주》(서울: 말일성도예수그리스도교회), 1968.

12장 여호와의증인

- David Christie-Murray, *A History of Heresy* (Oxford: Oxford University Press), 1976.

- Watch Tower Bible and Tract Society, *Let God Be True*, 1952.

- 노길명,《한국의 신흥종교》(대구: 가톨릭신문사), 1994.

- 박영관,《이단종파비판》(서울: 예수교문서선교회), 1977.

- 로레인 뵈트너,《불멸의 생명》(서울: 영음사), 1963.
- 한국기독교문화연구소 편,《한국기독교와 사이비이단운동》(서울: 숭실대학교출판부), 1995.
- 워치타워성서책자협회,《여호와의증인: 하나님의 왕국 선포자》(서울: 워치타워성서책자협회), 1993.

- 한국신학회 편,《한국신학논총 15집: 조용목 목사 고희 기념헌정논문집》, 2014.

3부: 한국 교회와 이단 논쟁

13장 문선명과 통일교

- Mun Sun Myung, *The New Future of Christianity* (Washington: Unification Church International), 1974.

- Millard J. Erickson, *Christian Theology*, vol. 2 (Grand Rapids: Baker Book House), 1986.

- Friedrich Schleiermacher, *Life of Jesus* (Philadelphia: Fortress Press), 1975.

- 김영운,《통일신학》, 김항제 역 (서울: 성화사), 1981.

- 노길명 · 이제민,《통일교 그 실상과 오해》(서울: 한국천주교중앙협의회), 1991.

- 조시 맥도웰 · 돈 스튜어트,《이단종파》, 이호열 역 (서울: 기독지혜사), 1987.

- 박기민,《한국신흥종교연구》(서울: 혜림사), 1985.

- 박영관,《이단종파비판》(서울: 예수교문서선교회), 1977.

- 세계기독교통일신령협회,《원리강론》(서울: 성화사), 1966.

- _____,《통일교회사》(상권) (서울: 성화사), 1978.

- 한국기독교문화연구소 편,《한국기독교와 사이비이단운동》(서울: 숭실대학교 출판부), 1995.

- 탁명환,《통일교의 실상과 그 허상》상권 (서울: 국제종교문제연구소), 1979.

14장　박태선과 전도관

- 탁명환,《한국의 신흥종교》1권 (서울: 성청사), 1975.

- 김광명,《전도관의 교리와 교풍, 사회악과 사교운동》(서울: 기문사), 1957.

- 김경래,《사회악과 사교운동》(서울: 기문사), 1957.

- 김성여,《박태선 장로의 이적과 신비경험》(서울: 한국예수교전도관부흥협회), 1955.

- 김종일,《한국기독교와 신흥종교》(서울: 한국종교연구소), 1981.

- 박기민,《한국신흥종교연구》(서울: 혜림사), 1985.

- 박영관,《이단종파비판》(서울: 예수교문서선교회, 1977).

- 서만원,《박태선 장로님께서는 천상천하의 하나님이시다》(서울: 미래문화사), 1987.

- 한국기독교문화연구소 편,《한국기독교와 사이비이단운동》(서울: 숭실대학교 출판부, 1995.

15장　김기동의 귀신론과 무속신앙

- Karl Barth, *Church Dogmatics*, vol. III, 3 (Edinburgh: T. &. T. Clark), 1960.

- Millard J. Erickson, *Christian Theology*, vol. 1 (Grand Rapids: Baker Book House), 1983.

- Han So Hee. "Healing in the Korean Worldview: Its Influences upon the Korean Christian Churches", Unpublished Doctor of Missiology dissertation, Fuller Theological Seminary, 1991.

- Jeffrey B. Russell, *Satan: The Early Christian Tradition* (Ithaca: Cornell University Press), 1981.

- Klaus Seybold, and Ulrich Mueller, *Sickness and Healing* (Nashville: Abingdon), 1981.

- 강성진, "축사현상에 관한 실험적 연구 – 김기동 목사의 축사활동을 중심으로", 연세대학교 교육대학권 석사학위 논문, 1979.

- 김광일,《한국전통문화의 정신분석》(서울: 시인사), 1984.

- 김기동,《마귀론》상중하 (서울: 베뢰아), 1985. 1986.

- _____ ,《성서적 신학적 현상적 마귀론》(서울: 베뢰아), 1988.

- 두란노 편. 〈목회와 신학〉 16권 (1990년 10월호).

- 서울신학대학교,《신학과 선교》제18집 (부천: 서울신학대학교출판부), 1994.

- 신태웅 · 강춘오 편,《한국의 귀신, 성서의 귀신》(서울: 풀빛목회), 1986.

- 메릴 F. 엉거,《성서의 마귀론》, 정학봉 역 (서울: 요단출판사), 1980.

- 유동식,《한국 무교의 역사와 구조》(서울: 연세대학교출판부), 1975.

- 이명범,《믿음 생활을 위한 출발》(서울: 나침반사), 1988.

- _____ ,《성서에서의 언어》(서울: 레마출판사), 1990.

- 이태화,《조직신학》3권 (은혜사), 1985.

- 이초석,《길을 찾아라 첩경은 있다》(인천: 에스더), 1988.

- _____ ,《내 백성이 지식이 없어 망한다》(서울: 에스더), 1988.

- 최길성,《한국 무속의 연구》(서울: 아세아문화사), 1978.

- 한국기독교문화연구소 편,《한국 교회와 신학의 과제》(서울: 연세대학교출판부), 1985.

- 한국복음주의신학회 편,《성경과 신학》제7권 (서울: 기독교교문사), 1889.

16장   이장림과 시한부 종말론

- Reinhold Seeberg, *Textbook of the History of Doctrines*, vol. 1 (Grand Rapids), 1964.

- 후스토 L. 곤잘레스,《기독교사상사》III 이형기 · 차종순 역 (서울: 대한예수교장로회총회출판국), 1988.

- J. L. 니이브,《기독교교리사》, 서남동 역 (서울 : 대한기독교서회), 1970.

- 윌리엄 W. 스위트,《미국교회사》, 김기달 역 (서울: 대한기독교서회), 1978.

- 이장림,《경고의 나팔》(서울: 광천), 1990.

- _____ ,《다가올 미래를 대비하라》(서울: 다미선교회출판부), 1988.

- _____ ,《1992년의 열풍》(서울: 광천), 1991.

- _____ ,《하늘문이 열린다》(서울: 그루터기), 1988.

- 이종성,《종말론》(서울: 대한기독교출판사), 1990.

- E. G. 제이,《교회론의 역사》, 이재용 역 (서울: 대한기독교서회), 1986.

- J. N. D. 켈리,《고대기독교교리사》, 김광식 역 (서울: 한국기독교문학연구소출판부), 1980.

17장 이윤호와 가계치유론

- Millard J. Erickson, *Christian Theology*, vol. 2-3 (Grand Rapids: Baker Book House), 1984, 1985.

- 김광식,《조직신학》I (서울: 대한기독교서회), 1988.

- 김균진,《기독교 조직신학》II (서울: 연세대학교출판부), 1987.

- 레온 모리스,《속죄의 의미와 중요성》, 홍용표 역 (서울: 생명의말씀사), 1990.

- H. O. 와일리 · P.T. 컬벗슨,《기독교 신학개론》(서울: 생명줄), 1985.

- 이윤호,《가계에 흐르는 저주를 이렇게 끊어라》(서울: 베다니출판사), 1999.

- 앤서니 A. 후크마,《개혁주의 인간론》(서울: 기독교문서선교회), 1990.

- 메릴린 히키,《가계에 흐르는 저주를 끊어야 산다》(서울: 베다니출판사), 1997.

부록

1장 이초석과 예수중심교회

- 김기동,《성서적 신학적 현상적 마귀론》(서울: 베뢰아), 1988.

- 김영한, "한국 교회 이대로 좋은가?,"《성경과 신학》제7권 (서울: 기독교교문사), 1889.

- 박형성, "슈퍼스타 필시 콜레와 이초석 · 김모애 · 이장림," 〈현대종교〉(1988년 8월호).

- 이초석,《길을 찾아라 첩경은 있다》(인천: 에스더), 1988.

- _____ ,《내 백성이 지식이 없어 망한다》(인천: 에스더), 1988.

- _____ , "한국 예루살렘교회와 나," 〈목회와 신학〉 (1991년 3월호).

- 한상식, "베뢰아의 마귀론," 〈목회와 신학〉 (1990년 10월호).

2장 이명범과 레마선교회

- 류영모, "뜨레스디아스와 한국 교회 영성훈련의 과제," 〈교회와 신앙〉 (1995년 6월호).

- 양봉식, "뜨레스디아스 대점검: 전 교회적 성격규정 없이 확산 일로에 선 영성운동," 〈교회와 신앙〉 (1995년 6월호).

- 이명범,《성서에서의 언어》(서울: 레마출판사), 1990.

- _____ .《믿음생활을 위한 출발》(서울: 나침반사), 1988.

- 이선, "레마선교회를 진단한다," 〈현대종교〉 (1992년 6월호).

3장 이재록과 만민중앙교회

- 이재록,《죽음 앞에서 영생을 맛보며》(서울: 우림), 1981.

- _____ , 만민중앙교회 예배 설교.

4장 신천지예수교 증거장막성전

- 신천지 총회교육부,《신천지 정통 교리와 부패한 한기총 이단교리》(과천: 도서출판 신천지), 2016.

- 오명현,《신천지(이만희)의 요한계시록 허구에 대한 반론》(서울: 도서출판 엔크), 2015.

- 이건남, 김병희,《신탄-성경의 예언과 그 실상의 증거》(안양: 도서출판 신천지), 1985.

- 이만희,《성도와 천국》(안양: 도서출판 신천지), 1995.

- _____ ,《영원한 복음과 새 노래 계시록 완전 해설》(안양: 도서출판 신천지), 1986.

- _____ ,《천국비밀 계시록의 실상》(안양: 도서출판 신천지), 1993.

- _____ ,《천국비밀 계시록의 진상》(안양: 도서출판 신천지), 1985.

- _____ ,《천국비밀 요한계시록의 실상》(과천: 도서출판 신천지), 2011.

- _____ ,《하늘에서 온 책의 비밀 계시록의 진상 2》(안양 :도서출판 신천지), 1988.

- _____ ,《한국의 이단 기독교》(서울: 동연), 2016.

- 현대종교 편집국,《신천지와 하나님의 교회 정체》(서울: 월간 현대종교), 2007.

5장 하나님의 교회 세계복음선교협회

- 김주철,《내 양은 내 음성을 듣나니》, (서울: 멜기세덱출판사), 1998, 한영대조판.

- _____ ,《아버지 하나님, 어머니 하나님》, (안양: 멜기세덱출판사), 2008.

- _____ ,《하나님의 부르심을 입은 자들》, (서울: 멜기세덱출판사), 2004.

- 목창균,《현대 복음주의》, (서울: 황금부엉이), 2005.

- 서춘웅,《교회와 이단》, (서울: 도서출판 크리스찬서적), 2010.

- 안상홍,《선악과와 복음》, (안양: 멜기세덱출판사), 2009, 한글-타갈로그어판.

- _____ ,《성부 성자 성령 성삼위일체해설》, (서울: 멜기세덱출판사), 1996.

- _____ ,《하나님의 비밀과 생명수의 샘》, (서울: 멜기세덱출판사), 1990, 한영대조판.
- 탁지일,《사료 한국의 신흥종교》, (서울: 도서출판 현대종교), 2009.

- 허호익,《한국의 이단 기독교》, (서울 : 동연), 2016.

- 현대종교 편집국,《하나님의 교회 정체》, (서울: 현대종교), 2014.